Eleo Gordon und Tony Lacey

DAS EINZIG WAHRE BUCH FÜR GROSSELTERN UND IHRE ENKEL

cbj

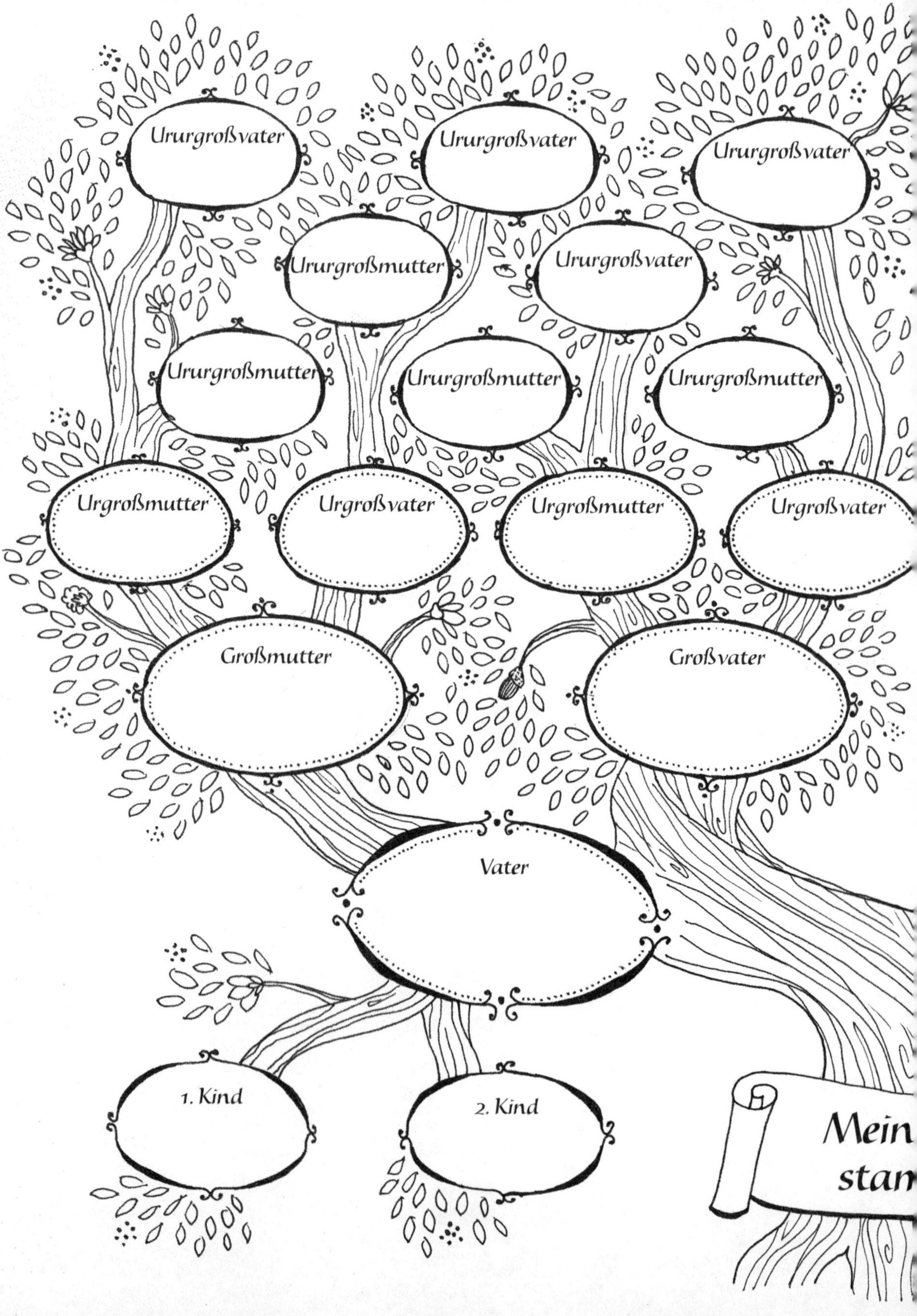
Ururgroßvater
Ururgroßvater
Ururgroßvater
Ururgroßmutter
Ururgroßvater
Ururgroßmutter
Ururgroßmutter
Ururgroßmutter
Urgroßmutter
Urgroßvater
Urgroßmutter
Urgroßvater
Großmutter
Großvater
Vater
1. Kind
2. Kind
Mein
stam

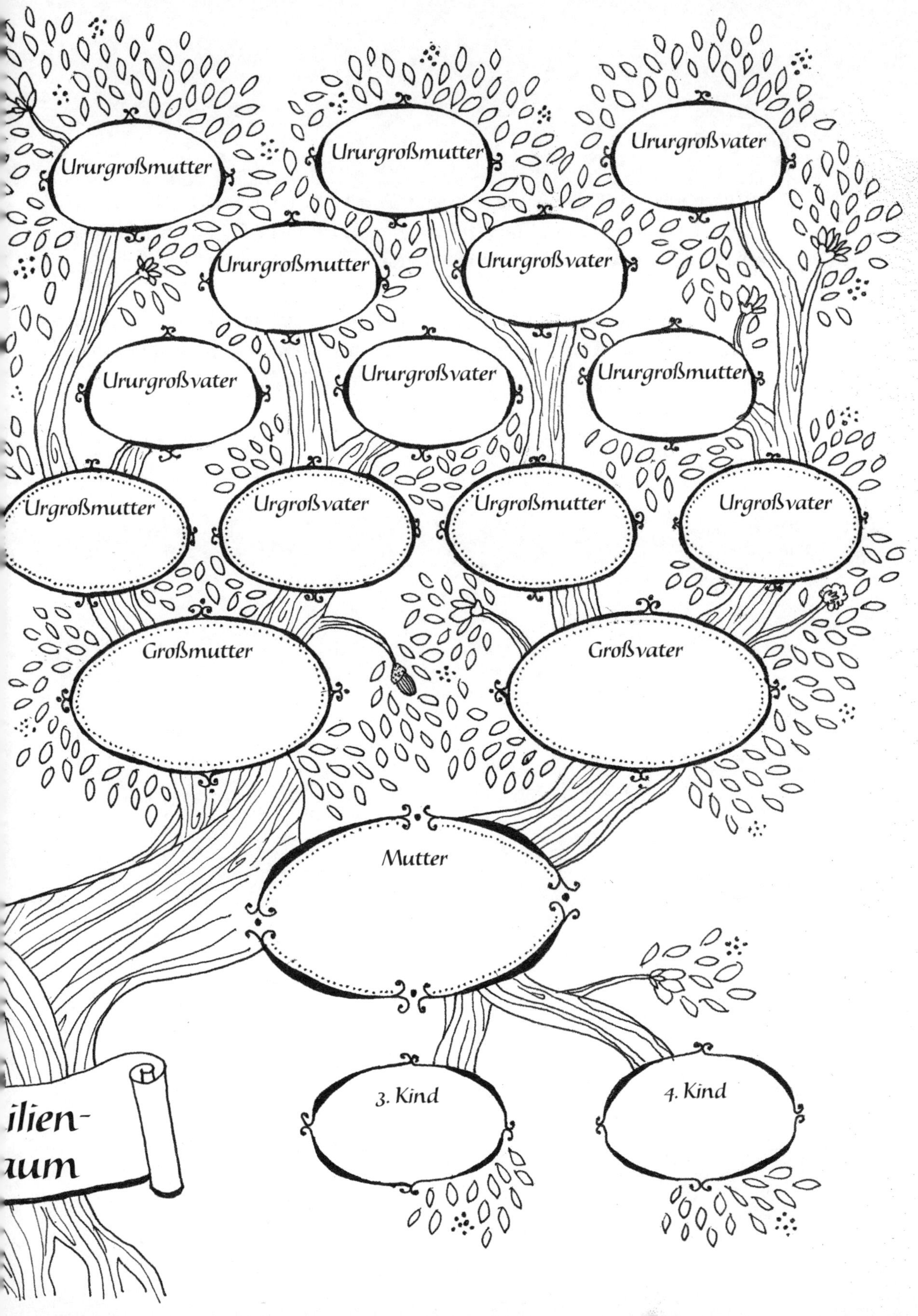
Urürgroßmutter
Urürgroßmutter
Urürgroßvater
Urürgroßmutter
Urürgroßvater
Urürgroßvater
Urürgroßvater
Urürgroßmutter
Urgroßmutter
Urgroßvater
Urgroßmutter
Urgroßvater
Großmutter
Großvater
Mutter
3. Kind
4. Kind
ilien-
aum

DIE AUTOREN

Tony Lacey arbeitete 30 Jahre lang als Lektor. Er hat zwei erwachsene Kinder und einen Enkel und eine Enkelin. Heutzutage verbringt er viel mehr Zeit damit, mit seinen Enkelkindern zu spielen als Manuskripte zu lesen.

Eleo Gordon arbeitet ebenfalls im Verlag. Ihre Eltern lebten im Ausland, deswegen verbrachte sie den Großteil ihrer Ferien bei ihren Großeltern. Mit acht Jahren war sie eine passionierte Briefmarkensammlerin und Hobby-Archäologin.

Eleo Gordon und Tony Lacey

DAS EINZIG WAHRE BUCH FÜR GROSSELTERN UND IHRE ENKEL

Aus dem Englischen von Karin Miedler

Mit Illustrationen von Julia Connolly

cbj

cbj
ist der Kinder- und Jugendbuchverlag
in der Verlagsgruppe Random House

FSC
Mix
Produktgruppe aus vorbildlich
bewirtschafteten Wäldern und
anderen kontrollierten Herkünften

Zert.-Nr. GFA-COC-001298
www.fsc.org
© 1996 Forest Stewardship Council

Verlagsgruppe Random House FSC-DEU-0100
Das für dieses Buch verwendete FSC-zertifizierte Papier *Munken Print*
liefert Arctic Paper Munkedals AB, Schweden.

1. Auflage
Erstmals als cbj Taschenbuch Dezember 2009
Gesetzt nach den Regeln der Rechtschreibreform

Die englische Originalausgabe erschien 2008 unter dem Titel
»The Really Useful Grandparents' Book«
bei Penguin Books Ltd.

Übersetzung: Karin Miedler
Innenillustrationen: © 2008 Julia Connolly
Umschlaggestaltung: basic-book-design, Karl Müller-Bussdorf
im · Herstellung: CZ
Satz: Buch-Werkstatt GmbH, Bad Aibling
Druck und Bindung: Kösel, Krugzell
ISBN 978-3-570-22095-5
Printed in Germany

www.cbj-verlag.de

INHALT

EINLEITUNG

Wenn Sie dieses Buch lesen, haben Sie vielleicht schon stundenlang Papier ausgeschnitten und Schnipsel zusammengeklebt; Sie haben verzweifelt in stickigen Kinos gesessen und Trickfilme angesehen; Sie haben versucht, sich einzureden, dass es Spaß macht, am Samstagmorgen ins Schwimmbad zu gehen. Kurz, Sie haben eine Menge Zeit damit verbracht, Ihre Enkelkinder zu unterhalten. Und möglicherweise haben Sie schon einmal gedacht, dass *Ihre* Großeltern nicht halb so viel mit Ihnen unternommen haben.

Wir kennen die Gründe: Es gibt heutzutage viele alleinerziehende Eltern und auch traditionelle Zweielternfamilien sind oft überfordert. Großeltern werden zunehmend in die Kinderbetreuung einbezogen.

Doch noch etwas anderes ist geschehen, ein Wandel in der emotionalen Beziehung. Zwar haben viele von uns ihre Großeltern geliebt, doch sie waren ferne, vielleicht sogar bedrohliche Gestalten. Alte Menschen schienen … nun, *älter* damals, und sie lebten in muffigen, altmodischen Häusern. Man muss nicht zu den überzeugten »jungen Alten« gehören, um zu erkennen, dass es bedeutende Veränderungen gegeben hat.

Großeltern und Enkel scheinen sich heute näher als je zuvor, entweder durch ökonomische Zwänge oder einen weiter greifenden Kulturwandel. Man liest oft darüber, doch auch auf der Straße sieht man es laufend: strahlende Kinder an der Hand von strahlenden Großeltern! Seien wir offen: Ein weiterer Grund, warum Großeltern ihren Enkeln heute näher sein können, ist der, dass sie länger leben und länger rüstig bleiben – sie haben Zeit, und die *Jahre,* gute Großeltern zu sein.

Aber was sind denn nun »gute« Großeltern? Die Versuchung liegt nahe, zu antworten: »Jemand, der die Enkel unterhält und dann so erschöpft nach Hause schickt, dass sie früh zu Bett gehen.« Das ist ein verständliches Bestreben, das zweifellos von vielen Eltern befürwortet wird, doch nicht leicht zu erfüllen ist. Wir alle haben schon Siebenjährige verzweifelt klagen hören: »Mir ist langweilig!«

Doch die meisten von uns haben wenigstens zeitweilig ein anderes Ziel. Es wäre traurig, wenn Sie Ihre Aufgabe lediglich darin sähen, die Zeit auszufüllen, bis die Eltern nach Hause kommen. Sie haben die Zeit, aber auch eine tolle Chance. Großeltern heute haben Möglichkeiten, weit mehr als nur Babysitter zu sein – sie können auch ein Mentor für ihre Enkel sein. Wenn die Eltern sehr beschäftigt sind oder ein hektisches Leben führen, dann sind es die Großeltern, die wertvolle Zeit mit den Kindern verbringen können, ihnen zuhören, mit ihnen sprechen und ihnen helfen, herauszufinden, was ihnen gefällt und was sie können.

In diesem Buch machen wir viele praktische Vorschläge, was Sie mit ihren Enkelkindern tun können: Kochen, Campen, Nähen, Schreinern, Musizieren und so weiter. Zunächst fühlen Sie sich vielleicht bei vielem auch ziemlich inkompetent, aber wir hoffen, dass Sie mit diesem Buch alles gemeinsam mit Ihren Enkelkindern erforschen. Und wir haben viele weiterführende Vorschläge, Internetadressen und so weiter, wenn Sie sich gemeinsam für ein Thema begeistern.

Ein weiterer roter Faden zieht sich durch das Buch. Wir glauben, dass Kinder Erzählungen lieben: Es gibt nichts Besseres als eine gute Geschichte, um ihre Aufmerksamkeit zu fesseln und ihre Fantasie anzuregen. Also haben wir einige Geschichten als roten Faden für das Buch geliefert – von berühmten Forschern im alten Ägypten bis hin zu den gefährlichsten Tieren der Welt und zum Wilden Westen – und wir glauben, dass man diese auch erzählen sollte. Wir hoffen, Sie lesen sie gemeinsam und finden Gefallen daran. Zweifellos können Sie auch selbst noch mehr dazu erzählen.

Großeltern sein ist ein wundervolles Privileg. Doch es hat keinen Sinn, so zu tun, als wäre es nicht auch eine verantwortungsvolle Aufgabe, und eine sehr anstrengende dazu. Mit etwas Glück kann Ihnen dieses Buch dabei helfen. Wir hoffen, dass *Das einzig wahre Buch für Großeltern und ihre Enkel* Ihnen dabei hilft, gemeinsam zu erleben und zu entdecken.

AUSFLÜGE

Manchmal müssen Sie mit Ihren Enkeln einfach aus dem Haus und irgendwo in Ihrer Stadt etwas unternehmen oder Sie beschließen, einen Ausflug als besonderes Ereignis anzubieten. Hier sind Ideen, einige nur um die Ecke, andere aufwendiger.

Vorschulkinder

Jede Stadt hat Angebote, an denen Sie ab und zu teilnehmen können. In Buchhandlungen und Bibliotheken gibt es Lesestunden, Musikvereine bieten Gesangs- und Rhythmusgruppen für alle, auch für ganz kleine Kinder. In Kirchengemeinden oder an anderen Orten treffen sich Spielgruppen. Näheres erfahren Sie in den Bibliotheken, bei der Stadtverwaltung und allgemein, wenn Sie sich mal umhören. Es gibt Spielgruppen, für die man bezahlen muss und andere, die quasi umsonst sind. Zwar müssen Sie oft dabeibleiben, solange das Kind dort ist, doch manchmal ist es schon eine willkommene Entlastung, dass sie ihre Energie unter der Aufsicht einer anderen Person loswerden.

Spielen

Am besten zum spontanen Spielen eignet sich wahrscheinlich der Spielplatz ums Eck. Die sind mittlerweile richtig schön, bunt und modern und viel sicherer als früher. Da treffen Kinder sich untereinander und beschäftigen sich gemeinsam, sodass Ihnen auch Zeit bleibt, vielleicht ein Pläuschchen mit anderen Großeltern zu halten.

Eine andere Möglichkeit, vor allem bei Regenwetter, sind Indoor-Spielwelten. Die gibt es in vielen größeren Städten und sie sind etwas für besondere Gelegenheiten. Der Eintritt kostet was, aber dafür haben die Kinder einen Riesenspaß auf Hüpfburgen, Trampolinen, Rutschen, Kletterwänden etc.

Wenn Sie oder die Eltern einen eigenen Garten haben, besteht die praktische Möglichkeit, dort ein Klettergerüst oder eine Schaukel anzubringen, ein Baumhaus oder ein Planschbecken, wo Ihre Enkel und deren Freunde sich den lieben langen Tag austoben können, während Sie vielleicht einfach gemütlich dabeisitzen und einen Tee trinken.

Schwimmen

Schwimmen ist eine Lieblingsbeschäftigung aller Kinder. Das macht Spaß, es lehrt Selbstvertrauen und Sicherheit im Wasser. Die meisten öffentlichen Schwimmbäder haben ein Kinderplanschbecken mit etwa 38 ° C warmem Wasser. So kann Ihr Enkelkind schon ab vier Monaten oder nach Abschluss der Impfungen mit Ihnen schwimmen gehen. Eine halbe Stunde reicht für Kleinkinder und zum Glück für Sie beide ist das Planschbecken schön warm. Rechnen Sie reichlich Zeit fürs Umziehen ein und denken Sie an Schwimm-Windeln und Schwimmhilfen, wenn nötig.

In öffentlichen Schwimmbädern und bei Sportvereinen gibt es häufig Schwimmstunden für Kinder mit Begleitung, wo sie lernen, über und unter Wasser zu »schwimmen«, zum Beispiel beim Ringelreihen im Wasser, wobei dann alle beim »husch, husch, husch« untertauchen. Solche Stunden können eine angenehme gesellige Erfahrung für das Kind sein und ihm helfen, sich an das nasse Element zu gewöhnen. Babyschwimmkurse in Schwimmbädern und Vereinen finden Sie im Internet oder Sie erkundigen sich direkt im Schwimmbad.

Die meisten Schwimmbäder bieten auch Kurse verschiedener Stufen nach der Schule an, wo ältere Kinder richtig Schwimmen und Tauchen lernen und sich allgemein ans Wasser gewöhnen – und Sie können dasitzen und zusehen. Es wird ein großer Moment im Leben Ihres Enkelkinds sein, wenn es sein erstes offizielles Schwimmabzeichen (sein »Seepferdchen« oder seinen »Frühschwimmer-Pinguin«) macht. Doch es macht auch großen Spaß, einfach gemeinsam schwimmen zu gehen, vielleicht mit einem Ball, oder Sie lassen Ihr Enkelkind zwischen Ihren Beinen durchtauchen und albern einfach zusammen herum.

Kleine Ausflüge

Schnitzeljagden und Geländespiele sind in unserer Familie beliebt, und sogar ausgesprochen Gehfaule lassen sich nach draußen locken, wenn es etwas zu suchen gibt. Machen Sie eine Liste, was die Kinder auf einem Spaziergang finden müssen (helfen Sie denen, die nicht lesen können). Sie können die Liste auf eine Postkarte schreiben und zum Schutz in eine Plastiktüte stecken, damit sie unterwegs nicht aufweicht. Ehe Sie aus dem Haus gehen, füllen Sie Ihre Taschen mit Äpfeln, Getränken und Papiertaschentüchern. Am Ende der Schnitzeljagd werden sie von ihren Funden begeistert sein, waren über eine Stunde draußen und sind vielleicht um eine kleine Belohnung reicher.

Wenn nichts gesucht werden muss, dann geht es vielleicht darum, wer die meisten Risse im Gehweg, die meisten Hunde und Katzen, die schönsten Steine, Blätter, Federn, die meisten Dosen sieht (vielleicht auch aufhebt und so etwas für die Umwelt tut).

Vor Weihnachten könnten Sie auch das Weihnachtsbaumspiel spielen. Bei einem Spaziergang oder bei einer Bus- oder Autofahrt durch die Stadt geht es darum, wer die meisten Weihnachtsbäume mit blinkenden Lichtern in Geschäften oder vor Häusern sieht. Lichterketten allein zählen nicht. Seien Sie vorsichtig, das kann sehr spannend werden. Wenn Sie fahren und die Kinder spielen, machen Sie nicht mit! Im Bus oder Auto wird die Zeit wie im Flug vergehen.

Spielen Sie bei einem Spaziergang Verstecken, »Ich sehe was, was du nicht siehst« oder »Ochs am Berg«.

Wenn Sie Lust haben, gehen Sie zu einem Flohmarkt in der Nähe. Die Kinder gehen gern zwischen den Autos und Ständen umher und dort reicht ihr Taschengeld auch weiter als in den Geschäften. Doch seien Sie vorsichtig mit Schnäppchen. Nicht, dass es Ihnen ergeht wie mir mit meinem Super-Schnäppchen, als ich mit den Kindern auf dem Flohmarkt war. Später fand ich heraus, dass ich denselben Preis auch bei Ikea bezahlt hätte. Wenn Sie in Geschäften einkaufen, könnten Sie in einem Secondhandladen nach billigen Hüten, Schals oder Kleidungsstücken suchen, die sich zum Verkleiden eignen.

Eine schöne Möglichkeit ist ein Ausflug in eine Töpferei, wo Kinder Keramik bemalen können, zum Beispiel eine eigene Tasse. Ihr Enkelkind kann nach Belieben die Tasse selbst bemalen oder seinen Händeabdruck auftragen. Sie können in Ruhe zusehen, die eigene Tasse in der Hand. Solche Angebote finden Sie in vielen Städten, auch in Ihrer Nähe.

Besondere Ausflüge

Busfahrten sind normalerweise beliebt – in einer größeren Stadt könnten Sie eine Stadtrundfahrt in einem Doppeldecker mit offenem Oberdeck oder in einem Touristenbus machen, wo man nach Belieben aus- und einsteigen kann. Es gibt vieles zu sehen und die Kinder fühlen sich wie die Könige …

Aufregend ist auch ein Ausflug ans Meer. Wenn das Wetter gut aussieht, setzen Sie sich in den Zug und verbringen Sie den Tag am Meer. Am Strand können Sie Muscheln, Seetang oder Treibholz in besonderen Formen zum Basteln sammeln. Sehen Sie auf Seite 176 nach.

Wenn Sie in der Nähe eines Flusses oder Sees leben, wo es Bootsfahrten gibt, könnten Sie auch eine Bootstour unternehmen. Schippern Sie doch ein Stück den Rhein entlang. Die Kinder werden begeistert sein von den vielen Burgen und mittelalterlichen Städtchen und der Geschichte von der Loreley. Oder fahren Sie über den Bodensee und besuchen bei dieser Gelegenheit die Blumeninsel Mainau, die eine eigene Kinderwelt beherbergt (*www.mainau.de*) oder die Pfahlbauten in Unteruhldingen, wo die Kinder hautnah miterleben können, wie man in der Steinzeit gelebt hat (*www.pfahlbauten.de*).

Für Kinder, die nicht oft aufs Land kommen, gibt es viele Erlebnisbauernhöfe und Freilichtmuseen, die man besichtigen kann. Dort können sie auf Maschinen klettern, beim Melken zusehen, sich auf dem Bauernhof umsehen und das Stadtleben hinter sich lassen.

Bieten Sie den Kindern gelegentlich etwas Besonderes und besichtigen Sie ein

Schloss, eine Burg, einen Zoo oder ein Wildgehege. Oft gibt es bei solchen Einrichtungen spezielle Kinderprogramme mit kindgerechten Führungen, Quizspielen und Merkblättern. Manchmal können die Kinder auch etwas anfassen und ausprobieren.

Große Abenteuer erwarten Kinder zum Beispiel im Wildpark Lüneburger Heide, wo sie Tiere hautnah erleben können und einiges an Programm geboten ist (*www.wild-park.de*) oder im Wildpark Poing bei München (*www.wildpark-poing.de*).

Viele Städte haben mittlerweile spezielle Museen für Kinder eingerichtet, zum Beispiel das Kinder- und Jugendmuseum in München (*www.kindermuseum-muenchen.de*). Aber natürlich machen auch die Erwachsenen-Museen großen Spaß. Im Deutschen Museum in München kann man großartige technische Gerätschaften bewundern: echte Flugzeuge und U-Boote. Im Pergamon-Museum in Berlin sind ganze Teile antiker Tempel- und Stadtanlagen untergebracht – das ist nicht nur für die Kinder beeindruckend. Staatliche Kunstgalerien bieten im Normalfall ein tolles Programm für Kinder an, wo sie selbst malen und kreativ sein dürfen, und nebenbei lernen Sie und die Kinder einiges über Kunst.

Oder besuchen Sie doch Tropfsteinhöhlen. Kinder lieben die bizarren Formen und die ungewohnt unheimliche Umgebung (bspw. die Nebelhöhle in der Schwäbischen Alb).

Deutschland, Österreich und die Schweiz sind voller beeindruckender Schlösser und Burgen: Neuschwanstein bei Füssen, die wohl berühmteste Märchenburg der Welt, Schloss Sanssouci in Potsdam (nicht nur die verschwenderisch eingerichteten Räume, auch der Park ist ein Erlebnis). Burg Hohensalzburg im österreichischen Salzburg – die größte vollständig erhaltene Burg Mitteleuropas. In der Schweiz locken die wunderschöne Schlossanlage Lenzburg und das romantische Wasserschloss Hallwyl.

Hier sind nur einige wenige Ausflugsziele aufgelistet: Ob sich Ihr Enkelkind für Schlösser, Dinosaurier, Musik, Raumfahrt oder Ritter interessiert, können Sie wahrscheinlich sehr schnell herausfinden. Im Internet, bei Fremdenverkehrsbüros und Touristeninformationen können Sie sich nützliche Ausflugstipps holen.

SPASS, GANZ EINFACH

Nach der Schule oder am Wochenende, wenn die Kinder mal ausspannen sollen und Sie es gerne ruhig und friedlich hätten, können Sie mit diesen Ideen den Kindern viel Spaß bieten und sich selbst eine willkommene Pause verschaffen. Machen Sie ihnen nur den Vorschlag und lassen Sie sie machen, oder machen Sie selbst auch mit.

Geheimsprachen

Kinder lieben Geheimnistuerei und das Sprechen in einer Geheimsprache gehört wohl zu jeder Kindheit dazu. Es kann ganz schön knifflig werden, aber es ist auch ein Riesenspaß und bei den Wortverrenkungen wird jeder in lautes Lachen ausbrechen. Die einfachste Variante ist folgende: Sie ersetzen jeden Vokal durch einen anderen. Sie kennen das bestimmt noch aus dem Lied »Drei Chinesen mit dem Kontrabass«, das heißt dann mit »o«: »Dro Chonoson mot dom Kontroboss«. Sie können das Ganze auch komplizierter machen und beispielsweise jede zweite Silbe mit einem B vor dem Vokal verdoppeln: »Ich bin da« heißt dann »Ibich bibin daba.« Einen Versuch ist es wert, denn jeden, der es nicht versteht, wird es unheimlich ärgern, und Sie und Ihr Enkel haben ein gemeinsames Geheimnis.

Verkleiden

Es hat großen Spaß gemacht, unsere Verkleidungskiste zusammenzustellen – inzwischen ist sie riesig groß. Unter anderem befinden sich darin einige Seidenröcke mit Rüschen aus der Kindheit meiner Mutter, das Feenkostüm meiner Tochter, ihr Brautjungfernkleid, unförmige Pelzkappen, ein Zylinder und einige Feze. Es braucht etwas Zeit, aber es ist eigentlich ganz einfach, so etwas zusammenzustellen. Bei der Familie, bei Freunden und in Secondhandläden wird man abgelegte Kleider bekommen, und ein paar Dinge bringen Sie von Urlaubsreisen ins Ausland mit. Durchforsten Sie Ihre Schubladen nach Folklore-Perlenketten, die Sie nie getragen haben, dem alten Rock mit dem Petticoat, diese Schals, die man unter dem Kinn bindet – und eigentlich nicht mehr trägt, und so weiter. Sammeln Sie alles in einem großen Karton oder

Charlotte und Lucy beim Verkleiden nach der Schule

einer Schublade. Die Kinder können sich nach Herzenslust für Rollenspiele verkleiden – oder eine Modenschau veranstalten.

Beim Verkleiden kann man auch kleine Aufführungen organisieren, bei denen Sie, die Teddys, Puppen oder andere Kinder mitspielen können. Sie können improvisieren, aber wenn das Kind das will, können Sie kleine Stücke schreiben.

Wenn Sie Zeit und eine Handvoll Kinder haben, können Sie auch ein echtes Stück oder eine Show einstudieren und vor einem besonderen Publikum spielen, mit Eintrittskarten, Programm, Stuhlreihen und Conférencier, um alles noch echter wirken zu lassen.

Wenn wir schon von Shows sprechen, könnten Sie auch eine echte Fernsehsendung spielen. Vor einiger Zeit spielten drei Schwestern im Alter von fünf bis zehn, die ich kenne, ihre Version von *Herzblatt* für uns. Sie waren abwechselnd Moderatorin, das glückliche Mädchen und ihre Möchtegern-Verehrer. Jede hatte ein »Mikrofon« und sie ahmten die Eigenheiten perfekt nach. Wir starben alle fast vor Lachen.

Heutzutage könnte es lustig sein, eine Casting-Show wie *Deutschland sucht den Superstar* nachzuspielen.

Ein Lager

Ein Lager ist ein wichtiger Teil der Fantasiewelt. Es kann drinnen oder draußen sein, eine Sache für einen Nachmittag aus einigen umgekehrten Stühlen und ein oder zwei Decken oder ein festeres Bauwerk im Garten. In einem Lager kann aller Alltag außen vor bleiben. Man kann Hausaufgaben, Stundenpläne und andere Zwänge des Lebens vergessen.

Kunst

Warum nicht eine Kunstausstellung organisieren, womöglich für einen wohltätigen Zweck? Das erfordert natürlich Planung, damit genügend Zeichnungen, Gemälde und Skulpturen ausgestellt werden können. Die Kinder könnten auch Sie oder andere Familienmitglieder malen – Sie werden überrascht sein von den Ergebnissen. Die Kinder können die Nachricht verbreiten und Familie und Freunde einladen. Wieder mit Flugblättern, Eintrittskarten, Preisschildern und Ausstellung vorher, damit an dem großen Tag alles glattläuft. Ein Kind könnte sich um Getränke und Knabbereien kümmern, ein anderes um das Geld – Kinder können wunderbar geldgierig bei solchen Gelegenheiten sein und den Erwachsenen zusätzliches Geld aus der Tasche ziehen.

Ein kunstvolles Portrait

Reporter machen eine Zeitung

Älteren Kindern macht das großen Spaß und es hält sie bei Ausflügen beschäftigt. Bewaffnen Sie sie mit Notizblock und Bleistift. Entweder machen Sie ihnen Vorgaben oder lassen Sie sie entscheiden, wer sie sein wollen. Sie können sich gegenseitig interviewen oder Familienmitglieder oder Freunde, oder auch freundliche Verkäufer und Verkäuferinnen, wenn sie die Zeit haben, zu antworten. Dann haben Sie es schon einmal geübt, wenn sie für ein Schulprojekt Interviews an ihrem Wohnort oder woanders machen müssen.

Kaufladen

Das war eines meiner Lieblingsspiele, als ich klein war. Ich sah mit größtem Neid, wie meine Tante einen für den Sohn des Vikars zusammenstellte. Die Erwachsenen sammelten kleine Dosen und Schachteln, kleine Münzen, eine Waage und Messbecher. Nahrungsmittel waren Schüsseln mit Rosinen, Keksen, Gewürzpackungen, Reis, Nüsse, Obst und so weiter, die sorgfältig auf den Ladenregalen und auf dem Ladentisch platziert wurden. Das lässt sich so leicht aus ein paar alten Schachteln machen und macht viel Spaß. Der eifrige Kunde kann kleine Listen schreiben und der Verkäufer kann Kassenzettel ausstellen, wenn die Kasse klingelt. So üben die Kinder rechnen und mit Geld umzugehen.

Beim Zahnarzt/ Im Schönheitssalon

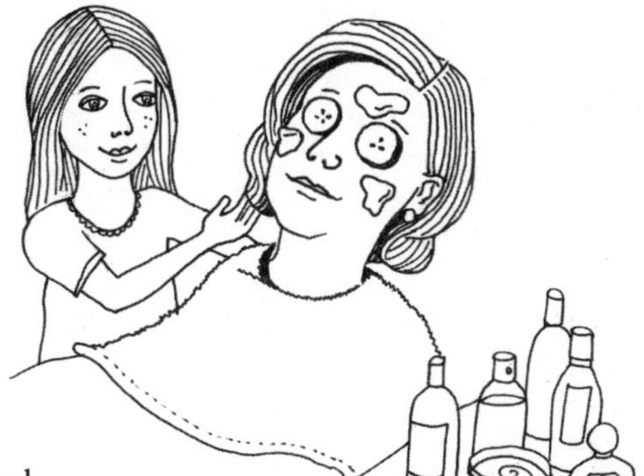

Das ist gut, wenn Sie sich hinlegen wollen. Lassen Sie die Kinder spielen – einen Besuch beim Zahnarzt oder bei der Kosmetikerin – und Sie liegen dabei auf dem Sofa. Beim Zahnarztbesuch müssen Sie sich ein bisschen Stupsen und Untersuchen gefallen lassen, vielleicht ist Ihnen eine Schönheitsbehandlung lieber. Für eine Behandlung im Schönheitssalon brauchen

Sie gute Laune, und es muss Ihnen gefallen, dass die Kinderhand mit einem warmen Waschlappen über Ihr Gesicht fährt und Kleckse von Hautcreme aufträgt, Gurkenstücke auf Ihre Augen legt, Ihnen Beine und Arme massiert, bunten Nagellack auf Finger- und Zehennägel aufträgt, Ihnen ihre eigene Version einer indischen Kopfmassage verpasst (vielleicht erstaunlich entspannend) und schließlich eine Frisur, die vielleicht beim Herumzupfen etwas Schmerzen bereitet. Den Kindern wird das gefallen, auch wenn Sie hinterher etwas weniger schön sind als zuvor. Doch Sie haben sich eine Weile hinlegen können, und Sie können den Kindern sagen, sie sollen sich Zeit lassen.

Ein Gedanke zum Schluss

Wie wäre es mit Matschen? Zwei Enkel aus meinem Bekanntenkreis finden, das sei das beste Spiel am Ende des Tages. Meine erwachsene Tochter bekam einen glücklich entrückten Blick, als ich ihr sagte, ich würde das in dieses Buch aufnehmen. Man braucht Schürzen, Schüsseln, Löffel, Mehltüten, Kakao, Öl, trockene Nudeln und andere Nahrungsmittel, die Sie nicht unbedingt brauchen, dazu etwas Lebensmittelfarben und große Nachsicht, wenn alle zufrieden auf dem Küchenfußboden spielen und die Zutaten mit Wasser vermischen. Das Ergebnis sieht immer eklig aus, doch alle werden sich gut amüsiert haben.

DAS ALTE ÄGYPTEN

Kleine Kinder sind begeistert von den alten Ägyptern – sie sind fasziniert von Pyramiden, Mumien, seltsamen Tiergottheiten und dem Schatz des Tutanchamun. Wenn Sie einen kleinen Jungen nach seinem Lieblingsthema fragen, wird er wahrscheinlich Ägypter, Römer, Haie und Dinosaurier sagen. Hier also eine kurze Geschichte der Ägypter.

Die alte ägyptische Zivilisation begann im fruchtbaren Niltal und dauerte unglaubliche 3000 Jahre. Es ist ein komischer Gedanke, dass wir den letzten alten Ägyptern zeitlich näher stehen als sie selbst ihren ersten Königen. Der Wüstensand und das heiße trockene Klima haben viel von dieser Zivilisation erhalten, nicht nur ihre großartigen Tempel, Statuen und die Gräber ihrer Könige, sondern auch anderes wie Bücher und sogar private Briefe.

Pyramiden und Gräber

Die berühmtesten Bauwerke in Ägypten sind die drei Pryamiden in Gise. Das waren Gräber, die von den Pharaonen (Königen) gebaut wurden, und sie sind 4500 Jahre alt. Die Steine, aus denen sie erbaut sind, wurden von Tausenden Arbeitern auf hölzernen Flößen den Fluss hinuntergebracht und auf die Baustelle gezogen. Dreißig Jahre brauchten die Hilfskräfte und Facharbeiter, um mithilfe von Hebeln, Rollen und Flaschenzügen die Pyramiden zu bauen.

Die Sphinx mit den großen Pyramiden im Hintergrund

Die Pharaonen wurden in geheimen Kammern in den Pyramiden beigesetzt, die durch enge Tunnel erreichbar waren und dann verschlossen wurden. Die Erbauer schufen leere Kammern, falsche Türen, Blindwege und Fallgruben, um Räuber zu verwirren, die die Gräber suchten. Die älteste und größte Pyramide ist die »Große Pyramide« oder Cheopspyramide, die für König Cheops (oder Chufu) erbaut wurde und um 2560 vor Christus fertiggestellt wurde. Die nächstkleinere Pyramide wurde für König Chafre erbaut und die kleinste für König Mykerinos. Später wurden die Pharaonen in Grabkammern bestattet, die in Felshänge und andere Stellen im Niltal gehauen waren, besonders im Tal der Könige, auf der anderen Seite des Flusses von der Hauptstadt Theben (heute Luxor) gelegen. Im Laufe der Zeit wurden die meisten dieser Begräbnisstätten vom Wüstensand bedeckt und darunter verborgen.

Nahe bei den Pyramiden gibt es die riesige Steinskulptur, die Sphinx. Man glaubt, sie sei gebaut worden, um die Pyramide von König Chafre zu bewachen. Sie hat den Körper eines Löwen und ein menschliches Gesicht (wahrscheinlich Chafre) und ist aus einem einzigen Felsblock gehauen. Ursprünglich hatte sie einen Bart, doch der wurde irgendwann abgehauen (ebenso die Nase), und im Sand begraben. Der Bart wurde schließlich gefunden und befindet sich heute im Britischen Museum.

Der Tempel des Ramses II. in Luxor

Berühmte Pharaonen

Der Pharao war der mächtigste Mensch in Ägypten. Die alten Ägypter glaubten, wenn ein Pharao stirbt, dann wird er ein Gott. Ein berühmter Pharao war Ramses II., auch Ramses der Große genannt. Er hatte über hundert Kinder und baute mehr Denkmäler und Statuen von sich selbst als jeder andere Pharao, damit er nicht in Vergessenheit geriet.

Eine seltene Erscheinung war Hatschepsut. Obwohl sie eine Frau war, regierte sie als Pharaonin und zog sogar in den Krieg. Sie herrschte zwanzig Jahre über Ägypten, und auf Bildern trägt sie einen Bart, um anzuzeigen, dass sie rechmäßige Herrscherin war.

Der vielleicht bekannteste Pharao ist der Kindkönig Tutanchamun. Er war erst neun Jahre alt, als er den Thron bestieg, und regierte nur einige Jahre, ehe er im Alter von nur 18 oder 19 Jahren unter geheimnisvollen Umständen starb. Ist er ermordet worden? Das weiß keiner. Er ist berühmt, weil in seinem Grab ein so erstaunlicher Schatz gefunden wurde.

Der Fluch des Tutanchamun

Als Lord Carnarvon nur sieben Wochen nach der Öffnung des Grabs starb, begannen Gerüchte über einen gruseligen Fluch, der jedem den Tod bringen sollte, der das Grab betrat. Die Spekulationen wurden von Sir Arthur Conan Doyle genährt, dem Autor der Sherlock-Holmes Bücher, in denen angedeutet wurde, der Tod von Lord Carnarvon sei vielleicht die Folge eines Fluchs des Pharaos.

Das sind einige Ereignisse – bilde dir selbst eine Meinung:

Eigentlich starb Lord Carnarvon an einem infizierten Moskitostich.

* In Kairo gingen die Lichter aus, als Lord Carnarvon starb.
* In England heulte Lord Carnarvons Hund Susie genau zu der Zeit auf und starb, als sein Herrchen starb.
* Lord Carnarvons Bruder starb fünf Monate später einen plötzlichen Tod.
* Howard Carpenters Kanarienvogel starb an dem Tag, an dem das Grab geöffnet wurde – er wurde von einer Kobra gefressen.
* Sechs von den zehn Menschen, die bei der Graböffnung dabei waren, starben innerhalb von zehn Jahren.
* Ein Polizist, der den Schatz des Tutanchamun auf einer amerikanischen Rundreise bewachte, erlitt einen Schlaganfall und starb bald darauf.

War es nun ein Fluch oder nicht?

Der Schatz des Tutanchamun

Im Laufe der Jahrhunderte wurden die meisten Pharaonengräber ausgeraubt, und als sie Tausende Jahre später wiedergefunden wurden, war außer den schönen Wandmalereien wenig erhalten. Doch im Jahr 1922 entdeckten der Archäologe Howard Carter und sein Finanzier Lord Carnarvon das Grab des Tutanchamun, in dem der sagenhafte Schatz mit Gold und Schmuck noch erhalten war. Das Grab war angefüllt mit Möbeln und anderen Gegenständen, die der König nach seinem Tod brauchen würde. Die Mumie des Kindkönigs lag unangetastet in drei Särgen und trug eine wundervolle goldene Maske.

Mumien

Die alten Ägypter glaubten, wenn jemand gestorben war, lebte er im Jenseits weiter. Wichtige Menschen wie Pharaonen wurden speziell für diese Reise ins Jenseits vorbereitet.

Zuerst wurde die Leiche in ein Zelt gebracht und mit wohlriechendem Palmwein und Nilwasser gewaschen. In die linke Körperseite wurde ein Schnitt gemacht und alle inneren Organe wie Leber, Lunge, Magen und Darm wurden herausgenommen. Das Herz ließ man drin, denn das brauchte der Körper für das Jenseits.

Die Organe wurden gewaschen und dann in ein Salzgemisch, in Natron, gepackt, damit sie austrockneten. Sie wurden in spezielle Gläser, sogenannte Kanopen, gefüllt, die mit der Mumie begraben wurden.

Kanopen

Jetzt kommt das Ekligste. Man stieß einen langen dünnen Haken in die Nase hinauf, stocherte mit ihm herum, bis das Gehirn zerstückelt war, und zog es dann durch die Nase heraus!

Der ganze Körper wurde in Natron gelegt, damit er austrocknete. Nach vierzig Tagen wurde die Leiche wieder mit Nilwasser gewaschen und mit Öl eingerieben, damit die Haut weich blieb. Der leere Körper wurde mit Sägemehl, Blättern und Binden aus Leinen gefüllt, damit er wieder so aussah wie zu Lebzeiten. Später machte man das anders und packte die Organe wieder in den Körper, doch immer noch tat man leere Kanopen zur Mumie.

Der ganze Körper wurde dann mit Bandagen umwickelt – jetzt war es eine Mumie. Dieser Balsamierungsprozess war so gut, dass die Körper noch Tausende Jahre später, als die Mumien ausgepackt wurden, zwar dunkel und verschrumpelt, aber noch in erstaunlich gutem Zustand waren.

Zum Schluss kam die Mumie in einen oder mehrere Särge, die die Form des menschlichen Körpers hatten und wurde dann in einen großen Steinsarg, einen sogenannten Sarkophag gelegt. Die Ägypter fürchteten, auf der langen Reise ins Jenseits gäbe es nichts zu essen und zu trinken für den Leichnam, deshalb tat man in den Sarg Becher, Gabeln und heilige Tränke, dazu viele kleine Gegenstände und mumifizierte Tiere, die den Körper auf seiner langen Reise begleiten sollten.

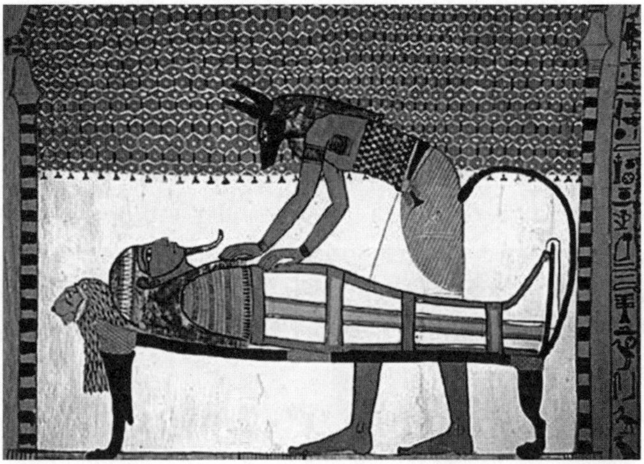

Anubis, der Gott der Mumifizierung, behandelt eine Leiche.

Götter und Göttinnen

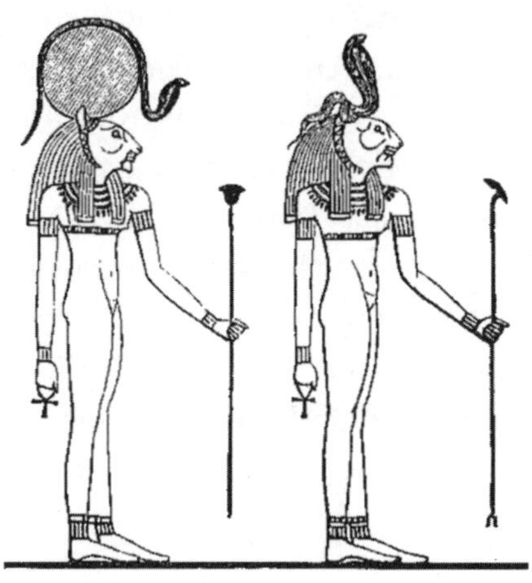

Bastet

Die alten Ägypter glaubten an Hunderte Götter, die sich um die Menschen kümmerten. Manche sorgten dafür, dass die Sonne schien, der Regen fiel, die Früchte wuchsen, die Ernte reifte, andere schützten die Menschen vor Bösem. Die Götter lebten in Tempeln, die speziell für sie erbaut worden waren und wo die Menschen sie anbeteten.

Viele der ägyptischen Götter und Göttinnen wurden von Tieren dargestellt. Ein sehr wichtiger Gott war Re oder Ra, der Sonnengott. Er wurde auf vielerlei Arten dargestellt – manchmal als Falke, manchmal auch als Skarabäus, der eine Scheibe über den Himmel schob, die die Sonne darstellte. Dann gab es noch Apis, einen Stier, und Sobek, ein Krokodil. Die Ägypter liebten Sobek und bauten an seinen Tempeln spezielle Becken, in denen Krokodile gehalten wurden. Sie schmückten die Krokodile sogar.

Die Ägypter beteten auch Katzen an, denn sie glaubten, dass sie Zauberkräfte besäßen. Bastet war die Katzengöttin – sie war manchmal als Löwin und manchmal als normale Katze dargestellt. Als Tochter des Sonnengottes Ra war sie verantwortlich dafür, dass die Sonne die Ernte reifen ließ. In den Tempeln gab es viele Bilder von ihr, und man fand Hunderte von Katzenmumien in kleinen Särgen, die die Form einer Katze hatten. Einige Katzen wurden sehr sorgfältig einbalsamiert – man nahm extra Bandagen für die Beine, den Schwanz und die Schnurrhaare!

Anubis war ein Schakal, der für die Toten zuständig war, und er war der Gott des Einbalsamierens. Thoth war der Mondgott; er hatte den Kopf eines Ibis (ein heiliger Vogel mit einem langen gebogenen Schnabel), doch gelegentlich nahm Thoth die Form eines großen weißen Affen an. Er war der Patron des Schreibens, der Mathematik und der Medizin.

Der Nil

Der Nil fließt von Ostafrika zum Mittelmeer, und in Ägypten gibt es auf beiden Seiten des Nils einen schmalen Streifen mit fruchtbarem Land. Die Ägypter warteten jedes Jahr auf die Überschwemmung, dann hatte der Nil Hochwasser, und das Wasser bedeckte die umgebenden Felder. Die Ägypter hatten spezielle Steine mit Maßeinheiten, um die Wasserhöhe zu messen – die sogenannten Nilometer. Wenn das Wasser zurückging, hinterließ es fruchtbare Flusserde auf den kultivierten Feldern. Die Erde war so fruchtbar, dass das ganze Jahr hindurch geerntet werden konnte. Die alten Ägypter bauten eine große Zahl von Nutzpflanzen an, zum Beispiel Gurken, Bohnen, Melonen, Datteln, Äpfel, Pflaumen, Pfirsiche, Knoblauch und Lauch. Sie hielten Rinder und fingen Fische, doch ganz am Anfang aßen sie weder Hühner noch Eier. Ein Pharao hielt einige Hühner in seinem Zoo. Tausende Jahre später, 1970, wurde schließlich der Assuan-Staudamm im Nil gebaut. Damit konnten die jährlichen Überschwemmungen kontrolliert werden, und die Bauern wussten genau, wann das Wasser ihre Felder überfluten würde.

Hieroglyphen

Die alten Ägypter benutzten nicht die Buchstaben, die wir kennen. Sie hatten eine Art Bilderschrift, die man Hieroglyphen nennt, und andere vereinfachte Schriftzeichen. Jahrhundertelang verstand sie niemand. Erst als man 1799 den Rosettastein entdeckte, gelang es, ihr Geheimnis zu entschlüsseln.

Hieroglyphe einer Eule, stellt den Buchstaben M dar

Der Stein wurde zufällig von einem französischen Soldaten entdeckt, der mit Napoleons Armee in Ägypten war. Er berichtete einem Archäologen davon, der die Armee begleitete, und der Rest ist Geschichte. Als die französische Armee sich den Briten ergab, wurde der Stein übergeben, und er befindet sich heute im Britischen Museum.

Der Stein wies drei verschiedene Schriftarten auf – unten Altgriechisch, in der Mitte eine einfache Schrift, das Demotische, und oben Hieroglyphen. Sie alle bedeuteten dasselbe, denn die Gelehrten konnten sowohl das Griechische als auch das Demotische lesen. Weil sie wussten, was der Text aussagte, konnten sie die Hieroglyphen entziffern. Die Schrift war sehr wichtig für die Grabdekoration. Die Hieroglyphen an den Wänden halfen dem Pharao, ins Jenseits zu gelangen.

Das Ende des Alten Ägypten

Die Zivilisation des alten Ägypten blieb im Laufe der Jahrhunderte erstaunlich unverändert. Selbst als die Perser in Ägypten einfielen und später Alexander der Große, änderte sich der Lebensstil der Ägypter kaum. Die Griechen hinterließen eine neue Dynastie griechischer Pharaonen, die Ptolemäer. Deren berühmteste Vertreterin war auch die letzte – Königin Kleopatra. Nach ihrem Tod wurde Ägypten römische Provinz. Seine Zivilisation versank und schließlich wurden seine großen Gebäude und Denkmäler von Sand bedeckt. Schließlich wurde das Land im Jahre 640 nach Christus von den Arabern erobert.

Königin Kleopatra

Besichtigungen

Sie können mit Ihren Enkeln in verschiedenen Museen Mumien und andere interessante Relikte der alten Ägypter besichtigen. Im Ägyptischen Museum Berlin (*www.aegyptisches-museum-berlin.de*) können Sie die wunderschöne Büste der Königin Nofretete bewundern. Das Museum in Heidelberg zeigt Replikate berühmter Objekte und bietet spezielle Führungen für Kindergarten- und Grundschulkinder an (*www.aegyptisches-museum-heidelberg.de*). Auch in München gibt es ein schönes Museum mit ägyptischen Fundstücken (*www.aegyptisches-museum-muenchen.de*).

FUSSBALL

An Fußball kommt man kaum vorbei, jedenfalls nicht mit meinen Enkelkindern, die einen fußballbegeisterten Großvater und ebensolche Väter haben. Wenn es andersherum ist und Sie weniger begeistert davon sind, ist es wohl am besten, im Strom mitzuschwimmen: Zumindest hat man ein gemeinsames Thema, über das man sprechen kann. Wenn Sie sich überwinden können, mit ihnen zu einem Fußballspiel zu gehen (und es sich leisten können – ein wichtiger Punkt heutzutage), umso besser – die meisten Kinder finden das Spektakel total faszinierend. Doch wählen Sie sorgfältig aus: Das Team wird sie wahrscheinlich lebenslang begleiten.

Die Ursprünge des Fußball

Als Italien bei der Weltmeisterschaft 2006 in Deutschland beim Endspiel der Fußballweltmeisterschaft Frankreich schlug, sahen das drei Milliarden Menschen weltweit im Fernsehen. Das ist etwa die Hälfte der heute lebenden Menschen! Fußball ist wirklich der beliebteste Sport der Welt. Doch wie hat das alles angefangen?

Niemand weiß, wer das Spiel erfunden hat. Vielleicht die Menschen, die im alten Mexiko lebten. Die Überreste von Spielfeldern wurden dort überall gefunden, und die Überlieferung dort berichtet von einem Spiel, das an Fußball erinnert. Außerdem konnten die Mexikaner auch richtige Bälle machen: Den Gummibaum gab es damals nur in den tropischen Gebieten Amerikas, und die Mexikaner hatten entdeckt, wie man den Latexsaft mit den Wurzeln anderer Pflanzen mischte und so einen stabilen Gummiball herstellte.

Doch das Spiel, wie wir es heute kennen, hatte seinen Anfang im Großbritannien des 19. Jahrhunderts, zuerst in den Privatschulen, dann in Nordengland und Schottland in den damals entstehenden Industriestädten. Mit Ausbreitung der Eisenbahn konnten bald auch Mannschaften aus verschiedenen Landesteilen gegeneinander spielen. Die Männer waren Samstag zur Mittagszeit mit der Arbeit fertig und gingen dann zum Fußballplatz, um sich ein Spiel anzusehen.

Einige der früheren Regeln kommen uns komisch vor. Zum Beispiel wechselten die Mannschaften nach jedem Tor die Seiten. Und die Mannschaften traten an mit einem Torwart, zwei Abwehrspielern, einem Mittelfeldspieler und sieben Stürmern! Die Spieler gaben auch den Ball kaum ab. Bei einem Spiel England gegen Schottland im

Jahre 1877 sagte der ehrenwerte Alfred Lyttleton zu einem seiner Mitspieler, der sich beklagte, weil man ihm den Ball nie abgegeben hatte: »Ich spiele nur zu meinem eigenen Vergnügen, mein Herr.« Könnten Sie sich vorstellen, dass Michael Ballack das zu Lukas Podolski sagen würde?

Die wichtigsten heute noch gültigen Regeln wurden bis 1888 verabschiedet, als die englische »Football League« gegründet wurde, so zum Beispiel die Abseitsregel, die verhindern sollte, dass die Spieler nur um das Tor herumlungerten. Das Ergebnis waren weniger Tore, sodass jedes Tor zu einem besonderen Erlebnis wurde. Fußball breitete sich über die ganze Welt aus und wurde zu einer der beliebtesten Sportarten. Die Deutsche Fußball-Bundesliga wurde 1963 gegründet.

Frauenfußball

Fußball war früher bei Mädchen genauso beliebt wie bei Jungs. Im Jahre 1920 sahen in England 53 000 Zuschauer das Spiel zwischen den Teams von St. Helen und Dick Kerr – eine Zahl, die einem heutigen Bundesliga-Spiel entspricht. Aber in den folgenden Jahren wurden Frauenvereine aus den Stadien verbannt. Lange Zeit waren Frauen komplett vom Fußballspiel ausgeschlossen. Aber heute spielen Frauen wieder und es gibt eine wachsende Zahl begeisterter Fans – vor allem seitdem die Deutsche Frauenmannschaft bei den FIFA Frauen-Weltmeisterschaften 2003 und 2007 gewann und bei der EM 2009 zum siebten Mal Europameister wurde.

Vereine und ihre Spitznamen

Da viele der Vereine schon sehr alt sind und ihre Wurzeln weit in die Vergangenheit des Fußballs zurückreichen, kann es sehr interessant sein, ihre Geschichte zu erforschen, so können zum Beispiel auch ihre Spitznamen viel Erstaunliches zutage bringen.

Greuther Fürth: *Die Kleeblätter* (Kleeblatt im Vereinswappen); in den 20er-Jahren war die SpVgg Fürth mit dem FC Nürnberg die bestimmende Mannschaft im deutschen Fußball. Teilweise bestand die Nationalmannschaft nur aus Spielern dieser beiden Vereine. Bei der Gründung der SpVgg wollten sie ihre Verbundenheit mit der Heimatstadt ausdrücken, die ebenfalls das Kleeblatt im Stadtwappen hat

1. FC Nürnberg: Der Name *Der Club* verdeutlicht das Selbstverständnis der Fans: sie tun, als ob es keinen anderen gäbe. Nach den Bayern haben die Nürnberger die meisten deutschen Meistertitel errungen, jedoch nur einen in der 1963 gegründeten Bundesliga.

HSV (Hamburger Sportverein): Der HSV ist der einzige Verein, der von der ersten bis zur letzten Sekunde in der 1963 gegründeten Bundesliga mit dabei war, also hat er definitiv den Spitznamen *Bundesliga Dino* verdient.

Schalke 04: *Die Königsblauen* werden sie wegen der Trikotfarbe genannt; *die Knappen*, weil sich die Mannschaft und deren Fans, die Ende der 30er- Anfang der 40er-Jahre mit insgesamt sechs Meisterschaften den deutschen Fußball bestimmten, so stark mit den Bergwerksleuten identifizierten.

1. FC Kaiserslautern: Wegen der fairen, aber ausgelassenen Fans wurde der Betzenberg (ehemals das Stadion des 1. FCK – heute Fritz-Walter-Stadion) als Hölle für die Gästemannschaft angesehen. Da die Lauterer immer rote Trikots trugen, wurden sie schnell zu *den roten Teufeln.*

Borussia Mönchengladbach: In den 70er-Jahren holten die Borussen fünf Meistertitel in der Bundesliga. Dabei imponierte die sehr junge Mannschaft insbesondere durch ihr cleveres, laufintensives, aber nimmermüdes Spiel. So hatten sie schnell den Namen *die Fohlen* weg.

1. FC Köln: Anfang der 50er-Jahre schenkte Zirkusleiterin Carola Williams dem damaligen Präsidenten den Ur-Geißbock Hennes I. (benannt nach dem ehemaligen Meistertrainer Hennes Weisweiler). Seitdem heißen sie *Die Geißböcke* und der vierbeinige Freund ist das Maskottchen.

Sechs berühmte Fußballspieler

Hier sind die sechs besten Spieler aller Zeiten. Das Beste ist, von den meisten kann man sich auf You Tube (www.youtube.de) die Highlights ansehen. Man sieht sogar Aufnahmen von Puskás, der zu einer Zeit spielte, als das Fernsehen noch nicht alle Spiele übertrug.

Ferenc Puskás

In den 40er- und 50er-Jahren des 20. Jahrhunderts schoss Puskás für Ungarn 84 Tore in 85 Begegnungen – ein beeindruckender Rekord. Er wechselte von Ungarn zu Real Madrid in Spanien. 1995 – lange nachdem er seine Spielerschuhe an den Nagel gehängt hatte – wurde er zum besten Torschützen aller Zeiten ernannt. Nicht schlecht für jemanden, der klein und dick war und nur mit dem linken Fuß schießen konnte.

Pelé

Pelé hat mit Brasilien dreimal Gold in der Weltmeisterschaft errungen, das erste 1958 im Alter von 17 Jahren. Seine Spieltechnik war hervorragend und sehr schnell. Er war ein guter Kopfballer und konnte mit beiden Füßen schießen. Seine Rekorde sprechen für sich: Er hält den Weltrekord in Hattricks (92) und internationalen Toren (97). Etwas ist komisch: Keiner weiß, was sein Name bedeutet, auch er selbst nicht! Er bekam ihn als Spitznamen in der Schule. Im Jahr 2000 wurde Pelé von der FIFA zum Fußballer des Jahrhunderts gekürt.

Diego Maradona

Maradona ist in England bekannt, weil er den Ball beim argentinischen Sieg gegen England bei der Weltmeisterschaft 1986 ins Netz schlug – er sagte, die »Hand Gottes« habe das Tor erzielt. Doch sogar Engländer werden zugeben, dass er einer der größten Spieler aller Zeiten ist. Er erzielte ein zweites Tor in jenem Spiel, nachdem er an fünf Spielern vorbeigedribbelt hatte – man nennt es oft das »Tor des Jahrhunderts«. Maradona stammt aus einer sehr armen Familie in Argentinien, errang jedoch Weltruhm, als er für Barcelona und Neapel spielte.

Franz Beckenbauer

»Der Kaiser« prägte als Kapitän des FC Bayern München und der Nationalmannschaft den deutschen Fußball in den 70er-Jahren.

Sein Stern ging bei der WM 1966 auf, als er seine Mannschaft als Stratege bis ins Finale führte. Vier Jahre später in Mexiko: unvergessen seine Leistung im verlorenen Halbfinale gegen Italien, als er das »Jahrhundertspiel« gegen Italien (3:4 nach Verlängerung) mit ausgekugelter Schulter zu Ende brachte, weil das Auswechselkontingent bereits erschöpft war. Den endgültigen Aufstieg zur »Lichtgestalt des deutschen Fußballs« schaffte Beckenbauer durch den Weltmeistertitel der deutschen Nationalmannschaft 1990, bei der er die Mannschaft trainierte. Ihm gelang es als erstem Fußballer, sowohl als Spieler als auch als Trainer Fußballweltmeister zu werden.

Eusebio

Eusebio – oder, um ihn mit dem ganzen Namen zu nennen, Eusebio da Silva Ferreira – war der erste große afrikanischstämmige Fußballer. In Mozambik geboren, ging er als Teenager nach Europa, um für den bekannten Lissabonner Verein Benfica zu spielen. Aufgrund seiner Schnelligkeit und Stärke bekam er schnell den Spitznamen »der schwarze Panther«. Sein größter Erfolg war die Weltmeisterschaft 1966 in England, als er im Viertelfinale gegen Nordkorea vier Tore schoss – ein erstaunliches Spiel, das Portugal schließlich mit 5:3 gewann, nachdem es mit 3:0 zu verlieren drohte. Bei der Europameisterschaft 2008 konnte man Eusebio begeistert die portugiesische Mannschaft anfeuern sehen.

KARTENSPIELE

Wenn ich an Kartenspiele denke, fallen mir immer wilde Spielrunden von Racing Demon mit meinen Freundinnen in der Schule ein. Alle schummelten, und nach einigen Spielrunden waren wir alle völlig erschöpft, aber begeistert. Hier sind einige einfache und ruhigere Kartenspiele, die Kinder jeden Alters gerne spielen. Wenn Sie eine lange Reise machen oder etwas unternehmen, wobei Kinder sich langweilen könnten, sollten Sie immer einige Kartenspiele dabeihaben.

Memory *(zwei–vier Spieler)*

Das ist ein wunderbares Gedächtnistraining. Oft haben die jüngsten Spieler das beste Gedächtnis.

Mischen Sie das Kartenspiel und legen Sie alle Karten mit der Oberseite nach unten beliebig auf dem Tisch oder dem Boden aus. Die Karten sollten sich nicht überlappen.

Ziel des Spieles ist es, Kartenpaare mit demselben Wert zu sammeln, – zwei 4er, zwei Königinnen und so weiter. Die Person, die beginnt (normalerweise, wer zur Linken des Kartengebers sitzt), dreht zwei Karten um. Wenn sie passen, behält sie sie und darf noch einmal zwei umdrehen. Wenn sie nicht passen, dreht sie sie wieder um, genau an der Stelle, wo sie lagen. Dann dreht der nächste Spieler zwei Karten um und so weiter.

Natürlich wird das Kind, das am genauesten hinschaut und sich erinnert, wo welche Karten lagen, hier erfolgreich sein. Gewonnen hat, wer die meisten Kartenpaare gesammelt hat.

Bedenken Sie, normalerweise ist das jüngste Kind in der Gruppe das beste bei diesem Spiel.

Dreizehn *(ein Spieler)*

Das ist eine einfache Patience und gut fürs Kopfrechnen, doch sagen Sie das nicht den Kindern.

Sie brauchen ein Kartenspiel. Legen Sie eine Reihe mit fünf Karten mit der Bildseite nach oben aus. Es geht darum, immer zwei Karten wegzunehmen, deren Wert zusammen 13 ergibt. Ein Ass zählt einen Punkt, eine Königin zwölf, ein Bube elf und ein König 13, er kann also allein herausgenommen werden.

Füllen Sie die Lücken der herausgenommenen Karten, die zusammen 13 ergeben, mit Karten aus dem Stapel in Ihrer Hand. Wenn Sie keine mehr herausnehmen können, legen Sie auf die ausgelegten Karten noch fünf weitere auf, die dann immer noch sichtbar sind. Nur die oberste Karte auf jedem Stapel kann aufgenommen werden, um auf 13 zu addieren, doch sie kann auch eine Lücke in der Fünferreihe auffüllen.

Verteilen Sie so lange Karten auf die Fünferreihe, bis Sie keine Karten mehr in der Hand haben. Am Ende werden die letzten beiden Karten des Stapels zur Seite gelegt. Sie können auch benutzt werden, um auf 13 aufzufüllen.

Sie haben das Spiel gewonnen, wenn Sie den ganzen Stapel in 13er-Paaren aufnehmen können.

Uhr-Patience *(ein Spieler)*

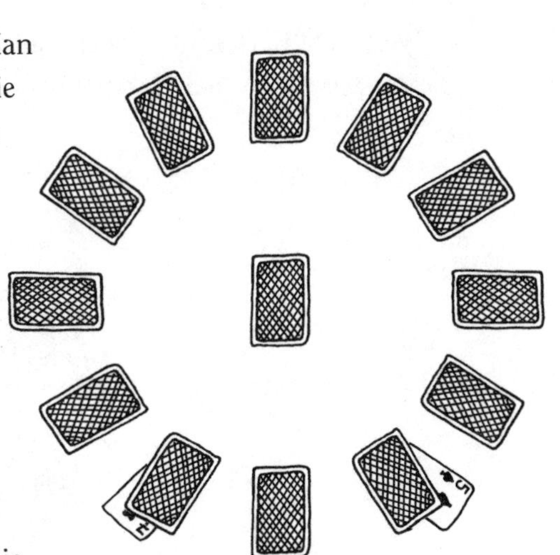

Damit kann man gut die Uhrzeit lernen. Man braucht ein gut gemischtes Kartenspiel. Legen Sie zwölf Karten mit dem Bild nach unten in einem Kreis aus, wie die Zahlen auf einer Uhr. Legen Sie die 13. Karte mit dem Bild nach unten in die Mitte des Kreises. Wiederholen Sie das, bis auf allen Stapeln je vier Karten liegen.

Drehen Sie die oberste Karte auf dem Stapel in der Mitte um. Wenn es eine Karo 7 ist, legen Sie die Karte mit dem Bild nach oben unter den Sieben-Uhr-Stapel auf Ihrer Uhr. Lassen Sie die Karte etwas herausstehen, damit Sie die Zahlen sehen können. Nehmen Sie jetzt die oberste Karte vom Sieben-Uhr-Stapel und legen Sie sie dorthin, wo sie auf Ihrem Ziffernblatt hingehört.

Ein Bube gehört auf elf Uhr, eine Königin auf zwölf und ein Ass auf eins, während der König unten in den Stapel in der Mitte kommt.

Ziel ist es, dass am Ende alle Karten mit dem Bild nach oben daliegen, doch das ist nicht leicht, denn oft kommen die Könige zu früh heraus, und dann muss das Spiel beendet werden.

Deutsches Whist *(zwei Spieler)*

Dieses einfache Spiel ist englisch, trotz seines Namens. Sie brauchen ein Kartenspiel.

Geben Sie an jeden Spieler sieben Karten aus und legen Sie den Rest mit dem Bild nach unten in die Mitte. Drehen Sie die oberste Karte um – das ist die Trumpffarbe. Der zweite Spieler spielt eine Karte und der Geber muss bedienen, wenn möglich. Kann er das nicht, kann er Trumpf oder eine andere Karte spielen. Wenn er eine höhere Karte in derselben Farbe spielt, macht er den Stich. Kann er keinen Trumpf und keine höhere Karte spielen, gewinnt der Gegner. Der Gewinner der Runde nimmt dann die oberste, die Trumpfkarte, vom Stapel, und der Gegner nimmt die nächste. Dann wird wieder eine Karte umgedreht, das ist dann der nächste Trumpf. Der Gewinner der nächsten Runde legt zuerst (ob er die Karte gewinnt oder nicht, kann er nicht entscheiden, es kommt auf ihren Wert an), und wieder muss sein Gegner die Farbe bedienen, wenn möglich und so weiter.

Wenn alle Karten im Stapel aufgebraucht sind, werden die letzten sieben Karten, die die Spieler auf der Hand haben, gespielt. Gewonnen hat, wer die meisten Stiche gemacht hat.

King Albert Solitaire *(ein Spieler)*

Diese Patience gewinnt man mit hoher Wahrscheinlichkeit. Sie brauchen ein Kartenspiel.

Legen Sie 45 Karten mit dem Bild nach oben in neun Stapeln nach unten überlappend aus – *wie in der Abbildung*. Unter die neun Reihen legen Sie die sieben übrigen Karten, ebenfalls mit dem Bild nach oben.

Wenn als unterste Karten in den Reihen oder am Ende der Siebenerreihe Asse erscheinen, legen Sie sie heraus. Sie müssen diese vier Stapel von Ass bis König in Folge nach Farben aufbauen.

Die neun Reihen vor Ihnen sollten nach unten in wechselnden Farben aufgebaut sein – auf einer Herz 4 könnte zum Beispiel eine Kreuz 3 oder Pik 3 liegen. Sie können immer nur eine Karte auf einmal in eine andere Reihe bewegen. Sie können auch jede Karte auf ein Ass legen, vorausgesetzt, sie hat die richtige Folge und Farbe.

Wenn Sie oben an einer der neun Reihen Platz geschaffen haben, können Sie diesen mit jeder beliebigen Karte (also nicht nur mit einem König) vom Ende einer anderen Reihe oder von einem der Stapel der sieben Reservekarten auffüllen. Sie haben das Spiel gewonnen, wenn es Ihnen gelungen ist, alle Reihen von Ass bis König aufzubauen.

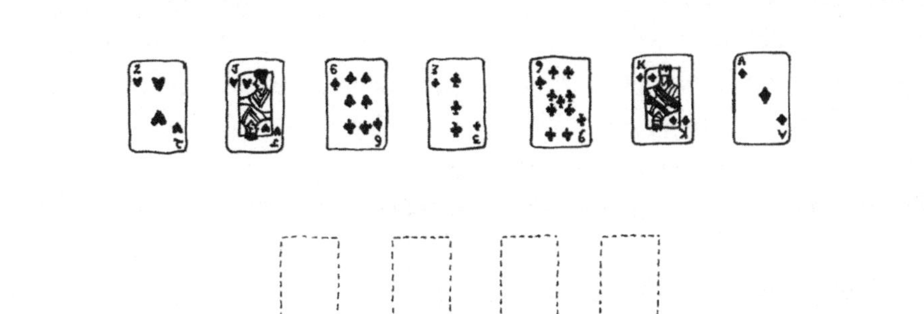

Asse liegen hier

Racing Demon *(zwei oder mehr Spieler)*

Dieses Spiel ist sehr beliebt bei Kindern und Erwachsenen. Es kann sehr spannend werden, denn es ist sehr schnell, keiner ist dran, und es ist sehr laut. Nicht umsonst heißt es Racing Demon (Rasender Dämon). Spielen Sie es an einem großen Tisch oder auf dem Boden.

Sie brauchen ein Kartenspiel pro Spieler, doch die Karten müssen hinten verschiedene Muster haben, damit man am Ende des Spiels zählen kann, welche Karten von wem gespielt wurden.

Der Stapel

Zuerst legen Sie auf Ihrer linken Seite 13 Karten mit dem Bild nach unten auf einen Stapel. Die oberste Karte ist jedoch sichtbar – das nennt man den Stapel. Dann legen Sie vier Karten mit dem Bild nach oben rechts vom Stapel aus – also vor Ihnen – *wie in der Abbildung.* Die übrigen Karten behalten Sie in der Hand. Das sind die Reservekarten.

Ziel des Spiels ist es, den Stapel so schnell wie möglich loszuwerden.

Zu Beginn des Spiels müssen Sie die Reservekarten in Ihrer Hand entweder einzeln oder in Dreiergruppen (das ist schwieriger) umdrehen. Haben Sie ein Ass im Stapel, in den Karten, die aufgedeckt vor Ihnen liegen oder wenn Sie ein Ass in Ihren Reservekarten umdrehen, kommt das sofort an die leere Stelle in der Mitte über Ihrer Kartenreihe. Dorthin kommen auch die Asse von allen anderen Spielern. Ihr Ziel ist es, jede Ihrer Karten in aufsteigender Reihenfolge auf die Asse in diesem Bereich aufzulegen – nicht nur auf Ihre eigenen. Wenn drei Spieler spielen, wird es schließlich zwölf Kartenstapel mit Assen geben, auf die aufgelegt werden kann.

Sie müssen sehr wachsam sein, denn Sie müssen Ihre Karten so schnell wie möglich auf die wachsenden Assestapel legen, bevor jemand anderes seine darauflegt. Diese Stapel bauen von Ass bis König auf. Wenn bei Ihren vier Karten eine Lücke entsteht, nehmen Sie eine Karte vom Stapel und drehen dann die nächste mit dem Bild nach oben und so weiter.

Das Spiel ist aus, wenn der erste Spieler seinen Stapel losgeworden ist (eine Reihe mit vier Karten kann noch vor ihm liegen). Dann ruft er »Stopp!«. Diese Person ist nicht notwendigerweise der Gewinner, doch sie bekommt zehn Bonuspunkte.

Zählen: Legen Sie Ihre restlichen Reservekarten und die aus ihrer Viererreihe zur Seite – Sie brauchen sie nicht mehr, und sie zählen nicht. Jeder sucht seine eigenen Karten aus den Assestapeln in der Mitte heraus und zählt, wie viele Karten er dort hat. Wenn Sie einen Assestapel mit einem König obendrauf haben, bekommen Sie zwei Bonuspunkte. Von Ihrer Gesamtpunktzahl ziehen Sie die Zahl der Karten ab, die Sie noch in Ihrem Stapel haben – es sei denn, Sie sind derjenige, der zuerst fertig war, dann haben Sie natürlich keine Karten übrig.

Schreiben Sie Ihre Zahlen auf und spielen Sie noch drei oder vier Spiele. Gewonnen hat der Spieler mit der höchsten Gesamtpunktzahl.

KINDERREIME

Auch wenn Sie nicht von Ihren Gesangskünsten überzeugt sind, singen Sie Ihrem Enkelkind so oft wie möglich vor – kürzlich sollte ich (Eleo) einem sechs Monate alten Baby ein afrikanisches Dschungellied vorsingen. Ich sang es seiner Mutter vor, als sie noch ein Baby war, aber jetzt kam ich nicht mehr über den zweiten Vers hinaus. Aber das Baby strahlte und hoffte wahrscheinlich, dass ich mit der Zeit besser werde.

Einige zum Anfangen

Manche dieser Reime und Gedichte eignen sich besser zum Singen, andere zum Aufsagen. Sie können sie gemeinsam zum Besten geben, wann immer Ihnen danach ist – im Auto, beim Spazierengehen, beim Baden, vor dem Schlafengehen. Wenn Kinder nörgelig sind, kann Singen wahre Wunder vollbringen.

Für diese Reime benutzen Sie alle fünf oder alle zehn Finger. Sie machen unheimlich Spaß.

Das ist der Daumen,
der schüttelt die Pflaumen,
der liest sie auf,
der trägt sie heim,
und der Kleine isst sie ganz allein!

Der ist ins Wasser gefallen,
der hat ihn wieder herausgeholt,
der hat ihn ins Bett gelegt,
der hat ihn warm zugedeckt,
und der kleine Schelm da
hat ihn wieder aufgeweckt.

* Zehn kleine Zappelmänner zappeln hin und her,
zehn kleinen Zappelmännern fällt das gar nicht schwer.
Zehn kleine Zappelmänner zappeln auf und nieder,
zehn kleine Zappelmänner tun das immer wieder.
Zehn kleine Zappelmänner zappeln ringsherum,
zehn kleine Zappelmänner, die sind gar nicht dumm.
Zehn kleine Zappelmänner spielen gern Versteck,
zehn kleine Zappelmänner sind auf einmal weg.
Zehn kleine Zappelmänner sind nun wieder da,
zehn kleine Zappelmänner rufen laut: Hurra!

Ein kitzeliges Gedicht …

* Kleine Schnecke, kleine Schnecke,
krabbelt rauf, krabbelt rauf,
krabbelt wieder runter,
krabbelt wieder runter,
kitzelt dich am Bauch,
kitzelt dich am Bauch.

Lassen Sie das Kind auf Ihren Knien hoppeln:

* Hoppe hoppe Reiter,
wenn er fällt, dann schreit er.
Fällt er in den Graben,
fressen ihn die Raben.
Fällt er in die Hecken,
fressen ihn die Schnecken.
Fällt er in das grüne Gras,
macht er sich die Hosen nass.
Fällt er in das Wasser,
macht er sich noch nasser.
fällt er in den Sumpf,
macht der Reiter PLUMPS!

Das möglichst laute Wiederholen der R-Worte macht Kindern riesigen Spaß.

*

Ri-ra-rutsch, wir fahren mit der Kutsch.
Wir fahren mit der Schneckenpost,
die uns keinen Pfennig kost'.
Ri-ra-rutsch, wir fahren mit der Kutsch.

Ri-ra-rutsch, wir fahren mit der Kutsch.
Wir fahren über Stock und Stein,
da bricht das Pferdchen sich ein Bein.
Ri-ra-rutsch, wir fahren mit der Kutsch.

Ri-ra-ritten, wir fahren mit dem Schlitten.
Wir fahren übern tiefen See,
da bricht der Schlitten ein, o weh!
Ri-ra-ritten, wir fahren mit dem Schlitten.

Ri-ra-ruß, jetzt gehn wir fein zu Fuß.
Da bricht uns auch kein Pferdebein,
da bricht uns auch kein Schlitten ein.
Ri-ra-ruß, jetzt gehn wir fein zu Fuß.

Bei diesem Lied klatscht man mit beiden Händen abwechselnd auf seine Oberschenkel, einen Oberschenkel des Nebenmannes links und auf den eigenen linken Oberschenkel, dann wieder in die Mitte und das Gleiche rechts. Das Lied wird immer schneller und lauter! Man kann die Regenwürmer auch niesen, schmatzen, küssen und schnarchen lassen …

*

Hört ihr die Regenwürmer husten, hu-hu,
wie sie durchs dunkle Erdreich zieh'n,
wie sie sich winden
und dann verschwinden
auf nimmer-nimmer Wiederseh'n.
Und wenn sie weg sind, dann bleibet ein Loch Loch Loch,
und wenn sie wiederkommen, ist es immer noch noch noch.

Der Ball der Tiere ist ein bekanntes Lückengedicht. Sagen Sie die Verse vor, und machen Sie dann eine Pause, um den Kindern die Gelegenheit zu geben, lautstark das fehlende Wort zu ergänzen.

Mich dünkt, wir geben einen Ball!
Sprach die Frau … Nachtigall.

So?
Sprach der … Floh.

Was werden wir essen?
Sprachen die Wespen.

Nudeln!
Sprachen die Pudeln.

Was werden wir trinken?
Sprachen die Finken.

Bier!
Sprach der Stier.

Nein, nein!
Sprach das Schwein.

Wo werden wir tanzen?
Sprachen die Wanzen.

Im Haus!
Sprach die Maus.

Das Gedicht »Vom Riesen Timpetu« von Alwin Freudenberg lieben die meisten Kinder.

Pst! Ich weiß was. Hört mal zu:
War einst ein Riese Timpetu.
Der arme Bursche hat – o graus –
im Schlafe nachts verschluckt 'ne Maus.
Er lief zum Doktor Isegrim:
Ach Doktor! Mir geht's heute schlimm!
Ich hab im Schlaf 'ne Maus verschluckt,
die sitzt im Leib und kneipt und druckt.
Der Doktor war ein kluger Mann,
man sah's ihm an der Brille an.
Er hat ihm in den Hals geguckt.
Wie? Was? 'Ne Maus habt ihr verschluckt?
Verschluckt 'ne Miezekatz dazu,
so lässt die Maus euch gleich in Ruh!

Kinder lieben Gedichte mit kleinen süßen Tieren. Diese hier sind besonders niedlich.

Die Spinne hat ein Netz gemacht,
hat leise, leis' ihr Werk vollbracht,
in vielen Stunden wunderbar,
aus Fäden feiner als ein Haar.

Und wird es weggefegt, sofort
beginnt an einem andern Ort
die Spinne wieder: webt und webt
zum Zeichen, dass sie lebt.

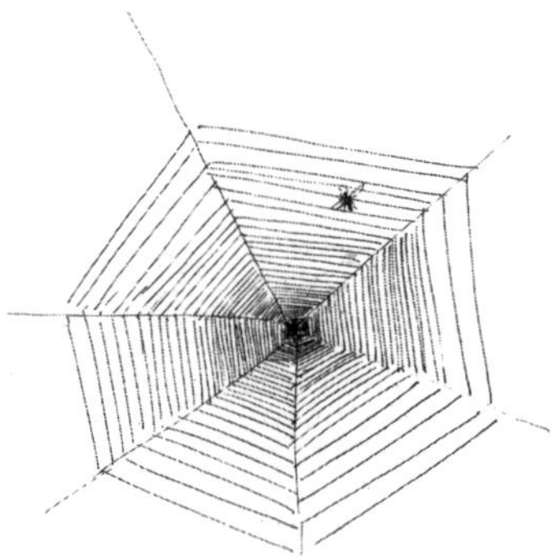

Ich spinne ohne Rädchen
ein seidiges Fädchen
und häkle daraus
mein luftiges Haus.

In Ecken und Hecken
tu ich mich verstecken,
Mücklein bleib fern,
denn ich fange Dich gern!

Die drei Spatzen (Christian Morgenstern)

In einem leeren Haselstrauch
da sitzen drei Spatzen, Bauch an Bauch.

Der Erich rechts und links der Franz
und mittendrin der freche Hans.

Sie haben die Augen zu, ganz zu,
und obendrüber, da schneit es, hu!

Sie rücken zusammen dicht, ganz dicht.
So warm wie der Hans hats niemand nicht.

Sie hörn alle drei ihrer Herzlein Gepoch.
Und wenn sie nicht weg sind, so sitzen sie noch.

*

Es war einmal ein kleiner Frosch,
der saß im grünen Gras.
Es regnete, es regnete,
der kleine Frosch ward nass.
Da fing entsetzt er an zu schrein:
»Igitt! Was ist denn das?«
Schwupp! sprang ins Wasser er hinein,
da wurd' er nicht mehr nass.

Das Krokodil zu Singapur (Hermann von Lingg)

*

Im heil'gen Teich zu Singapur,
da liegt ein altes Krokodil
von äußerst grämlicher Natur
und kaut an einem Lotusstil.

Es ist ganz alt und völlig blind,
und wenn es einmal friert des Nachts,
so weint es wie ein kleines Kind.
Doch wenn ein schöner Tag ist, lacht's.

Rumpumpels Geburtstag (Paula Dehmel)

*

Kräht der Hahn früh am Morgen,
krähet laut, krähet weit:
Guten Morgen, Rumpumpel,
dein Geburtstag ist heut!

Guckt das Eichhörnchen runter:
Wenig Zeit, wenig Zeit!
Guten Morgen, Rumpumpel,
dein Geburtstag ist heut!

Kommt das Häschen gesprungen,
macht Männchen vor Freud:
Guten Morgen, Rumpumpel,
dein Geburtstag ist heut!

Steht der Kuchen auf dem Tische,
macht sich dick, macht sich breit:
Guten Morgen, Rumpumpel,
dein Geburtstag ist heut!

Und Vater und Mutter,
alle Kinder, alle Leut'
schreien: Hoch der Rumpumpel,
sein Geburtstag ist heut!

BASTELN WIR WAS

Kinder basteln gerne, aber schon der Gedanke an die Unordnung – Farben, Klebstoff, Pappe, Klebefolie und Flitter – lässt einen als Erwachsenen schnell abwinken. Um es doch möglich zu machen, brauchen Sie einen Plan. Sehen Sie genügend Zeit vor, auch für ein einfaches Projekt.

Wenn Sie Platz haben, sammeln Sie Kartons: Schachteln von Papiertaschentüchern, Cornflakes, Waschmittel, Klopapierrollen und Ähnliches. Zeitungen, Plastikflaschen, Aluminiumfolie, altes Packpapier, Drahtkleiderbügel und so weiter können alle nützlich sein. Kinder werden aus altem Krimskrams gerne einen Lastwagen, eine Rakete, einen Astronauten und so weiter basteln – auch wenn Sie nicht immer gleich erkennen, was es darstellen soll.

Sie sollten möglichst Folgendes zur Hand haben: Klebestreifen, Klebstoff, Büroklammern, Plakatfarbe und Pinsel, Schnur, eine Schere, die die Kinder benutzen können, Kugelschreiber, Farbstifte, Lineal.

Hier zwei einfache Vorschläge, die ein Kind, wenn nötig mit Ihrer Hilfe, basteln kann.

Ein einfaches Mobile

WIR BRAUCHEN: *Schablone, Papier, Filz oder dicken Baumwollstoff, Klebstoff in einem Behälter mit kleiner Öffnung, Sticknadel mit stumpfer Spitze, Wolle, Watte, zwei schmale Pflanzstäbe oder andere dünne Holzstäbchen, ein langes Stück Schnur.*

Wir nehmen die Vorlagen aus dem Buch oder entwerfen selbst welche. Wir brauchen vielleicht ein Thema wie Meer, Blumen oder Schmetterlinge. Wir malen die Vorlagen (aber machen sie größer) oder andere eigene Entwürfe auf weißes Papier und schneiden vier Papierschablonen aus. Dann falten wir den Stoff in der Mitte und stecken die vier Vorlagen darauf. Wir versichern uns, dass alle darauf passen, ehe wir mit dem Ausschneiden beginnen, und schneiden jede Form aus. Da wir den Stoff gefaltet haben, haben wir nun acht Stoffstücke –

vier Paare. Wir legen die Paare zusammen, kleben sie an den Rändern mit ein wenig Klebstoff zusammen, mit der falschen Seite nach innen, doch lassen wir eine Lücke von 2 cm.

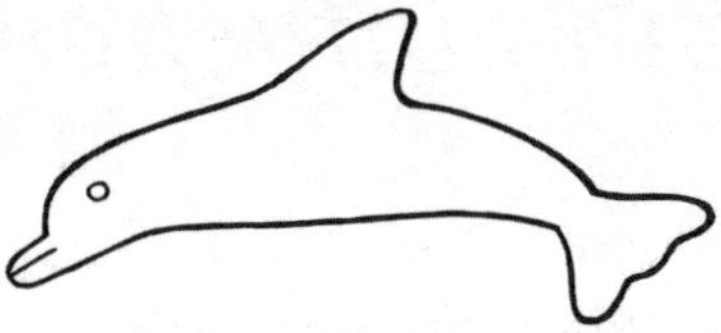

Wir lassen den Klebstoff gründlich trocknen und stopfen dann die Form vorsichtig mit etwas Watte aus und kleben die Lücke zu.

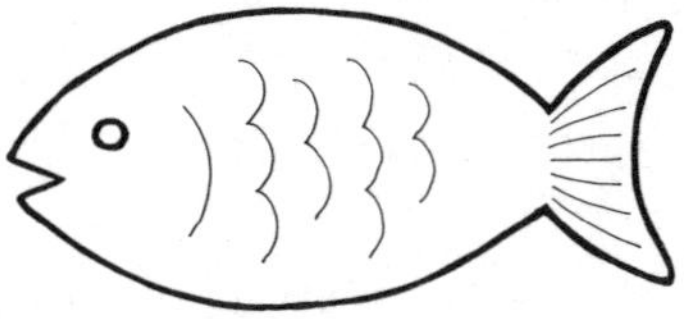

Wir fädeln mit der Sticknadel einen etwa 26 cm langen bunten Wollfaden ein und machen einen Knoten ans Ende. Wir nähen jetzt einen Faden an das obere Ende jeder Form (oder nehmen drei Formen pro Faden). Wir machen die Fäden unterschiedlich lang, damit die Formen nicht alle auf einer Höhe hängen.

Wir schneiden nun die Pflanzstäbe auf etwa 26 cm Länge und binden die Motive mit den Wollfäden an die vier Enden. Schließlich binden wir den langen Faden in der Mitte der gekreuzten Stäbe als Aufhänger fest. Wenn nötig, probieren wir mit den Fäden herum, bis alles richtig ausbalanciert ist.

Eine andere Möglichkeit ist, dickes weißes Papier anstelle von Stoff zu verwenden. Wir gehen genauso vor, nur malen wir die Motive an – ein lachendes Gesicht und so weiter. Die Motive können wir wie den Stoff zusammenkleben und mit etwas Watte ausstopfen.

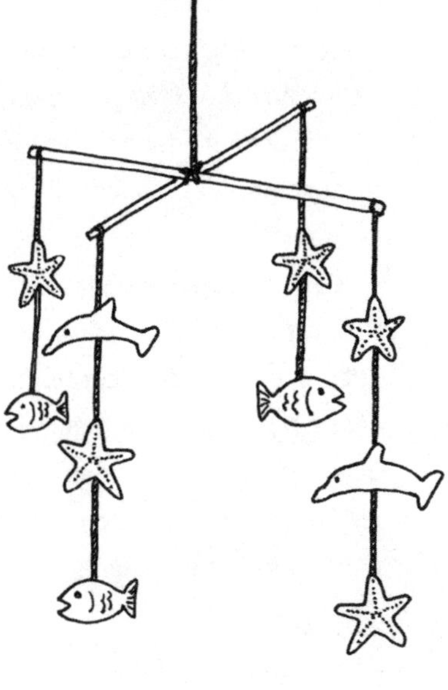

Ein einfacher Drachen

WIR BRAUCHEN: *zwei Bambusstöcke, 90 cm und 102 cm lang, Schnur, kräftiges Papier, Klebstoff oder Sprühkleber, Klebestreifen, Farbe, bunte Bänder, die an den Schwanz gebunden werden, Drachenschnur aus Gartenschnur oder Angelschnur, einen dicken kurzen Stab als Spule.*

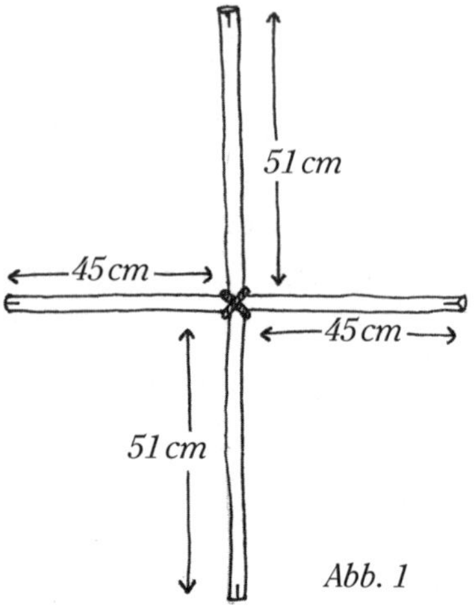

Abb. 1

Wir nehmen die beiden Bambusstäbe und machen an jedes der vier Enden eine tiefe Kerbe. Wir legen jetzt die Stöcke zurecht. Die Kerben müssen alle in dieselbe Richtung zeigen, parallel zum Rand des Drachens. Der kürzere Bambusstab liegt quer (*siehe Abb. 1*). Wir umwickeln die Verbindungsstelle sorgfältig mit Schnur und fixieren das Ganze zur zusätzlichen Sicherheit mit Sprühkleber oder Klebstoff.

Wir schneiden ein Stück Schnur ab, das um alle vier Enden der Stäbe herumreicht und schneiden auch zwei kürzere Stücke, etwa 10 cm, ab. Wir binden die kurzen Stücke in zwei Schlaufen an die beiden eingekerbten Enden der Längsachse.

Wir binden die längere Schnur um die vier Enden, durch die beiden Schlaufen und versichern uns, dass sie fest an den vier eingekerbten Enden sitzt. Wir ziehen die Schnur am Ende des Längsstückes fest, doch nicht so fest, dass sich die Bambusstäbe biegen (*siehe Abb. 2.*), und schneiden die Schnur ab.

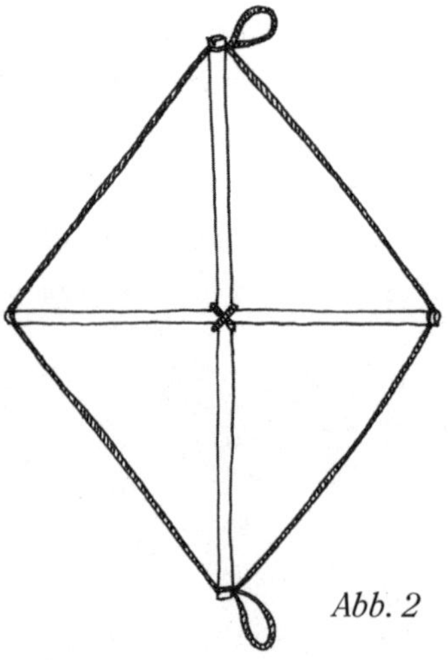
Abb. 2

Danach legen wir das Drachengerüst auf die Rückseite unseres Papiers. Wir ziehen eine Linie entlang der äußeren Schnur um den Drachen, dann eine weitere Linie im Abstand von 3 cm weiter außen, sodass wir das Papier gut über die Schnur falten können. Wir nehmen das Gerüst ab und schneiden das Papier entlang der äußeren Linie aus (*siehe Abb. 3*).

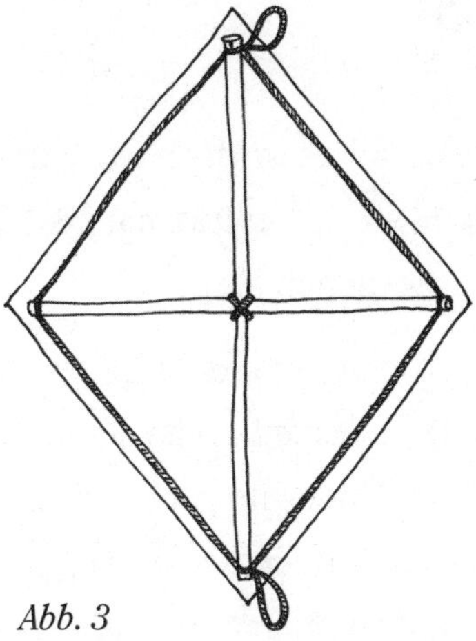

Abb. 3

Wir legen das Gerüst so vor uns, dass der Längsstab oben liegt (auf dem Querstab), und geben einen Tupfer Klebstoff oben auf alle vier Enden der Stäbe. (Der Klebstoff klebt am Papier fest und verleiht dem Ganzen zusätzliche Stabilität.) Wir drehen das Gerüst jetzt um und legen es auf die ausgeschnittene Papierform. Wir falzen den überstehenden Rand um, schneiden ihn an den vier Enden ein, damit der Falz über die Schnur geht und das Gerüst fest umschlossen wird, lassen aber die Schlaufen an den beiden Enden des Längsstabs frei. Wenn der Klebstoff getrocknet ist, können wir noch Klebestreifen darüberkleben oder auch Sprühkleber daraufsprühen, der eignet sich gut für Drachen. Er kann auch gut für Reparaturen am Drachen verwendet werden.

Wir schneiden ein etwa 130 cm langes Stück Schnur ab und binden ein Ende an die obere Schlaufe am Drachen; das andere führen wir durch die untere und binden es fest. Aber sie soll so lose sein, dass man den Drachen an der Schnur halten kann. Jetzt machen wir noch dort eine Schlaufe in die Schnur, wo sie über den mittleren Kreuzungspunkt verläuft (*siehe Abb. 4*). An dieser neuen Schlaufe wird die Drachenschnur angebunden.

Wir malen jetzt einige leuchtende Farbflecken auf den Drachen und machen aus einem 1 bis 3 m langen Stück Schnur einen Schwanz mit bunten Schleifen und binden ihn am unteren Ende fest.

Wenn alles fertig ist, halten wir den Drachen an der Mittelschlaufe und prüfen, ob er waagrecht liegt. Wenn er sich neigt, müssen wir an der anderen Seite ein paar kleine Papierstreifen festkleben.

Zum Schluss binden wir die Drachenschnur an die Mittelschlaufe. Das andere Ende der Drachenschnur sollte gut festgebunden werden und um die selbst gemachte Spule gewickelt sein – ein dickes Stück glattes Holz wie bei einem Nudelholz. Guten Flug!

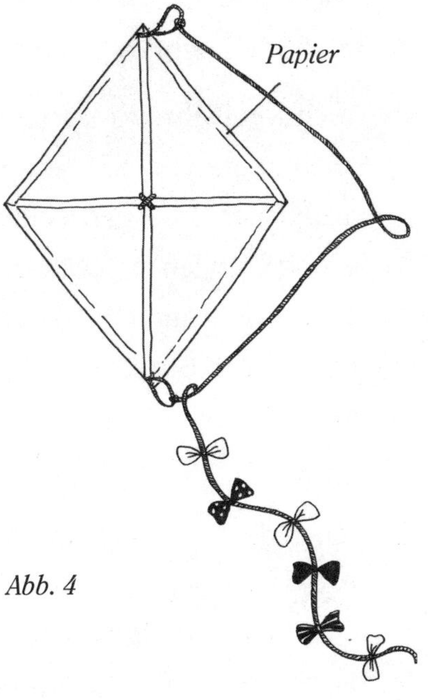

Abb. 4

LESEN MACHT SPASS

Idealerweise sollte man allen Kindern täglich etwas vorlesen, doch wie wir alle wissen, gibt es im normalen Haushalt gegen Abend so viel zu tun, dass das Lesen eines Buches oder mehrerer Bücher leicht untergehen kann.

Als Großmutter oder Großvater haben Sie hoffentlich etwas mehr Zeit als die Eltern und könnten es zur Gewohnheit machen, Ihren Enkelkindern regelmäßig vorzulesen, ganz gleich, wie alt sie sind. Sogar Kinder im Alter von zwölf oder 13 bekommen noch gerne etwas vorgelesen, besonders wenn das in der Familie schon Tradition hat. Das wird sie für ihr Leben prägen, und gleichzeitig können Sie zusammen Komisches, Trauriges, lebendige Illustrationen und berührende Geschichten erleben und entdecken.

Gehen Sie mit den Kindern doch in die Bücherei, dort haben Sie eine größere Auswahl. Bibliotheken für Kinder sehen heute anders aus als früher. Wenn Sie schon länger nicht mehr in einer Kinderbücherei waren, werden Sie überrascht sein. Es herrscht eine entspannte Atmosphäre, es gibt Kisten mit bunten Bilderbüchern, es gibt Computer sowie Vorlesestunden.

Auch wenn Ihre Enkel schon selbst lesen können, lesen Sie ihnen weiterhin vor und machen Sie sie mit Büchern bekannt, die etwas über ihrem Leseniveau liegen. Im Internet finden sie viele interessante Buchbesprechungen und -empfehlungen zu jeder Altergruppe (zum Beispiel auf *www.stiftunglesen.de*). Sie könnten auch mit ihren Enkeln gemeinsam dort nachsehen. Bei Lesefaulen könnten Sie es mit Büchern im Comic-Stil oder bebilderten Büchern versuchen.

Hier ist eine Liste von Büchern, manche sind schon ältere Klassiker, manche neuer, die bei allen Kindern beliebt sind. Da die Welt der Bücher so unfassbar groß ist, haben wir uns auf Tiergeschichten beschränkt. Auf ihre Art sind sie alle schön: wunderbare Erzählungen, schöne Kunstwerke, manche zu sensiblen Themen, manche bringen einen zum Lachen, manche zum Weinen.

Tierischer Lesespaß für die Kleinsten

Eric Carle: *Die kleine Raupe Nimmersatt*
Die kleine bunte Raupe hat schon Generationen von Kindern glücklich gemacht und gehört in jedes Bücherregal.

David McKee: *Elmar*
Die Abenteuer des etwas anderen Elfanten sind einfach niedlich, denn Elmar ist kein gewöhnlicher Elefant. Er ist bunt kariert und äußerst charmant.

Albert Sixtus: *Die Häschenschule*
Die Häschenschule gehört zu den bekanntesten Bilderbüchern dieses Jahrhunderts. Wer kennt sie nicht, die Geschichte von Hasenhans und Hasengretchen und ihren Schulkameraden? Wundervoll altmodisch illustriert.

Michael Bond und Peggy Fortnum: *Paddington schafft das schon*
Paddington reist aus dem finsteren Peru nach London, mit nichts im Gepäck als einem Glas Marmelade, einem Koffer und seinem Hut … und einem Schild: »Bitte kümmern Sie sich um diesen Bär. Danke.«

Alan A. Milne: *Pu der Bär*
Alan A. Milnes Geschichte von Pu dem Bären basiert auf den Abenteurn seines kleinen Sohnes Christopher Robin. Die Geschichten um Pu und seine Freunde Ferkel, Eule, Kaninchen, I-Ah, Känga Ruh und den ungestümen Tiger wurden vor über 80 Jahren geschrieben, erfreuen sich aber nach wie vor großer Beliebtheit.

Lars Klinting: *Die Kasimir-Bücher*
Kasimir kann alles: malen, tischlern und auch backen. Jeder kleine Naseweis darf dem freundlichen Biber über die Schulter spitzen und von ihm abgucken, wie man einen leckeren Kuchen backt, einen Schrank streicht oder einen Werkzeugkasten baut.

Große Tiergeschichten für kleine Leser

Rudyard Kipling: *Das Dschungelbuch*
Erzählt die Geschichte von Mowgli, der im indischen Dschungel von Wölfen aufgezogen wird. Mit einer Reihe unvergleichlicher Tiere – Kaa die Python, Balu der Bär und Baghira der Panther.

Rudyard Kipling: *Geschichten für den allerliebsten Liebling*
Wie das Rhinozeros seine schrumpelige Haut bekam und der Leopard seine Flecken. Wundervolle indische Fabeln mit viel Humor und einem exotischen Hintergrund.

Irina Korshunow: *Der Findefuchs*
Einsam und verlassen liegt ein kleiner Fuchs im Gebüsch. Er fürchtet sich. Da entdeckt ihn eine fremde Füchsin. Was soll sie nur tun? Sie hat doch schon drei Kinder, die sie ernähren muss. Aber allein kann der kleine Findefuchs auch nicht bleiben … eine rührende Geschichte.

Colin Dann: *Als die Tiere den Wald verließen*
Ihr Wald soll abgeholzt werden und so schließen sich die Tiere des Waldes zusammen und lassen die Heimat ihrer Vorfahren zurück. Ihre Reise ist voller Abenteuer und Entbehrungen.

Hugh Lofting: *Doktor Dolittle*
Doktor Dolittle ist ein ganz besonderer Tierarzt, er versteht nämlich die Sprache der Tiere. So kann er sich ganz besonders gut um sie kümmern, und sein Ruf erreicht sogar die Äffchen in Afrika.

Dodie Smith: *Hundertundein Dalmatiner*
Die Abenteuer von Pongo und Missis, ihren bezaubernden Dalmatiner-Welpen und natürlich Cuella de Vil.

Waldemar Bonsels: *Die Biene Maja und ihre Abenteuer*
Die Geschichte der pummeligen, aufmümpfigen Biene, die die Welt auf eigene Faust erkunden will und dabei Freunde findet wie Flip den Grashüpfer.

Große Tiergeschichten für größere Kinder

Selma Lagerlöf: *Nils Holgersson*
Ein Klassiker ist die abenteuerliche Reise des jungen Nils mit den Wildgänsen, bei der er viel über das Leben und seine Heimat Schweden lernt.

Richard Adams: *Unten am Fluss*
Die Abenteuer des jungen Kaninchens Fiver, das seine Freunde dazu überredet, sich eine neue Heimat zu suchen. Eine abenteuerliche Reise beginnt …

Sheila Burnford: *Die unglaubliche Reise*
Zwei Hunde und eine Katze reisen durch die kanadische Wildnis, um zu ihren Besitzern zurückzukehren. Eine Geschichte, die allen Tierliebhabern zu Herzen geht.

Kenneth Grahame: *Der Wind in den Weiden*
Kommen Sie mit in die Wasserwelt und Heimat von Ratte, Maulwurf, Kröterich und Dachs. Ein Buch zum Immer-wieder-Lesen.

Jack London: *Der Ruf der Wildnis*
Eine wunderschön geschriebene klassische Geschichte über die Abenteuer eines Hundes während des Klondike-Goldrauschs. Auch lesenswert: *Wolfsblut*.

Mary O'Hara: *Mein Freund Flicka*
Eine klassische Geschichte über die amerikanische Prärie und den Glauben des 10-jährigen Ken an seine Stute Flicka. Eines der beliebtesten Bücher pferdenärrischer Kinder.

Anna Sewell: *Black Beauty*
Ein wunderschönes, einfühlsames Buch über ein Pferd in guten wie in schlechten Zeiten im viktorianischen England. Ein Klassiker.

E. B. White: *Klein Stuart – Die Geschichte einer ungewöhnlichen Familie*
Klein Stuart ist keine gewöhnliche Maus. Er mag scheu sein, aber er ist abenteuerlustig und heldenhaft. Manche Kinder werden es altmodisch finden, aber es hat nach wie vor seinen Charme.

Walter Farley: *Blitz, der schwarze Hengst*
Was sollen wir noch sagen – die weltbekannte Geschichte über die tiefe Freundschaft zwischen Blitz und dem jungen Amerikaner Alec ist ein Klassiker für Pferdenarren.

Marguerite Henry: *König des Windes*
Die Geschichte des pfeilschnellen Araberhengstes Sham und seines Stalljungen Agba, die gemeinsam die Welt erobern.

FAMILIENGESCHICHTEN

Oft müssen Sie die Kinder ablenken oder unterhalten – im Auto, an der Bushaltestelle, auf dem Weg zum Supermarkt und so weiter. Versuchen Sie doch, Geschichten aus der Familie zu erzählen. Kinder sind immer wieder fasziniert, wenn sie hören, wie es war, als Sie klein waren, als es noch kein Farbfernsehen, keine Computer, Handys, PlayStations, iPods und DVDs gab. Das ist unvorstellbar für sie – es ist das dunkle Zeitalter. Oft machen die anekdotenhaften Kleinigkeiten den größten Eindruck, also müssen Sie ihnen nicht alles und nicht unbedingt in der richtigen Reihenfolge erzählen.

Fragen Sie Ihre Enkelkinder nach ihren Erinnerungen und erzählen Sie ihnen Ihre eigenen. Eine meiner frühesten Erinnerungen ist die Krönung von Königin Elisabeth im Jahre 1953. Ich übernachtete auf einem alten Feldbett, wachte viel zu früh am Morgen auf und dann sah ich die goldene Kutsche und die Pferde vorbeiziehen – alles auf dem gemieteten Schwarz-Weiß-Fernseher. Ich sehe die Bilder noch deutlich vor mir.

Erzählen Sie lebendig. Erwähnen Sie gelegentlich die Namen Ihrer Eltern, damit die Kinder die Namen kennenlernen. Erwähnen Sie Ihre Brüder und Schwestern – die Ihre Enkel vielleicht nicht kennen. Ich bat meinen Vater im hohen Alter, er solle mir seinen Großvater beschreiben. Er sagte, er könne sich nicht mehr an ihn erinnern. Ich nehme an, wenn ich ihn zehn Jahre früher gefragt hätte, hätte ich eine ausführliche und interessante Antwort bekommen. Manche Menschen erzählen mir, sie wüssten nicht viel über das Leben ihrer Großeltern. Versuchen Sie deshalb, Ihre Erinnerungen an Ihre Eltern und Großeltern an Ihre Enkel weiterzugeben und erklären Sie ihnen, in welcher Beziehung die Familien zueinander stehen.

Ideen zum Geschichtenerzählen

Wenn Sie nicht wissen, wo Sie anfangen sollen, überlegen Sie, was Ihnen im Gedächtnis geblieben ist. Wo standen Sie in der Rangordnung in der Familie? Hatten Sie freche Geschwister, exzentrische Tanten oder Onkel und so weiter? Was war das Schlimmste, das Mitglieder Ihrer Familie angestellt haben (aus irgendwelchen Gründen will niemand die guten Taten hören)?

Bedenken Sie, dass Kinder sehr auf Sichtbares reagieren und es ihnen hilft, wenn Sie ihnen Gegenstände aus dem Familienbesitz zeigen können – Fotos, eine Tasse, ein Kleid, ein Kissen, einen Brief, ein Gemälde, ein altes Spielzeug – alles, was Sie sich vorstellen können, in dem eine Familiengeschichte steckt.

Scheuen Sie sich nicht, ausführlich zu erzählen – das macht das Ganze interessanter und einprägsam. Erzählen Sie auch bereits Bekanntes. Kinder hören sehr gern Geschichten, die sie schon gut kennen und zu denen sie Bezug haben. Wir hörten immer gebannt zu, wenn unser Großvater uns Geschichten über das Leben während des amerikanischen Goldrauschs Ende des 19. Jahrhunderts erzählte. Manchmal waren die Geschichten leicht übertrieben, mit Bösewichten, die Menschen in Minenschächte werfen wollten, Schießereien in Bars und von skrupellosen Minenbesitzern. Als Teenager konnten wir die Geschichten wortgetreu nacherzählen und die Erinnerung an ihn, wie er amerikanische Lieder sang und dazu Gitarre spielte, während wir auf seinen Knien saßen, ist nie verblasst.

Wählen Sie Ereignisse aus Ihrer Schulzeit – gute und schlechte Freunde, Freunde, die Sie beeinflusst haben; eine strenge Lehrerin, ein Furcht einflößender Direktor; die

Theateraufführung, bei der Sie Ihren Text vergaßen; Sporttage, an denen Sie Sieger oder Letzter waren; wie ein wissenschaftlicher Versuch schrecklich misslang; wie Sie unartig waren, und dafür auf dem Flur stehen und etwas schreiben mussten – sicher wissen Sie noch viel mehr.

Erzählen Sie ihnen etwas über das Leben Ihrer Eltern. In was für einer Zeit haben sie gelebt, haben sie etwas Heldenhaftes vollbracht? Man muss diese Geschichten nicht übertreiben, und wenn Sie den Kindern davon erzählen, lernen sie auch etwas oder erinnern sich an längst Verblasstes.

Vergessen Sie nicht die Haustiere, die Sie als Kind hatten – das kann zu langen Gesprächen über Haustiere im Allgemeinen führen. Als ich sechs Jahre alt war, wusste ich alles über Nippa, die heiß geliebte Bullterrierhündin meiner Mutter. Ich kannte ihr Geburtsdatum, wie viele Junge sie hatte und ihre Charaktereigenschaften.

Sprechen Sie über die Herkunft Ihrer Familie – aus der Stadt oder vom Land? Haben Sie mit Ihrer Familie im Ausland gelebt? Beschreiben Sie, wie das war – die Hitze, das Meer, die Landschaft, die lebendigen Farben, die Tiere, die Trennung von der übrigen Familie.

Erzählen Sie Ihren Enkelkindern von Ihren Reisen, die Sie als Kind und später als Erwachsener gemacht haben. Erzählen Sie von den Ländern und machen Sie Ihre Geschichten an einer oder zwei Anekdoten fest – vorzugsweise an einem Missgeschick. Der Tag, an dem Ihre Schwester weggelaufen ist zum Strand; der Tag, als Sie sich den Arm brachen; damals, als Ihnen schrecklich schlecht war, und so weiter.

Ihre Geschichten können alle Generationen umfassen. Von allergrößtem Interesse für Ihre Enkel wird die Jugend ihrer Eltern sein – Ihrer eigenen Kinder. Auch hier machen kleine Details den größten Eindruck. Wie sah ihre Mutter als Kind aus, was waren ihre ersten Worte, welche sprach sie falsch aus? Wie sah ihre Schule aus und so weiter. Und natürlich wird es ihnen gefallen, wenn Sie bestätigen, wie frech ihre Eltern waren.

Erzählen Sie ihnen schließlich auch Einzelheiten darüber, wie sie selbst früher waren – als Baby, was sie alles Komisches anstellten, ihre ersten Worte, ihr erster Schultag. Natürlich werden sie sich nun an der Unterhaltung beteiligen, und sie werden über Dinge schwatzen, an die sie sich erinnern: Wovor sie Angst hatten und was ihnen gefiel. Lassen Sie sie erzählen, was ihre erste Erinnerung war; was sie von ihrem vierten Geburtstag noch wissen, was ihr Lieblings-Geburtstagskuchen war und was ihre schönsten Ferien. Wenn Sie ein Einklebealbum für sie planen, könnten Sie diese Erinnerungen darin aufnehmen, einige von Ihnen aufgeschrieben und einige von den Kindern. Regen Sie die Familie zum Erzählen an, das wird eine Bereicherung für Sie alle.

Einige praktische Ideen

Eine schöne Idee, die wir uns von den Holländern abschauen können, ist das Familienbuch. Das ist ein Album, in dem sie ihre Familiengeschichten festhalten, Anekdoten und alles, was ihnen wichtig ist. Sie schreiben ab und zu etwas in dieses Buch, lesen es wieder und halten so ihre eigene Geschichte lebendig.

Bei Geburtstagen und Familienfesten gibt es bei den Holländern auch die Tradition, zu einem kleinen Geschenk auch noch ein Gedicht zu schreiben. Das muss nicht unbedingt ein großes Werk sein, es sind eher ein paar holprige Verse, doch es verleiht dem Geschenk eine persönliche Note. Diese Gedichte finden oft ihren Weg ins Familienbuch. Vielleicht fangen Sie ja selbst eines an. Es muss nur einen schönen Einband und leere Seiten haben. Beginnen Sie mit ein paar Anekdoten, geben Sie es dann an andere Familienmitglieder weiter, und bald wird es sich mit persönlichen Geschichten füllen. Eines Tages wird es ein hochgeschätzter und wertvoller Familienbesitz sein.

Wie wäre es, wenn Sie für jedes Enkelkind ein spezielles Fotoalbum anlegen würden? Sie könnten alte Schwarz-Weiß-Fotos von Ihnen und Ihren Eltern dazutun, dann die farbige Welt ihrer Eltern und von ihnen selbst. Sie könnten gemeinsam mit den Enkeln die Bildunterschriften schreiben. Das sind wertvolle Aufzeichnungen für sie, besonders für Kinder, die nur mit einem Elternteil zusammenleben, denn dann bekommen sie den Blick auf die ganze Familie. Wenn Sie weiter entfernt leben und die Kinder nicht so oft sehen, ist ein Album umso wertvoller, denn dann können Sie ihnen Sachen zum Einkleben schenken oder schicken.

Wenn Ihre Enkelkinder sich einmal mit dem Gedanken an ein Album vertraut gemacht haben, können Sie den Spieß umdrehen. Bitten Sie die Kinder, Sie zu interviewen und sich vorzustellen, wie Sie in ihrem Alter waren. Sie können ihnen helfen, eine Liste von Fragen aufzuschreiben, die sie Ihnen und anderen Familienmitgliedern, auch ihren Eltern, stellen können. Fordern Sie sie auf, Bilder zu malen, wie sie sich Sie als Teenager vorstellen oder an Ihrem Hochzeitstag und so weiter – doch machen Sie sich auf schockierende Erkenntnisse gefasst! Lassen Sie sie ihre idealen Großeltern malen, und versuchen Sie stillschweigend, dem nahezukommen. Vielleicht wollen Sie einige der Bilder einrahmen oder sie in ihr Sammelalbum oder in das Familienalbum kleben.

Warum wagen Sie sich nicht an einen Stammbaum? Einen leeren finden Sie am Anfang und Ende dieses Buches. Den können Sie mit Ihren Enkelkindern ausfüllen – es gibt zweimal einen Stammbaum für je vier Enkel. Malen Sie zuerst den Stammbaum grob auf Papier auf und füllen Sie Ihren erst aus, wenn Ihr Konzept stimmt. Dieses Buch wird dann auch eine Familienchronik. Sie können den Stammbaum auch kopieren, oder wenn eines der Enkelkinder künstlerisch begabt ist, könnte es ihn abmalen und die eigene Version zeichnen, vielleicht auch mit einem schönen Rahmen.

Scheuen Sie sich nicht, die eigene Familiengeschichte aufzuschreiben, um ihren Stammbaum mit einer geschriebenen Geschichte zu ergänzen. Wenn Ihnen der Anfang schwerfällt, dann schreiben Sie nur ein paar Einzelheiten und Anekdoten auf. Beginnen Sie so weit wie möglich in der Vergangenheit. Früher oder später werden Sie dann Lust bekommen, ihn zu ergänzen. Scannen Sie Fotos ein, und wenn es fertig ist, binden Sie es, und schenken Sie es Ihren Enkeln. Eines Tages, wenn vielleicht auch nicht sofort, werden sie es zu schätzen wissen.

ALLERLEI GEDICHTE

Die meisten Kinder mögen Gedichte, genauso wie die meisten gerne schwimmen. Anfänglich muss man sie vielleicht erst ein wenig davon überzeugen und ihnen etwas beibringen, doch es macht großen Spaß, ihre wachsende Begeisterung zu beobachten.

Gedichte gibt es in allen Formen und Größen, und es kann für Großeltern und Enkel gleichermaßen wunderbar bereichernd sein, über Gedichte zu sprechen – was sie an dem Gedicht besonders finden, wie es ihrer Meinung nach wirkt. Nicht, dass Sie beide ein Gedicht zu Tode analysieren sollten – die Freude an Gedichten liegt für Kinder wie für Erwachsene sowohl im Klang als auch in der Bedeutung.

Hier sind ein paar unterschiedliche Gedichtformen. Suchen Sie Beispiele für diese oder andere Formen – und versuchen Sie, mit Ihrem Enkelkind selbst welche zu schreiben. Aber Achtung: Manche Genres sind ganz schön schwer!

Haikus

Ein Haiku ist eine kurze Gedichtform, die aus Japan stammt. Es hat nur drei Zeilen, zwischen 13 und 17 Silben, und es reimt sich nicht. Japanische Haikus haben immer ein »Jahreszeitenwort« – das dem Leser sofort verrät, zu welcher Jahreszeit das Gedicht spielt. Dies ist ein Beispiel für ein japanisches Gedicht. Hier steht das Jahreszeitenwort am Ende des Haikus.

Wach in der Nacht –
der Klang des Wasserkrugs,
der knirscht in der Kälte.

Mit Haikus kann man auch interessante Rätsel bilden, denken Sie sich doch auch eins aus:

Grün betupftes Bein
hüpft auf Ast und Lilienblatt
im kalten Wasser.

Limericks

Ein Limerick ist etwas länger als ein Haiku – er hat fünf Zeilen statt drei – und er reimt sich: Die erste, zweite und fünfte Zeile reimen sich und sind länger als die Zeilen drei und vier, die sich ebenfalls reimen. Hier ist ein Beispiel:

Es war mal ein Häschen aus Berlin,
das wusste nicht genau wohin.
Es ging ins Haus
und wieder raus.
Und dann nahm's den Bus nach Schwerin.

Unsinnsgedichte

Eines der berühmtesten Unsinnsgedichte ist wohl Lewis Carrolls »Der Jammerwoch«. Caroll erfand viele der Wörter in dem Gedicht und einige erklärte er auch. »Brillig« beispielsweise soll bedeuten, dass es vier Uhr am Nachmittag ist. Aber na ja, eigentlich ist es gar nicht so wichtig, alles zu verstehen, denn es macht einfach Spaß, es laut zu lesen!

Der Jammerwoch

Es brillig war. Die schlichte Toven
Wirrten und wimmelten in Waben;
Und aller-mümsige Burggoven
Die mohmen Räth' ausgraben.

»Bewahre doch vor Jammerwoch!
Die Zähne knirschen, Krallen kratzen!
Bewahr' vor Jubjub-Vogel, vor
Frumiösen Banderschnätzchen!«

Er griff sein vorpals Schwertchen zu,
Er suchte lang das manchsan' Ding;
Dann, stehend unterm Tumtum Baum,
Er an-zu-denken-fing.

Als stand er tief in Andacht auf,
Des Jammerwochen's Augen-feuer
Durch tulgen Wald mit Wiffek kam
Ein burbelnd Ungeheuer!

Eins, Zwei! Eins, Zwei! Und durch und durch
Sein vorpals Schwert zerschnifer-schnück,
Da blieb es todt! Er, Kopf in Hand,
Geläumfig zog zurück.

»Und schlugst Du ja den Jammerwoch?
Umarme mich, mien Böhm'sches Kind!
O Freuden-Tag! O Halloo-Schlag!«
Er schortelt froh-gesinnt.

Es brillig war. Die schlichte Toven
Wirrten und wimmelten in Waben;
Und aller-mümsige Burggoven
Die mohmen Räth' ausgraben.

Und noch ein Gedicht, das überhaupt keinen Sinn ergibt, dafür umso mehr Spaß. Versuchen Sie mit Ihren Enkeln verrückte, unsinnige Gedichte zu dichten, so fällt das Reimen auch leichter.

*

Des Abends, wenn ich früh aufsteh,
des Morgens, wenn ich schlafen geh,
dann krähen die Hühner, dann gackelt der Hahn,
dann fängt das Korn zu dreschen an.

Die Magd, die steckt den Ofen ins Feuer,
die Frau, die schlägt drei Suppen in die Eier,
der Knecht, der kehrt mit der Stube den Besen,
da sitzen die Erbsen, die Kinder zu lesen.

Der Stall ist aus dem Pferde geloffen,
der Branntwein hat sich am Bauern versoffen,
arg haben die Linsen die Mäuse zerbissen,
die Hosen haben den Peter zerrissen.

O weh, wie sind mir die Stiefel geschwollen,
dass sie nicht in die Beine reinwollen!
Nimm drei Pfund Stiefel und schmiere das Fett,
dann stelle mir vor die Stiefel das Bett!

Das Akrostichon

Ein Akrostichon ist ein Gedicht, bei dem die ersten Buchstaben jeder Zeile ein Wort oder eine Botschaft ergeben. Im letzten Kapitel von Alice im Wunderland schrieb Lewis Carroll ein Akrostichon, das den Namen des wirklichen Mädchens – Alice Pleasance Liddell – ergab, die Inspiration für seine Alice im Buch.

Akrosticha sind vielleicht die Gedichte, die sich am leichtesten schreiben lassen. Schreiben Sie einfach das gewünschte Wort von oben nach unten auf, und bemühen Sie dann Ihre Fantasie, um die Zeilen zu füllen. Diese hier habe ich gerade geschrieben. Ich bin sicher, Sie können das besser!

Meine Mama,
ach so nett,
meint jeden Abend:
Ab ins Bett!

Papa mag Würstchen,
aber heut gibt's nur Käse,
Pommes wären besser,
aber mit Mayonnaise.

Ein Listengedicht

Listengedichte machen Spaß und sind einfach zu lernen, da man die Reihenfolge gut behalten kann. Hier ein lustiges und bekanntes Kindergedicht über den emsigen Vormittag einer kleinen Hexe.

Morgens früh um sechs
kommt die kleine Hex;
Morgens früh um sieben
schabt sie gelbe Rüben;
Morgens früh um acht
wird Kaffee gemacht;
Morgens früh um neune
geht sie in die Scheune;
Morgens früh um zehne
holt sie Holz und Späne;
Feuert an um elfe,
kocht sie bis um zwölfe
Fröschebein und Krebs und Fisch.
Hurtig, Kinder, kommt zu Tisch!

SAMMELN

Als ich klein war, sammelte ich gerne alles Mögliche. Das meiste war in Schuhkartons verpackt, und es wäre nicht schlecht gewesen, wenn ich die Sachen etwas besser geordnet hätte.

Denken Sie an spezielle Dinge aus dem Garten, aus Parks oder der freien Natur, wie zum Beispiel außergewöhnlich geformte Steine, kleine Porzellanscherben, leere Vogelnester, Muscheln, trockene Herbstblätter oder Dinge, die man drinnen sammelt, wie Briefmarken, Münzen und Postkarten. In der viktorianischen Zeit hatte man in England das Kuriositätenkabinett, das war damals wahrscheinlich eine Schublade mit kleinen Fächern aus Holz. Kennen Sie jemanden, der heute Briefmarken sammelt? Prüfen Sie, ob Ihr Enkelkind sich fürs Sammeln interessiert – damit kann es schöne Stunden verbringen.

Muscheln

Muscheln gibt es in allen Größen und Formen, und wenn Sie in der Nähe eines Strandes wohnen, ist eine solche Sammlung leicht anzulegen. Rüsten Sie Ihre Enkel mit einem Eimer und einer Schaufel aus; oft liegen die Muscheln unter der Oberfläche im Sand, sodass man sie ausgraben muss. Im Eimer können Sie die Muscheln transportieren. Verschiedene Arten, die Ihnen begegnen können: Herzmuscheln, Miesmuscheln, Jakobsmuscheln, Wellhornschnecken, Schwertmuscheln, Austern und Napfschnecken. Im Kapitel *Am Meer* auf Seite 172 finden Sie mehr.

Nehmen Sie einige Muscheln mit nach Hause, spülen Sie den Sand ab, und waschen Sie sie mit etwas Bleichmittel oder Sagrotan. Trocknen Sie sie ab und versuchen Sie sie gemeinsam mit Ihrem Enkelkind anhand eines Buches über Muscheln zu identifizieren. Für den Anfang genügt es, wenn Sie die Muscheln in einer Schachtel aufbewahren, bis Sie etwas anderes damit anfangen können.

Muscheln kann man gut in einer Schachtel oder einer Schublade ordnen. Gut geeignet ist eine niedrige Schachtel (Sie können auch eine höhere bis auf fünf Zentimeter oben abschneiden). Helfen Sie dem Kind dann, kleine Teiler aus Karton herzustellen, sodass Fächer im großen Karton in unterschiedlichen Größen für die verschiedenen Muscheln entstehen (*siehe Abb.*). Am Schluss legt das Kind die Fächer mit einer Schicht Watte oder weichem weißem Stoff aus. So kommen die Muscheln am besten zur Geltung und gleichzeitig sind sie geschützt. Vergessen Sie nicht, sie zu beschriften, damit Sie später noch wissen, um welche Art es sich handelt und wo Sie sie gefunden haben.

Wenn Sie in den Sommerferien große Mengen von Muscheln gesammelt haben, können Sie sie auch sehr gut verschenken. Mit Muscheln kann man Schachteln und Bilderrahmen oder auch Treibholz verzieren. Man kann auch tolle Mobiles daraus basteln (siehe S. 67 und 176).

Wenn der November kommt und sich alle allmählich den Kopf zerbrechen, wer was zu Weihnachten bekommen soll, könnten Sie mit Ihrem Enkelkind schon die Grundmaterialien wie Schachteln, Verpackungen von Frühstücksflocken, Rollen von Toilettenpapier, Dosen und alles Mögliche andere sammeln, das weiterverwendet werden kann. Weichen Sie die Muscheln in einer leichten Lösung von Bleichmittel 24 Stunden lang ein, damit sie nicht zu müffeln beginnen und um das Salz auszuschwemmen. Lassen Sie sie trocknen und kleben Sie sie mit Klebstoff auf Ihre Objekte auf. Dann kann das Kind sie lackieren oder anmalen, und schon haben Sie ein hervorragendes Geschenk für die anderen Großeltern!

Scherben

Das kann ein langfristigeres Sammelprojekt für ein Kind werden. Aus irgendeinem Grund findet man auf dem Boden in der freien Natur immer wieder Porzellan-, Ton- oder Glasscherben in der Erde oder im Gras. Wachsame Kinderaugen finden die kleinen Stücke im Blumenbeet, in der Hecke, auf dem Feld oder am Straßenrand. Wenn Sie also diese Stückchen sammeln, wird Ihr Enkelkind bald eine schöne Sammlung haben. Ich kenne jemanden – erwachsen –, der eine ganze Kaminumrandung mit solchen Stückchen dekoriert hat, aufgeklebt und lackiert. Es sieht wundervoll aus. Man kann die Porzellanstückchen einfach nur so sammeln und ansehen oder wie die Muscheln zum Dekorieren verwenden.

Blätter

Blätter sind gute kurzfristige Sammelobjekte für ein kleineres Kind. Das hat außerdem den Vorteil, dass man ihm die Baumnamen beibringen kann. Am besten macht man das im Herbst, wenn die Blätter fallen. Nehmen Sie ein Naturbuch mit und helfen Sie dem Kind herauszufinden, von welchem Baum die Blätter stammen. Warum sammeln Sie nicht auch gleich die Früchte dazu, zum Beispiel Bucheckern, Eicheln und Rosskastanien? Wenn Sie nach Hause kommen, können Sie die grünen Blätter zwischen Seiten aus saugfähigem Papier unter einigen Büchern pressen. Lassen Sie die Eicheln und Bucheckern an einem warmen Ort, etwa im Heizungskeller, trocknen. Dann können Sie ihre getrockneten Blätter und Nüsse auf Papier aufkleben – aber vergessen Sie nicht, sie zu beschriften.

Scrapbooks – Einklebealben

»Scrapbooks« (Einklebealben) sind in Frankreich der letzte Schrei und in Amerika kommen sie auch gerade in Mode. Doch zu den Alben aus meiner Kindheit besteht ein großer Unterschied – der neue Fimmel ist *très chic*. In Schulen, auf Seminaren und sogar in Geschäften bekommen die Kunden jetzt die nötigen Grundlagen. Also machen Sie es wie die feinen Damen in Paris und legen Sie mit Ihrem Enkelkind ein eigenes Album an, mit schönen Rahmen, Farben, Aufklebern, Abziehbildern, getrockneten Blumen und allem, was Ihnen sonst noch einfällt. Suchen Sie zuerst ein großes leeres Sammelalbum, kleben Sie eine Schwarz-Weiß-Fotografie oder eine Fotokopie davon ein, kolorieren Sie sie teilweise und fügen Sie weiteren Krimskrams hinzu, dann können Sie mit den Besten mithalten.

Postkarten

Ich hebe immer noch meine besten Postkarten auf – auch weil ich die Nachrichten auf der Rückseite immer wieder gerne lese. Eine Postkartensammlung ist auch wunderbar lehrreich für ein Kind. Es kann sich die Bilder ansehen, doch gleichzeitig können Sie ihm auch erklären, wo die Karte herkommt, und ihm etwas aus aller Welt erzählen. Oft haben die Postkarten interessante Briefmarken, die unter Wasserdampf abgelöst werden können. Sammeln Sie auch hier erst einige in einer Schachtel, kaufen Sie dann ein Album, und schlagen Sie dem Kind vor, bestimmte Seiten für bestimmte Länder einzurichten. Nach etwa einem Jahr wird es überrascht sein, wie viel schon zusammengekommen ist. Wenn Sie nicht dazu kommen, sie in einem Album zu sammeln, heben Sie sie ordentlich in einer Schachtel auf, und sehen Sie sie von Zeit zu Zeit mit dem Kind durch.

Wenn Sie Ihre Enkelkinder nur unregelmäßig sehen oder hauptsächlich mit ihnen telefonieren, e-mailen und ab und zu einen Brief schreiben, könnten Sie sich auch Postkarten mit Nachrichtenschnipseln schicken. Kinder bekommen gerne Post, und Sie können ihnen vorschlagen, Ihre Postkarten in einem Sammelalbum aufzuheben – und Sie können deren Postkarten sammeln.

Eine Kuriositätenschachtel

Das kann ein Schatzkistlein werden, das über die Jahre angesammelt wird. Ich wünschte, ich hätte eines angelegt. Es sollten nur die absolut wertvollsten Schätze darin gesammelt werden – das leere Zaunkönigsnest, das Sie gemeinsam am Weg gefunden haben, eine schöne Porzellanscherbe, eine wunderschön gefärbte Feder, ein Hufeisen, ein Feuerstein, ein ganzes Schneckenhaus, ein alter Pfennig oder eine andere Münze, alte Knöpfe, eine ganz besondere Muschel, zum Beispiel eine Jakobsmuschel, Austern oder Meeresschnecken, ein Stück von einer Tonpfeife, ein Stein oder Felsstück aus einem Urlaub, ein wertvolles Modell, ein Soldat, ein Auto, ein Flugzeug, das das Kind gebastelt hat, eine selbst gemachte Tonfigur, ein toter Käfer und so weiter. Sie können die Idee weiterspinnen, und wenn das Kind gerne sammelt, kann es für ein spezielles Thema eine extra Schachtel anlegen, zum Beispiel Feuersteine oder Münzen.

Diese Schätze können in einer Schublade aufbewahrt werden, auf einem extra Regal, in einer größeren Kiste oder auf einem normalen Tablett. Legen Sie es mit farbigem Papier aus, damit die Objekte gut zu sehen sind. Das Kind könnte auch eine kleine Notiz schreiben, wo und wann der Schatz gefunden wurde, und ihn wie in einem echten Museum zu dem Objekt legen.

Andere Sammlungen

Theaterprogramme, Münzen und Banknoten, kleine Autos, Anstecknadeln von Vereinen und verschiedenen Ländern – all das kann man hervorragend sammeln. Meine Tochter Charlotte hat ihre Anstecknadeln an einer Krawatte ihres Vaters an einem Bettpfosten aufgehängt, bis sie so schwer wurde, dass sie herunterfiel.

BRIEFMARKEN

Meine Briefmarkensammlung war mir ab dem Alter von sieben Jahren bis etwa 15 sehr wichtig. Ich erinnere mich, wie ich in die Welt der kleinen braunen Umschläge, mit Briefmarkenfalzen, Tauschschachteln und anderem eingeführt wurde. Meine Briefmarkensammlung ist heute fast eine Sache der Vergangenheit, denn es gibt so viele andere Aktivitäten, die die jungen Leute heute faszinieren. Versuchen Sie doch, dieses Hobby bei Ihren Enkeln wieder zum Leben zu erwecken.

Das Interesse wecken

Sie können einfach mit einem Briefmarkenpaket beginnen, einer flachen Schüssel zum Einweichen und mit einem Album. Sprechen Sie über mögliche Themen, und entscheiden Sie, was Sie sammeln wollen. Wollen Sie Briefmarken mit Schmetterlingen, Fußball oder anderen Sportarten, Weihnachtsmotiven, Blumen oder Königen und Königinnen sammeln? Die Liste der Möglichkeiten ist endlos.

In der Zeit der E-Mails landen immer weniger Briefe im Briefkasten. Also müssen Sie bald anfangen. Ich würde vorschlagen, Sie kaufen einen Packen Briefmarken, es gibt Anfänger-Packungen von Briefmarken zu vernünftigen Preisen.

Es gibt extra Angebote für junge Sammler mit einfachen Briefmarken und Alben. Wenn Sie ein Album kaufen, nehmen Sie zunächst ein Einsteckbuch, in dem die Briefmarken einfacher hin- und herbewegt werden können. Natürlich sollten die Briefmarken später in ein Album sortiert werden.

Viele Großeltern haben vielleicht eine eigene Briefmarkensammlung irgendwo im Schrank. Graben Sie sie wieder aus, sehen Sie sie mit Ihrem Enkelkind durch und geben Sie sie nach und nach ab. Es empfiehlt sich nicht, alles auf einmal weiterzugeben, denn der größte Spaß dabei ist das Sammeln. Die folgende Checkliste richtet sich an Ihr Enkelkind.

Der Anfang

* Du brauchst für den Anfang einen Packen Briefmarken. Wenn du mit nichts beginnst und auf Briefe wartest, dauert es zu lange, denn heutzutage kommen immer weniger Briefe mit Briefmarken an. Wenn deine Großeltern eine Sammlung besitzen, überrede sie, dir einen Teil ihrer Sammlung abzugeben. Kaufe dir für den Anfang einen Packen Briefmarken oder bestelle irgendwo einen. Oder du kannst deine Verwandten und Freunde bitten, ihre Briefmarken für dich aufzuheben. Freunde dich mit jemandem an, der viel reist und der dir Post aus Übersee schicken kann.

* Besorge dir eine Schuhschachtel oder etwas Ähnliches, worin du die Marken sammelst, ehe sie in dein Album kommen.

* Schließlich wirst du ein einfaches Briefmarkenalbum brauchen. Inzwischen kannst du gut mit einem Buch anfangen, das Streifen für die Briefmarken hat – ein Einsteckbuch. Später kannst du dir ein Album kaufen, in das du deine Marken einkleben kannst. Dafür wirst du Klebefalze brauchen.

* Klebefalze sind kleine Papierstücke, die auf einer Seite kleben, die du auf der Rückseite der Briefmarke anbringst und dann in dein Album klebst. Du solltest deine Marken nicht zu häufig bewegen, also plane deine Seiten sorgfältig, ehe du mit dem Einkleben beginnst. Ich habe meine in einem alten Einklebebuch geordnet, ehe sie ins Album kamen.

* Idealerweise hast du eine Pinzette und ein Vergrößerungsglas, damit du die Briefmarken vorsichtig aufnehmen und sie ansehen kannst.

* Wenn du Umschläge mit Marken darauf bekommst (oder Briefmarken, an denen noch Teile vom Umschlag kleben), musst du sie einweichen, um die Marke zu entfernen. So wird die Marke nicht beschädigt. Versuche nicht, die Marke vom Umschlag abzuziehen, denn dabei könnte sie einreißen, und dann wäre sie wertlos. Reiße einfach ein Quadrat mit der Briefmarke darauf aus dem Umschlag und lege es in eine Schale mit warmem Wasser, bis die Briefmarke abgegangen ist. Nimm immer nur eine auf einmal. Lege die Briefmarke mit der Bildseite nach unten irgendwo zum Trocknen hin. Wenn sie getrocknet ist, presse sie mit einem Buch flach, sodass sie sich nicht wellt. Dann kannst du sie ins Album einordnen.

* Vielleicht willst du einen Briefmarkenkatalog kaufen, damit du Marken sammeln und bestimmen kannst. Du kannst auch einen in der Bücherei ausleihen. Der bekannteste Katalog in Deutschland ist der seit 1910 erscheinende Michel, den man auch im Internet bestellen kann.

* Du kannst auch eine spezielle Flüssigkeit kaufen, den Wasserzeichen-Sucher. Gieße etwas davon in eine Untertasse und lege die Briefmarke mit dem Bild nach unten hinein. Die Wasserzeichen mit Zahlen und Buchstaben werden dann sichtbar.

Sammlungen

Du kannst ohne viel Geld eine interessante Sammlung aufbauen. Hier einige Ideen für historische Sammlungen: Olympia-Marken von einigen Ländern; Briefmarken von Königen und Königinnen verschiedenster Länder; Briefmarken aus der ehemaligen Sowjetunion oder der ehemaligen DDR. Viele Länder geben prächtige bunte Briefmarken heraus. Sie sind wunderschön, und es macht Spaß, sie zu sammeln, wenn sie auch oft nicht sehr wertvoll sind. Briefmarken erinnern oft an besondere Ereignisse oder Jahrestage im Sport oder an besondere Persönlichkeiten. Russland gab Briefmarken anlässlich Juri Gagarins Weltraumfahrt heraus, Amerika feierte die Landung auf dem Mond mit einer Sondermarke. Australien gab Briefmarken für die Rugby League heraus. Feuerland, eine Inselgruppe vor Südamerika, hat insgesamt nur eine Briefmarke herausgegeben, die heute sehr selten ist.

Der 50. Jahrestag des ersten Fluges nach Australien, 1969

Ich habe gerne englische Marken gesammelt mit Weihnachtsszenen, Vögeln, berühmten Künstlern und Schriftstellern, Pferden und anderen Tieren, zum Beispiel verschiedenen Rinderrassen, der Investitur des Prinzen von Wales 1969, interessanten Gebäuden, Kirchen, Wildblumen, Muscheln am Strand und so weiter.

Immer wenn eine neue Briefmarke erscheint, werden Ersttagsbriefe ausgesendet. Das ist ein Umschlag mit der neuen Briefmarke (oder einer Gruppe von Briefmarken zu einem Thema), speziell mit dem Erscheinungsdatum abgestempelt. Wenn du so etwas bekommst, nimm die Briefmarke nicht vom Umschlag ab, denn das Ganze ist wichtig, nicht nur die Briefmarke.

Investitur des Prinzen von Wales

Tipps zum Sammeln

* Spezialisiere dich nicht zu früh. Beginne mit einem großen Paket Briefmarken. Damit lernst du etwas über Briefmarken und kannst dann später entscheiden, worauf du dich konzentrieren willst.
* Versuche ein altes Briefmarkenalbum zu kaufen. Halte Ausschau nach speziellen Messen und Tauschtagen in deiner Nähe. Die Standbesitzer sind normalerweise sehr daran interessiert, junge Sammler für dieses Hobby zu begeistern und vielleicht kannst du mit ihnen handeln.
* Suche selbst Briefmarken aus – Briefmarken, die im Abonnement gekauft wurden, machen nicht so viel Spaß wie die, die du bei einem Händler selbst gefunden hast.
* Prüfe den Zustand jeder Marke, die du kaufst. Achte darauf, dass du sie nicht zerknitterst, knickst oder beschmutzt.

Briefmarken könnten von den eigenartigsten Orten aus verschickt werden – es gibt eine spezielle Briefmarke, die vom Großen Barriereriff kommt; Briefmarken wurden vom Südpol verschickt; es gab sogar einen gestempelten Umschlag mit Bezug auf die Titanic mit dem Aufdruck »Schiff verpasst«. Wenn du wirklich interessiert bist, geh mit einem Erwachsenen in einen Secondhandladen oder zu einem Briefmarkenhändler und durchstöbere die Wühlkisten. Der Händler hält die Marken für wertlos, aber vielleicht bist du anderer Ansicht. Man weiß nie, vielleicht findest du eine Penny Black, das war die allererste Briefmarke! Oder den Schwarzen Einser aus Bayern, der gilt als die älteste Briefmarke Deutschlands.

Briefmarkensammel-Vereine

Hier kann man sich während oder nach der Schule treffen und Gedanken oder Briefmarken mit Freunden tauschen. Wenn es in deiner Schule keinen Verein gibt, sprich mit einem Lehrer oder einer Lehrerin darüber, bringe ein paar Freunde zusammen und gründe einen. Du musst nur dein Album mitbringen und deine Tauschschachtel und los geht es. Du kannst auch mit Freunden vereinbaren, dass ihr Unterschiedliches sammelt, dann macht das Tauschen mehr Spaß, als wenn ihr immer nur um dieselben Marken wetteifert. Wenn das Taschengeld knapp ist, könnt ihr auch zusammen eine Tüte Briefmarken kaufen.

Nützliche Informationen

www.dphj-berlin-brandenburg.de – ist an junge Sammler gerichtet und beinhaltet viele nützliche Informationen rund ums Briefmarkensammeln.

www.briefmarken.de – ist eine Homepage, die sich eher an Erwachsene richtet, aber man bekommt einen guten Überblick und kann sich einen Briefmarkenkatalog für Anfänger (den Michel-Junior-Katalog) bestellen. Der wichtigste Fachkatalog ist der seit 1910 erscheinende Michel.

In der Serie *»Was ist Was?«* (Bd. 52) hat der Tessloff Verlag ein Kindersachbuch zum Thema Briefmarken herausgebracht. Ein guter erster Schritt, um das Interesse zu wecken und vielleicht einen Einstieg in die Welt des Briefmarkensammelns zu wagen.

Wie hat alles angefangen?

Vor 400 Jahren waren der englisch König und sein Hof die Einzigen, die einen Zustelldienst für Briefe hatten. Doch im Jahre 1626 gab es die ersten Fernlieferungen nach Plymouth, das damals ein sehr wichtiger Hafen war. Bald danach gestattete König Karl I. der Öffentlichkeit, diesen königlichen Postdienst zu nutzen. Andere Dienste wurden zwischen London und anderen Städten eingerichtet, doch alle Briefe mussten zuerst nach London geschickt werden, dadurch wurde alles sehr langsam. Die Briefe wurden mit dem Absendedatum versehen, aber es wurden keine Briefmarken verwendet. Es war eine teure Angelegenheit, die sich nur reiche Leute leisten konnten.

Penny Black

Schwarzer Einser

Im 19. Jahrhundert hatte Rowland Hill die Idee, das Postsystem zu reformieren. Er suchte eine billige und effiziente Methode, die sich jeder leisten konnte. Seine Idee war es, im Voraus das Porto zu bezahlen, indem man ein Stück Papier auf einen Brief klebte. Es wurde ein Wettbewerb ausgeschrieben, für den Entwurf einer Marke, die mit der Rückseite aufgeklebt werden konnte. Doch obwohl 2500 Entwürfe eingereicht wurden, war keine brillante Idee dabei. Stattdessen überarbeitete Rowland Hill die besten Ideen selbst noch einmal und die Penny Post war geboren.

Am 6. Mai 1840 wurden die ersten Penny-Black-Briefmarken in den Postämtern verkauft. Auf diesen ersten Briefmarken war ein Porträt der jungen Königin Victoria abgebildet. Seitdem zeigten alle Briefmarken den herrschenden König oder die Königin. Bis in die 60er-Jahre des 20. Jahrhunderts gab es nur wenige Briefmarken und es gab nur sehr wenige mit schönen Bildern. Seitdem hat sich das Aussehen der Briefmarken beträchtlich verändert.

ALTE STEINE

Stonehenge

Stonehenge (Großbritannien) ist das berühmteste prähistorische Bauwerk Europas. Dieser Kreis aus aufrecht stehenden Steinen ist älter als die Pyramiden in Ägypten – sein Bau begann vor über 5000 Jahren als Kreis von Gräben, Erdwällen und Löchern.

Stonehenge, 1895

Dann wurden vor etwa 4000 Jahren 82 riesige Steine, sogenannte Blausteine, von denen jeder vier Tonnen wog, aus Bergen im Südwesten von Wales gehauen. Sie wurden auf Rollen und Holzschlitten gezogen, auf Flößen über Flüsse fast 4000 Kilometer bis zur Ebene von Salisbury transportiert und in einem Kreis aufgestellt. Später wurden noch mehr riesige Sarsensteine mit einem Gewicht bis zu 50 Tonnen aus dem 40 Kilometer entfernten Hügelland von Marlborough in der Nähe von Avebury gebracht. Wissenschaftler schätzen, dass 600 Männer nötig waren, um einen solchen Stein mit Holzschlitten, Rollen und Seilen zu bewegen. Die Sarsensteine wurden mit Hebeln aufgestellt, und oben wurden Decksteine aufgelegt – wie den Erbauern das gelang, ist immer noch ein Rätsel.

All diese Arbeit war sehr mühselig und erforderte eine genaue Planung, doch niemand weiß, wozu Stonehenge wirklich erbaut wurde. War es für die Verehrung der Druiden (prähistorische Priester) gedacht, war es eine Begräbnisstätte, eine Opferstätte oder eine Art Observatorium, das auf den Stand der Sonne und der Sterne ausgerichtet war? Zu einer bestimmten Zeit diente es als Tempel, in dem Priester Zeremonien abhielten, damit die Erdgöttin eine gute Ernte gewährte. Kürzlich haben Archäologen verlauten lassen, Stonehenge könnte auch eine Begräbnisstätte für Könige gewesen sein.

Leider ist Stonehenge, wie wir es heute sehen, eine Ruine. Viele der ursprünglichen Steine sind umgefallen oder wurden weggenommen, um Häuser oder Straßen zu bauen. Trotzdem ist es ein beeindruckender Anblick.

Limes

Der Limes in Deutschland ist nach der Chinesischen Mauer das längste Bodendenkmal der Welt. Der Limes verläuft durch die Bundesländer Bayern, Baden-Württemberg, Hessen und Rheinland-Pfalz von Regensburg nach Mainz und wurde in schnurgeraden Linien in die Landschaft gebaut. Der Grenzbau wurde Mitte des 2. Jahrhunderts nach Christus angefangen und sollte das Römische Reich von den germanischen Völkern im Norden trennen. Vom Steinwall selbst ist leider nicht mehr viel zu sehen, da im Laufe der Zeit viel zerstört wurde. Der Limes bestand auch nicht vollständig aus Steinen, aber ein großer Teil davon. Früher wurde die Grenze von zahlreichen Kastellen und Wachtürmen gesäumt. Sie waren immer so gelegen, dass bei klarem Wetter Blickkontakt zwischen ihnen möglich war, so konnten schnell Nachrichten übermittelt werden. Der obergermanisch-raetische Limes gehört mittlerweile zum Weltkulturerbe der UNESCO und man tut einiges für die Erhaltung des Grenzwalls. Heute kann man sich Überreste der Kastelle und Wachtürme anschauen, teilweise wurden sie auch originalgetreu nachgebaut. Und Teile des Steinwalls sind auch noch zu sehen, so zum Beispiel die berühmte Teufelsmauer bei Schwäbisch Gmünd.

Der Giant's Causeway

Eines der beeindruckendsten Steinmonumente Europas ist der Giant's Causeway in Irland. Der Damm des Riesen, wie es übersetzt heißt, liegt an der Antrimküste im Nordosten von Nordirland. Er besteht aus etwa 40 000 grau-schwarzen Basaltsäulen (vulkanisches Lavagestein), die sich aus dem Meer erheben und Stufen bilden, welche sich bis zum Fuß der Klippen erstrecken. Diese seltsame Landschaft wurde nach einem Vulkanausbruch vor über 60 Millionen Jahren aus Lavaströmen geschaffen. Die meisten Felsen haben eine sechseckige Form (andere haben vier, fünf, sechs und acht Seiten), die sich bildete, als die geschmolzene Lava das Meereswasser erreichte. Die Lava kühlte so schnell ab, dass sie in dieser Gesteinsform erstarrte. Die Oberseiten der Felsen bilden Steinstufen, die vom Fuß des Kliffs wegführen und im Meer verschwinden.

Eine Legende rankt sich um diese Steine. Der irische Riese Fionn Mac Cumhaill (oder Finn) soll diesen Damm erbaut haben, um trockenen Fußes das Meer in Richtung Schottland überqueren zu können, wo er seinen Feind bekämpfen wollte: den viel größeren schottischen Riesen Benandonner (Ben). Danach kam Ben selbst hinüber, um nach Finn zu suchen. Dieser hatte sich aber, um ihn zu täuschen, in ein Kinderbett gelegt und als Baby verkleidet. Als Ben das »Baby« sah, dachte er, dass der Vater des Babys (Finn) noch um einiges gigantischer sein müsste und floh angsterfüllt nach Hause – dabei zerstörte er den Damm hinter sich, damit Finn ihm nicht folgen konnte. Es gibt tatsächlich ähnliche sechseckige Steine bei Fingal'S Cave auf der schottischen Insel Staffa.

FRÜHLING

Offiziell beginnt der Frühling Ende März. In Parks, Gärten und in der freien Natur erwacht alles zu neuem Leben, und die Vögel singen endlich wieder.

Frühlingsspaziergang in der Natur

Im Frühling kann man schöne Spaziergänge in der freien Natur machen. Nehmen Sie einen Naturführer mit und versuchen Sie, unterwegs Bäume und Blumen zu bestimmen. Zu den Frühlingsblumen, die Sie vielleicht sehen, gehören die Kleinen Winterlinge, die mit den Butterblumen verwandt sind und einen Teppich in den Wäldern bilden. Daneben sehen Sie Buschwindröschen und Leberblümchen, Kätzchen auf Weiden und Birken, Schneeglöckchen, Primeln, Narzissen und später Glockenblumen. Schlüsselblumen waren schon einmal auf der Liste gefährdeter Arten, scheinen aber wieder häufiger vorzukommen. Doch es ist immer noch verboten, sie zu pflücken.

Viele Kinder stochern gerne nach Insekten und anderen Gliederfüßern – und das ist in Ordnung, solange sie harmlos sind. Sie können lernen, die häufigsten zu erkennen – zum Beispiel Wespen, Bienen, Schmetterlinge und Falter, Ameisen, Grashüpfer, Fliegen und Ohrenkneifer. Wenn ihnen das gefällt, könnten Sie vorschlagen, aufzuschreiben, wo und wann der Fund gemacht wurde – doch nur, wenn die Kinder das gerne wollen, es sollte nicht zur lästigen Pflicht werden. Vielleicht weckt das ihr generelles Interesse für die Natur. Meine Nichte Lucy suchte im Alter von fünf gerne nach Käfern, interessiert sich heute als Erwachsene aber für Vögel.

Käfer fressen alles Mögliche, und sie selbst werden von Vögeln, Eidechsen und kleinen Säugetieren gefressen – also kann man bei der Jagd auf Insekten leicht die Nahrungskette erklären. Suchen Sie nach Käfern unter alten Holzstämmen und -stücken – es lohnt sich, eine Plastiklupe mitzunehmen oder eine Schachtel, wenn das Interesse groß ist.

Nistkästen und Futterhäuschen

Vögel sind im Frühjahr am aktivsten, und die Vogelschutzvereine möchten, dass wir uns alle für ihre Pflege einsetzen. Die Brutsaison beginnt Ende Februar, und wenn kleinere Heimwerkerarbeiten Sie nicht abschrecken, können Sie gemeinsam mit Ihren Enkeln einen einfachen Nistkasten oder ein Futterhäuschen bauen, die gerne angenommen werden – siehe die Kapitel *Vögel und Bienen* und *Heimwerkerarbeiten* auf den Seiten 87 und 324.

Es gibt viele verschiedene Typen von Nistkästen, die für verschiedene Vogelarten geeignet sind. Wissenschaftler haben einige interessante Entdeckungen gemacht. Wussten Sie, dass Blau-, Tannen- und Sumpfmeisen lieber in Kästen aus Holzbeton nisten als in Holzkästen? Und dass Kästen, die mit grüner Schutzfarbe angestrichen wurden, dreimal so beliebt sind wie die mit brauner Farbe? Ist es der Geruch, das Aussehen oder der Geschmack, der den Ausschlag gibt?

Natur im Garten

Die meisten Kinder lieben alles, was mit Natur zu tun hat, wenn man ihnen die Möglichkeit gibt, sich damit zu beschäftigen. Es müssen nicht unbedingt die großen exotischen Tiere wie Löwen oder Elefanten sein, die ihre Aufmerksamkeit fesseln. Es können auch einfach Vögel, Schmetterlinge, Insekten, Spinnen oder kleine Säugetiere sein. Wenn Sie einen Garten haben, überlegen Sie, wie Sie das Interesse für die Natur wecken können, ohne gleich einen Wildpark einzurichten.

Für den Anfang können Sie eine Ecke im Garten verwildern lassen, sei es ein Stück Hecke, eine Ecke mit Brennnesseln, eine Buddleia, etwas Gras mit Disteln, ein großer Stein oder ein Stück totes Holz, wo die Natur ihren Lauf nehmen kann.

Nach wenigen Monaten werden unter dem toten Stück Holz interessante Dinge zu finden sein und die Brennnesseln und die Buddleia werden ein Anziehungspunkt für Schmetterlinge und andere Tiere.

Wenn Sie nicht schon einen Komposthaufen oder -gefäß haben, wäre jetzt der Zeitpunkt gekommen, einen anzulegen, wenn Sie genügend Platz haben. In sechs Monaten wird Ihr Enkelkind mit Freuden die Bretter an der Unterseite wegnehmen und die frische, süßlich riechende Erde herauslassen. Der vierjährige Archie zieht mit Vorliebe die Regenwürmer aus dem Kompost und drapiert sie auf den Blumenbeeten.

Gärten für Kinder

Haben Sie etwas Platz, wo die Enkelkinder einen eigenen kleinen Garten anlegen können? Ein Gartenstück für ein Kind oder ein Pflanztrog wird das ganze Jahr hindurch ein beliebter Anziehungspunkt sein. Es ist wichtig, dass darin Blumen und Gemüse wachsen, die das Kind selbst ausgesucht hat.

Suchen Sie einen Platz an einem sonnigen Ort mit guter Erde aus, der etwa die Größe eines mittleren Teppichs hat (etwa 2,50 m x 1,25 m) und einigermaßen windgeschützt ist. Wenn es mehr als ein Kind gibt, sollten Sie mit Platten, Steinen oder kleinen Kieseln Grenzen ziehen, damit jeder seinen eigenen Bereich hat. Allein oder gemeinsam mit dem Kind graben Sie das Beet um, sorgen für ausreichende Entwässerung und arbeiten etwas Kompost unter, wenn nötig.

Entscheiden Sie gemeinsam mit den Kindern, was sie pflanzen – Blumen, Gemüse oder eine Mischung aus beidem. Kaufen Sie am Frühlingsanfang Primeln und Schlüsselblumen, die beide mehrjährig sind, und freuen Sie sich an dem schnellen Farbenspiel, das sie in den Garten bringen. Für den Sommer sind einjährige Pflanzen gut geeignet – sie sind leicht zu ziehen und bringen schöne Ergebnisse. Denken Sie an Kapuzinerkresse, Jungfer im Grünen, Löwenmäulchen, Ringelblumen und die absolute Lieblingsblume der Kinder – Sonnenblumen (die mit einem großen Stab gestützt werden müssen). Es macht den Kindern Spaß, die Größe nachzumessen, und sie staunen, wie schnell sie größer sind als sie selbst und größer sogar als ihre Großeltern.

Ich finde, ganz oben auf der Liste für das Kind sollten

Wicken stehen. Sie brauchen einen Stab oder eine Rankhilfe, und es ist faszinierend zu beobachten, wie sie daran nach oben klettern. Das Kind kann auch Blüten und Ableger abschneiden, denn mit jedem Schnitt wird die Pflanze üppiger blühen, und sie duften auch ganz herrlich. Im Herbst öffnen Sie die Schalen und bewahren ihre Samen für das nächste Jahr auf. Säen Sie ab März in Saatschalen und pflanzen Sie im April oder Mai aus. Wenn Sie nichts ausgesät haben, können Sie in Gärtnereien oder Gartenmärkten Schösslinge in Töpfen kaufen. Schützen Sie die Schösslinge mit selbst gebastelten Vogelscheuchen vor hungrigen Vögeln. Die Kinder können Alufolie oder alte CDs an Schnüren aufhängen und um die Pflanzen herum aufhängen.

Wenn Sie Wicken oder richtige Bohnen pflanzen wollen, müssen Sie im Garten Platz für Rankhilfen einplanen. Nehmen Sie fünf oder sechs Stangen von 1,50 m Höhe, binden Sie sie oben zusammen und stellen Sie die unteren Enden so auf, dass es wie ein Wigwam aussieht. Binden Sie an drei Stellen quer Gartendraht darum oder drapieren Sie ein grünes Gartennetz darüber, damit die Wicken daran hochklettern können.

Beim Gemüse könnten Sie es mit dicken Bohnen, Radieschen, Buschbohnen und Erbsen probieren. Paprika, Tomaten und Zierkürbisse passen sehr gut zu den Blumen. Auch Kräuter sind geeignet, und die Kinder werden gerne die Blätter anfassen und den kräftigen Duft der Klassiker wie Pfefferminze, Salbei und Thymian einatmen.

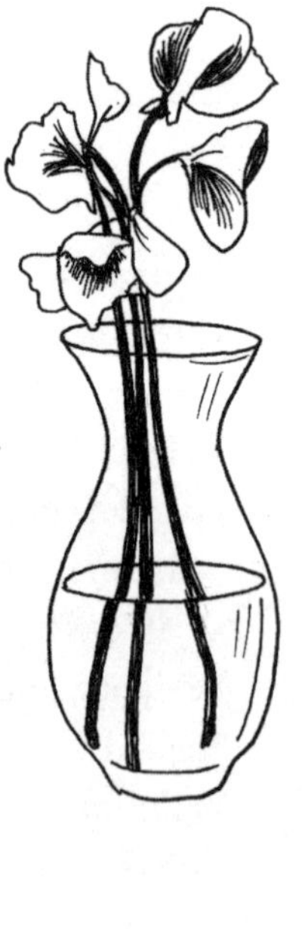

Als besondere Gemüseart, die lange lagerfähig ist, pflanzen Sie ein paar Kürbissetzlinge (etwa im April), denn die wachsen leicht: Legen Sie einfach einige Samen in ein zusammengefaltetes nasses Küchentuch, legen Sie es an einen warmen Ort, zum Beispiel in den Heizungsraum. Sehen Sie regelmäßig nach, damit sie nicht austrocknen. Wenn sie gesprossen sind, können sie in kleine Töpfe gesetzt und drinnen am Küchenfenster oder an einem anderen hellen Ort aufgestellt werden. Im Mai schließlich, wenn es draußen warm ist, können Sie in das Beet der Kinder ausgepflanzt werden. Im Herbst kann man sie ernten und furchterregende Kürbisgeister oder köstlichen Kürbiskuchen daraus machen.

Töpfe, Blumenkästen und Pflanzsäcke

Wenn Sie keinen passenden Platz für einen Garten für die Kinder haben, können Sie auch einen Blumenkasten, Töpfe oder Pflanzsäcke verwenden. Für Töpfe sind Geranien gut geeignet, Stiefmütterchen, Fleißige Lieschen, Fuchsien und Kräuter wie Basilikum, Schnittlauch und Minze.

Gemüsesamen kann das Kind direkt in Pflanzschalen säen und in einem Gewächshaus oder auf dem Fensterbrett in der Küche aufstellen, bis sie keimen und eingepflanzt werden können. Folgen Sie den Anweisungen auf der Packung und setzen Sie sie schließlich nach draußen, wenn es möglich ist. Manches wächst auch wunderbar in großen Töpfen oder in Pflanzsäcken, zum Beispiel Tomaten, Paprika, Pflücksalat und Buschbohnen (vorausgesetzt, man gießt und düngt regelmäßig). Wie wäre es mit Senf und Kresse? Sie brauchen nur ein altes Küchentuch oder ein Stück Tuch oder Watte auf einem Teller, mit Wasser befeuchtet. Folgen Sie auch hier den Anweisungen auf der Packung.

Baum- und Spielhäuser

Das ist vielleicht auch ein Luftschloss, doch wenn Sie Platz im Garten haben, ist ein Baumhaus immer noch besser als gar nichts. Wenn jemand in der Familie in der Lage ist, ein paar Nägel einzuschlagen, fragen Sie doch die Kinder, ob sie ein einfaches (oder auch luxuriöseres) Baumhaus wollen. Das wird nicht viel Widerspruch finden – doch Sie brauchen zuerst grünes Licht von den Eltern. Das kann auch ein Frühjahrsprojekt für die ganze Familie werden, wenn Sie die Kinder bei den einfacheren Aufgaben helfen lassen. Es mag eine Weile dauern, bis es fertig ist, doch es wird von den kleinen Bewohnern geliebt werden. Sie werden kein Problem haben, die Kinder nach draußen zu bekommen, und es wird als Spielhaus, Verlies, Geheimversteck für Freunde, Zuflucht beim Familienstreit, als Burg, Clubhaus und so weiter dienen.

Baumhäuser müssen nicht unbedingt in einem Baum sein. Sie können auf kurzen Stützen selbstständig stehen oder an einen Baum gelehnt sein (sorgen Sie dafür, dass die Kinder leicht wieder von der Plattform herunterkommen), oder sie können auf Stelzen unter überhängenden Zweigen und natürlich im Baum selbst sein, wenn Sie ehrgeizig sind und die Äste das zulassen. Wenn Sie unter einem passenden Baum beginnen, können Sie es erstmal sehr einfach halten und sehen, wie weit Sie kommen. Später können Sie es dann vergrößern, wenn Sie wollen. Welche Form es am Ende auch annimmt, es wird einen Riesenspaß machen.

Wenn Sie ein Baumhaus reizt, gibt es auch Bücher, die beim Bau weiterhelfen können: *Baumhäuser selbst bauen* von David und Jeanie Stiles und *Kleine Baumhäuser und Hütten – kinderleicht gebaut* von David Stiles.

Wenn ein Baumhaus jedoch nicht infrage kommt, Sie aber im Garten etwas Platz haben, kann auch ein Spielhaus oder ein Schuppen ein magischer Ort sein. Etwas Farbe und Dekoration können daraus ein zweites Zuhause und Geheimversteck für Kinder jeden Alters machen. Dort können sie nach Herzenslust spielen. Beziehen Sie die Kinder bei der Auswahl der Außen- und Innendekoration mit ein. Ziehen Sie ihnen Overalls an, drücken Sie ein Auge zu, lassen Sie ihnen freie Hand und sagen Sie ihnen, Sie sollen ihre Fantasie walten lassen. Sie müssen mit dem Ergebnis dann leben, doch oft ist es wunderbar. Sie könnten dann Vorhänge organisieren, einen Namen auf das Haus malen, einen Türklopfer anbringen, einfache Möbel hineinstellen – vielleicht Kisten – und es ihnen überlassen. Ermutigen Sie sie, den Garten um das Spielhaus herum zu gestalten – Beete mit Muscheln oder großen Feuersteinen, Blumen – so was. Viel Spaß beim Bauen!

VÖGEL UND BIENEN

Kinder gehen gern in den Zoo und in Wildparks, doch nicht jeder lebt in der Nähe eines Zoos, und außerdem ist es auch zu teuer, um das öfter zu machen. Doch wenn Sie einen Garten haben, haben Sie praktisch einen Mini-Zoo hinter dem Haus. Es gibt viele Möglichkeiten, um Wildtiere anzulocken. Warum beginnen Sie nicht mit Vögeln und Bienen?

Bienen

In Deutschland gibt es über 500 verschiedene Bienenarten, und sie alle erfüllen die wichtige Aufgabe, unsere Blumen und Bäume zu bestäuben. Viele sind jedoch inzwischen auf der Liste der gefährdeten Arten. Weil immer mehr Land überbaut wird und Hecken verschwinden, gibt es immer weniger Wildblumen in der freien Natur, die den Nektar und Pollen als Futter für die Bienen liefern. Es ist auch schwieriger für die Bienen, einen Ort zum Nisten zu finden. Wenn Sie und Ihre Enkel den Bienen eine sichere Nistmöglichkeit anbieten, tun Sie etwas für die Umwelt und haben auch noch gemeinsam Spaß damit.

Rote Mauerbiene

Lassen Sie sich nicht abschrecken von dem Gedanken, in Ihrem Garten Bienen zu halten – nicht alle sind lästig und stechen. Die Rote Mauerbiene (*Osmia bicornis* bei den Wissenschaftlern) ist friedlich, ist ein Einzelgänger und völlig ungefährlich, sie sticht nicht. Sogar Haustiere werden mit ihr auskommen!

Die Rote Mauerbiene ist leicht zu erkennen: Sie ist zehn bis 15 Millimeter lang, von rötlichbraunen Haaren bedeckt, und das Männchen hat einen weißen Haarbüschel auf der Stirn. Im Frühjahr kann man die Weibchen beobachten, wie sie die Pollen von den Blumen holen und in ihr Nest tragen. Sie nisten gerne in Löchern im Mörtel zwischen den Ziegelsteinen. Das Weibchen legt sechs bis acht Eier mit einem Vorrat an Pollen in das Nest, dann verschließt es es mit Lehm. Wenn die Larven schlüpfen, fressen sie die Pollen. Im Sommer spinnen sich die ausgewachsenen Larven in einen Kokon ein und im September oder Anfang Oktober schlüpfen sie als ausgewachsene Tiere. Die jungen Bienen bleiben den Winter über im Nest und verlassen es im Frühjahr.

Sie können es den Bienen leicht machen und ihnen ein fertiges Nest anbieten. Legen Sie es Anfang Frühjahr ein gutes Stück über dem Boden an – Mitte Februar ist eine gute Zeit. Sie brauchen einen sonnigen und regengeschützten Ort an einer Wand oder einem Zaun. Eine Rote Mauerbiene wird es leicht finden, und Sie und Ihre Enkel brauchen sich nur noch zurücklehnen und sie den Sommer über beobachten!

So eine Nisthilfe können Sie mit etwas handwerklichem Geschick leicht selbst herstellen. Sie brauchen einen Holzblock und eine Bohrmaschine. In das Holz werden Löcher in verschiedenen Durchmessern gebohrt (etwa 10 mm); sie sollten tiefer sein als der jeweilige Durchmesser und schräg nach oben verlaufen, damit sich kein Regenwasser darin sammeln kann. Diesen Teil mit der Bohrmaschine sollten Sie selbst übernehmen. Fertig ist die Bienennisthilfe!

Hummeln

Halte im Sommer nach den dicken Hummeln Ausschau. Aber sei gewarnt: anders als die Mauerbienen können sie stechen. Eigentlich sind sie sind jedoch friedfertig, langsam und verschlafen, nicht wie die aggressiven Honigbienen, die überall herumflitzen. Wenn du den Hummeln nichts tust, werden sie dich kaum stechen – sie sind zu faul! Hummeln sind sehr leicht zu erkennen, denn sie sind groß und pelzig und fliegen mit dem wohlbekannten Brummen langsam durch die Lüfte. Es gibt aber drei Sorten: die Königinnen, die Arbeiterinnen und die männlichen, die Drohnen. Nur die Königinnen und die Arbeiterinnen haben einen Stachel.

In jedem Frühjahr bauen die Königinnen neue Nester. Ab Februar halten sie Ausschau nach einem geeigneten Ort und dann fliegen sie tief und suchen nach Nahrung. Sie füllen ihre Nester mit Pollen und Nektar, dann legen sie Eier. Die Arbeiterinnen schlüpfen zuerst und helfen, das Nest zu vergrößern, dann schlüpfen mehr Weibchen. Diese bekommen zusätzliche Nahrung, denn das werden die neuen Königinnen.

Unter *www.bombus.de* erfährst du alles über Hummeln und erhältst nützliche Tipps. Wenn du einen großen Garten hast, könntest du Weidenbündel pflanzen. Das ist leicht, du steckst sie einfach in den Boden, und wenn sie wachsen, bieten sie Pollen und Nektar für die Hummeln.

Vögel

Ein Nistkasten ist eine gute Möglichkeit, Vögel zum Nisten in Ihrem Garten zu bringen. Es gibt zweierlei Arten: eine Kiste mit einem kleinen runden Loch in der Mitte, passend für Blau- und Kohlmeisen, und eine eher offene Kiste, die vorn fast frei ist, die Rotkehlchen und Gartenrotschwänze anziehen wird.

Bringen Sie den Kasten in mindestens zwei Metern Höhe, weit entfernt von Katzen, an einem geschützten schattigen Ort an. Wenn Sie ihn in einem Baum anbringen, schonen Sie den Baum und binden Sie den Kasten mit Draht fest, anstatt ihn festzunageln.

Denken Sie daran, den Kasten im Herbst zu reinigen. Wenn die Vögel weg sind, können Sie alles Nistmaterial, nicht geschlüpfte Eier und tote Vögel entfernen. Die ungeschlüpften Eier müssen Sie vernichten, es ist verboten, sie zu besitzen. Waschen Sie dann den Kasten mit heißem Wasser aus, ehe Sie ihn wieder aufhängen.

Wenn Sie handwerklich begabt sind, versuchen Sie selbst gemeinsam mit Ihren Enkeln einen Nistkasten zu bauen – es ist nicht so schwierig. Auf Seite 330 gibt es einen Plan mit Anleitung. Sie können sie auch fertig im Baumarkt kaufen oder beim Naturschutzbund Nabu (*www.nabu.de*).

Blaumeisen

Blaumeisen sind wirklich sehr beliebt. Sie sind blau und gelb mit einem dunkelblauen Streifen auf dem Bauch und unterhalten den Betrachter stundenlang, wenn sie kopfüber am Baum hängen und in und um den Kasten herumflitzen. Sie beginnen im Mai zu brüten und das Weibchen wird zehn bis zwölf Eier legen. Sie sind weiß mit rotbraunen Flecken, sehr glänzend und glatt. Wenn sie geschlüpft sind, werden die jungen Vögel von beiden Eltern gefüttert. Sie mögen Insekten und Samen. Die jungen Vögel verlassen schließlich das Nest, doch sie gehen nicht weit weg – eine Blaumeise entfernt sich nicht weiter als vier Kilometer von ihrem Geburtsort.

Wie man einen Meisenknödel macht

Hier ist eine Anleitung für einen einfachen Meisenknödel, den Ihr Enkelkind basteln und im Garten für die Blaumeisen aufhängen kann. Mehr Tipps findet man im Internet auf der Website *www.nabu.de.*

WIR BRAUCHEN: *Joghurtbecher, Schnur, Rindertalg, ungesalzene Nüsse – Erdnüsse sind ideal, getrocknete Früchte – Rosinen oder Sultaninen, Vogelfutter, geriebener Käse.*

Wir machen zuerst ein kleines Loch in den Boden eines Joghurtbechers und ziehen ein Stück Schnur durch. Dann machen wir innen einen Knoten in die Schnur und ziehen den Rest der Schnur nach außen, so lang, dass wir den Becher an einem Baum aufhängen können.

Jetzt machen wir den Meisenknödel. Wir geben ein paar Stücke Talg (bei Raumtemperatur geschnitten) in eine Schüssel und mischen mit den Händen Rosinen, Erdnüsse, Vogelfutter und geriebenen Käse darunter. Wir mischen alles gut zusammen und stopfen es dann fest in den Becher. Wir stellen ihn in den Kühlschrank, damit die Füllung fest wird, und hängen den Becher dann mit der Öffnung nach unten an einen Baum. Jetzt können wir die Vögel beobachten, wie sie kommen und sich vollfressen. Mit etwas Glück entdecken wir Grünfinken, Kohlmeisen und Blaumeisen.

OSTERN

Das Osterfest ist entspannter als Weihnachten, und das Schlimmste, was passieren kann, ist, dass die Kinder zu viele Eier und Schokolade essen. Aber es findet ja nur einmal im Jahr statt …

In den Geschäften gibt es massenhaft Osterhasen und Küken, Eier und andere hübsche Sachen. Doch hier sind einige Ideen zum Selbermachen – zum Essen, Verschenken und für den Ostertisch. Die erste Idee, ein flauschiges Küken, besteht einfach aus zwei Bommeln und ist sehr leicht herzustellen. Außerdem macht das gemeinsame Basteln viel mehr Spaß und die Sachen werden Ihnen und Ihren Enkeln viel mehr bedeuten.

In den Osterferien bieten viele Museen, größere Theater und andere öffentliche Orte spezielle Programme für Kinder an, bei vielen gibt es ein großes Ostereiersuchen. Schauen Sie im Internet nach, was angeboten wird.

Flauschiges Küken

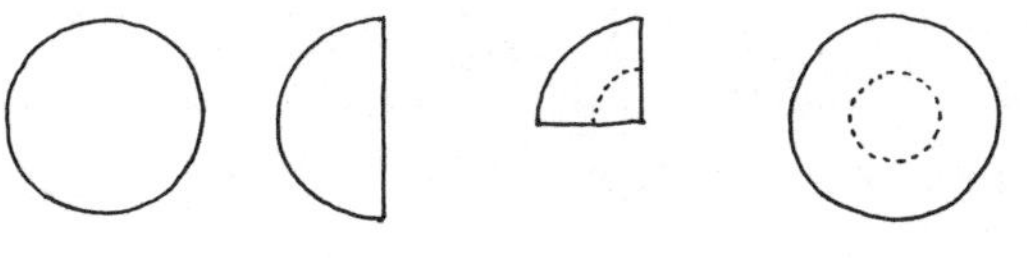

* WIR BRAUCHEN: *eine Tasse mit etwa 7 cm Durchmesser, ein Stück Konzeptpapier, ein A5-Blatt dünnen Karton oder zwei alte Postkarten, einen Filzstift, eine kleine scharfe Schere, etwas gelbe Wolle, ein paar Wackelaugen, ein kleines Stück roten Karton, etwas Klebstoff.*

Wir ziehen um die Tasse einen Kreis von etwa 7 cm Durchmesser auf das Papier und schneiden ihn aus.

Körper: Wir falten einen Kreis auf dem Papier in der Mitte und dann wieder in der Mitte – wie auf den Abbildungen. Jetzt markieren wir auf der Falte jeweils einen Abstand von etwas mehr als 1 cm zur Spitze und schneiden einen Bogen aus. Wenn wir den Kreis auffalten, sollten wir in der Mitte ein Loch von etwa 2,5 cm Durchmesser haben.

Wir legen das Papier jetzt auf den Karton, ziehen zwei Kreise und schneiden in jedem in der Mitte das Loch aus. Jetzt sollten wir zwei Pappringe mit Löchern in der Mitte vor uns haben.

Wir legen nun beide Ringe aufeinander und wickeln die Wolle darum, die wir immer wieder in der Mitte durchziehen. Zu Beginn machen wir einen Knoten, damit die Wolle nicht abrutscht. Wir wickeln so lange, bis der ganze Ring von einer dicken Wollschicht bedeckt ist und das Loch in der Mitte fast verschwunden ist.

Wir nehmen den Wollring in eine Hand und schieben vorsichtig die Schere durch die Wolle und zwischen die beiden Pappringe. Dann schneiden wir langsam die Wolle außen an den Ringen durch.

Wir halten den Wollball fest und ziehen die beiden Ringe leicht auseinander. Dann nehmen wir ein anderes Stück Wolle, etwa 20 cm lang, und binden es ganz fest um die Mitte des Bommels. Die übrigen Wollenden werden dabei noch nicht abgeschnitten. Jetzt ziehen wir vorsichtig die beiden Kartonstücke ab.

Kopf: Wir wiederholen das Ganze mit einem anderen Stück Konzeptpapier und der zweiten Postkarte, machen den Ring diesmal aber kleiner, etwa 5 cm im Durchmesser. Wir machen wieder ein Loch in die Mitte, diesmal mit etwa 2 cm Durchmesser und umwickeln die Ringe wie vorher. Am Ende haben wir einen zweiten, kleineren Bommel.

Wir befestigen die beiden Bommel entweder mit Klebstoff aneinander oder nähen sie mithilfe der heraushängenden Wollfäden zusammen. Zum Schluss schneiden wir eine Raute aus dem roten Karton aus (das sieht aus wie ein schräges Viereck), falten es in der Mitte und kleben es an den Kopf. Dann kleben wir auch die Wackelaugen auf. Aus dem übrigen roten Karton können wir auch noch zwei kleine rote Füße ausschneiden und ankleben.

Mit unseren Küken können wir den Esstisch oder den Osterstrauch dekorieren. Oder wir machen mehrere Küken und verschenken sie zu Ostern.

Basteln wir eine Osterkarte

Mit der Anleitung für den Kartoffeldruck auf Seite 237 können Sie und Ihre Enkel leicht eine Osterkarte mit Küken darauf herstellen.

* WIR BRAUCHEN: *ein Stück weißes Konzeptpapier, einen A4-Bogen weißen Karton, zwei kleinere Kartoffeln, gelbe und grüne Farbe, zwei flache Schüsseln, einen orangefarbenen Filzstift, einen schwarzen Filzstift.*

Wir falten den Karton in der Mitte und gießen etwas gelbe Farbe in eine Schüssel und etwas grüne in die andere.

Wir schneiden drei Formen aus zwei Kartoffeln: Wir schneiden eine Kartoffel in der Mitte durch und ritzen auf eine Seite einen ungefähren Kreis mit etwas mehr als 2 cm Durchmesser – das wird der Körper des Kükens. Wir schneiden um den Kreis die Kartoffel weg, sodass der Kreis erhalten bleibt. Auf der anderen Hälfte der Kartoffel schneiden wir einen Halbkreis aus – das werden die Flügel des Kükens. Wir schneiden jetzt auch die zweite Kartoffel durch und schneiden in eine Hälfte einen kleinen Kreis – etwa 1,5 cm im Durchmesser – für den Kopf des Kükens. Wir legen die andere Hälfte der Kartoffel erst einmal zur Seite, die brauchen wir erst später für das Gras.

Wir tauchen den Kükenkörper in die gelbe Farbe und drucken ihn auf das Konzeptpapier. Wir tauchen auch den Kopf in die Farbe und drucken ihn oberhalb des Körpers auf das Konzeptpapier. Wir tauchen dann die Kartoffel mit dem Halbkreis in die Farbe und drucken Flügel auf jede Seite des Kükenkörpers, etwas überlappend auf dem Körper. Wir probieren so lange, bis wir mit dem Ergebnis zufrieden sind; wir können auch verschiedene Stellungen für unser Küken ausprobieren: wir können zum Beispiel seitliche, springende oder liegende Küken drucken.

Wenn wir bereit sind, drucken wir ein Küken vorn auf die Karte. Dann drucken wir weitere Küken in verschiedenen Stellungen (immer, nachdem wir zuerst geübt haben), sodass die Karte schließlich mit einem schönen Muster bedeckt ist.

Wir malen den Küken zum Schluss Augen, orangefarbene Schnäbel und kleine staksige Beine. Wenn sie seitlich dargestellt sind, können wir mit unserem schwarzen Stift kleine Flügel aufmalen.

Wir schneiden schließlich aus der übrigen halben Kartoffel einen stacheligen Grasstreifen oder ein paar lange, dünne Blätter aus. Wir tauchen sie in die grüne Farbe und drucken sie unter die Küken. Dann schreiben wir unsere Ostergrüße in die Karte.

Eier verzieren

In Russland färben die Kinder Eier und legen sie um den traditionellen Osterpudding. In Griechenland werden Eier rot gefärbt, und die Familienmitglieder schlagen die Eier gegeneinander und hoffen, dass beim anderen Ei die Schale bricht. Wer zum Schluss ein unbeschädigtes Ei hat, hat gewonnen.

WIR BRAUCHEN: *sechs hart gekochte Eier, eine leere Eierschachtel, farbige Wachsmalstifte, etwa vier verschiedene Lebensmittelfarben, Schalen für die Farben, einen Pinsel, eine Tüte kleiner, gesprenkelter Eier, Bänder.*

Wir geben etwas Lebensmittelfarbe in verschiedene Schalen – vermischen aber die Farben nicht.

Wenn die Eier abgekühlt sind, malen wir mit den Wachsmalkreiden Muster darauf: zum Beispiel Spiralen, Punkte, Herzen, Zickzacklinien, Wellenlinien und Kreuze.

Jetzt legen wir immer nur ein Ei in eine Farbe nach unserem Wunsch, am besten nimmt man auch nur eine Farbe je Ei. Wir färben das Ei sorgfältig in der Schale und legen es dann auf einen Teller zum Trocknen. Wir wiederholen das Ganze mit den anderen Eiern in den anderen Farben.

Wenn die Eier trocken sind, sollte durch die hübsche neue Farbe das Wachsmuster durchscheinen. Wir legen sie in die Eierschachtel, und ehe wir sie verschließen, verteilen wir einige der kleinen gesprenkelten Eier auf den gefärbten Eiern.

Wir schließen die Schachtel, so weit es möglich ist (der Deckel geht vielleicht nicht ganz zu) und binden sie mit einem Band zu. Wir könnten auch die Eierschachtel bemalen oder mit den gefärbten Eiern den Ostertisch dekorieren.

Machen wir ein Moosnest

Das ist schön für den Ostertisch oder als Geschenk, wenn Sie zu Besuch kommen. Meine Freundin Lucy brachte uns so ein Nest, randvoll mit Primeln.

WIR BRAUCHEN: *ein Quadrat aus Maschendraht, zwei kleine Tüten Moos, etwas Trockensteckschaum, einige kleine Zweige, einige Blätter, einige Gartenblumen wie Primeln, Schlüsselblumen oder Narzissen, zwei Packungen kleine Schokoladeneier (gesprenkelt, damit sie wie echte Eier aussehen).*

Wir formen den Maschendraht zu einer Schale und legen diese auf ein Tablett oder einen Teller. Jetzt pressen wir den Steckschaum in das Netz und legen etwas Moos darüber, um ihn zu verdecken. Wir drücken auch Moos außen um das Nest, um den Draht zu überdecken. Dann wässern wir das Ganze gut.

Wir stecken kleine Zweige an der Seite in das Nest, sodass sie aus dem Moos herausragen, und stecken auch ein paar Blätter hinein – alles, was grün ist, zum Beispiel Lorbeer oder auch braune Buchenblätter. Wir stecken auch ein paar Frühlingsblumen hinein, möglichst viele Primeln und gelbe Narzissen, die sind am schönsten. Zuletzt verteilen wir die kleinen Eier darüber und streuen die Blütenblätter über das Nest.

Das Nest macht sich hübsch inmitten des dekorierten Ostertisches.

Trüffel *(ergibt etwa 22 Stück)*

Diese Schokoladentrüffel sind für ein kleines Kind leicht herzustellen und sie sind ein schönes Geschenk. Die Herstellung kann etwas chaotisch werden, sorgen Sie also dafür, dass die Kleider des Kindes gut abgedeckt sind. Sie sollten sie nicht länger als drei oder vier Tage vor dem Termin machen, an dem Sie sie benötigen. Wenn sie verschenkt werden sollen, brauchen Sie auch Servietten oder eine schöne Schachtel. Verwenden Sie nur beste Schokolade und gute, ungesalzene Butter.

* 100 g hochwertige Schokolade (70 Prozent Kakaobestandteile)
* 250 g ungesalzene, weiche Butter
* 1 kleiner Becher (140 ml) Crème double
* ½ Teel. Vanilleessenz
* hochwertiges Kakaopulver (um die Trüffel darin zu wälzen)

Wir legen einen Teller oder ein kleines Tablett mit Pergamentpapier aus.

Wir schmelzen die Schokolade in einer Schüssel über einem Topf mit warmem Wasser (Achtung, dabei sollte immer ein Erwachsener dabei sein!) und rühren dann die geschmolzene Butter, die Sahne und die Vanilleessenz ein.

Wir stellen die Mischung in den Kühlschrank, bis sie ganz fest geworden ist.

Der nächste Schritt ist etwas aufwendig, doch es macht auch Spaß! Die Schokolade muss kalt bleiben, sonst schmilzt sie, wenn wir sie zu lange in unseren warmen Händen drücken, also machen wir diesen Schritt am besten im Kühlschrank. Wir öffnen die Kühlschranktür und stellen die Schokoladenmischung in ein Fach; darunter oder daneben stellen wir den leeren Teller oder das Tablett mit dem Pergamentpapier. Außerdem brauchen wir einen Teelöffel.

Jetzt stellen wir uns vor den offenen Kühlschrank und stellen die Schokoladenschüssel so vor uns, dass sie noch im Kühlschrank steht, wir aber noch gut in die Schüssel reichen können. So können wir ganz leicht mit dem Teelöffel etwas von der Mischung aufnehmen und daraus kleine Trüffelkugeln formen.

Wir legen die Trüffel auf den leeren Teller im Kühlschrank. Wenn sie alle fertig sind, können wir anfangen, sie auf dem Küchentisch in Kakaopulver zu wälzen. Danach decken wir sie zu und halten sie im Kühlschrank, bis sie benötigt werden.

Wenn die Trüffel verschenkt werden sollen, drücken wir das Pergamentpapier behutsam um die Trüffeln zusammen, legen das Bündel in eine Serviette und binden es mit einer Schnur oder einem Band zusammen, oder wir legen die Trüffeln in eine schöne Schachtel, die wir mit Pergamentpapier ausgelegt haben.

Sie sind köstlich und werden in kürzester Zeit verschwinden.

DAS ALTE GRIECHENLAND

In den Jahrhunderten vor Christus lebten die alten Griechen dort, wo heute das moderne Griechenland liegt. Sie lebten auch auf den griechischen Inseln, siedelten entlang der Küste der heutigen Türkei sowie in Sizilien und Süditalien. Sie lebten in Stadtstaaten, die oft gegeneinander Krieg führten.

Die alten Griechen schufen zahlreiche Mythen über Götter und Menschen und ihre Abenteuer. In der Welt der alten Griechen entstanden auch die Grundlagen der heutigen Demokratie, der Dichtung, der Literatur, der Wissenschaften und der Mathematik. Viele ihrer Theorien und Entdeckungen wenden wir heute noch an.

Athen

Athen war der bekannteste Stadtstaat im alten Griechenland. Es war ein bedeutendes Zentrum der Kunst und der Gelehrsamkeit und aus ihm kamen einige der größten Dichter und Denker. Es war auch ein Zentrum des Militärs. Viele Jungen wurden im Alter von 18 Jahren zu Soldaten ausgebildet. Sie wurden Hopliten genannt, nach dem griechischen Wort für den Schild. Athen führte die Armeen an, die eine Invasion der Perser niederschlugen, und gründete ein Reich.

Athen mit dem Parthenon im Hintergrund

Das Parthenon

Der Haupttempel Athens, der seiner Schutzgöttin Athene gewidmet ist, hieß Parthenon und war auf dem höchsten Punkt Athens, auf der Akropolis, erbaut worden, dem rauen, oben abgeflachten Felsen oberhalb der Stadt. Heute gehört das Parthenon zu den bekanntesten Bauwerken der Welt, obwohl es ganz anders aussieht als damals, als es erbaut wurde. In der Antike waren die weißen Marmorwände und -säulen bunt bemalt und die obere Kolonnade war mit einem wunderschönen Marmorfries verziert. Viele Teile dieses Frieses sowie andere Skulpturen wurden vor 200 Jahren von dem britischen Diplomaten Lord Elgin aus dem Tempel geschafft und nach England gebracht. Heute stehen sie im Britischen Museum und werden »Elgin Marbles« genannt. Darauf sieht man die wunderschönen Skulpturen von jungen Männern auf Pferden. Ursprünglich waren sie bemalt, und die in Stein gehauenen Pferde hatten echte Bronze-Trensen. Die Trensen sind schon lange verschwunden, aber die Löcher, an denen sie befestigt waren, sind heute noch sichtbar.

Thermopylen

Die Thermopylen waren ein Pass in Mittelgriechenland. Dort bekämpfte im Jahr 480 vor Christus der Bund der griechischen Staaten die eindringende persische Armee von König Xerxes. Eine kleine Armee von 300 Spartanern und einige hundert andere Krieger unter der Führung von König Leonidas von Sparta verteidigten den Pass zwischen zwei Felswänden, den sogenannten »warmen Toren« (Thermopylen auf Griechisch), gegen die weit überlegenen persischen Truppen. Sie hielten drei Tage lang aus, ehe sie schließlich besiegt wurden – wobei alle Spartaner den Tod fanden – doch ihr Widerstand gab dem Großteil der griechischen Armee Zeit, zu fliehen, und verschaffte Athen wertvolle Zeit, um sich auf eine Seeschlacht vorzubereiten, die später im Jahr den Krieg mit ihrem Sieg über die Perser bei Salamis entscheiden sollte.

Götter und Göttinnen

Die alten Griechen glaubten an viele Götter. Man glaubte, sie lebten auf dem Berg Olymp im nördlichen Mittelgriechenland. Zeus war der König aller Götter und Hera war seine Frau. Dann gab es noch Apollon, den Sonnengott, und seine Zwillingsschwester Artemis, die Göttin des Mondes und der Jagd. Athene war die Göttin der Weisheit und des Krieges und die Schutzgöttin Athens. Ihr Symbol war eine Eule. Sie wurde auf seltsame Weise geboren – sie trat aus dem Kopf ihres Vaters Zeus hervor, nachdem dieser ihre Mutter verschlungen hatte!

Die alten Griechen glaubten, die Götter seien wie sie selbst – sie bekamen Kinder, arbeiteten und bewegten sich oft unerkannt unter den Sterblichen. Die Götter hatten ihre eigenen Tempel, die regelmäßig von den gewöhnlichen Menschen besucht wurden. Die Griechen glaubten, wenn sie freundlich zu den Göttern wären und ihnen Opfergaben und Nahrung brächten, dann würden die Götter sie vor Schlechtem bewahren und ihnen im Krieg beistehen.

Ein sehr heiliger Ort war der Apollontempel in Delphi. Für die Griechen war er das Zentrum der Welt, und sie glaubten, der Gott Apollon lebe dort und spräche durch eine Priesterin, das sogenannte Orakel. Wenn man das Orakel befragen wollte, musste man ein Tier als Opfer töten, ehe man seine Frage stellte. Apollon antwortete dann durch das Orakel, und diese Antwort musste man dann deuten.

Perseus

Die Griechen erzählten viele Geschichten oder Mythen über ihre Götter und Helden – diese ist eine der bekanntesten. Perseus war ein Held, ein Sohn des Zeus. Das Orakel von Delphi hatte seinem Großvater, dem König von Argos, geweissagt, dass Perseus ihn eines Tages töten werde, deshalb hatte der König Perseus und dessen Mutter in einer Truhe ins Meer werfen lassen. Ein Fischer rettete sie und Perseus wuchs zu einem gut aussehenden jungen Mann heran. Um seine Mutter vor einem bösen König zu schützen, musste Perseus diesem das Haupt der Gorgone Medusa bringen, deren Haare aus Schlangen bestanden und die alles, was sie anschaute, in Stein verwandelte. Perseus besiegte Medusa mit List, indem er ihr einen polierten Schild entgegenhielt, sodass er sie nicht direkt anschauen musste, sondern nur ihr Spiegelbild, und hieb ihr den Kopf ab. Aus ihrem Blut wurde das geflügelte Pferd Pegasus geboren.

Auf seinem Heimweg fand Perseus ein schönes Mädchen mit dem Namen Andromeda, das an einen Fels gekettet war und einem furchtbaren Seeungeheuer geopfert werden sollte. Mithilfe von drei magischen Geschenken, die er zuvor von drei Göttinnen erhalten hatte, rettete er sie und heiratete sie dann. Er rächte sich an dem bösen König, indem er ihn mithilfe des Medusenkopfs versteinerte.

Schließlich wurde die anfängliche Prophezeiung wahr: Bei einem Spiel warf Perseus einen Diskus und traf seinen Großvater versehentlich am Kopf – er war auf der Stelle tot.

Der Trojanische Krieg

Die frühesten überlieferten griechischen Epen sind die *Ilias* und die *Odyssee.* Sie sollen von einem blinden Dichter mit dem Namen Homer geschrieben worden sein. Die *Ilias* erzählt die Geschichte vom Trojanischen Krieg (den es wahrscheinlich wirklich gab) zwischen den griechischen Armeen und der Stadt Troja, die auf dem Gebiet der heutigen Türkei lag. Zwei Helden dieser Sage sind der Grieche Achilles und der Trojaner Hektor. Der Krieg wurde durch Hektors jüngeren Bruder Paris ausgelöst, der Helena, die Frau eines griechischen Königs mit dem Namen Menelaos, entführte. Helena war die schönste Frau der Welt, und wegen ihr setzten sich Tausende griechischer Schiffe nach Troja in Bewegung, um sie zurückzuholen.

Die griechischen Truppen griffen Troja zehn Jahre lang erfolglos an und nahmen die Stadt schließlich durch eine kluge List ein. Sie bauten ein riesiges hölzernes Pferd mit einem hohlen Körper. Sie stellten es an die Stadtmauer, dann segelten sie weg. Natürlich waren die Trojaner neugierig und zogen das riesige Pferd in ihre Stadt, damit sie es sich genauer anschauen konnten. Als die Nacht hereinbrach, stiegen die griechischen Soldaten, die sich in dem Pferd versteckt hatten, heraus und öffneten die Stadttore. Die griechische Armee hatte nur so getan, als ob sie wegsegelte: Sie drang in die Stadt ein und zerstörte sie.

Die *Odyssee* erzählt die Geschichte von Odysseus, einem griechischen Soldaten, der im Trojanischen Krieg kämpfte und versuchte, sich nach Hause durchzuschlagen. Er erlebte zahlreiche erstaunliche Abenteuer auf dem ganzen Mittelmeer, doch er überlebte immer. Die Göttin Athene beschützte ihn und half ihm, nach zehn langen Jahren, wieder nach Hause zu kommen.

Odysseus' Frau Penelope hatte die Hoffnung auf die Rückkehr ihres Mannes nie aufgegeben, obwohl er schon so lange weg war. Viele Männer hatten um sie geworben und gesagt, sie solle ihren Mann vergessen und einen von ihnen heiraten. Sie hatte Angst vor deren Reaktion, wenn sie sie zurückweisen würde, und so sagte sie schlau, sie werde ihnen antworten, wenn sie ihren großen Teppich fertig gewoben hätte. Jede Nacht schlich sie zu ihrem Webstuhl hinunter und löste all ihre Arbeit vom Tage wieder auf. So wurde ihre Webarbeit nie fertig und sie musste ihren Verehrern keine Antwort geben.

Bei seiner Heimkehr verkleidete sich Odysseus als Bettler und stellte fest, dass Penelope ihm treu geblieben war. Sie erkannte ihn nicht. Schließlich wurde sie ihrer Verzögerungstaktik überdrüssig, und sie verkündete ihm und den anderen Freiern, wer den Bogen des Odysseus spannen und einen Pfeil durch zwölf Axtrücken schießen könne, dürfe sie heiraten.

Keiner außer Odysseus konnte den Bogen spannen, also gewann er den Wettbewerb. Penelope glaubte jedoch nicht, dass der Fremde ihr zurückgekehrter Gatte sei und prüfte ihn deshalb nochmals. Sie befahl ihm, ihr Bett zu bewegen, doch Odysseus wusste, dass das nicht möglich war, denn eines der Beine war ein lebender Olivenbaum – das war schließlich der Beweis dafür, dass er wirklich ihr Mann war.

Alexander der Große

Ende des 4. Jahrhunderts vor Christus wurde ein junger Mann von nur 20 Jahren König: Alexander III. von Makedonien, besser bekannt als Alexander der Große.

Als Kind war Alexander furchtlos und tapfer. Mit 14 schenkte ihm sein Vater einen wunderschönen schwarzen Hengst. Doch das Pferd war sehr wild und niemand glaubte, dass es je gezähmt werden könnte. Alexander beobachtete das Pferd eine Weile und wettete dann mit seinem Vater, dass er es zähmen könne. Er hatte erkannt, dass das Pferd Angst vor seinem eigenen Schatten hatte. Deshalb stellte er es gegen die Sonne, und augenblicklich beruhigte sich das Pferd und ließ es zu, dass Alexander auf seinen Rücken sprang. Er nannte das Pferd Bucephalus und er ritt auf ihm in alle seine Schlachten. Nach vielen Jahren starb Bucephalus in Indien, und Alexander gründete eine Stadt an dem Ort, die er zu Ehren seines tapferen Pferdes Bucephala nannte.

Alexander war ein hervorragender Soldat, und er war erst 23, als er seine Truppen in den Krieg führte. Er stellte seine Soldaten so dicht nebeneinander auf, dass ihre Schilde sich berührten, in einer Linie, der sogenannten Phalanx. Das machte sie sehr stark, denn die Schwerter der Feinde konnten ihre gepanzerte Linie nicht durchdringen.

Alexander eroberte viele Länder, darunter Persien, Ägypten, Irak, Afghanistan und Nordindien – wo er gepanzerte Kampfelefanten gegen die indischen Könige einsetzte. Er verlor nie eine Schlacht, und in den Ländern, die er eroberte, gründete er zahlreiche neue Städte, von denen einige Alexandria hießen. Er brachte die griechischen Ideen, ihre Kultur und ihren Lebensstil in die Länder, die er eroberte.

Alexander gründete das größte Reich in der bis dahin bekannten Welt. Im Alter von nur 33 Jahren erkrankte er jedoch an einem Fieber und starb in Babylon. Da er keine Söhne hatte, wurde das Reich nach seinem Tod unter seinen Generälen aufgeteilt. Sie stritten untereinander, und so zerbrach das Reich und wurde schließlich von den Römern erobert.

Die zwölf Olympier

Die alten Griechen glaubten, die wichtigsten Götter und Göttinnen lebten auf dem Berg Olymp. Sie aßen Ambrosia (eine Art Honig) und tranken Nektar.

Zeus – König der Götter
Hera – Zeus' Frau und Schwester, Königin der Götter, Göttin der Ehe
Poseidon – Bruder des Zeus, Gott des Meeres
Apollon – Sohn des Zeus und der Leto, der Gott der Sonne und der Musik
Artemis – Tochter des Zeus und der Leto, Göttin der Jagd und des Mondes
Athene – Tochter des Zeus und der Seenymphe Metis, Göttin der Weisheit
Aphrodite – Tochter des Zeus, Göttin der Liebe und der Schönheit
Hermes – Sohn des Zeus und der Bergnymphe Maia, Bote der Götter
Hestia – Schwester des Zeus, Göttin der Familie und der Häuslichkeit
Demeter – Schwester des Zeus, Göttin der Erde
Hephaistos – Sohn von Zeus und Hera, Gott des Feuers und des Handwerks
Ares – Sohn von Zeus und Hera, Gott des Krieges

Es gab noch mehr Götter und Göttinnen in der griechischen Mythologie. Der wichtigste war Hades, der Gott der Unterwelt, der auch der Bruder von Zeus und Poseidon war. Da er aber in der Unterwelt lebte, gehörte er nicht zu den zwölf Olympiern.

ALLES ÜBER GORILLAS

Über Hunderte von Jahren betrachteten die Menschen Gorillas mit einer Mischung aus Faszination und Schrecken. Wenn sie mit ihrer ungeheuren Größe aufrecht standen und sich an die Brust schlugen, wirkten sie wie wilde Wesen, von denen man sich auf jeden Fall fernhalten sollte. Erst eine Frau konnte unsere Ansichten ändern. Dian Fossey lebte etwa 20 Jahre lang bei den Gorillas in Ruanda und zeigte uns, dass sie eigentlich sanfte Riesen sind.

Fakten und Zahlen zu Gorillas

Gorillas sind die größten der drei Menschenaffenarten, größer als Schimpansen und Orang-Utans. 97 Prozent ihrer DNA (das ist die genetische Erbinformation eines Lebewesens) ist mit unserer identisch – damit sind sie unsere nächsten Verwandten. Sie leben alle in den tropischen Wäldern in West- und Zentralafrika in der Nähe des Äquators. Wir wissen nicht genau, wie viele Gorillas noch in freier Wildbahn leben, Schätzungen belaufen sich auf 55 000 bis 115 000, doch sie gehörten schon einmal zu den am meisten gefährdeten Landtieren der Erde.

Gorillas leben in Familienverbänden von fünf bis zehn Tieren. In jeder Gruppe gibt es ein dominantes Männchen, einen sogenannten »Silberrücken« (im Alter von etwa zwölf Jahren bekommen die Männchen einen silbernen Streifen auf dem Rücken), möglicherweise noch ein oder zwei andere Silberrücken und einige Weibchen mit ihren Jungen. Sie ziehen tagsüber zusammen umher, suchen Futter und pflegen sich gegenseitig das Fell – eine Lieblingsbeschäftigung, bei der sie sich streicheln und gegenseitig das Fell sauber halten. Nachts bauen sie sich ein Nest aus Blättern und rollen sich zum Schlafen ein.

Essen ist eine wichtige, zeitaufwendige Tätigkeit für sie, denn Gorillas sind fast ausschließlich Vegetarier – sie ernähren sich von Pflanzen, Früchten und Samen, gelegentlich auch einmal von Insekten. In ihrem natürlichen Lebensraum ist die Futtersuche kein Problem: Die tropischen Regenwälder sind üppig, und der Gorilla ist so stark, dass er sogar einen Bananenbaum aufreißen kann, um an das weiche Innere zu gelangen. Doch diese Art Nahrung ist nicht sehr gehaltvoll, und ein männlicher Gorilla braucht etwa 30 Kilogramm pflanzliche Nahrung am Tag.

Gorillas haben eine für uns sehr seltsame Art der Fortbewegung. Man nennt es Knöchelgang. Mit ihren langen Armen stützen sie sich vorn ab, gehen auf allen vieren und halten die Finger dabei eingerollt, sodass ihre Knöchel den Boden berühren (siehe Foto auf der gegenüberliegenden Seite). Versuche es einmal! Gorillas klettern gelegentlich auf Bäume, doch sie werden nie im Wasser schwimmen.

Das Leben eines Gorillas

Wie die Menschen sind auch die Gorillaweibchen neun Monate lang schwanger. Fast die Hälfte der Neugeborenen stirbt bei der Geburt, doch die Überlebenden werden gut umsorgt. Drei Jahre lang werden sie von der Mutter gesäugt. Ehe sie laufen lernen, sieht man sie fröhlich auf dem Rücken ihrer Mutter reiten. Außer dem Abstillen tun sie anscheinend alles etwas früher als Menschenkinder – sie krabbeln und laufen beispielsweise früher. Junge Gorillas bleiben in der Gruppe ihrer Eltern, bis sie erwachsen sind. Dann lösen sie sich allmählich, leben eine Weile allein und bilden dann eine neue Gruppe, genau wie die Menschen!

Die Geschichte der Dian Fossey

Dian Fossey war eine junge Amerikanerin, die von Gorillas fasziniert war. Sie lebte bei den Berggorillas in Ruanda, verteidigte sie gegen die Wilderer und beobachtete ihre Lebensweise. In einem abgelegenen Camp im Regenwald gründete sie 1967 das *Karisoke Research Centre* und konnte zeigen, wie friedfertig diese Tiere sind. Tragisch war, dass eines ihrer Lieblingstiere, Digit, von Wilderern enthauptet wurde, nur wegen umgerechnet 15 Euro.

Fossey schrieb über diesen Zwischenfall und über ihre anderen Erfahrungen das Buch *Gorillas im Nebel*, das mit Sigourney Weaver in der Hauptrolle verfilmt wurde. Fossey wurde 1985 in ihrem Camp in Karisoke ermordet.

Gefahren für die Gorillas

Das Hauptproblem für die Gorillas ist der Verlust ihres Lebensraums im tropischen Regenwald. Er wird von den Menschen entweder für die Landwirtschaft oder für den Abbau von Bodenschätzen beansprucht. Unglücklicherweise liegt fast die Hälfte der Weltvorräte von Coltan (ein Erz, aus dem Tantal gewonnen wird, ein Metall, das häufig in Mobiltelefonen verwendet wird) in dem Gebiet in Zentralafrika, wo die Gorillas leben.

Die Wilderei, wegen des Fleisches oder wegen der Trophäen, ist ein weiteres Problem. Doch das Erschütterndste ist das sinnlose Töten der Tiere, das manchmal geschieht. Im Sommer 2007 wurden anscheinend ohne Grund fünf Gorillas im Virunga-Nationalpark in Ruanda erschossen.

Menschen haben auch ihre Krankheiten mitgebracht, manche davon sind auch für Tiere tödlich. Ganze Familienverbände wurden kürzlich durch das Ebolavirus ausgelöscht.

Hilfe für die Gorillas

Junger Gorilla beim Knöchelgang

Es gibt zwei große Organisationen, die sich um Gorillas kümmern: Der *Dian Fossey Gorilla Fund Europe,* der kürzlich umbenannt wurde in *The Gorilla Organization* (*www.gorillas.org,* englische Website), kümmerte sich ursprünglich nur um die Berggorillas in Ruanda, hat nun seine Aktivitäten aber ausgeweitet. Die *Gorilla Foundation* (*www.koko.org,* englische Website) kümmert sich um die Gorillas im westlichen Tiefland. Man kann beispielsweise einen Gorilla adoptieren, Nachrichten über Afrika erhalten und sich allgemein auf dem Laufenden halten über das Schicksal dieser herrlichen Tiere. Eine deutsche Organisation, die sich um Hilfe für Gorillas bemüht, ist *Berggorilla und Regenwald Direkthilfe e. V.* (*www.berggorillas.org*).

AUSTRALIEN

Australien ist die größte Insel der Welt und liegt auf der südlichen Halbkugel. Das bedeutet, der Winter beginnt dort im Juni und der Sommer im Dezember. Man setzt sich also an einem heißen Sommertag zum Weihnachtsessen an den Tisch! Früher war Australien einmal eine britische Kolonie, doch seit mehr als hundert Jahren ist es unabhängig. Es gehört heute zum British Commonwealth, hat jedoch eine eigene Regierung und einen eigenen Premierminister. Zwar ist die englische Königin noch das Staatsoberhaupt, doch viele Australier hätten lieber eine Republik, und das könnte Australien auch einmal werden. Die Regierungsstellen sind alle in Canberra, das ist die Hauptstadt von Australien. In dem Land gibt es verschiedene Klimazonen, von Wüste bis hin zu Regenwald. Es hat zwei der größten Naturwunder der Welt: das Große Barriereriff (siehe Seite 231) und den heiligen Berg der Aborigines, den Uluru (Ayers Rock).

Die Aborigines

Aborigines sind die ursprünglichen Einwohner Australiens und kamen wahrscheinlich vor über 40 000 Jahren aus Indonesien – sie können auch die ersten Menschen auf der Erde überhaupt gewesen sein. Sie lebten in Familiengruppen in der felsigen Wüstenlandschaft und waren Jäger und Sammler und fingen Fische. Heute leben die meisten Aborigines in den Städten, nur einige leben noch auf traditionelle Art auf dem Land.

Da die Aborigines ständig auf der Suche nach Nahrung waren, siedelten sie nicht an einem Ort. Sie wussten, wo Wasserlöcher waren, sie sammelten auch Tau und Wasser von Bäumen und Pflanzen. Sie blieben nirgendwo lange genug, um etwas anzubauen oder Tiere zu halten.

Sie jagten mit Speeren und Bumerangs. Ein Bumerang ist eine Art gebogenes Wurfholz, das vom Werfer wegfliegt und wieder zurückkommt. Man muss ihm nicht hinterherlaufen! Bumerangs wurden (und werden immer noch) zur Jagd auf große und kleine Tiere verwendet, oft auch um Vögel aufzuschrecken und sie in Netze zu treiben. Bumerangs waren so schwer, dass sie auch ein Känguru aufhalten konnten, wenn sie die Beine trafen.

Die Aborigines kauften und verkauften kein Land, denn sie glaubten, das Land sei ihnen in der Traumzeit gegeben worden. Das war die Zeit, als ihre Vorfahren erstmals auf die Welt kamen und das Land schufen und die Pflanzen und die Tiere. Die Aborigines gaben die Geschichten über die Welt der Traumzeit, als die Geister das Land regierten und die Menschen schufen, von Generation zu Generation weiter.

Aborigines auf der Jagd, 1900

Uluru

Die Aborigines haben viele heilige Orte, doch der wichtigste ist ein riesiger Felsen, der Uluru oder auch Ayers Rock in Mittelaustralien. Sie glauben, der Felsen sei von Geistern in der Traumzeit gemacht worden. Der Uluru besteht aus Sandstein und hat eine eindrucksvolle Form. Er sieht aus wie ein riesiger Eisberg, denn nur die Spitze ist sichtbar, und der Rest liegt unter der Erdoberfläche. Er ist rötlich, doch im Laufe des Tages und je nach Wetterlage verändert sich die Farbe von Rot oder Orange zu Gelb und Grau. Den großartigen Felsen sieht man sich am besten bei Sonnenauf- oder -untergang an.

Den Aborigines ist es lieber, wenn man den Uluru nicht besteigt. Es ist ein heiliger Ort und der Aufstieg ist gefährlich. Jedes Jahr kommen Kletterer ums Leben. Jeder kann aber dort herumgehen, und ein Führer vor Ort wird einem die Höhlen mit ungewöhnlichen Malereien zeigen, die die Aborigines vor Jahrtausenden gemalt haben.

Siedler

1770 landete der Entdecker Captain James Cook mit seinem Schiff *Endeavour* kurz in einer Bucht an der Ostküste Australiens. Mit ihm auf dem Boot befand sich der Botaniker Sir Joseph Banks, der Pflanzen sammeln wollte. Banks traute seinen Augen nicht, als er die vielen Pflanzen um die Bucht herum sah, also nannte man die Bucht Botany Bay (Botanik Bucht). Cook, Banks und die Besatzung fanden viele seltsame Tiere – am meisten staunten sie über das Känguru. Cook schrieb in sein Tagebuch: »Ich dachte erst, es wäre ein Wildhund, doch dann hüpfte es wie ein Hase.«

Auf Anweisung von König Georg III. beanspruchte Cook das Land für England und gab ihm den Namen New South Wales, ehe er wieder davonsegelte. Fast 20 Jahre später, 1799, landete dort eine Gruppe von elf Schiffen, die sogenannte »First Fleet« (Erste Flotte) unter der Führung von Kapitän Arthur Phillip und fand, das Land sei ungeeignet für die Besiedlung. Philip segelte weiter und landete in der Camp Bay in Port Jackson (das spätere Sydney). Auf den Schiffen befanden sich etwa 1350 Menschen, von denen viele Häftlinge waren; manche waren wegen geringer Vergehen im Gefängnis gelandet, etwa weil sie ein Brot gestohlen hatten. Sie hatten alles dabei, was man für ein neues Leben brauchte – Saatgut, landwirtschaftliche Werkzeuge, Tiere und einen Zweijahresvorrat an Nahrungsmitteln. Der Boden rund um Port Jackson war jedoch nicht gut genug für die landwirtschaftliche Nutzung, also zogen sie flussaufwärts, bauten dort Höfe und trieben Handel mit den Aborigines. Zuerst tauschten die Aborigines gerne Äxte, Wasser und Kleidung gegen Nahrung. Als sie aber erkannten, dass die Briten bleiben wollten und ihnen ihr Land wegnahmen, wurden sie feindselig. Sie steckten sich bei den neuen Siedlern mit Windpocken an und wurden sehr krank.

Zwei Jahre später kam eine weitere Flotte mit Siedlern und Häftlingen aus England an, doch die Häftlinge waren während der Reise krank geworden, und bei der Ankunft waren die meisten von ihnen tot. Diese Flotte nannte man Todesflotte.

In den ersten 30 Jahren war New South Wales eine Strafkolonie, das bedeutet, dass der größte Teil der Bevölkerung Häftlinge waren, die als Alternative zum Gefängnis in England verbannt worden waren. Sie kamen mit ihren Familien und anderen, die ein neues Leben anfangen wollten.

Um die Besiedlung zu fördern, bot die britische Regierung jedem Mann bis zu 140 Hektar Land, um einen eigenen Hof zu gründen. Die Familien mussten eine Kaution (etwas Geld) hinterlegen und sich verpflichten, mindestens drei Jahre dort Ackerbau zu betreiben. Die Aborigines in dem Gebiet wurden von dem Land vertrieben. Sie wurden mit großer Brutalität behandelt und in Tasmanien sogar ausgerottet.

Im Laufe der Jahre wurden weitere Gebiete Australiens besiedelt, viele zu Anfang als Strafkolonien. Mit der Zeit kamen Menschen aus ganz Europa, aus China und aus anderen asiatischen Ländern auf der Suche nach einem besseren Leben und siedelten dort. Heute leben die meisten Menschen rund um die großen Städte, die mit Ausnahme von Perth und Darwin alle an der Ostküste liegen. Das Klima im Inland ist für die meisten zu unwirtlich, deshalb gibt es dort wenige Städte.

Das Outback

Ein Drittel Australiens besteht aus Halbwüste und Felsen. Das nennt man Outback. Die Landschaft besteht aus dichter Vegetation, Felsen und ausgetrockneter roter Erde. Es wird unglaublich heiß und es fällt kaum Regen. Viele wilde Tiere leben dort, doch die Lebensbedingungen sind hart.

Der Wildhund, der sogenannte Dingo, streift umher und lebt von kleinen Säugetieren und Vögeln. Im Outback leben auch Kängurus und Wallabies; sie haben einen Beutel, in dem sie ihre Jungen tragen, bis sie sich selbst versorgen können. Mit ihren großen Hinterbeinen halten sie die Balance und machen riesige Sprünge.

Können alle Vögel fliegen? Nein. Der Emu, der in Australien lebt, ist ein großer Vogel mit langen Beinen und kleinen Flügeln, und er kann nicht vom Boden abheben. Aber er kann große Entfernungen in einem schnellen Trab zurücklegen – mit bis zu 48 km/h läuft er schneller als ein Mensch. Wenn es sein muss, kann er auch schwimmen.

Der Koala ist sehr beliebt bei den Menschen. Er verbringt den Großteil seiner Zeit auf Eukalyptusbäumen und frisst Blätter, etwa 500 Gramm jede Nacht. Er sieht knuddelig aus, aber er hat sehr scharfe Krallen.

Das Outback besteht zwar zum größten Teil aus Wüste, doch in Küstennähe leben zahlreiche Bauern mit Schafherden und großen Rinderfarmen. Rindfleisch und Wolle sind die Hauptexportprodukte Australiens. Schafscherer reisen durch Australien, und sie brauchen nur ein oder zwei Minuten, um die Wolle von einem Schaf zu scheren.

Manche Bauernfamilien leben meilenweit von ihren Nachbarn entfernt und ihre Kinder müssen im Fernunterricht zu Hause lernen. Es gibt Schulunterricht über Funk, die *Schools of the Air,* die 1950 gegründet wurden, um Kindern aus abgelegenen Gebieten Schulbildung zu bieten. Jetzt können sie über Funk mit einem Lehrer sprechen und über das Internet kommunizieren. Fast immer müssen die Kinder auf dem Hof helfen. Ihre Freunde leben vielleicht dreihundert Kilometer entfernt, also müssen sie mit ihnen über Funk oder im Internet sprechen und sehen sie nur selten.

Wenn im Outback jemand krank wird, kann er nicht einfach zum Arzt gehen. Es gibt für isoliert lebende Familien den speziellen Dienst der »Flying Doctors« (Fliegende Ärzte), der mit einem Flugzeug entweder einen Arzt oder Medikamente bringt oder den Patienten ins Krankenhaus befördert.

Sydney

Sydney Opera House

Die größte Stadt in Australien ist rund um den größten natürlichen Hafen der Welt gebaut und wird daher auch oft »Harbour City« (Hafenstadt) genannt.

Als 1851 etwa 150 Kilometer westlich von Sydney Gold entdeckt wurde, änderte sich vieles für die Stadt. Es folgte ein riesiger Goldrausch. Einwanderer und Goldgräber, die ihr Glück machen wollten, strömten in die Stadt und die umliegenden Gebiete. Als man dem Gouverneur von New South Wales meldete, dass Gold entdeckt worden war, sagte er: »Versteckt es, sonst schneiden sie uns die Kehle durch.« Die Entdeckung von Gold in einer Gesellschaft von Häftlingen war einfach zu gefährlich, und er hatte Angst, dass die Kriminalität ansteigen würde.

Gold wurde überall gefunden – in Flüssen, von Schafhirten in den Bergen, von den Männern, die Löcher für Telegrafenmasten gruben. In den Flüssen gruben die Männer einfach Sand und Kies im Wasser auf, ließen es durch hölzerne Siebe laufen und suchten nach glitzerndem Gold, das nannte man Goldwaschen.

Bald wurde auch in Victoria Gold gefunden, und so wuchs die Stadt Melbourne und machte Sydney Konkurrenz. Beide wurden später blühende Städte und jede wollte Hauptstadt werden. Um den Frieden zu wahren, gründete man die neue Stadt Canberra und machte sie zur Hauptstadt.

Heute sind die Wahrzeichen der Stadt die Sydney Harbour Bridge, das Sydney Opera House und die Strände – von denen es über 70 gibt, darunter auch der berühmte Bondi Beach, zu dem man zum Surfen geht. Am 26. Januar – am Australia Day – wird jedes Jahr gefeiert, um an die Landung der First Fleet in Camp Cove zu erinnern. Doch für die Aborigines ist dies ein Tag der Trauer und des Protestes: An diesem Tag kamen die Menschen an, die ihnen ihr Land wegnahmen.

Unter *www.australien-info.de* gibt es mehr Informationen über Sydney und Umgebung und interessante Fakten zu Australien im Allgemeinen.

GEMEINSAM MUSIZIEREN

Musik ist eine besondere Art, zusammen Spaß zu haben. Sowohl kleinere als auch ältere Kinder singen gern und machen gerne Musik. Musikalität ist uns allen angeboren, denn wir nehmen Rhythmen (zum Beispiel den Herzschlag) und Töne (zum Beispiel die Stimme der Mutter) bereits im Mutterleib wahr, schon lange bevor wir sprechen können. Wie auch immer Ihr eigenes musikalisches Können aussieht, ob Sie Noten lesen können oder nicht, es gibt viele Möglichkeiten, wie Sie mit Ihren Enkelkindern gemeinsam Musik erleben können, sei es, dass Sie mit ihnen musizieren und singen oder mit ihnen in eine Vorschulgruppe gehen oder mit ihnen gemeinsam Konzerte zu Hause organisieren, mit ihnen natürlich auch in Konzerte gehen und sie ermutigen, ein Instrument zu lernen – vielleicht auch dadurch, dass Sie selbst eines lernen!

Die Musikkiste

Sie brauchen keine Vorkenntnisse in der Musik, um Spaß am einfachen Musizieren miteinander zu finden. Als Erstes könnten Sie eine Musikkiste zu Hause anlegen oder sie auch mitnehmen, wenn Sie auf Ihre Enkel aufpassen. Das kann ein kleiner Korb oder ein Karton sein, in dem Sie allmählich eine Sammlung von Instrumenten anlegen, auf denen Sie gemeinsam spielen können.

Die besten Instrumente für Vorschulkinder sind einfache Rhythmusinstrumente, die in der Hand gehalten werden (wie Tamburine und Glocken), Xylophone (aus Holz) und Glockenspiele (aus Metall), einfache Blasinstrumente

Billy, acht Monate, mit seiner Musikkiste

wie Kazoo, Okarina oder Mundharmonika und Trommeln. Diese sind preisgünstig in jedem guten Musikgeschäft, in Musikschulen zur musikalischen Früherziehung oder über das Internet zu erhalten. Sie sind heute alle sehr farbenfroh und sehr attraktiv für kleine Kinder gestaltet.

Wichtig ist, dass alle diese Instrumente leicht zu spielen sind und keine musikalischen Vorkenntnisse erfordern. Am besten kaufen Sie diese Instrumente bei einem spezialisierten Anbieter, dann bekommen Sie bessere Qualität und der Klang ist auch angenehmer. Hüten Sie sich vor Instrumenten aus dem Spielzeugladen, die oft wirklich nur Spielzeuge sind und vielleicht weniger gut klingen oder nicht lange halten.

Sie können einfache Lieder und Kinderreime mit Instrumenten aus Ihrer Musikkiste begleiten oder andere Aktivitäten dazu anregen. Viele sind leicht zu singen und Sie können leicht dazu spielen. Setzen Sie sich mit ihrem Enkelkind (und einer Freundin, einem Bruder, einer Schwester, wenn vorhanden) mit der Musikkiste auf den Boden, und lassen Sie sie ein Instrument aussuchen – und vielleicht auch eines für Sie. Stimmen Sie das Lied an und sehen Sie, wie die Kinder begeistert mitmachen, es ist unwiderstehlich für sie. Singen Sie mit Ihrem Enkelkind (und Freunden) so oft wie möglich. Auch Sie werden begeistert sein, wenn Sie einmal damit begonnen haben.

Lassen Sie ihnen viel Freiheit, und lassen Sie auch ein gewisses Durcheinander zu – es macht nichts, wenn sie mittendrin die Instrumente wechseln. Es macht wahrscheinlich eher etwas aus, wenn sie sich um die beste Trommel streiten – sorgen Sie dafür, dass es für alle genügend Instrumente gibt! Suchen Sie sich eine passende CD aus, wenn Sie am Anfang Unterstützung brauchen – doch es ist etwas anderes, wenn Sie zu fertiger Musik spielen, also arbeiten Sie darauf hin, selbst Musik zu machen, wenn Sie etwas geübter sind. Wenn Sie zu zweit oder zu dritt sind, können Sie abwechselnd füreinander Instrumente aussuchen und auch abwechselnd »Bestimmer« sein, der das Lied anstimmt.

Es gibt zahlreiche Bücher mit Liedern und Kinderreimen, doch am besten lernen Sie die einfacheren auswendig und benutzen die Bücher nur zum Nachschlagen.

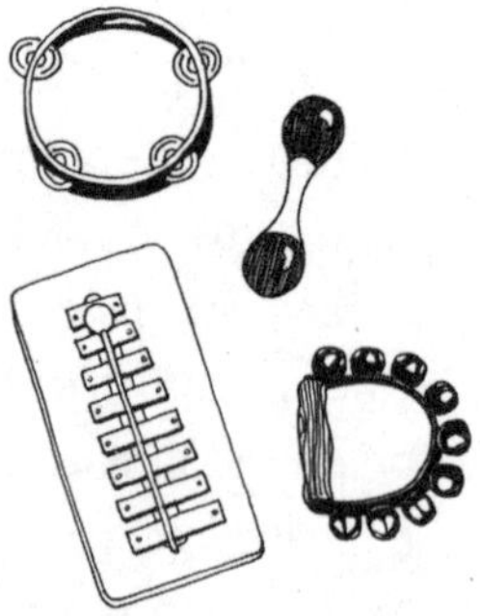

Organisierter Musikunterricht

Der Besuch von Stunden zur musikalischen Früherziehung einmal in der Woche kann Ihnen beiden Spaß machen. Dadurch wird das Musizieren eine geselligere Erfahrung, und es bietet Möglichkeiten, sich selbst auszudrücken. Noch ehe Ihr Enkelkind seine Sprachfähigkeit entwickelt hat, lernt es beim Singen und Musizieren, spontan und frei zu kommunizieren und auf andere zu reagieren. Es gibt Musikunterricht für Babys, Krabbelkinder und Vorschulkinder. Wenn es in Ihrer Nähe eine Musikschule gibt, bietet sie gewöhnlich auch musikalische Früherziehung an.

Kinder mit besonderen Bedürfnissen

Wenn Ihr Enkelkind besondere Bedürfnisse hat – zum Beispiel Sprach- und Kommunikationsprobleme hat, unter Autismus, ADHS oder schweren Entwicklungsstörungen leidet, bietet Ihnen die Musik Möglichkeiten, gemeinsam etwas machen zu können, was zudem noch therapeutisch sinnvoll ist. Manche Organisationen bieten spezielle Gruppen für Kinder mit besonderen Bedürfnissen an. Im Internet finden Sie Adressen von erfahrenen Musiktherapeuten in Ihrer Nähe, die Ihnen und Ihrem Enkelkind einen Termin anbieten können. Musiktherapeuten sind speziell für die Arbeit mit Kindern mit besonderen Bedürfnissen ausgebildet, auch wenn die Behinderungen gravierend sind – wenn Ihr Enkelkind zum Beispiel nur wenig oder noch gar nicht spricht.

Ein Instrument erlernen

Hier können Sie sich gut engagieren, wenn Ihr Enkelkind alt genug ist, darüber nachzudenken, ob es ein Instrument richtig spielen lernen will.

Wenn Sie selbst ein Instrument spielen oder gespielt haben, will Ihr Enkelkind vielleicht dasselbe lernen, und Sie könnten überlegen, ob Sie ein paar Auffrischungsstunden nehmen wollen, damit Sie mithalten können. Wenn Sie noch nie ein Instrument gespielt haben oder immer ein neues Instrument lernen wollten, dann haben Sie jetzt die Gelegenheit dazu. Fangen Sie an, ein Blasinstrument oder Gitarre (leichter, als Sie denken) oder Klavier zu lernen, das kann großen Spaß machen, und es bedeutet, Sie können mit Ihrem Enkelkind üben und spielen. Für Erwachsene gibt es in jeder Stadt Unterricht für alle Stufen, Anfänger und Fortgeschrittene, und normalerweise kann man wählen, ob man Einzel- oder Gruppenstunden nehmen möchte. Und denken Sie daran, dass Chöre meistens gerne neue Mitglieder aufnehmen. Wenn Ihr Enkelkind weiß, dass Sie in einem Chor singen, kann das ein großer Ansporn sein, Ihnen nachzueifern. In jeder Stadt und fast jedem Örtchen kann man ein Instrument auch in Musikvereinen und Vereinsorchestern lernen, zum Beispiel bei der Feuerwehr. Oft ist der Unterricht sogar unentgeltlich.

Ein Instrument und einen Lehrer suchen

Die Entscheidung für ein Instrument erfolgt sehr subjektiv, und Kinder wissen oft von Anfang an, was sie lernen wollen. Es ist wichtig, dass sie selbst entscheiden können und dass es ihnen nicht aufgedrängt wurde.

Klavier und Geige haben beide den Vorteil, dass die Kinder schon sehr jung damit beginnen können (mit sechs oder sieben), doch bedenken Sie, dass es sehr viel zu lernen gibt bei diesen Instrumenten – allein mit der Grundtechnik und den Noten –, also erwarten Sie nicht zu schnell Erfolge. Bei Blasinstrumenten wie Flöte, Oboe und Klarinette kann Ihr Enkelkind leichter beginnen, wenn es etwas älter ist, ab acht Jahren (die Atemkontrolle ist nicht einfach). Schlaginstrumente und Blechblasinstrumente beginnen sie am besten, wenn sie die Grundschule hinter sich haben. Ein Orchesterinstrument bietet mehr Möglichkeiten zur Geselligkeit, denn sie werden in kleinen Gruppen und Orchestern spielen können. Beim Klavierspielen ist man etwas isolierter, es bietet jedoch eine sehr gründliche musikalische Ausbildung, denn das Kind muss zwei Schlüssel lernen, für die rechte und für die linke Hand, und hat auf einem Instrument sowohl die Melodie wie auch die harmonische Begleitung.

Was Ihr Enkelkind auch lernt, bedenken Sie, dass es ein Instrument brauchen wird, es muss üben und braucht Zeit und Ermutigung dazu. Wenn es sich entschieden hat, welches Instrument es lernen möchte, können Sie Ihrem Enkelkind helfen zu überlegen, welche Art Unterricht für es geeignet wäre, wenn es nicht das Glück hat, es in der Schule lernen zu können. Es ist von entscheidender Bedeutung, einen qualifizierten Lehrer zu finden. In einer Musikschule werden Sie immer qualifizierte Lehrkräfte finden, doch bei Privatlehrern müssen Sie sorgfältig prüfen. Achten Sie auf Empfehlungen, und jeder gute Lehrer wird am Anfang eine Probestunde anbieten. Es ist wichtig, dass der Lehrer oder die Lehrerin und Ihr Enkelkind einen Bezug zueinander finden.

Der Lehrer sollte einverstanden sein, dass Sie bei einigen Stunden dabei sind, damit Sie seine Herangehensweise kennenlernen und auch eine Vorstellung davon bekommen, wie Ihr Enkelkind üben sollte.

Die Webseiten *www.musiklehrer.de* oder *www.musiklehrer.com/lehrer* können Ihnen helfen, einen Lehrer für Ihr Enkelkind zu finden: Auch in Ihrer Stadtbücherei kann es eine Liste von Lehrern vor Ort geben. Denken Sie bei der Suche nach einem Privatlehrer auch an die Sicherheit des Kindes.

Lehrmethoden

Es gibt einige spezielle Methoden, über die Sie Bescheid wissen sollten:

Die Suzuki-Methode

Suzuki war ein japanischer Geiger, der eine Lehrmethode entwickelt hat, zunächst nur für Geige, jetzt auch für andere Instrumente, mit der Kinder ab dem Alter von drei Jahren beginnen können. Bei der Methode geht es nicht um Konkurrenz, sondern um die Entwicklung eines »schönen Charakters« durch die Musik und durch eine Umgebung, die das Lernen unterstützt. Nach dieser Methode sollen Kinder erst nach Gehör lernen. Es ist notwendig, dass ein Elternteil – oder ein Großelternteil – bei den Stunden dabei ist, damit sie wissen, was das Kind lernt, und ihm beim Üben helfen können. Mehr Informationen unter *www.germansuzuki.de.*

Colourstrings

Speziell ausgebildete Lehrer bieten Colourstrings-Unterricht für Kinder ab 18 Monaten. Diese auf das Kind ausgerichtete Unterrichtsmethode ist eine Erweiterung der Methode des ungarischen Komponisten Kodály. Sie basiert auf dem Hören, mit Sol-fa (Do Re Mi Fa So La Ti Do) zur Entwicklung einer wirklich guten auditiven Grundlage: Kinder lernen von einem frühen Alter an, vom Blatt zu singen. Diese Methode steht in einem besonderen Zusammenhang mit der Musikerziehung in Finnland, ist jedoch auch in Deutschland etabliert und anerkannt.

Ein Konzert planen

Ganz gleich, auf welcher Stufe Sie und Ihr Enkelkind spielen, es macht Spaß, bei Ihnen zu Hause ein Konzert für die Familie und ein paar Freunde zu organisieren. Stellen Sie ein kurzes Programm mit Liedern und Stücken zusammen, die Sie sehr gut beherrschen. Schreiben Sie ein Flugblatt mit Ort und Zeit des Konzerts. Dann schreiben Sie gemeinsam das Programm und beschreiben auch die Stücke, nennen den Komponisten und die Interpreten. Stellen Sie Eintrittskarten her oder kaufen Sie einen Block mit Karten, die das Kind an jenem Tag ausgeben kann.

Üben Sie Ihr Programm ein und probieren Sie, wie lange jedes Stück dauert. Wenn das Programm lang genug ist, planen Sie eine Pause ein, bei der Sie Erfrischungen reichen – andernfalls gibt es die Erfrischungen am Ende. Gestalten Sie das Programm so abwechslungsreich wie möglich, mit einfachen Stücken am Anfang und einer Steigerung zu komplizierteren Stücken. Planen Sie eine eindrucksvolle Zugabe ein.

Duette mit Klavier eignen sich hervorragend für Konzerte. Das Spiel im Duett hilft bei mangelndem Selbstvertrauen und Nervosität, wenn man vor anderen spielt.

Unabhängig von den Instrumenten, die man spielt, ist die Abwechslung wichtig für ein gelungenes Konzert – also überlegen Sie, was Sie zusammen singen oder spielen können, und planen Sie für jeden Interpreten einen Solopart ein.

Am Tag der Aufführung machen Sie eine letzte Probe und einen Kurzdurchlauf, ehe Sie Ihre Stuhlreihen aufstellen, das Telefon ausschalten und mit Ihrem Konzert beginnen. Lassen Sie Ihr Enkelkind jedes Stück ansagen, und dann entspannen Sie sich und genießen – Ihre Zuhörer werden begeistert und dankbar sein.

Konzertbesuche

Als Großmutter oder Großvater können Sie sich wunderbar amüsieren, wenn Sie mit Ihrem Enkelkind Konzerte und Workshops besuchen. Emony verliebte sich in *Peter und der Wolf* – das Konzert war ihre erste Erfahrung mit klassischer Livemusik. Manchmal gibt es Konzerte für Kinder, manche zum Zuhören, manche zum Mitmachen. Für den Anfang gehen Sie am besten zu Matineen. Viele große Orchester und Opernhäuser haben spezielle Kinder- und Familienprogramme … Wenn Ihr Enkel nicht gut stillsitzen kann, nehmen Sie einen Platz auf der Galerie, wo man umhergehen kann. Nehmen Sie auch etwas zu essen mit. Oder besuchen Sie ein Konzert in einem Park, wo Sie picknicken könnten.

Was Sie mit Kindern gut anhören können: *Peter und der Wolf; Der Karneval der Tiere; Romeo und Julia; Der Nussknacker; Aschenbrödel; Eine Nacht auf dem Kahlen Berge* und *Scheherazade.* Essen Sie in der Pause ein schönes Eis, aber seien Sie auch darauf eingestellt, früher zu gehen, wenn Ihr Enkelkind müde ist oder wenn ihm langweilig ist. Lassen Sie es ein Buch mitnehmen, falls es bleiben möchte, ihm aber nicht

Virginia Ironside

ist Großmutter von zwei Jungen im Alter von fünf und zwei. Sie sagt:

Ich hatte zwei wunderbare Omas, die zwar schon tot sind, doch wenn ich mit meinen Enkeln zusammen bin, habe ich wieder dasselbe Gefühl – die liebevolle Beziehung zwischen Großmutter und Enkel. Ich habe Geduld – endlich – und die Liebe fließt, ungetrübt von den Ängsten, die ich als Mutter hatte.

Man muss sich anstrengen, um eine gute Großmutter zu sein. Man kann die Liebe eines Kindes nicht einfach als gegeben hinnehmen, wie man das als Elternteil tut, denn da hat das Kind auch keine andere Wahl, als einen zu lieben. Wenn das Enkelkind Sie liebt, dann hat das einen Grund, und das ist besonders schmeichelhaft und tröstlich.

Einer der Gründe, warum so viele Kinder heute unter Ängsten und Depressionen leiden, ist angeblich nicht nur die Abwesenheit des Vaters, sondern in manchen Fällen auch das Fehlen der Großeltern, was oft eine Folge einer Scheidung oder Trennung ist. Doch sie sind so wichtig! Großeltern sind sozusagen der Europäische Gerichtshof in der Familienstruktur. Die Mutter kann schimpfen, der Vater kann wütend auf einen sein, aber die Großeltern sind immer eine letzte Instanz, an die man sich wenden kann, jemand, der das Problem wahrscheinlich besser einschätzen kann und auch mehr Mitgefühl hat als die, die dem Kind näher sind.

Ich habe nicht den Wunsch, die Interessen meiner Enkel zu beeinflussen. Ich hoffe nur, dass sie sich für etwas interessieren werden und dass ich ihnen, wenn ich die Interessen erfahre, dabei helfen kann, ihre Welt zu erweitern und zu Erwachsenen heranzuwachsen, die möglichst glücklich und zufrieden mit sich selbst sind.

alles im Programm gefällt. Nehmen Sie das Kind auch zu Konzerten vor Ort mit – wenn Sie in einem Chor singen, laden Sie es zum Zuhören ein, vielleicht nur zur ersten Hälfte. Es kann ein Buch oder Malzeug mitnehmen, falls ihm langweilig wird, und Sie können es mit einer Einladung zum Essen hinterher überzeugen.

Schließlich sollten Sie ihr Enkelkind bei allem unterstützen, was es tut. Es kann schön und aufregend sein, wenn Sie bei Schulkonzerten mit Ihrem Enkelkind unter den Zuhörern sitzen, wenn es singt, Flöte spielt oder dritte Geige oder schließlich bei der Abiturfeier in der Schulband spielt. Ihr Enkel wird stolz und begeistert sein, wenn Sie kommen … Viel Spaß!

DAS ALTE ROM

Ganz am Anfang war Rom nur eine Ansammlung von bescheidenen Behausungen auf einem von sieben Hügeln um ein sumpfiges Tal in der Nähe des Flusses Tiber, das im heutigen Mittelitalien liegt. Die ersten Einwohner waren wahrscheinlich Hirten, doch das Gebiet war auch eine belebte Durchgangsstrecke für Händler, die nach Norden und Süden reisten, denn der Fluss war hier gut zu überqueren.

Die Gründung Roms

Die Stadt (eigentlich ein Dorf) wurde der Legende nach im Jahre 753 vor Christus von Romulus gegründet, der zusammen mit seinem Zwillingsbruder Remus als Säugling ausgesetzt worden war. Die beiden Kinder waren auf Anweisung ihres bösen Onkels, des Königs, in den Fluss geworfen worden. Glücklicherweise wurden sie von einer vorbeikommenden Wölfin gerettet und gesäugt. Später fand ein Schafhirte die Kinder und nahm sie mit zu sich nach Hause. Seine Frau und er nannten sie Romulus und Remus. Die Zeit verging, und als sie in die Stadt kamen, erfuhren sie, wer sie wirklich waren. Sie griffen ihren mörderischen Onkel an und töteten ihn, gingen dann zum Fluss zurück und gründeten eine eigene Stadt. Doch sie stritten sich ständig und schließlich tötete Romulus Remus. Romulus wurde König und die neue Stadt Rom wurde nach ihm benannt.

Die Anfänge des Reichs

Romulus war der erste von sieben Königen (oder Anführern) von Rom, doch schließlich warfen die Römer ihre Könige raus und entwickelten für sich eine Art von Demokratie, die von einem Senat regiert wurde. Die Römer waren gut organisiert und kämpften so gut, dass sie nach und nach alle anderen Stämme in Italien unterwarfen. Dann weiteten sie ihre militärische Macht aus und einige Generäle in Folge eroberten Länder und Völker in ganz Europa und darüber hinaus. Der Einfluss Roms wuchs.

Einige Cäsaren

Augustus – ein kluger und brillanter Politiker

Tiberius – Augustus' Stiefsohn war ein guter Soldat, doch er war misstrauisch und grausam und wurde Einsiedler auf der Insel Capri. Während seiner Regentschaft wurde Jesus in der römischen Provinz Judäa gekreuzigt.

Gaius (von seinen Soldaten Caligula oder »Stiefelchen« genannt) – bösartig und wahnsinnig. Er wollte sein Pferd zum Konsul machen, ließ das Meer wegen seiner Stürme auspeitschen und erklärte sich selbst zum Gott. Er wurde von seinen Wachen ermordet.

Claudius – ein stotternder Gelehrter und eigentlich unmöglich als Kaiser, doch er vergrößerte das Reich und eroberte Britannien. Er wurde wahrscheinlich von seiner Frau mit einem giftigen Pilzgericht getötet.

Nero – noch ein selbstherrlicher Herrscher. Er hielt sich für einen Schauspieler, ließ seine Mutter und seinen Lehrer töten und brachte seine Frau mit einem Fußtritt um. Während seiner Regierungszeit brannte Rom nieder, wahrscheinlich auf sein Geheiß. Doch er schob die Schuld auf die Christen.

Im Jahr 47 vor Christus erklärte sich einer der erfolgreichsten Generäle, Julius Cäsar, – der ganz Gallien (das heutige Frankreich) erobert hatte und sogar in Britannien eingefallen war – zum Diktator auf Lebenszeit, doch drei Jahre später wurde er ermordet. Dann, nach einem langen und grausamen Bürgerkrieg, brachte Cäsars Großneffe Oktavian Rom und seinem Reich den Frieden. Er begründete eine Herrscherdynastie, wobei er selbst als Kaiser unter dem Namen Augustus regierte. Die nächsten fünf Jahrhunderte regierten Kaiser in Rom. Die ersten, die alle Mitglieder von Augustus' Familie waren, vermitteln eine Vorstellung von der Bandbreite der dort vertretenen Charaktere (siehe »Einige Cäsaren« oben). Glücklicherweise war das Reich so gefestigt, dass es auch unter verrückten oder schlechten Kaisern nicht zerbrach.

Auf der Höhe seiner Macht, im zweiten Jahrhundert nach Christus, erstreckte sich das Römische Reich um das Mittelmeer nach Süden bis nach Ägypten, nach Osten zum Kaspischen Meer und nach Norden bis Britannien.

Römisches Leben

In der gesamten römischen Welt, von den reichen Kornkammern im Norden Afrikas bis ins entfernte römische Britannien, lebten die wohlhabenden Bürger auf Landsitzen, den sogenannten Villen. Einige davon lagen am Meer, manche waren prächtige Landhäuser und manche einfache Bauernhöfe. Normalerweise gab es ein zentrales Gebäude für den Herren und Nebengebäude für die Bediensteten und die Sklaven. Man hatte Mosaikfußböden, oft prächtige mit Abbildungen von Wagenrennen oder Fabeln, die größten und luxuriösesten Badezimmer und eine Fußbodenzentralheizung.

In den Städten wohnten die Menschen in Wohnungen oder, wenn sie reich waren, in einem großen Stadthaus oder *domus*. Die meisten Leute hatten keine Küche und kein Badezimmer, also mussten sie essen gehen – es gab zahlreiche Küchen und Restaurants, die Essen »zum Mitnehmen« anboten – und sie mussten öffentliche Bäder benutzen. Es gab auch Geschäfte, Märkte, Tempel und Regierungsgebäude der Lokalregierung.

Das Forum Romanum

Die meiste Zeit seiner Geschichte war Rom die Hauptstadt des Reiches, und in seinem Zentrum lag das Forum – ein offener Platz in der Talsenke unterhalb der Ansiedlung. Das war ein zentraler Versammlungsort, wo die Menschen zusammenkamen und Handel trieben. Durch ihn verlief die Via Sacra, die Straße, über die die siegreichen Generäle im Triumphmarsch am Tempel der Vesta mit der ewigen Flamme und am Senatshaus (oder Parlament) vorbeiritten bis zum Tempel des Jupiter (das römische Gegenstück zum griechischen Gott Zeus). Cäsars Leichnam wurde auf einem Scheiterhaufen im Forum verbrannt. In der Nähe des Forum Romanum befand sich der Circus Maximus, in dem Wagenrennen stattfanden, der Lieblingssport der Römer. Dort passten bis zu 250 000 Zuschauer hinein. Die erfolgreichsten Wagenlenker waren richtige Sportstars.

Das Kolosseum

Am östlichen Ende des Forums liegt das Kolosseum, ein riesiges Amphitheater, das seinen Namen von der kolossalen Nerostatue hat, die dort einmal stand. Bis zu 50 000 Zuschauer konnten darin Sitzplätze finden, die bestimmten Teilen der Gesellschaft zugewiesen wurden – die Hochgestellten bekamen natürlich die besten Sitze – der Kaiser und seine Freunde bekamen die allerbesten. Frauen und Sklaven standen ganz am Ende der Rangliste und kamen in die obersten Ränge – von dort konnte man nicht besonders gut sehen! Totengräber, Schauspieler und ehemalige Gladiatoren waren ganz davon ausgeschlossen.

Das Kolosseum wurde für aufwendige und oft extrem grausame Spektakel gebraucht – auch Hetzjagden auf Tiere und Kämpfe um Leben und Tod. Ausgebildete Gladiatoren – professionelle Kämpfer – kämpften gegeneinander, gegen verurteilte Straftäter und wilde Tiere. Die Tiere, zum Beispiel Löwen, Tiger, Leoparden, Elefanten, Nilpferde und Nashörner, kamen aus Afrika und Indien. Man hielt sie in Käfigen unter dem hölzernen Boden der Arena, und wenn die Tore hochgezogen wurden, stürmten sie hinein. Manchmal erschien plötzlich aus einer geheimen Falltür im Boden ein Tier in der Arena – das gefiel der Menge besonders. Man sagt, dass gefangene Christen im Kolosseum den Löwen vorgeworfen wurden, doch die Beweise dafür sind umstritten. Die Kaiser waren bekannt für ihre Grausamkeit, und manchmal wurden nur zu ihrer Unterhaltung Zuschauer ausgewählt und in der Arena wilden Tieren vorgeworfen.

Die Veranstaltungen im Kolosseum dauerten den ganzen Tag, mit Tierhetzjagden und anderen Unterhaltungen am Morgen und Gladiatorenkämpfen am Nachmittag. Manche sagen, die Arena konnte geflutet werden, sodass Wasserspektakel wie Seeschlachten mit Schiffen im Kleinformat gezeigt werden konnten.

Gladiatoren

Gladiatoren waren oft Sklaven oder verurteilte Verbrecher und hatten einen Eigentümer, der wollte, dass sie am Leben blieben. Deshalb trainierte er sie sorgfältig. Es wäre ein Verlust gewesen, wenn sie zu früh gestorben wären. Sie kämpften zu zweit oder in Gruppen und wurden in speziellen Gladiatorenschulen ausgebildet. Dort lernten Sie den Kampf gegeneinander und gegen Tiere. Dort entschieden sie auch, was für ein Gladiator sie werden wollten.

Es gab verschiedene Arten, zum Beispiel:

* **Bestiarii** – waren entweder mit einem Speer oder einem Messer bewaffnet. Ursprünglich waren Bestiarii keine echten Gladiatoren, sondern verurteilte Verbrecher, die mit Tieren kämpfen mussten und mit großer Wahrscheinlichkeit dabei ums Leben kamen.
* **Equites (Reiter)** – waren leicht bewaffnet, sie trugen Schuppenpanzer, einen mittelgroßen runden Kavallerie-Schild und einen Helm mit Rand. Sie begannen auf dem Pferd, doch wenn sie ihre Lanze geschleudert hatten, stiegen sie ab und kämpften zu Fuß mit ihrem kurzen Schwert weiter.
* **Hoplomachi** – waren bewaffnet wie ein griechischer Soldat, mit schwerem Panzer und einem Helm, einem runden Schild, Schwert und Speer. Oft wurden sie gegen die Murmillones in die Arena geschickt (die wie römische Soldaten bewaffnet waren), wenn die Schlachten der Römer gegen die Griechen nachgespielt wurden.
* **Thraex** – waren mit kurzen, leicht gebogenen Schwertern und dreieckigen Schilden bewaffnet und leicht gepanzert.
* **Murmillones** – trugen fischförmige Helme, sowie Armschutz, einen Lendenschurz, Gürtel und Beinpanzer. Sie trugen ein breites Schwert und einen großen ovalen Schild.
* **Retiarii (Netzkämpfer)** – trugen einen dreizackigen Speer (Dreizack), einen Dolch und ein Netz. Abgesehen vom Lendenschurz und Armschutz kämpften sie nackt, barfuß und ohne Helm.
* **Secutores** – waren wie die Murmillonen, auch ebenso gekleidet wie sie. Ihr Helm bedeckte jedoch das ganze Gesicht mit Ausnahme der beiden kleinen Augenlöcher, die vor den dünnen Spitzen des Dreizacks seines Widersachers schützen sollten. Der Helm war fast rund und glatt, sodass das Netz sich nicht darin verfangen konnte.

Wenn ein Gladiator verletzt war, konnte er den Kaiser bitten, ihn zu verschonen. Der Kaiser blickte dann in die Menge und entschied, ob der Gladiator leben oder sterben sollte. Wenn der Gladiator tapfer gewesen war, verschonte er ihn. Wir wissen nicht, ob das Zeichen »Daumen nach unten« wirklich den Tod bedeutete – es hätte auch »Daumen hoch« für den Tod sein können!

Ein Gladiator, der ständig gewann, wurde ein Held. Er erhielt Geld und einen Lorbeerkranz. Wenn er einen Ruf als guter Kämpfer hatte, konnte er den Kaiser auch um den Preis bitten, den er am sehnlichsten wünschte – ein hölzernes Schwert. Das bedeutete, er hatte ihm die Freiheit geschenkt. Dann war er kein Sklave mehr und musste nicht mehr kämpfen.

Zeichnungen von Gladiatoren, gefunden an einer Wand in Pompeji

Das römische Heer

Rom unterhielt ein gut ausgebildetes Heer, um seine Gebiete zu vergrößern und um das Reich zu kontrollieren.

Die Männer waren gut bewaffnet, zu ihrer Grundausrüstung gehörten eiserne Helme, Körperpanzer, Beinschienen, Schilde, kurze Schwerter, schwere Wurfspieße und Dolche. Die wichtigste Kampfeinheit war die Legion mit annähernd 5000 Männern, den sogenannten Legionären. Eine Legion bestand aus zehn Kohorten und eine Kohorte wiederum aus sechs Zenturien unter einem Zenturio, dem höchsten Soldaten. Jede Hundertschaft bestand aus Gruppen von zehn oder acht Männern, die in einem Zelt oder in Baracken zusammen wohnten und aßen.

Im Kampf wendeten die römischen Soldaten oft die Formation *testudo* (Schildkröte) an, besonders bei Belagerungen. Die Männer schlossen in der Vorderreihe mit dicht vor sich gehaltenen Schilden ab, die anderen hielten die Schilde über ihrem Kopf, die an der Seite hielten sie zur Seite und die hinteren nach hinten. So war die ganze Gruppe vor Pfeilen und anderen Wurfgeschossen geschützt und konnte sich buchstäblich unversehrt vorwärtsbewegen.

Besichtigungen

Am besten kann man Überreste aus der Römerzeit natürlich in Rom sehen. Im Kolosseum kann man die unterirdischen Räume besichtigen, in denen die Tiere gehalten wurden. Die meisten größeren Museen in Deutschland haben Sammlungen aus der Römerzeit. Im ganzen Römischen Reich sind Amphitheater erhalten geblieben, von Chester in England bis nach Trier in Deutschland (hier ist auch noch der Keller erhalten und zu besichtigen) und El Djem in Tunesien.

KARTENTRICKS

Von der kleinen Fingerfertigkeit bis hin zur ausgewachsenen Bühnenillusion hat die Zauberei heute schon längst auch das Fernsehen erobert – erinnern Sie sich an Siegfried & Roy mit ihren weißen Tigern.

Doch die Magie ist immer noch eine geheimnisvolle Welt. Die meisten Menschen haben nicht die leiseste Idee, wie die Tricks funktionieren – deshalb gefallen sie den Kindern auch so sehr. Sie können ihnen dabei helfen, Tricks zu lernen – das wirkt Wunder für ihr Selbstvertrauen. Doch Sie können sie auch nur in den Genuss einer effektvollen Darbietung dieser Geheimnistuerei bringen.

Kartentricks sind ein guter Einstieg – für die meisten brauchen Sie nur ein einfaches Kartenspiel. Wenn Sie sich ernsthafter mit der Sache beschäftigen wollen, brauchen Sie drei oder vier gleiche Spiele: Für einige Tricks brauchen Sie gleiche Karten, und bei manchen werden am Ende Karten geknickt oder beschrieben, und die müssen ersetzt werden. Die Tricks unten sind einfach, aber sehr effektvoll, und Sie können sie gemeinsam lernen.

Tipps und Tricks

Beim Zaubern geht es genauso viel um die Darbietung wie um die Tricks selbst. Ein guter Zauberer muss die Aufmerksamkeit der Zuhörer fesseln und sie jederzeit in die Vorführung mit einbeziehen. Ablenkung ist der Schlüssel für jede Zauberei. Lenken Sie die Zuhörer davon ab, was wirklich geschieht, zum Beispiel mit einer Handbewegung.

Hier einige generelle Hinweise, wie du ein guter Zauberer wirst:

* Üben, üben und schließlich ... noch mehr üben!
* Setze deine Augen ein – sieh dir die Zuschauer direkt an oder noch wichtiger, sieh dorthin, wo die Zuschauer hinsehen sollen.
* Sei immer bestens vorbereitet – die Kartenstapel sollten alle »gepackt« sein, und Requisiten müssen bereitliegen.
* Sprich immer deutlich – damit die Zuhörer wissen, was du Ihnen sagen willst, und wer das Sagen hat.
* Lieber einen Trick gut beherrschen als viele nur teilweise.
* Wenn ein Trick misslingt, gehe zum nächsten über, das passiert eben.
* Führe niemals denselben Trick zweimal vor denselben Zuschauern vor!
* *Das Wichtigste, die goldene Regel der Magie: Verrate den Zuschauern nie, wie der Trick geht!*

Nimm eine Karte, irgendeine Karte

Du lässt eine Person eine beliebige Karte aus dem Stapel wählen, sie ansehen und dann oben auf den Stapel legen. Du bittest sie, einige Male vom Stapel abzuheben, um die Karten zu mischen. Dann siehst du die Karten durch und erkennst mit deinen magischen Fähigkeiten die Karte, die sie ausgewählt hat. Das ist ein sehr einfacher Trick, doch er ist ein guter Einstieg.

So geht es:

Das Kartenspiel wird vor den Augen der anderen Person gemischt, doch danach wirfst du schnell unauffällig einen Blick auf die oberste Karte. Sagen wir zum Beispiel, in diesem Fall wäre die oberste Karte die Kreuzdame. Dann fächerst du das Spiel vor der Person auf und bittest sie, irgendeine Karte zu nehmen.

Dann liegt das Spiel wieder auf dem Tisch und du bittest sie, die gewählte Karte oben auf den Stapel zu legen. Dann sollte die Person den Stapel einige Mal abheben, damit sie nicht mehr weiß, wo sich die Karte befindet.

Du nimmst nun den Stapel und suchst die Kreuzdame – die Karte, die darüberliegt, wird die gesuchte Karte sein! Mit etwas Glück werden alle sehr beeindruckt sein.

Sechser und Neuner

Du gibst der Person gegenüber zwei Karten von oben aus dem Stapel und bittest sie, sich diese Karten zu merken. Dann legst du die Karten einzeln, an einer beliebigen Stelle, die sie bestimmt, in den Stapel. Du mischst den Stapel, bläst darauf und wirfst ihn auf den Boden. In der Hand bleiben zwei Karten – die zwei, die sie in den Stapel zurückgelegt hat.

Das erfordert etwas Geschicklichkeit, ist aber nicht allzu schwierig.

So geht es:

Bei diesem Trick geht es um ein einfaches Täuschungsmanöver. Am Ende sieht es aus, als hätte man genau diese Karten in der Hand – doch es sind zwei andere Karten, die ähnlich aussehen!

Vor dem Trick müssen die Karten »gepackt« werden. Dazu musst du die Kreuz 6 unten in den Stapel, die Pik 9 oben in den Stapel legen, darüber die Pik 6 und die Kreuz 9.

Dann nimmst du die beiden oberen Karten (Pik 6 und Kreuz 9) und gibst sie dem Freund oder der Freundin und bittest ihn oder sie, sich diese zu merken und sie einzeln irgendwo in den Stapel zu schieben. Dabei musst du daran denken, dass du unten die Kreuz 6 und oben die Pik 9 hast!

Jetzt machst du ein großes Trara darum, dass du nicht weißt, wo die Karten sind: »Sie sind irgendwo im Stapel – ich weiß nur nicht genau, wo!« Dann mischst du die Karten, bläst darauf und schleuderst das Spiel möglichst dramatisch auf den Boden, doch dabei behältst du auf jeden Fall die oberste und die unterste Karte in der Hand. Du hältst die beiden Karten hoch und freust dich über die Verblüffung im Gesicht deiner Zuschauer!

Das braucht etwas Übung, lässt sich aber in sehr kurzer Zeit bewältigen.

Die wandernde Karte

Eine Person wählt eine Zahl. Die Anzahl von Karten wird dann ausgegeben und die letzte der ausgegebenen Karten wird ihr gegeben. Nachdem sie sie angesehen hat, legt sie sie in den großen Stapel zurück. Dann machst du erst ein großes Theater um das Wiederfinden der Karte, doch plötzlich erkennst du, dass sie an einer anderen Stelle im Raum wieder aufgetaucht ist! Das ist ein hervorragender Trick, der immer wieder Verblüffung hervorruft, braucht aber publikumswirksames Auftreten.

So geht es.

Du brauchst zwei genau gleiche Karten. In diesem Beispiel nehmen wir die Herz 5.

Zuerst sollte die andere Herz 5 irgendwo im Raum deponiert werden – irgendwo, wo die andere Person sie nicht finden wird. Aufs Fensterbrett oder in einen Bilderrahmen wäre ideal.

Die andere Herz 5 kommt dann oben auf deinen Kartenstapel.

Wenn alles vorbereitet ist, bittest du die Person, eine Zahl zwischen fünf und 15 zu nennen. Nehmen wir an, sie nimmt die 7. Dann gibst du die ersten sieben Karten mit dem Bild nach unten aus, sodass die Herz 5 nun ganz unten bei den sieben Karten liegt.

Jetzt ist etwas Irreführung nötig. Du sagst so etwas wie: »Moment, ich muss noch mal anfangen, ich habe mich vertan«, und legst die sieben ausgegebenen Karten wieder auf den Stapel. Die Herz 5 ist jetzt sieben Karten weiter unten im Stapel. (Wenn du vorsichtig bist, kannst du die Karten auch ein bisschen mischen, doch du musst unbedingt darauf achten, dass die oberen sieben Karten oben bleiben und nicht gemischt werden.)

Du fängst noch einmal an. »Also, was war die Zahl? Sieben?« Dann zählst du die Karten und gibst ihr die siebte Karte (die Herz 5). Nun bittest du sie, sich die Karte zu merken, und legst sie an irgendeine Stelle in den Stapel zurück. Jetzt mischst du den Stapel richtig vor ihren Augen.

Dann sagst du: »Ich werde deine Karte finden«, zählst mutig auf sieben, drehst die siebte Karte um und fragst »Ist das deine Karte?«. Die Antwort sollte nein lauten. (Die Chance ist nur eins zu 52, dass die Antwort ein Ja sein wird – das wäre schade, doch wenn das der Fall sein sollte, musst du einfach so tun, als sei es bei dem Trick genau darum gegangen und zum nächsten übergehen). Du machst ein überraschtes Gesicht, gibst wieder sieben Karten aus und drehst wieder die siebte um. »Die hier?« Die Antwort sollte wieder ein Nein sein. Du nimmst alle Karten und tust so, als suchtest du die Karte im Stapel, und tust dann wieder erstaunt. Dann blickst du langsam dorthin, wo die gleiche Karte platziert wurde, und sorgst dafür, dass die Zuschauer deinem Blick folgen. Jetzt ist es an ihnen, überrascht zu sein – verblüfft geradezu! Diesen Trick kann man gut vor mehreren Leuten vorführen. Du wirst bewundernde Blicke ernten!

Rote und schwarze Buben

* Lege die Buben mit dem Bild nach oben aus, und bitte jemanden, dir zu sagen, wohin jede der Karten in deiner Hand (Bild nach unten) abgelegt werden soll – entweder auf einen schwarzen oder auf einen roten Buben. Wenn das Spiel ausgegeben ist, werden die Karten umgedreht, und siehe da, sie alle haben die Farbe des Buben, auf dem sie liegen.

So geht es:

* Nimm alle vier Buben aus dem Spiel. Teile die übrigen 48 Karten in einen schwarzen und einen roten Stapel. Lege den schwarzen auf den roten Stapel. Wenn der Stapel »gepackt« ist, bist du bereit. Lege einen der schwarzen Buben auf den Tisch und einen roten daneben. Lege die anderen Buben auf eine Seite.

Bitte die Person gegenüber, »schwarz« oder »rot« zu sagen, nimm eine Karte mit dem Bild nach unten von oben vom Stapel, und lege ihn auf den Buben in der Farbe, die die Person angesagt hat. Wenn sie »rot« sagt, legst du eine Karte auf den roten Buben. (Die ersten 24 Karten auf den Buben werden natürlich alle schwarz sein.) Das Ablenkungsmanöver kommt später, wenn die Buben vertauscht werden. Bitte die Person, weiterzumachen, doch zähle im Kopf bis 24. Höre auf, wenn die 24. Karte ausgegeben ist, und lege die übrigen Buben so neben die anderen:

Erster schwarzer Bube	Zweiter roter Bube
Erster roter Bube	Zweiter schwarzer Bube

Bitte dann die Person, wieder schwarz oder rot anzugeben und lege die übrigen Karten (die natürlich alle rot sind) wie angegeben auf die zweiten Buben. Jetzt hast du vier Buben mit je einem Stapel Karten darauf.

Der Stapel auf dem ersten Buben ist ganz schwarz – drehe diesen Stapel um. Der Stapel auf dem zweiten roten Buben wird ganz rot sein – drehe diesen Stapel um. Jetzt kommt der Teil, der geübt werden muss: Mit einer kleinen Ablenkung vertauschst du die unteren Buben und zeigst, dass sie nun die Karten der richtigen Farbe enthalten.

Gedankenlesen

Diesen Trick kann ein Großelternteil mit dem Enkelkind gemeinsam vorführen. Er ist leicht, doch es ist schwer zu verstehen, wie es geht. Anders als bei anderen Tricks können Sie diesen öfter vor denselben Zuschauern machen – und sie werden es nicht verstehen!

Neun Karten werden in der Rechteckform einer Karte mit dem Bild nach unten ausgelegt. So:

1 2 3
4 5 6
7 8 9

Den Zuhörern wird erzählt, dass die beiden Zauberer gegenseitig ihre Gedanken lesen können! Einer von ihnen verlässt den Raum, und der andere bittet einen Zuschauer, auf eine der neun Karten auf dem Tisch zu zeigen. Dann wird der andere wieder hereingebeten und nach einer Weile »Gedankenlesen« zeigt er auf die richtige Karte.

So geht es:

Die neun Karten werden nicht ohne Grund in dieser Anordnung ausgelegt. Der Zauberer, der die Karten ausgibt, behält den übrigen Stapel in der Hand, während sein Partner den Raum verlässt. Ein Zuschauer wird gebeten, auf eine Karte zu zeigen. Sobald er eine genannt hat, legt der Zauberer heimlich auf der oberen Karte des Stapels, den er noch in der Hand hält, seinen Daumen auf die entsprechende Position auf der Karte. So einfach ist das! Wenn der andere Zauberer wieder hereinkommt, wirft er schnell einen Blick auf den Daumen seines Partners und erkennt, welches die gewählte Karte ist. Nach ein paar publikumswirksamen Gesten und Palaver über das Gedankenlesen zeigt er auf die richtige Karte.

ZAUBERTRICKS

Wenn Ihr Enkelkind sich an die Vorführung von Kartentricks vor einem Publikum gewöhnt hat, wird es Zeit, mit anderen Tricks weiterzumachen. Wenn Sie glauben, es sei zu jung oder nicht geschickt genug, können Sie die Tricks auch selbst lernen, um sie dann später Ihrem Enkel beizubringen. Sie werden immerwährende Bewunderung ernten! Es wird Sie wirklich für einen Zauberer halten – zumindest so lange, bis es den Trick selbst beherrscht.

Die springende Münze

Sie halten zwei Münzen, eine in der linken, eine in der rechten Hand, mit der Handfläche nach oben. Sie drehen nun schnell Ihre Hände um und knallen die Münzen auf den Tisch. Dann heben Sie Ihre Hände und zeigen, dass eine der Münzen in die andere Hand hinübergesprungen ist.

So geht es:

In einer Hand legen Sie die Münze in die Mitte der Handfläche, in der anderen legen Sie sie oben rechts in die Handfläche. Wenn die Hände schnell gegeneinander gedreht werden, springt die Münze von oben rechts in der Handfläche ganz von selbst hinüber und kann mit der anderen Hand gefangen werden. Das erfordert etwas Übung, ist aber schnell zu lernen. Dafür dass er so einfach ist, macht der Trick großen Eindruck.

Der Zug der Schwerkraft

Sie legen ein kleines Hilfsmittel (zum Beispiel einen Strohhalm) auf den Tisch vor sich hin, dann lutschen Sie an Ihrem Finger und reiben ihn an Ihrem Hemd. Sie umkreisen das Hilfsmittel dreimal, ehe Sie Ihren Finger davon wegbewegen. Der Gegenstand rollt auf Ihren Finger zu – ohne dass Sie ihn überhaupt berührt haben!

So geht es:

Das ist vielleicht der einfachste Trick, doch einer, der auch Zuschauer direkt davor verblüfft! Am besten führt man ihn vor einer kleinen Gruppe oder vor einer einzelnen Person vor.

Folgen Sie den Anweisungen oben. Während Sie Ihren Finger an Ihrem Hemd reiben, erklären Sie, dass Sie Reibung »für den Zug der Schwerkraft« aufbauen müssten. Wenn Sie das Objekt dreimal umkreist haben, ziehen Sie Ihren Finger langsam weg und blasen gleichzeitig unauffällig, aber beständig auf den Gegenstand. Die Zuschauer werden sich so auf Ihren Finger konzentrieren, dass sie nicht sehen, wie Sie blasen. Auch das braucht Übung – wie alle guten Zaubertricks.

Zahlenmagie

Ein Umschlag wird vor einem Freund auf den Tisch gelegt. Man sagt ihm, in dem Umschlag sei eine Zahl, doch Sie brauchten seine Hilfe, um sie zu erfahren. Sie bitten ihn, einige Zahlen aufzuschreiben, die mit seinem Leben in Verbindung stehen, und diese Zahlen zu addieren. Er öffnet den Umschlag und sieht: Es ist dieselbe Zahl!

So geht es:

Auch dieser Trick nutzt einfache Mathematik und sieht wie ein Zaubertrick aus. Zuerst schreiben Sie auf ein Blatt die Zahl: 2 x das laufende Jahr (in 2008 lautet die Zahl zum Beispiel 4016). Dann legen Sie das Blatt in einen Umschlag und verschließen ihn.

Jetzt bitten Sie ihren Freund, die folgenden Zahlen aufzuschreiben – immer ganze Zahlen:

Sein Geburtsjahr.

Das Jahr, in dem ein wichtiges Ereignis in seinem Leben stattfand (zum Beispiel, als er eingeschult wurde, als sein Bruder geboren wurde und so weiter).

Sein Alter am Ende des laufenden Jahres.

Die Anzahl der Jahre seit dem wichtigen Ereignis.

Jetzt bitten Sie ihn, alle diese Zahlen zusammenzuzählen – er kann auch einen Taschenrechner benutzen, wenn seine Mathekenntnisse nicht ausreichen! Wenn er fertig ist, bitten Sie ihn, den Umschlag zu öffnen und die Zahlen zu vergleichen ... es werden immer dieselben sein!

Das verschwundene Objekt

Sie nehmen einen Gegenstand – zum Beispiel einen Zauberball –, drücken ihn in Ihre linke Hand und bitten einen Freund, daraufzublasen. Dann öffnen Sie die Hand und zeigen, dass der Gegenstand verschwunden ist.

So geht es:

Dieser Trick erfordert etwas Übung und Fingerfertigkeit sowie Ablenkung.

Nehmen Sie den Ball in Ihre rechte Hand und halten Sie sie hoch, sodass die Zuschauer sie sehen können. Dann krümmen Sie Ihre linke Hand lose zur Faust und schieben den Ball mit Ihrem rechten Zeigefinger langsam durch das Loch zwischen Zeigefinger und Daumen. Wenn der Ball halb drin ist, drehen Sie Ihre Hand um und zeigen Ihrem Freund, dass der Ball noch da ist. Dann schieben Sie den Rest des Balls mit Ihrem rechten Daumen hinein und halten gleichzeitig die rechte Hand darunter. Jetzt können Sie den Ball vorsichtig in Ihre rechte Hand fallen lassen. Tun Sie so, als müssten Sie den Ball noch einige Male mit dem Finger hineindrücken.

Jetzt heben Sie die leere Faust zu Ihrem Freund hin und bitten Sie ihn, darauf zu blasen. Jetzt, wo er abgelenkt ist, verstauen Sie den Ball vorsichtig woanders, entweder unter dem Tisch oder in Ihrer Tasche.

Wenn er auf Ihre Faust geblasen hat, schütteln Sie sie einige Male sehr dramatisch, dann öffnen Sie die Hand und zeigen, dass sie jetzt leer ist!

NATURWUNDER DER WELT
(Teil I)

Niagarafälle

Die Niagarafälle liegen an der Grenze zwischen den USA und Kanada. Wenn Ende Frühling und Anfang Sommer der Wasserstand am höchsten ist, fließen mehr als 30 000 Kubikmeter Wasser jede Sekunde darüber.

Die Fälle entstanden vor etwa 10 000 Jahren am Ende der letzten Eiszeit, als die Gletscher zu schmelzen begannen. Daher stammt das Wasser in den vier Seen, die (mit einem fünften zusammen) die Großen Seen genannt werden, und sich in den Niagara ergießen. 20 Prozent des Süßwassers der Welt befinden sich in diesen vier Großen Seen und fließen ins Meer: Dabei sucht sich das Wasser den Weg über die Niagarafälle und dann weiter in den fünften der Großen Seen. Das Wasser fließt mit unterschiedlichen Geschwindigkeiten im Niagara – am Rand der Fälle wurde eine Geschwindigkeit von 109 km/h gemessen. Die Fälle sind stets in Bewegung: Im Laufe der Jahre haben sie sich durch die Erosion mehrere Kilometer nach Süden zurückgezogen und werden das weiter tun, wenn es den Ingenieuren nicht gelingt, diesen Vorgang zu stoppen.

Goat Island (Goat heißt auf Deutsch Ziege. Die Insel wurde so benannt nach einer Ziegenherde, die dort in einem Winter einmal erfroren ist) teilt die Niagarafälle und hat so eigentlich zwei getrennte Fälle geschaffen. Der größte, über den das meiste Wasser fließt, liegt auf der kanadischen Seite und heißt Horseshoe Falls; auf der amerikanischen Seite heißt er American Falls. Man kann die Fälle von Laufgängen und Plattformen sowohl auf der kanadischen als auch auf der amerikanischen Seite besichtigen und auch von Goat Island aus.

Im 18. Jahrhundert wurden die Fälle zur beliebten Touristenattraktion, und 1848 wurde über die Schlucht am Fuße der Fälle eine Fußgängerbrücke, später eine Hängebrücke gebaut. Die Niagarafälle wurden auch zum Schauplatz vieler waghalsiger Aktionen.

1929 sprang ein Mann mit dem Namen Sam Patch als Erster in die Fälle. Wunderbarerweise überlebte er und machte es einige Monate später wieder. 1901 schwamm Annie Taylor die Fälle in einem Fass hinunter und überlebte unverletzt. Als sie aus dem Fass stieg, sagte sie: »Das sollte niemand mehr probieren!« Es heißt, bei der Fahrt sei ihre Katze dabei gewesen, doch das konnte nicht bewiesen werden – auch wenn auf ihren Pressefotos nach dem Ereignis eine Katze zu sehen ist.

Annie Taylor mit Katze

Der berühmte Seiltänzer Charles Blondin (Jean-François Gravelet) war besessen von der Idee, den Niagara auf einem Drahtseil zu überqueren, und es gelang ihm im Juni 1859: Ein Seil wurde über die Schlucht gespannt und er balancierte mit einem 18 Kilogramm schweren Stab hinüber. Gewaltige Menschenmassen versammelten sich, um ihn zu beobachten. Bei einem weiteren Versuch trug er seinen Manager auf dem Rücken und hielt in der Mitte der Strecke an, um sich etwas auszuruhen, und bei einem weiteren Versuch schob er eine Schubkarre.

Der dritte Mensch, der versuchte, die Fälle hinunterzuschwimmen, war ein Friseur aus England mit dem Namen Charles Stephens. Er kam bei dem Versuch ums Leben: Man fand nur noch ein paar Stücke von dem Fass und seinen tätowierten rechten Arm. Der Rest seines Körpers war an einen Amboss gebunden gewesen, der das Fass beschweren sollte, und sank auf den Grund des Flusses.

Seitdem haben viele Menschen auf den Niagarafällen den Nervenkitzel gesucht. Einer der letzten war ein Mann, der es auf einem Jetski versuchte. Er fuhr den Fluss hinunter, und als er zum Wasserfall kam, versuchte er einen raketenbetriebenen Fallschirm zu zünden, doch der Schirm öffnete sich nicht, und er fuhr über die Fälle und verunglückte.

Inzwischen ist es verboten, den Wasserfall zu befahren. Wer es versucht und überlebt, bekommt von der Niagara Parks Police, die das Gebiet kontrolliert, eine empfindliche Geldbuße aufgebrummt.

Der Mount Everest

Der Mount Everest ist der höchste Berg der Welt und liegt im höchsten Gebirge der Welt, im Himalaja, das durch Nordpakistan, Indien, Nepal, Tibet und Bhutan verläuft. In Sanskrit (das ist eine alte indische Gelehrtensprache) heißt *himalaya* »Wohnsitz des Schnees«. Der Mount Everest ist von Gletschern bedeckt – das ist gefrorener Schnee mit Eis, der nie auftaut. Der offizielle nepalesische Name lautet Sagarmatha, das bedeutet »Göttin des Himmels«, doch die Menschen, die dort leben, nennen ihn beim tibetischen Namen Chomolungma, das bedeutet »Heilige Mutter«.

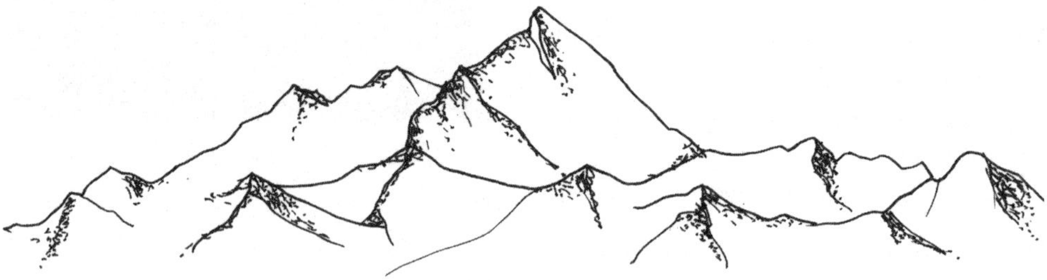

1841 wurde die Lage des Mount Everest, der damals »Peak 15« (Gipfel 15) hieß, von einem britischen Ingenieur mit dem Namen Sir George Everest notiert. Er war Landvermesser in Indien, das damals noch von England regiert wurde. Sieben Jahre später wurde der Berg richtig vermessen und man stellte eine Höhe von 9205 Metern fest. Später wurde die Höhe auf 8849 Meter korrigiert. Man erklärte ihn zum höchsten Berg der Welt, und zu Ehren von Sir George erhielt er den Namen Mount Everest. Bis heute wird der Berg langsam immer höher, weil sich die tektonischen Platten darunter verschieben und den Himalaja etwa vier bis zehn Zentimeter im Jahr nach oben drücken.

Frühe Abenteuer am Mount Everest

1913 reiste der Offizier John Noel verkleidet in Tibet ein (denn damals durften keine Ausländer ins Land reisen) und versuchte den Mount Everest von der tibetischen Seite aus zu finden. Er kam nahe heran, entdeckte aber, dass seine Karten falsch waren und er nicht den Mount Everest, sondern ein davor liegendes Gebirge gefunden hatte. Er konnte den großen Gipfel durch den Dunst gerade so erkennen und beschrieb ihn als »glitzernden Turm aus Felsen, mit Schnee bedeckt«.

In den 20er-Jahren des 20. Jahrhunderts gestattete Tibet Gruppen, den Mount Everest zu besteigen. Der britische Bergsteiger George Mallory versuchte es dreimal ohne Erfolg. Als man ihn bei einer Reise in New York fragte, warum er unbedingt auf den Everest steigen wolle, antwortete er: »Weil er da ist!«

Zwei Jahre später, im Juni 1924, versuchten Mallory und ein anderer Bergsteiger namens Andrew Irvine wieder den Aufstieg vom Nordostgrat in Tibet. Sie hatten Sauerstoff dabei. Ein anderer Bergsteiger sah sie zum letzten Mal am »Great Rock Step« klettern, dann wurden sie nicht wiedergesehen. 1933 wurde Irvings Eispickel in einer Höhe von 8445 Meter gefunden und 1999 entdeckte man Mallorys Leiche in 8158 Metern Höhe direkt unterhalb des Eispickels. Waren sie nun auf dem Gipfel? Das weiß keiner. 1995 versuchte George Mallorys Enkel, der auch George heißt, den Aufstieg auf den Mount Everest: Wir wissen, dass er, anders als sein Großvater, erfolgreich war.

Bis Ende 1938 wurden weitere Aufstiege versucht, nicht jedoch während des Zweiten Weltkriegs. 1945 hatte Tibet seine Grenzen geschlossen. Doch Nepal öffnete seine und man konnte wieder aufsteigen. Viele Menschen aus verschiedenen Ländern versuchten zum Gipfel zu gelangen, doch niemandem gelang es. Die Bedingungen auf dem Mount Everest sind so schwierig, dass jene, die dort oben sterben, oft nicht hinuntertransportiert werden können und ihre Leichen dort bleiben, wo sie abgestürzt sind. Manchmal kommen sie Jahre später auf unheimliche Weise wieder zum Vorschein, weil das Eis sich bewegt.

Im Mai 1953 startete wieder eine britische Expedition, die über den Südostgrat aufsteigen wollte. Zu der von John Hunt geführten Gruppe gehörten außerdem der Neuseeländer Edmund Hillary und der Sherpa Tenzing Norgay. Doch das Zweimann-Team, das für den Gipfelsturm ausgewählt wurde, schaffte es nicht: wegen starker Winde, zu wenig Sauerstoff und wegen der fortgeschrittenen Zeit.

Doch nur wenige Tage später, am 29. Mai, bestimmte John Hunt, dass Hillary und Tenzing als zweites Zweimann-Team versuchen sollten, zum Gipfel zu gelangen. Die beiden Männer hatten Sauerstoff dabei, aber nur eine einfache Ausrüstung für das

Hillary, Hunt und Tenzing

Bergsteigen im Eis, und es gab keine Fixseile. Sie verließen das Camp auf der Höhe von 8509 Meter um 6.30 Uhr morgens und hatten um 11.30 Uhr den Gipfel erreicht. Hillary schwieg sich immer darüber aus, wer nun als Erster den Gipfel erreicht hatte, doch man nahm allgemein an, dass er es war. Auf dem Gipfel machten Sie Rast, machten einige Fotos und vergruben einige Süßigkeiten sowie ein Kreuz, ehe sie wieder hinunterstiegen.

Die Nachricht von Hillarys und Tenzings Triumph wurde zum Basislager und von dort nach England gemeldet, wo sie am Morgen des Krönungstags von Königin Elisabeth eintraf. Bei ihrer Rückkehr nach Kathmandu erfuhren Hunt und Hillary, dass Königin Elisabeth sie beide in den Adelsstand erhoben hatte. Sherpa Tenzing erhielt die *George Medal.*

Im Laufe der Zeit versuchten viele Männer und einige wenige Frauen, den Mount Everest zu besteigen. 1978 war Wanda Rutkiewicz die erste Europäerin und die dritte Frau, die jemals den Gipfel erreicht hat. Die erste deutsche Frau, Hannelore Schmalz, erreichte 1979 den Gipfel, doch sie kam beim Abstieg ums Leben. Der Italiener Reinhold Messner hat den Berg zweimal ohne Sauerstoff bestiegen, einmal in nur vier Tagen. 1980 stieg er als Erster allein auf.

Mehr als 600 Bergsteiger aus über 20 verschiedenen Ländern haben inzwischen den Gipfel sowohl von Norden als auch von Süden aus bestiegen und mindestens 100 sind bei dem Versuch ums Leben gekommen. Ein ganz katastrophales Jahr war 1996: Am 11. Mai kamen acht Menschen um. Später fragte man: »Wie sieht die Zukunft des Mount Everest aus?« Inzwischen macht man sich Sorgen, weil der Aufstieg zum Gipfel so beliebt ist und man sich allmählich überlegen muss, welche Folgen das haben könnte. Schadet das der empfindlichen Umgebung des Berges? Im Frühjahr 2008 teilte man den Bergsteigern mit, dass die Nordseite des Berges bis zum Mai aus Umweltschutzgründen gesperrt sei. Man weiß nicht, was in der Zukunft geschehen wird.

Polarlichter

Die Polarlichter (Nordlichter, *Aurora Borealis*) gehören zu den spektakulärsten und schönsten Naturerscheinungen. Sie sind sozusagen die »Lightshow« der Natur, und sie entstehen, wenn Sonnenwinde in einem Gebiet rund um die Pole in ganz nördlichen oder ganz südlichen Breitengraden auf die Atmosphäre prallen. Die elektrisch aufgeladenen Sonnenpartikel treffen dabei auf die Erdatmosphäre: Wenn sie mit Sauerstoff und Stickstoffpartikeln zusammenstoßen, geben sie die entstehende Energie als Licht in Form von Bogen, Wellen und Kringeln ab, die über den Himmel wandern. Manchmal schießen plötzlich Strahlen aus dem All herunter. Die Farben tanzen in einer prächtigen Darbietung in leuchtendem Grün, gleißendem Blauweiß, flammendem Gelb und Rot über den Nachthimmel. Dieser spektakuläre Anblick bleibt jedem, der ihn einmal gesehen hat, im Gedächtnis.

Polarlichter kommen das ganze Jahr über und bei allen Wetterlagen vor. Doch am besten sieht man sie nachts bei klarem Himmel. Man kann sie in Nordskandinavien, Kanada, Island, Grönland und unter ganz bestimmten Bedingungen, aber sehr selten, auch in Deutschland sehen. Die beste Zeit dafür ist von November bis April zwischen dem späten Nachmittag und Mitternacht.

Der lateinische Name für die Erscheinung, *Aurora Borealis,* leitet sich von der römischen Göttin Aurora und dem lateinischen Wort für Norden ab. Im Süden heißt die Erscheinung *Aurora Australis* (»südlich«). Man sieht sie am Südpol zwischen März und September.

Volkstümliche Erklärungsversuche für die Polarlichter gibt es viele. Die Inuit in der Arktis sehen darin die Geister ihrer Vorfahren, die um ein himmlisches Feuer tanzen. In Teilen von Lappland nennt man die Lichter Fuchsfeuer: Der Legende nach soll der Schwanz eines laufenden Fuchses den Pulverschnee streifen und so die Funken am Himmel hervorrufen. Man sagt auch, dass Sonnenlicht sich in den Schuppen der vielen Fische im Arktischen Meer spiegelt und so die außergewöhnlichen Muster am Himmel hervorruft.

KLASSISCHE GESCHICHTEN

Hier finden Sie viele Bücher für Jungen und Mädchen, die heute als Klassiker der Kinderliteratur gelten. Sicher haben Sie auch Ihre eigenen Klassiker hinzuzufügen.

Erich Kästner: *Emil und die Detektive*
Ein Klassiker, der Kinder zu Helden werden lässt. Emil und seine Freunde jagen einen Dieb. Auch sehr lesenswert: *Das doppelte Lottchen.*

Max von der Grün: *Die Vorstadtkrokodile*
Wer zur Bande der »Krokodiler« gehören will, muss verschiedene Mutproben bestehen – schwierig, wenn man wie Kurt im Rollstuhl sitzt. Eine zeitlose Geschichte und ein wichtiges Buch über Freundschaft, Mut und Vertrauen.

Enid Blyton: *Fünf Freunde verfolgen die Strandräuber*
Diese Geschichten sind gleichzeitig altmodisch und modern. Den Kindern gefällt das freie Leben der fünf Freunde. Hier geht es um ein Abenteuer am Meer mit der üblichen Besetzung: Julius, Richard, Anne, Georg und Timmy.

Alfred Hitchcock: Die *Drei Fragezeichen*-Bände
Die wahrscheinlich berühmtesten Detektive der Jugendliteratur ermitteln in verzwickten Fällen. Justus, Bob und Peter gehören zu jeder Kindheit dazu.

Die Brüder Grimm: *Märchen*
Märchen sind ein Schatz der Kindheit und sollten jedem Kind vorgelesen werden. Dazu gehören nicht nur *Schneewittchen, Hänsel und Gretel* oder der *Froschkönig* der Brüder Grimm, sondern auch die wunderschön erzählten Märchen von Hans Christian Andersen.

J. M. Barrie: *Peter Pan*
Mr. und Mrs. Darling waren ausgegangen, und der Hund Nana, der auf die Kinder aufpassen sollte, bellte draußen – er witterte Gefahr. Zu Recht, denn Peter Pan nahm gerade die Kinder der Darlings zum größten Abenteuer ihres Lebens mit – nach Nimmerland.

Lewis Carroll: *Alice im Wunderland*
Alice ist langweilig. An einem warmen Sommernachmittag folgt sie einem weißen Kaninchen in ein Kaninchenloch und erlebt eines der größten Abenteuer aller Zeiten.

Eoin Colfer: Die *Artemis Fowl*-Bücher
Der zwölfjährige Artemis Fowl ist das genialste kriminelle Superhirn der Geschichte. Mit seinen treuen Kumpanen heckt er einen schlauen Plan aus, um einen Topf voll Gold zu erbeuten.

Ottfried Preußler: *Krabat*
Ein unheimliches, spannendes Buch, in dem der Autor eine alte Volkssage verarbeitet hat. Krabat muss seinen Meister, einen bösen Zauberer, besiegen. Das gelingt ihm nur durch die Liebe eines Mädchens.

Paul Maar: *Eine Woche voller Samstage*
Als das gepunktete, freche Sams bei Herrn Taschenbier auftaucht, ist der ängstliche Geselle zunächst gar nicht begeistert, doch mit der Zeit gewinnt er es lieb. Eine lustige Geschichte für Jüngere.

Christine Nöstlinger: *Gretchen Sackmeier*
Das pummelige 14-jährige Gretchen hat es wahrlich nicht leicht mit ihrer Familie – zumindest seit Mama nach einem Klassentreffen ihr Leben völlig umkrempeln will. Ein lustiges Lesevergnügen.

Arthur Conan Doyle: *Die Abenteuer des Sherlock Holmes*
Sherlock Holmes ist der größte Detektiv aller Zeiten. In den nebligen Straßen Londons löst er mit Dr. Watson unlösbare Fälle.

René Goscinny: *Asterix der Gallier*
Eine der beliebtesten Comicserien der Welt. Asterix, Obelix und Idefix fesseln die Leser mit ihren Abenteuern im Römischen Reich und darüber hinaus.

Hergé: *Die Abenteuer von Tim und Struppi – Die Krabbe mit den goldenen Scheren*
Tim und sein ständiger Begleiter Struppi erleben viele Abenteuer, von den Gefahren auf hoher See bis hin zur glühenden Hitze im Wüstensand. Eine exotische Reise mit ebenso viel Slapstick-Komik wie Abenteuern, die gerade noch mal gut ausgehen. Eine Geschichte von vielen.

Till Eulenspiegel
Der wohl bekannteste Schelm begeistert nach Hunderten von Jahren immer noch, denn seine närrischen Streiche spielt er mit Vorliebe den Reichen und Mächtigen, aber auch Heuchler, Aufschneider und Betrüger werden von ihm bloßgestellt.

Johanna Spyri: *Heidi*
Die rührende Geschichte um Heidi, die bei ihrem Großvater in den Bergen aufwächst ist einfach bezaubernd. Ein schönes Buch über Freiheit und Freundschaft.

Emmy von Rhoden: *Der Trotzkopf*
Ein Klassiker der Mädchen-Literatur. Die Geschichte von der kleinen frechen Ilse, die zur Frau heranwächst, altmodisch, aber dennoch charmant.

Frances Hodgson Burnett: *Der geheime Garten*
Mary Lennox wird zu ihrem Onkel geschickt und soll bei ihm in seinem riesigen einsamen Haus leben. Eines Tages findet sie den Schlüssel zu einem geheimen Garten und wie durch Zauberei beginnt sich ihr Leben zu ändern.

Judith Kerr: *Als Hitler das rosa Kaninchen stahl*
Anna und ihr Bruder müssen Deutschland schnellstens verlassen. Das ist der Beginn eines großen Abenteuers, das manchmal beängstigend ist, oft komisch und immer aufregend.

Anne Frank: *Das Tagebuch*
Ein einzigartiges Zeugnis über das Leben während des NS-Regimes. Annes Schicksal – sie verbrachte die letzten Jahre ihres Lebens in einem Versteck und starb im Alter von 16 Jahren im KZ Bergen-Belsen – wurde bis heute in über 50 Sprachen übersetzt.

Kurt Held: *Die rote Zora und ihre Bande*
Die rothaarige Zora und ihre Bande hausen in einer verlassenen Burg und kämpfen gemeinsam ums tägliche Brot, gegen Verfolgung und Entbehrung. Ein Buch, das zeigt, wie wichtig Freundschaft und Zusammenhalt sind.

Astrid Lindgren: Die *Pippi Langstrumpf*-Bücher
Pippi ist ein unbezähmbares, respektloses und unbestreitbar entzückendes Mädchen, das in seiner komischen Villa Kunterbunt lebt. Sehr vergnüglich zu lesen.

Laura Ingells Wilder: *Unsere kleine Farm*
Die Prärie heißt die Familie Ingalls willkommen. Doch der erste Eindruck trügt, denn sie teilen sich das Land mit Bären und Indianern. Ein Buch zur Serie.

L. M. Montgomery: *Anne auf Green Gables*
Ein kanadischer Klassiker mit einer tollen Heldin. Die zeitlose Geschichte von der kleinen Waisen Anne Shirley und ihrem neuen Leben auf der Farm der Familie Cuthbert.

Carlo Collodi: *Pinocchio*
Der Tischler Gepetto schnitzt eine wunderschöne Puppe und nennt sie Pinocchio. Doch die hölzerne Figur lebt, benimmt sich wie ein wilder kleiner Junge, denkt sich immer neue Streiche aus und bringt sich so in allerlei Schwierigkeiten.

Jonathan Swift: *Gullivers Reisen*
Ein Klassiker und eines der meistgelesenen Bücher der Welt erzählt von den Abenteuern des Schiffsarztes Lemuel Gulliver auf der Insel Liliput mit seinen winzigen Bewohnern.

Jules Verne: *In 80 Tagen um die Welt*
Phileas Fogg schließt im Jahre 1872 in einem vornehmen Londoner Klub eine ungewöhnliche Wette ab: Zusammen mit seinem treuen Diener Passepartout will er in 80 Tagen um die Welt reisen. Faszinierend! Ebenso lesenswert: *20 000 Meilen unter dem Meer.*

Daniel Defoe: *Robinson Crusoe*
Seit seinem ersten Erscheinen vor über 250 Jahren hat dieser Abenteuerroman von Robinson und seinem Gefährten Freitag nichts von seiner Spannung eingebüßt. Ein Schiffbrüchiger, eine einsame Insel und der Kampf ums Überleben!

Robert Louis Stevenson: *Die Schatzinsel*
Der abenteuerlustige Junge Jim Hawkins erzählt die Geschichte von der Suche nach dem vergrabenen Schatz. Zur Crew gehört der hinterlistige Long John Silver, der den Schatz für sich allein haben will. Eines der größten Erzählwerke.

Karl May: Die *Winnetou*-Romane
Die wohl berühmtesten Indianerbücher, die schon Generationen begeistert haben. Eine Geschichte über eine wundervolle große Freundschaft zwischen Old Shatterhand und dem Indianerhäuptling Winnetou.

James Fenimore Cooper: *Lederstrumpf*
Ein Klassiker in fünf Bänden für alle Indianerfans. Er erzählt das Leben des Trappers Natty Bumppo, Lederstrumpf genannt, und seines Freundes Chingachgook, dem letzten Mohikaner.

Michael Ende: *Die unendliche Geschichte*
Ein lesenswertes Buch über einen Jungen, der durch ein Buch in die märchenhafte Welt Phantásien gerät, um die Kindliche Kaiserin zu retten. Einfach schön!

C. S. Lewis: *Die Chroniken von Narnia*
Eine Reihe wundervoller Fantasyromane, die die Geschichte von Narnia von seiner Schaffung in *Das Wunder von Narnia* bis zu seiner Zerstörung in *Der letzte Kampf* erzählen.

Terry Pratchett: *Gevatter Tod*
Ein Roman der Scheibenwelt-Serie, ein sehr komisches und wunderbar fantasievolles Buch.

Philip Pullman: *His Dark Materials*-Trilogie
In der Trilogie *Der goldene Kompass, Das magische Messer* und *Das Bernstein-Teleskop* vermischen sich wissenschaftliche Erkenntnisse, Religion und Magie zu einer fantastischen und spannenden Geschichte.

J. K. Rowling: Die *Harry Potter*-Bücher
Eine außerordentliche Reihe. Von dem Moment, als Harry entdeckt, dass er ein Zauberer ist, bis zum großen Finale in Band 7 findet sich in diesen magischen, fesselnden Büchern alles, was eine Reihe braucht: Wagemut, Tapferkeit, Güte, Vernunft, Ärger und Humor.

Christopher Paolini: Die *Eragon*-Bücher
Der junge Autor hat mit diesen Büchern ein klassisches Epos geschaffen, das alles bietet, was das Herz eines Fantasy-Fans höher schlagen lässt: monströse Urgals und mysteriöse Elfen, kämpferische Zwerge und gefährliche Zauberer, telepathische Drachen, Magie – und einen jugendlichen Helden.

Lemony Snicket: *Eine Reihe betrüblicher Ereignisse*
Die Abenteuer der Baudelaire-Waisen. Die temporeichen und unkomplizierten Bücher zeichnen sich durch einen anspruchsvollen Wortschatz, literarische Bezüge, versteckte Anspielungen und Geheimnisse aus.

J. R. R. Tolkien: *Der kleine Hobbit*
Man begleitet Tolkiens widerstrebenden Helden auf die Reise zum Berg Erebo. Und es wird sicher nicht die letzte Reise mit ihm bleiben.

Antoine de Saint-Exupéry: *Der kleine Prinz*
Ein Buch für alle Altersklassen. Ein Pilot landet in der Wüste und lernt den Kleinen Prinzen kennen. Der erzählt ihm weise und verzauberte Geschichten.

KOCHEN

Für den Erwachsenen

Die hier vorgestellten Rezepte sind in unserer Familie sehr beliebt und haben sich im Laufe der Jahre bewährt. Ein Kind kann sie alle unter Aufsicht eines Erwachsenen probieren. Man sollte dabei sein, wenn mit heißen Töpfen hantiert wird oder Formen aus dem Herd geholt werden müssen, es sei denn, das Kind ist sehr sicher im Umgang damit. Wenn das Kind beim Essen wählerisch ist, kann man gelegentlich geraspeltes oder geschnitzeltes Gemüse zum Hauptgericht geben. Es wird dann im fertigen Zustand nicht mehr sichtbar sein, und so gibt es kein Theater beim Essen. Wenn ein Kind bei der Zubereitung hilft, wird es mit höherer Wahrscheinlichkeit am Ende auch vom Essen probieren.

Seien Sie vorsichtig mit heißen Flüssigkeiten und Messern. Lassen Sie die Kinder die Zutaten schneiden, aber Sie müssen aufpassen: Unsere vierjährige Chloe ließ das Messer einfach fallen, nachdem sie die Banane ganz geschnitten hatte. Glücklicherweise stand ihre Mutter daneben und konnte das Messer fangen, ehe es ihre Füße traf!

Für das Kind

Viel Spaß – Kochen ist toll. Diese Rezepte sind alle leicht und machen Spaß. Frage immer einen Erwachsenen, bevor du mit dem Kochen beginnst, und bitte ihn um Hilfe, wenn du welche brauchst.

* Dieses Zeichen (▶) bedeutet: »Sei sehr vorsichtig und mach das nur, wenn ein Erwachsener in der Nähe ist.«
* Dieses Zeichen (☺) bedeutet, »Das ist ein gesundes Gericht.«
* Bitte einen Erwachsenen um Hilfe, wenn du mit etwas Heißem zu tun hast.
* Mit scharfen Messern kann man sich schlimm verletzen.
* Wasch dir immer die Hände vor dem Kochen.
* Binde dir eine Schürze um oder ziehe einen Arbeitskittel über.
* Arbeite auf einer sauberen und aufgeräumten Fläche.
* Hole dir alle Zutaten, ehe du anfängst.
* Lies das Rezept sorgfältig durch, ehe du mit dem Kochen anfängst.
* Laufe nicht in der Küche – das ist gefährlich.
* Das Abwaschen ist weniger schlimm, wenn ihr es gemeinsam macht.

Vinaigrette ☺

Vinaigrette ist eine Soße für den Salat. In unserer (Eleos) Familie war das eines der ersten »Rezepte«, das die Kinder lernten. Es ist sehr einfach – du brauchst nur eine ruhige Hand, um den Essig und das Öl auszugießen. Wenn du die Vinaigrette selbst gemacht hast, schmeckt dir der Salat sicher besser!

* *4 Essl. Oliven- oder Pflanzenöl*
* *2 Essl. Balsamico- oder Rotweinessig*
* *1 Teel. Honig*
* *Salz und Pfeffer*

Am leichtesten ist es, wenn man die Vinaigrette in einem Schraubglas macht. Schraube den Deckel fest drauf, schüttle alles gut durch – und fertig. Diese Menge reicht wahrscheinlich für zwei Salate. Du kannst mehr machen und das Glas in der Küche aufbewahren. Du musst es nur noch einmal gut schütteln, ehe du wieder davon nimmst.

Man kann das Rezept auch abändern und Zitronensaft statt Essig nehmen, oder man nimmt zusätzlich eine zerdrückte Knoblauchzehe oder etwas Senf.

Versuche dieses Rezept einmal mit einer halben Avocado oder auf Karottensalat.

Karotten-Apfel-Salat *Für vier Personen* ☺

Ein sehr einfaches und gesundes Gericht.

* *4 große Karotten*
* *2 Äpfel*
* *eine Handvoll Rosinen*
* *2 Essl. frische Petersilie*
* *Vinaigrette (mit dem Saft einer Zitrone anstatt Essig)*
* *Salz und Pfeffer*

▶ Schäle die Karotten und rasple sie. Wasche die Äpfel, entferne das Kerngehäuse und schneide sie in kleine Würfel (schälen musst du sie nicht). Füge die Rosinen dazu. Schneide oder hacke die Petersilie fein. Gib alles in eine große Schüssel.

Mache die Salatsoße und gib sie zum Salat. Mit Salz und Pfeffer abschmecken und – fertig ist der Salat!

Sams Gazpacho *Für sechs Personen* ☺

Gazpacho ist eine kalte Suppe aus Spanien. Sie ist sehr leicht zu machen und schmeckt köstlich an einem warmen Tag. Wenn möglich, mache sie einen Tag vorher und stelle sie in den Kühlschrank.

* *100 g Tomaten*
* *50 g Sellerie*
* *50 g Gurke*
* *50 g roter oder grüner Paprika*
* *1 Teel. sehr fein gehackter Knoblauch*
* *2 Teel. Schnittlauch*
* *½ Teel. Worcestersoße*
* *3 Essl. Rotweinessig*
* *2 Essl. Olivenöl*
* *750 ml Tomatensaft*

▶ Hacke alle Zutaten sehr fein und fülle sie in eine große Schüssel. Stelle sie zur Seite.

In einem Rührbecher oder in einer großen Schüssel mischst du die Worcestersoße, den Rotweinessig, das Olivenöl und den Tomatensaft. Gieße die Mischung über das gehackte Gemüse. Decke es zu und stelle es in den Kühlschrank, möglichst über Nacht.

Serviere die Gazpacho kalt mit Weißbrot oder Croutons (das sind kleine Würfel Weißbrot, die man in der Pfanne anröstet).

Einfache Tomatensoße ☺

Das ist die einfachste aller Soßen und sie passt hervorragend zu jeder Art von Nudeln. Du kannst heimlich etwas geriebene Karotte dazutun, die verschwindet tatsächlich beim Kochen. Wenn du keine reifen Tomaten hast, kannst du auch welche aus der Dose nehmen. Diese Soße passt auch gut zu pochiertem oder gebratenem Fisch oder zu Huhn. Sie passt auch sehr gut zu Tatianas russischen Fleischbällchen (siehe S. 153).

* *1 Zwiebel*
* *2 Scheiben Schinkenspeck (wenn du willst)*
* *1 Knoblauchzehe*
* *1 Essl. Olivenöl*
* *500 g reife Strauchtomaten*
* *1 Teel. Zucker*
* *3 oder 4 gehackte Basilikumblätter*
* *Salz und Pfeffer*

▶ Schneide die Zwiebel, den Schinken und den Knoblauch klein, und tu sie mit dem Olivenöl in den Topf. Brate den Schinken und die Zwiebel leicht an, bis sie etwas bräunlich werden, und gib dann die klein geschnittenen Tomaten und den Zucker dazu. Lass alles möglichst lange bei kleiner Hitze köcheln, mindestens eine halbe Stunde, damit sich der Geschmack entfaltet. Rühre die Basilikumblätter kurz vor dem Servieren unter. Würze mit etwas Salz und Pfeffer nach.

Hummus *Für vier Personen* ☺

Hummus ist eine sehr beliebte Vorspeise aus dem Nahen Osten und in ganz Nordafrika verbeitet. Für diesen Hummus brauchst du keine Sesampaste (Tahin) und durch den Apfel und die Zwiebel schmeckt er wunderbar frisch. Er ist in Minutenschnelle fertig und ist ein köstliches Mittagessen zum Mitnehmen in die Schule oder zum Picknick.

Ich habe ihn zum ersten Mal in einem Feinkostladen gegessen und nach dem Rezept gefragt, doch ich bekam es nicht. Das ist also meine eigene Version. Ich erfuhr jedoch, dass eine der geheimen Zutaten geräucherter Knoblauch sei, also versuche, den zu bekommen. Sonst kannst du auch normalen Knoblauch nehmen.

* *1 große Dose (400 g) Kichererbsen*
* *1 kleine Zwiebel*
* *½ großer Apfel*
* *1 Zehe geräucherter Knoblauch*
* *1 Limette*
* *4 Esslöffel Olivenöl*
* *½ Teelöffel gemahlener Kreuzkümmel*
* *eine Prise Chilipulver*

▶ Hacke die Zwiebel und den Apfel grob. Lass die Kichererbsen abtropfen und fülle alle Zutaten außer Salz und Pfeffer in einen Mixer. Mixe die Masse, bis sie glatt ist – probiere sie, und wenn sie etwas zu trocken ist, tu mehr Olivenöl dazu. Würze mit Salz und Pfeffer und fülle es in eine schöne Schüssel.

Serviere es mit Fladenbrot oder Toast oder als Beilage zum Essen.

Linsensuppe *Für vier Personen* ☺

Nimm rote Linsen, die muss man nicht vorher einweichen. Wenn du keine frische Hühnerbrühe hast, nimm fertige aus dem Glas oder einen guten Brühwürfel und tu zusätzlich Wasser dazu. Diese Suppe schmeckt am besten, wenn sie am nächsten Tag wieder aufgewärmt wird, denn dann hat sich der Geschmack besser entfaltet. Wenn sie am zweiten Tag etwas zu dick ist, füge einfach etwas Wasser oder Milch dazu.

Diese Suppe kann man auch mit weniger Flüssigkeit zubereiten und als Beilage zu Würstchen oder Huhn servieren. Wenn du weniger Flüssigkeit nimmst, solltest du regelmäßig umrühren, damit nichts im Topf anbrennt.

- *1 große Zwiebel*
- *4 Scheiben Schinkenspeck*
- *1 Knoblauchzehe*
- *1 Essl. Olivenöl*
- *1 Teel. geriebener Ingwer*
- *2 Karotten*
- *etwas Tomatenmark*
- *300 g rote Linsen*
- *1 Dose gehackte Tomaten*
- *Worcestesoße*
- *600 ml Hühnerbrühe*
- *600 ml Wasser*

Fülle die Linsen in ein Sieb und spüle sie unter dem Wasserhahn ab. Stelle sie zur Seite.

▶ Schneide die Zwiebel und den Schinkenspeck klein. Schneide den Knoblauch und die Karotten in Scheiben.

Tu die Zwiebel, den Schinkenspeck und den Knoblauch mit dem Olivenöl in den Topf und gare alles etwa fünf Minuten, bis die Zwiebel glasig wird. Gib dann den Ingwer, die Karotten und das Tomatenmark dazu und rühre alles um. Gib dann die Linsen, die Tomaten aus der Dose und einen Spritzer Worcestersoße dazu.

Gib die Brühe (oder einen Brühwürfel) und Wasser dazu, bringe alles zum Kochen und lass es dann etwa 50 Minuten lang bei schwacher Hitze köcheln. Vielleicht musst du während des Kochens noch etwas Wasser dazugeben.

▶ Wenn die Suppe fertig ist, bitte einen Erwachsenen, sie vom Herd zu nehmen, und lass sie eine Weile auskühlen. Mit einem Stabmixer machst du die Suppe etwas flüssiger (oder du füllst sie in kleineren Portionen in einen Standmixer und drückst nur ein paar Mal kurz drauf). Es sollten noch einige feste Stückchen übrig bleiben, das macht die Suppe interessanter. Wärme sie nochmals auf, wenn das notwendig sein sollte.

Serviere die Suppe mit knusprigem Brot.

Gemüse aus dem Backofen

Für vier Personen ☺

Das wird dir und deiner Familie gefallen, denn man muss viel klein schneiden! Gemüse schmeckt gebraten viel besser, denn es wird milder und süßer. Such dir aus der folgenden Liste einiges aus oder nimm alles – wie du magst:

* *3 Karotten*
* *3 Tomaten*
* *1 Lauchstange*
* *2 rote Zwiebeln*
* *1 Aubergine*
* *2 Zucchini*
* *2 rote Paprika*
* *1 Süßkartoffel*
* *Olivenöl*

Heize den Ofen auf 190 °C vor.

▶ Schneide das Gemüse in Längsstreifen oder in größere Stücke. Die Zwiebeln sollten geviertelt oder noch kleiner geschnitten werden, wenn sie sehr groß sind.

Vermische alles Gemüse in einer großen Bratenform, tu etwas Salz und Pfeffer dazu. Tröpfle etwas Olivenöl darüber, sodass die Gemüsestücke etwas davon abbekommen, aber nicht vollständig davon bedeckt sind. Gieße etwas Wasser dazu – durch den Dampf bleibt das Gemüse saftig.

▶ Lass alles 45 Minuten im Backofen garen, aber schau ab und zu mal rein und bitte einen Erwachsenen, das Gemüse hin und wieder umzurühren. Serviere das Gemüse zu Fleisch oder Huhn oder einfach mit Couscous. Reste sind auch kalt sehr lecker.

Waldorfsalat mit Huhn *Für vier Personen* ☺

Der Waldorfsalat wurde von einem Koch im Waldorf-Astoria-Hotel in New York erfunden. Er eignet sich hervorragend zum Mittagessen oder für ein Picknick. Wenn der Sellerie ein Problem darstellt, kann man ihn auch durch Karotten oder Rosinen ersetzen.

* *2–3 große Hühnerbrüste*
* *2 kleine Romana-Salatherzen*
* *75 g klein gehackte Walnüsse (wenn du magst)*
* *1 Selleriestange (oder 1 Karotte) in feine Streifen geschnitten*

* *2 Äpfel ohne Kerngehäuse gewürfelt, nicht geschält*
* *Salz und Pfeffer*

Für das Dressing:

* *6 Essl. gute Mayonnaise*
* *Saft einer Zitrone*

Huhn: ▶ Bitte einen Erwachsenen, dir zu helfen, die Hühnerbrüste in der Mitte waagrecht durchzuschneiden. Lege sie in einen Topf mit Wasser, sodass sie bedeckt sind, und bringe es zum Kochen. Schalte dann die Hitze herunter und lass es 20 Minuten köcheln. Schalte die Hitze ab, aber lass das Fleisch noch im Wasser liegen, während du den Salat zubereitest.

Salat: ▶ Schneide den Salat in dünne Streifen und lege ihn in eine große Schüssel. Füge die gehackten Walnüsse, den geschnittenen Sellerie und die gewürfelten Äpfel hinzu. Durch die Apfelschalen erhält der Salat schöne Farbsprenkel.

Dressing: Verrühre die Mayonnaise mit dem Zitronensaft und gieße es sofort über den Salat. Vermische alles gut. Außerdem sorgt der Zitronensaft dafür, dass der Apfel nicht braun wird. Würze den Salat mit Salz und Pfeffer.

Nimm das Hühnerfleisch aus dem Topf, brich es in kleine Stücke und mische sie vorsichtig unter den Salat. Würze eventuell noch mal nach. Serviere alles auf einem großen Teller.

Emys Fischstäbchen *Für vier Personen*

Fischstäbchen gehören für die meisten Kinder zu den Grundnahrungsmitteln, und Tonys Enkelin bereitet sie genauso gerne zu, wie sie sie isst. Es ist ein herrliches Gematsche, und es lohnt sich.

* *4 Filestücke weißen Fisch ohne Gräten – Scholle, Kabeljau, Schellfisch oder Ähnliches*
* *1 Tasse Mehl, um den Fisch darin zu wälzen*
* *2 Eier, verquirlt*
* *100 g Semmelbrösel*
* *Pflanzenöl*

▶ Schneide den Fisch in längliche Stücke. Nimm drei flache Schalen. In die erste kommt das Mehl, in die zweite die verquirlten Eier, und in die dritte tust du die Semmelbrösel.

▶ Bitte einen Erwachsenen um Hilfe, wenn du dann etwas Öl in einer Bratpfanne erwärmst. Vorher solltest du deine Ärmel hochkrempeln, eine Schürze umbinden und dir die Hände waschen. Während der Erwachsene auf die Bratpfanne aufpasst, wälzt du die Fischstücke der Reihe nach in den drei Schalen und reichst sie dann dem Erwachsenen an der Pfanne. Die Fischstäbchen sollten ein paar Minuten auf jeder Seite braten. Wenn sie leicht gebräunt sind, nimmt man sie heraus und lässt sie auf Küchenkrepp abtropfen.

Die Frage stellt sich: Was isst man dazu? Da gibt es einige Möglichkeiten: Man macht einen Kartoffelsalat (Omas können den meist prima zubereiten und jede hat ihre eigenen Tricks). Das kann aber ganz schön lange dauern, wenn man gerade großen Hunger hat. Man kann aber auch fertigen Kartoffelsalat aus der Kühltheke kaufen oder sich ausnahmsweise Ofen-Pommes machen, oder Opa schnell losschicken, er soll im Schnellimbiss Pommes holen! Das machen wir immer, denn wir haben zum Glück einen guten Schnellimbiss in der Nähe.

Tatjanas russische Fleischbällchen

Für vier Personen

Dieses Familienrezept stammt von meiner Schwiegermutter Tatjana, die Russin war. Während der Revolution musste sie mit ihren sechs Geschwistern mitten in der Nacht von zu Hause fliehen, und sie konnten nur mitnehmen, was sie tragen konnten. Von ihnen stammt dieses Rezept und es ist in unserer Familie sehr beliebt. Zur Abwechslung kannst du eine Handvoll Pinienkerne oder eine geraspelte Karotte oder Zucchini dazutun.

* *1 Zwiebel*
* *1 Scheibe Brot*
* *1 Ei*
* *Worcestersoße*
* *1 Teel. Wasser*
* *500 oder 600 g bestes Rinderhackfleisch*
* *Salz und Pfeffer*
* *Rote Johannisbeermarmelade*

▶ Schneide die Zwiebel und das Brot grob, zerkleinere dann beides im Mixer zu einer krümeligen Mischung. (Oder du schneidest die Zwiebel sehr klein und zerkrümelst das Brot in einer Schüssel). Fülle die Mischung in eine Schüssel, und wenn du willst, kannst du zusätzlich geraspelte Zucchini und Pinienkerne daruntermischen. Gib dann das Ei, einen Spritzer Worcestersoße und das Wasser dazu. Füge dann das Hackfleisch, Salz und Pfeffer zu der Mischung und vermenge alles mit den Händen – das macht Spaß!

Nimm eine kleine Handvoll von der Mischung und forme in der Hand eine Kugel. Verarbeite die ganze Mischung zu Kugeln. Die Größe ist egal – sie können 5 cm Durchmesser haben oder auch kleiner sein.

▶ Lege die Fleischbällchen in eine große beschichtete Pfanne und stelle sie mit niedriger Hitze auf die Platte (dabei sollte immer ein Erwachsener dabei sein). Man muss nicht extra Öl dazutun. Lass die Bällchen zugedeckt zehn Minuten auf einer Seite garen – tu etwas Wasser dazu, wenn sie unten ankleben – drehe sie dann vorsichtig um und lass sie weitere zehn Minuten garen. Tu wieder Wasser dazu, wenn nötig. Das Wasser wird etwas zischen, aber es hält die Fleischbällchen saftig. Lass sie weitere zehn Minuten auf der ersten Seite garen.

Sie sind köstlich zu Tagliatelle oder anderen Nudeln, zu Kartoffeln oder Erbsen. Wenn du sie auf russische Art essen willst, serviere sie mit roter Johannisbeermarmelade. Man kann sie auch gut kalt mit Mayonnaise essen und sie eignen sich gut für ein Picknick.

Shepherd's Pie *Für vier Personen* ☺

Tipp für den Erwachsenen

Dieses pikante Gericht eignet sich gut, um Gemüse diskret ins Essen zu integrieren. Es ist ein traditionelles Gericht aus England. Es ist sehr beliebt bei Kindern. Ihnen gefällt die Vorbereitung und das gemeinsame Einfüllen in die Schüssel. Man braucht einige Zutaten, doch es ist sehr einfach. Lassen Sie den Sellerie nicht weg, er löst sich beim Kochen auf, ist jedoch wichtig für den Geschmack und die Kinder werden ihn nicht schmecken. Die Fleischmischung eignet sich auch gut für eine Soße zu Nudeln (auch für Lasagne) oder für Moussaka.

Für die Füllung:
* *250 g Spinat*
* *3 dünne Scheiben Schinkenspeck*
* *1 Zwiebel gewürfelt*
* *1 Teelöffel Öl*
* *je 1 Teelöffel gemahlener Ingwer, Kreuzkümmel und Zimt*
* *1 Stange Sellerie, fein geschnitten*
* *1 Dose geschnittene Tomaten*
* *etwas Tomatenmark*
* *1 Glas Wasser*
* *600 g bestes Rinderhackfleisch*
* *Salz und Pfeffer*
* *Worcester-Soße*
* *1 Esslöffel Mehl*

Für den Kartoffelbrei:
* *1 kg Kartoffeln*
* *1 Ei*
* *150 ml Milch*
* *150 g geriebener Cheddar-Käse*

▶ Zuerst lässt du den Spinat in einem Topf andünsten, sodass er zusammenfällt, schneidest ihn mit einer Schere klein und stellst ihn dann zur Seite. In einem großen Topf oder in einer Eisenpfanne lässt du den Schinkenspeck mit der Zwiebel in Öl weich werden. Tu den Ingwer, den Kreuzkümmel und den Zimt dazu und rühre kurz um (wenn es würziger werden soll, nimm einfach mehr davon). Nimm den Topf von der Kochstelle und tu den zusammengefallenen Spinat, das Fleisch und alles andere aus dem Rezept dazu, bis auf die Zutaten für den Kartoffelbrei. Streue vorsichtig das Mehl ein und rühre gut um, damit eine gute Soße entsteht.

▶ Bitte jetzt einen Erwachsenen, den Topf wieder auf die Kochstelle zu stellen. Erwärme diese Mischung, bis Blasen an der Oberfläche entstehen, und drehe dann den Herd wieder runter, bis es nur noch leicht köchelt. Hier decke ich den Topf immer zu, damit nicht zu viel Flüssigkeit verloren geht. Doch von Zeit zu Zeit muss man nachsehen und die Mischung durchrühren, damit sie nicht anbrennt oder klumpig wird. Wenn nötig, tu noch etwas Wasser dazu.

Lass alles etwa eine Stunde langsam auf dem Herd köcheln. Inzwischen duftet es auch schon sehr lecker.

▶ Während das Fleisch kocht, kannst du die Kartoffeln schälen, halbieren und weich kochen. Gieße sie ab und zerdrücke sie. Füge das Ei und die Milch und den größten Teil des geriebenen Käses dazu und zerdrücke alles weiter, bis es weich und cremig ist. Heize den Ofen auf 170 °C vor.

▶ Bitte einen Erwachsenen, das Hackfleisch vom Herd zu nehmen und in eine große Servierschüssel zu füllen, in der noch genügend Platz für den Kartoffelbrei ist. Mit einem Löffel gibst du jetzt den Kartoffelbrei auf das Fleisch. Du musst vorsichtig sein, denn es wird viel Soße beim Fleisch sein. Wenn es zu viel Flüssigkeit ist, nimm einfach mit einer Suppenkelle etwas ab.

▶ Zum Schluss verteilst du den restlichen Käse, den du aufgehoben hast, darüber. Bitte den Erwachsenen, die Schüssel für 20 Minuten in den vorgeheizten Ofen zu stellen, bis alles durcherhitzt ist und oben goldbraun wird.

▶ Bitte einen Erwachsenen, die Schüssel aus dem Ofen zu holen, denn sie wird heiß und schwer sein. Du musst eigentlich nichts anderes dazu essen, aber vielleicht kann man Baguette reichen. Guten Appetit!

Richtiges Brathuhn *Für vier Personen* ☺

Tipp für den Erwachsenen

Jeder (es sei denn, man ist Vegetarier) sollte in der Lage sein, das perfekte Huhn zu kochen. Und mit etwas Unterstützung von Ihnen sollte es auch für ein Kind nicht allzu schwer sein. Damit dieses Rezept gelingt, braucht man ein gutes Huhn, also kaufen sie das beste, das sie sich leisten können. Wenn es gefroren war, versichern Sie sich, dass es ganz aufgetaut ist, ehe sie beginnen. Wenn es frisch ist, nehmen Sie es eine halbe Stunde vor der Zubereitung aus dem Kühlschrank. Ältere Kinder können Ihnen beim Aufschneiden am Schluss helfen. Das ist eine gute Übung, denn es ist erstaunlich, wie viele Menschen von sich sagen, sie könnten kein Huhn tranchieren!

- *1 Huhn (2 kg)*
- *50 g Butter*
- *ein Zweig Thymian*
- *4–6 Knoblauchzehen*
- *Olivenöl*
- *1 Zitrone*
- *Worcestersoße*
- *Wasser*

Heize den Ofen auf 200 °C vor.

Tupfe mit Küchenpapier rundum alle überflüssige Feuchtigkeit von dem Huhn ab. Lege es in eine Bratform.

Lege das Huhn so hin, dass die Öffnung zu dir zeigt, und schiebe die Butter vorsichtig unter die Haut auf der Brust – das können Kinder besser als Erwachsene, weil sie geschicktere Finger haben. Dann schiebst du etwas Thymian zwischen Brust und Bein und etwas in die Öffnung.

Lege die ungeschälten Knoblauchzehen um das Huhn. Gieße etwas Öl und dann den Zitronensaft über das ganze Huhn (lege die ausgedrückte Zitrone hinterher in die Öffnung). Schließlich gibst du noch in ein Paar Spritzer Worcestersoße und frisch gemahlenes Salz auf den Vogel. Gieße eine Tasse kaltes Wasser in die Bratform – das verdunstet beim Backen und hält das Fleisch saftig.

▶ Stelle das Huhn 15 Minuten lang in den vorgeheizten Ofen, drehe dann die Temperatur auf 180 °C herunter, und lass das Huhn etwa eine Stunde lang braten. Bitte einen Erwachsenen, dir zu helfen, das Huhn während dieser Zeit mit der Flüssigkeit aus der Form immer wieder zu übergießen. Tu mehr Wasser dazu, wenn es zu trocken wird. Von Zeit zu Zeit musst du nachsehen, und wenn nötig, noch mehr Wasser dazutun – daraus entsteht eine köstliche Bratensoße.

▶ Um nachzusehen, ob das Huhn durchgebraten ist, musst du es aus dem Ofen nehmen und in den Schenkel einstechen. Wenn der austretende Saft klar ist, ist es durch, wenn er rosa aussieht, muss es noch etwas länger braten. Du kannst auch den Schenkel leicht vom Körper wegziehen – wenn er sich leicht wegziehen lässt, ist es fertig, doch du solltest nachsehen, ob das Fleisch am Ansatz des Schenkels auch nicht mehr rosa aussieht.

▶ Wenn das Huhn durch ist, brauchst du einen Erwachsenen, der es dir aus dem Ofen holt, denn es wird heiß und schwer sein, es brutzelt vielleicht noch. Dann muss es etwa zehn Minuten »ruhen«. Das ist wichtig, denn dabei verteilt sich der Saft im Fleisch und es lässt sich leichter schneiden und ist schmackhafter. Schneide es auf und serviere es zum Beispiel mit gedünstetem Brokkoli, Karotten und vielleicht mit den zerdrückten Kartoffeln aus dem nächsten Rezept, die man gleichzeitig mit dem Huhn im Ofen zubereiten kann.

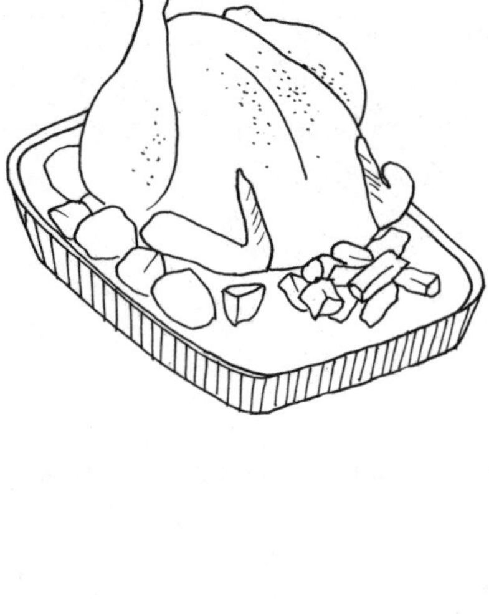

Zerdrückte Kartoffeln

Die sind so lecker, die schmecken allen. Man kann sie als Beilage für fast alles nehmen. Die Menge ist egal.

* *500 g–1 kg kleine Kartoffeln*
* *Olivenöl*
* *Rosmarinzweige*
* *Salz und Pfeffer*

Heize den Ofen auf 180 °C vor.

▶Schäle die Kartoffeln und schneide sie in kleine Stücke. Koche sie, aber nimm sie kurz bevor sie richtig weich sind, vom Herd.

▶ Bitte einen Erwachsenen, sie abzugießen, und lege sie in eine flache ofenfeste Form. Zerdrücke sie vorsichtig mit einem Kartoffelstampfer, sodass sie noch etwas Form haben, aber auf jeden Fall auseinanderbrechen und viele verschieden große Stücke entstehen. Gieße das Olivenöl darüber und verteile die Rosmarinzweige darauf. Mahle Salz aus der Mühle darüber und schiebe die Kartoffeln für etwa eine halbe Stunde in den Ofen. Superlecker!

Birnen mit Schokoladensoße und Eiscreme *Für vier Personen*

Das ist einfach zuzubereiten, doch beim Sirup muss man gut aufpassen. Es muss sofort serviert werden, wenn die heiße Soße fertig ist, aber die Birnen kannst du vorher kochen und mit Raumtemperatur servieren.

* *4 feste Birnen*
* *Saft einer Zitrone*
* *570 ml Wasser*
* *75 g Zucker*
* *200g beste dunkle Schokolade – 70 % Kakaobestandteile*
* *Vanille-Eiscreme*

Schäle die Birnen vorsichtig und lass die Stiele dran. Presse den Zitronensaft darüber und stelle sie zur Seite.

Für den nächsten Schritt brauchst du einen Erwachsenen, der dir hilft. In einem Topf mittlerer Größe (in den dann auch die Birnen passen) bereitest du aus dem Wasser und dem Zucker einen Sirup zu. Bringe alles zum Kochen und lass es dann fünf Minuten köcheln, sodass sich der Zucker vollständig auflöst. Dann nimmst du den Topf vom Herd.

Lege die Birnen vorsichtig in den Topf mit dem Sirup und decke ihn mit einem Deckel zu. Lass es etwa 20 Minuten köcheln, bis die Birnen weich sind – um das zu prüfen, drehst du am besten die Temperatur runter und stichst mit einem Messer leicht in die Birnen. Wenn sie durch sind, schaltest du den Herd ab, lässt die Birnen aber im Topf.

Bevor du die Soße machst, nimmst du das Eis aus der Tiefkühltruhe.

Nimm die Birnen aus dem Sirup und lege sie auf einen großen Servierteller oder in eine große Schüssel, wo rundum noch genügend Platz für die Eiskrem ist.

Dann machst du die Soße: Brich die Schokolade in kleine Stückchen und lege sie mit zwei Esslöffeln von dem Birnensirup in eine Schüssel, die du dann wieder in einen Topf mit köchelndem Wasser stellst. Das Wasser darf nicht kochen. Rühre die Schokolade regelmäßig um, bis sie ganz zu einer köstlichen glänzenden Soße geschmolzen ist. Gieße die Soße in eine vorgewärmte Servierschüssel oder in ein Kännchen und halte sie bis zum Servieren warm.

Lege mit dem Löffel Vanille-Eiscreme rund um die Birnen und gieße gleich die heiße Schokoladensoße darüber. Sofort servieren.

Meringe *Ergibt 15 Stück*

Das ist für einzelne Meringen gedacht, es eignet sich aber auch für eine Pavlova. Siehe am Ende des Rezepts.

* *4 Eiweiß*
* *125 g Zucker*

Heize den Ofen auf 140 °C vor.

Lege ein großes Backblech (oder zwei kleine) mit Backpapier aus.

Schlage die Eiweiße mit einem Handrührgerät in einer großen Schüssel, bis sich kleine Spitzen formen lassen, die nicht mehr zusammenfallen. Rühre nach und nach den Zucker ein. Setze die Meringemischung mit einem Metalllöffel in kleinen Häufchen auf das Backblech. Es sollte für etwa 15 Stück reichen.

▶ Schiebe das Backblech in den vorgeheizten Ofen und lass es etwa eine Stunde backen. Schalte dann den Backofen aus, lass die Meringen aber noch einige Stunden oder über Nacht im Ofen, bis sie kalt und trocken sind.

Zum Servieren legst du sie einzeln auf einen Dessertteller und kleckst etwas Schlagsahne darauf, oder du servierst die Sahne extra. Serviere die Meringen mit Früchten wie Erdbeeren oder Himbeeren.

Wenn du willst, kannst du auch eine Pavlova daraus machen. Dazu backst du eine kreisförmige »Wand« aus Meringenmasse. Backe sie langsam im Backofen. Wenn sie ganz getrocknet ist, füllst du die Form mit Früchten und Schlagsahne.

Pfannkuchen *Ergibt etwa zehn Pfannkuchen*

Die kannst du zum Sonntagsfrühstück oder auch einfach so machen, denn Pfannkuchen sind einfach lecker und schnell zuzubereiten. Sie sind auch gut mit pikanter Füllung wie Schinken oder geriebenem Käse. Kinder können dieses Gericht leicht selbst zubereiten und sind oft auch mutiger beim Wenden als Erwachsene. Mach dir keine Sorgen, wenn der erste nicht so gut wird – du wirst das lernen. Traditionell werden sie mit Zimt, Zucker und Apfelmus gefüllt, aber auch Nuss-Nougat-Creme eignet sich gut.

* *100 g Mehl*
* *Salz*
* *2 große Eier*
* *300 ml Milch*
* *Zucker*
* *Zimt*
* *Apfelmus*

Ehe du anfängst, bereite einige Stücke Pergamentpapier vor, die du zwischen die fertigen Pfannkuchen legen kannst, damit sie nicht zusammenkleben.

Mische Mehl, Salz, einen Esslöffel von dem Öl und die Eier mit etwas von der Milch in einer großen Schüssel. Verrühre alles und gib dabei allmählich die restliche Milch dazu, bis der Teig glatt ist. Du kannst auch alles in den Mixer füllen und mixen.

Fülle die Mischung in einen Krug oder in eine Schüssel und lass sie mindestens eine halbe Stunde stehen.

▶ Gieße etwas Öl in eine Pfanne mittlerer Größe und lass es über den ganzen Pfannenboden laufen. Lass die Pfanne heiß werden, und gieße oder gib mit einer Schöpfkelle so viel von dem Teig in die Pfanne, dass du ihn auf dem gesamten Pfannenboden verteilen kannst. Backe ihn für einige Minuten, bis die Oberseite fest aussieht und die Unterseite goldbraun wird.

▶ Jetzt wirfst du den Pfannkuchen zum Wenden entweder in die Luft oder du drehst ihn mit einem Pfannenwender um. Lass den Pfannkuchen etwa eine Minute auf der anderen Seite backen. Dann legst du ihn auf einen warmen Teller. Backe weitere Pfannkuchen und lege Pergamentpapier zwischen die fertigen Pfannkuchen.

Serviere die Pfannkuchen mit Zucker, Zimt und Apfelmus. Du kannst auch Apfelstücke dazu servieren, die in einem Topf mit etwas Butter und Zucker weich gekocht wurden.

Gesunde Muffins *Ergibt zwölf Stück ☺*

Diese gesunden Muffins mögen meine Enkelkinder sehr gern.

* *1 Muffinblech oder Papierformen*
* *225 g Vollkornmehl*
* *110 g Müsli*
* *110 g brauner Zucker*
* *3 gestrichene Teel. Backpulver*
* *¼ Teelöffel Salz*
* *1 Ei, geschlagen*
* *300 ml Milch*
* *75 ml Sonnenblumenöl*

Heize den Backofen auf 200 °C vor.

Vermische alle trockenen Zutaten gründlich: Mehl, Müsli, Zucker, Backpulver und Salz. Mische in einer großen Schüssel das Ei, die Milch und das Öl.

Fette das Muffinblech gut ein und fülle die Vertiefungen fast bis obenhin.

▶ Schiebe das Blech in den Ofen und lass es etwa 20 Minuten backen. Sie sind köstlich, wenn man sie noch warm isst. Man kann sie auch mit Butter und Honig essen.

Schokoladenbiskuitkuchen

In unserer Familie mögen alle diesen Biskuitkuchen. Es gibt ihn bei den meisten Geburtstagen. Er ist auch toll beim Picknick.

* *500 g Butterkekse*
* *250 g leicht gesalzene Butter*
* *6 gehäufte Essl. gutes Kakaopulver*
* *4 gehäufte Essl. Zucker*
* *2 Essl. Honig*
* *250 g hochwertige dunkle Schokolade*

Fette den Rand einer runden Backform ein und lege den Boden mit Backpapier aus.

Bringe die Schokolade in einer Schüssel über einem Topf Wasser zum Schmelzen. Das Wasser soll nicht kochen. Um die Kekse zu zerkleinern, legst du sie in eine Plastiktüte und zerdrückst sie mit einem Wellholz oder einem anderen harten Gegenstand.

Bringe alle anderen Zutaten in einem Topf mit der Schokolade zum Schmelzen und gib dann die zerbröselten Kekse dazu.

Gieße den Teig in die gefettete Form und stelle sie vor dem Servieren für mindestens eine Stunde in den Kühlschrank.

Omas Zitronen-Orangen-Kuchen

Oma Julia holt ihre sieben- und fünfjährigen Enkel mehrmals die Woche von der Schule ab. Dies ist eine ihrer Lieblings-Leckereien.

- *125 g Butter*
- *125 g brauner Zucker*
- *125 g Mehl*
- *1 Teel. Backpulver*
- *2 Eier*
- *1 unbehandelte Orange und 1 unbehandelte Zitrone*
- *3 Essl. Puderzucker*

Heize den Ofen auf 200 °C vor.

Verrühre die zimmerwarme Butter mit dem Zucker zu einer cremigen Masse. Gib die verquirlten Eier hinein, siebe das Mehl und das Backpulver dazu. Reibe die Schale von Orange und Zitrone und gib sie dazu. Verrühre alles zu einem glatten Teig.

▶ Gib den Teig in eine gefettete Backform und lass das Ganze 20–30 Minuten lang backen. Es ist fertig, wenn man mit einem Zahnstocher hineinsticht und nichts daran kleben bleibt.

▶ Erhitze in der Zwischenzeit in einem kleinen Topf den Saft von Orange und Zitrone mit dem Puderzucker.

▶ Nimm den Kuchen aus der Form und lege ihn auf ein Kuchengitter. Pikse mit einem Zahnstocher oder Spieß ganz viele kleine Löcher in die Oberfläche. Dann gieße den heißen Saft darüber. Lass das Ganze abkühlen.

Der Kuchen sollte am besten an dem Tag gebacken werden, an dem er gegessen wird, dann ist er schön saftig.

Charlottes Brownies *Ergibt 15 Stück*

Mit etwa acht Jahren machte meine Tochter Charlotte diese Brownies selbst. Sie verschwinden ziemlich schnell aus der Küche.

- *250 g leicht gesalzene Butter*
- *200 g hochwertige dunkle Schokolade*
- *3 Eier, geschlagen*
- *250 g Zucker*
- *100 g Mehl*
- *1 Teel. Backpulver*
- *65 g gutes Kakaopulver*
- *50 g gehackte Nüsse (wenn du willst)*

Heize den Ofen auf 180 °C vor.

Lege eine ovale Backform (18 x 28 cm) mit Backpapier bis über den Rand aus.

▶ Lass die Schokolade mit der Butter in einer großen Schüssel über einem Topf köchelndem Wasser schmelzen. Das Wasser soll nicht kochen. Nimm die Schüssel vom Herd und gib die aufgeschlagenen Eier, den Zucker, das Mehl, das Backpulver, das Kakaopulver und die Nüsse dazu. Vermische alles gut.

▶ Gieße die Mischung in die vorbereitete Backform. Streiche sie sorgfältig glatt, schiebe die Form in den vorgeheizten Ofen und lass alles 20 Minuten lang backen.

▶ Wenn es fertig ist, löst sich der Teig an den Rändern von selbst und fühlt sich elastisch an. Sieh in den letzten fünf Minuten ab und zu nach, denn die Temperatur in deinem Ofen könnte auch höher sein. Brownies sollten etwas weich und feucht sein – wenn sie zu lange im Ofen waren, werden sie zu hart, denn dann beginnt der Zucker zu kristallisieren.

Lass den Kuchen etwa zehn Minuten in der Form abkühlen, schneide ihn in Quadrate und lass die fertigen Brownies auf einem Rost auskühlen.

PICKNICK

Picknick im Garten, im Park, am Strand oder bei Regen auch im Auto, kann großen Spaß machen, doch man sollte sich vorher ein paar Gedanken dazu machen. Hier einige Vorschläge, bei denen die Kinder gerne mitmachen und auch mal was Gesundes mitessen, ohne es zu merken. Besonders das Füllen der Wraps wird ihnen Spaß machen.

Wraps *½–1 Wrap pro Person*

Wraps werden aus dünnen mehligen Pfannkuchen gemacht, die man fertig in Packungen zu etwa acht Stück kaufen kann. In Wraps kann man als Kind viel Sündhaftes verstecken, aber auch Sachen wie Gemüse werden in der mehligen Hülle nicht gleich auffallen. Ein frischer Wrap mit einer saftigen Füllung ist kaum zu schlagen. Hier einige Vorschläge:

- *Gute Mayonnaise*
- *karamellisierte Zwiebeln*
- *Salat*
- *Tomatenscheiben oder geraspelte Karotten*
- *Spinatblätter grob geschnitten*
- *Avocadostückchen oder zerdrückte Avodaco*
- *geriebener Käse*
- *Pinienkerne*
- *Erdnussbutter*
- *frisches Krebsfleisch, wenn Sie am Meer leben*
- *Garnelen*
- *Hühnerfleisch, fein geschnitten*
- *Zitronensaft*
- *Worcestersoße*

Sie sehen, die Möglichkeiten sind endlos und alle gesund. Legen Sie so viele Wraps aus wie Sie brauchen; einen pro Kind, wenn die Kinder sehr hungrig sind, einen halben für kleinere Kinder. Die Wraps sollten bald nach der Zubereitung gegessen werden.

Du bestreichst die Wraps mit einer dünnen Schicht Mayonnaise.

Wenn vorhanden, nimmst du etwas karamellisierte Zwiebel.

Du verteilst die Salatfüllung in der Mitte des Wraps von einer Seite zur anderen.

Auf den verschiedenen Salatzutaten verteilst du die Pinienkerne, Rosinen und andere Füllungen. Krebsfleisch, Garnelen und Huhn passen besonders gut zu Avocado. Huhn passt auch hervorragend zu Erdnussbutter und Mayonnaise.

Wenn du Krebsfleisch oder Garnelen nimmst, träufle jetzt etwas Zitronensaft darüber.

Ehe du die Wraps aufrollst, gibst du noch einen Klecks Mayonnaise oder Chutney oder Worcestersoße darüber.

Du würzt die Füllung und rollst sie dann auf. Schlage zuerst die Unterseite ein, dann beide Seiten, dann rollst du den Wrap auf.

Danach sollte der Wrap schräg in zwei oder drei Teile geschnitten werden und in Plastikfolie oder Butterbrotpapier gepackt werden.

Seeblick-Sandwich

Das hier ist etwas ganz Besonderes. Jedes Jahr versammeln sich vier Generationen unserer Familie an der Küste und Picknicken steht ganz oben auf der Tagesordnung. Dort gibt es täglich frisches Krebsfleisch und damit kann man das beste Sandwich machen.

* *frisches Krebsfleisch, hauptsächlich weißes, etwas braunes*
* *frisches Weißbrot*
* *Butter*
* *Zitronensaft*
* *Mayonnaise*

Mische das Krebsfleisch in einer Schüssel mit der Mayonnaise, dem Zitronensaft, Salz und Pfeffer nach Wunsch. Schneide die Rinde vom Weißbrot ab, bestreiche es mit Butter und verteile die Mischung auf den Scheiben. Verstaue sie in Klarsichtfolie oder in Butterbrotpapier bis zum Picknick. Dann genießt die Sandwiches mit euren Großeltern und wer sonst noch dabei ist.

Noch mehr Sandwiches

Es gibt noch so viele Möglichkeiten. Probier doch mal:

* *Zerdrückte hart gekochte Eier mit Mayonnaise und sonnengetrockneten Tomaten und einigen Ringen Frühlingszwiebeln*
* *Selbst gemachter Hummus (siehe S. 149) mit Salami oder Salatgurke und Salat*
* *Avocado, Garnelen und Mayonnaise*
* *Salami, Salat und Butter*
* *Thunfisch, Zitronensaft und Mayonnaise*
* *Huhn mit Frischkäse und Curry*
* *Honig, Birnenscheiben und geriebener Käse*
* *Frischkäse, Datteln oder Rosinen und Apfelscheiben*

Grillen

Nehmen Sie einen einfachen oder einen Einweggrill zum Picknick mit, dann können Sie selbst etwas zubereiten. Mal was Ausgefallenes wären Tatjanas Fleischbällchen (siehe S. 153), die sich wunderbar grillen lassen – legen Sie sie auf ein Alutablett, und sie sind in einer halben Stunde gar. Essen Sie sie auf Brötchen oder mit den Fingern und dippen Sie sie in Mayonnaise und/oder rotes Johannisbeergelee.

Wenn die Kinder Fisch mögen, probieren Sie mal Thunfischsteaks. Damit sie saftig bleiben, sollten Sie sie in Alufolie packen. Lassen Sie sie nicht zu lange drauf, sonst trocknen sie aus. Legen Sie das Steak auf ein Brötchen und genießen Sie. Sie sollten Servietten zur Hand haben.

Gegrillte Riesengarnelen sind lecker, und den Kindern macht es Spaß, zu beobachten, wie sie die Farbe von Grau zu Rosa wechseln. Sie schmecken einfach so auf Brötchen oder mit Zitronensaft und Petersilie, Sweet-Chili-Dip oder Mayonnaise.

Auch Gemüse lässt sich gut grillen. Zum Beispiel: Kartoffeln, Paprika, Auberginen, geviertelte rote Zwiebeln, Zucchini, Maiskolben, Tomaten. Am besten essen Sie sie mit Mayonnaise oder einem Dip aus Sauerrahm.

SOMMER

Die Natur steht jetzt in voller Blüte, die Sommerferien sind da, und Sie sind wahrscheinlich eine wertvolle Unterstützung für die Familie. Mit etwas Glück ist das Wetter nicht allzu schlecht, und Sie sorgen für ein paar schöne Tage, ehe die Kinder in die Ferien fahren.

Mit den Hühnern aufstehen

Warum führen Sie nicht mal was Neues ein und gehen frühmorgens um sechs Uhr (wenn Sie das schaffen) auf eine vogelkundliche Wanderung? In den Sommermonaten jagten wir die Kleinen aus den Federn, und nach anfänglichem Gejammer hat es allen gut gefallen.

Wenn die Kinder auf sind, zur Not mit Jeans und Pulli über dem Schlafanzug, werden sie schnell munter werden, wenn sie ihr Wanderfrühstück sehen. Proviant und Thermoskannen halten sie bei Laune (Croissants oder Würstchen im Brötchen und heiße Schokolade eignen sich gut). Während Sie durch die Natur streifen, hören Sie die Vögel singen. Frühstücken Sie an einer ruhigen Stelle und lauschen Sie den Weckrufen der Welt um Sie herum. Sie können vielleicht nicht jeden Vogel bestimmen, den Sie hören oder sehen, aber das macht nichts. Das Erlebnis ist das wichtigste und der Spaziergang ist ein aufregendes Erlebnis.

Am Ende des Tages könnten Sie eine Nachtwanderung mit Taschenlampen machen. Lauschen Sie, ob Sie Fasane, Eulen und andere nachtaktive Tiere hören.

Naturerlebnis

Wenn Sie sich für Natur interessieren, verbringen Sie vielleicht gern ein paar Stunden – oder auch einen ganzen Tag – in einem Wildpark in der Nähe. Wenn Ihr Enkelkind gerne Listen und Notizbüchlein mag, könnten Sie auch gemeinsam ein Natur-Tagebuch führen: Über uns flog ein Bussard, eine Eule hat geheult, welche Schmetterlinge haben wir gefunden und so weiter.

Draußen schlafen

Wenn im Sommer der Boden warm und das Wetter verlässlicher ist, könnten Sie mal was ganz Aufregendes für die Kinder machen – verbringen Sie einen Abend und wenn möglich eine Nacht im Zelt im Garten. Die Vorbereitungen sind schon der halbe Spaß, und dann ist da der Nervenkitzel und der Schauer des Abenteuers. Sie brauchen nur ein einfaches Lagerfeuer, Würstchen, ein Zelt, eine Taschenlampe und eine Uhr. Die Kleineren brauchen Ihren moralischen Zuspruch, die Größeren kommen wunderbar allein klar. Aber aller Mut mag schwinden, wenn ein Fasan oder eine Eule ruft, und die Nacht im Freien kann schneller beendet sein als gedacht, doch der Abend wird im Gedächtnis bleiben – wenn vielleicht auch nicht aus den beabsichtigten Gründen. Richtiges Campen siehe S. 211.

Im Garten

In den Töpfen oder Beeten Ihrer Enkel wird es große Veränderungen geben. Die Blumen blühen und bald ist auch das Gemüse bereit zur Ernte. Wenn Sie Bohnen gepflanzt haben, werden die Kinder großen Spaß haben, die Schoten knallen zu lassen. Wenn Sie Kürbissetzlinge gepflanzt haben, werden die Früchte jetzt dicker werden. Nun muss regelmäßig gegossen und einmal wöchentlich gedüngt werden – das kann alles ein Kind machen. Wenn die Kürbisse größer werden, kann sich jedes Kind eine Pflanze aussuchen und sie bis zum Herbst versorgen. Sie können einen Stab in den Boden stecken, um die Stelle zu markieren, wo der Kürbis seine Wurzeln hat. Sobald die Blätter geöffnet sind, weiß man nicht mehr genau, wo man gießen und düngen soll.

Kleinere Kinder haben genau die richtige Größe, um zu kontrollieren, ob ihre Kürbisse von Blattläusen, Ameisen und anderen Insekten angefressen werden.

Erklären Sie, was »gute« Insekten sind. Bienen zum Beispiel stellen Honig her und

befruchten die Blüten, weil sie von den leuchtenden Farben und dem Duft angezogen werden. Marienkäfer fressen Blattläuse, die den Pflanzen sehr schaden können, weil sie die Blätter und Stängel anfressen und den Pflanzensaft heraussaugen. Traditionell gelten Marienkäfer als Glücksbringer. Wenn es die richtige Art ist, sind sie wichtige Nützlinge. Sie fressen bis zu 5000 Blattläuse in ihrem einen Lebensjahr.

Wenn Sie das Pech haben und bei Ihnen ein Wespennest entstanden ist, zeigen Sie es den Kindern, aber erst nachdem es abgesichert ist. Der Bau besteht aus Holz, das von den Wespen zu einer breiartigen Masse zerkaut wurde. Er ist ein Labyrinth aus aneinandergebauten Waben, ein Wunder der Baukunst. Die größten Nester können bis zu 500 ausgewachsene Wespen fassen!

Vielleicht haben Sie Lust, sich ein paar Garten-Blogs im Internet anzusehen. Dort erfahren Sie, welche Erfahrungen andere Gärtner gemacht haben, und wenn es Ihnen Spaß macht, können Sie auch einen eigenen Garten-Blog starten. Sicher werden Ihnen folgende gefallen: *www.das-wilde-gartenblog.de* und *www.blumigbunt.de.*

Schmetterlinge

Diese herrlichen Insekten sind wahrscheinlich die hübschesten Besucher im Garten, und wenn sie genügend Nahrung finden, etwa Buddleia oder Brennnesseln, dann werden sie öfter kommen. Sagen Sie Ihren Enkelkindern, sie sollen ruhig stehen bleiben und sie betrachten – ihre schöne Färbung oder Tarnung. Vielleicht wollen sie die Schmetterlinge auch zeichnen oder fotografieren, dann können sie sie später besser bestimmen. Und bis zum Ende des Sommers haben sie dann einen guten Überblick über die verschiedenen Arten.

Zu den regelmäßigen Besuchern in unseren Gärten gehören Distelfalter, Kleiner Fuchs, Admiral, Kohlweißling und Tagpfauenauge. Ab und zu sieht man auch den Schwalbenschwanz. Er ist der größte und auffälligste Schmetterling im deutschen Sprachraum. In Süddeutschland sieht man manchmal den Quendel-Ameisenbläuling. Eine schöne Übersicht bestehender Arten findet man auf *www.schmetterling-raupe.de*. Es gibt auch Organisationen, die sich für den Schutz von Schmetterlingen einsetzen, zum Beispiel *www.la-mariposa.org*. Und wollen Sie sich mit Ihren Enkeln auch einmal exotische Schmetterlinge anschauen, bieten sich Schmetterlingshäuser an (Informationen finden Sie unter *www.welt-der-schmetterlinge.de/schmetterling-parks_und_ausstellungen*).

Eine Vogel-Beobachtungsstation

So eine Beobachtungsstation lässt sich leicht bauen und man kann darin Vögel aus nächster Nähe beobachten. Diese Station kann auch gut als Lager oder Versteck genutzt werden.

✻ WIR BRAUCHEN: *fünf Holzpfähle, etwa 1,40 m hoch, idealerweise mit angespitzten Enden, etwas grünes oder schwarzes Gartennetz mit 3–6 cm großen Löchern und etwas Draht oder Gartenzwirn.*

Wir suchen uns einen guten Platz für unsere Beobachtungsstation, beispielsweise an einer Gartenmauer oder an einem Zaun, vor dem Gras wächst. Die Station muss so groß sein, dass zwei Kinder oder ein Erwachsener und ein Kind bequem darin Platz finden. Also rechnen wir vorn 1,50 m und für die Seiten 0,5 bis 1 m, bei einer Höhe von etwa 1,20 m. Die Pfosten sollten mindestens 15 cm tief eingegraben werden. Der zusätzliche, fünfte Pfosten kommt vorn in die Mitte. Wir treten die Erde um die Pfosten ganz fest, sodass sie stabil stehen. Wir lassen vorn oder an der Seite genügend Platz als Eingang. Dann ziehen wir von einer Seite aus das Gartennetz um die Vorderseite und zur anderen Seite. Wir binden es mit Draht oder Gartenzwirn an den Pfosten fest, decken die Oberseite ab und binden es an den Rändern fest.

Zum Schluss stecken wir leichtes Grün in das Netz, sodass es andeutungsweise wie eine Hecke aussieht, aber nicht so dicht, dass man nicht durchsehen kann. Da die Station im Sommer wie im Herbst benutzt werden soll, macht es nichts, wenn das Grün braun wird, von Zeit zu Zeit könnten wir aber etwas Grün nachlegen.

Ermuntern Sie die Kinder, von der gut getarnten Station aus Vögel oder andere Tiere zu beobachten. Vielleicht stellen Sie ein Futterhäuschen in die Nähe, damit die Vögel möglichst nahe herankommen. Wenn die Station bis zum Ende des Herbstes noch steht, bauen Sie sie am besten im Winter ab und im Frühjahr wieder auf.

AM MEER

Die Küste hat einem Kind so viel zu bieten. Das Wetter mag nicht immer das beste sein, doch die Strände und die üblichen Strandaktivitäten gibt es immer. Wenn Sie mit den Kindern an die See fahren wollen, dann finden Sie hier einige Ideen zum Zeitvertreib. Sie werden das Meer üblicherweise wohl eher im Sommer besuchen, wenn Sie genug Zeit haben, für längere Zeit in den Süden oder auch an die heimischen Küsten zu fahren. Wenn Sie im Norden wohnen, dann packen Sie doch die Kinder in den Zug und machen Sie ganz altmodisch einen Tagesausflug ans Meer, an die Nordsee oder Ostsee. Das wird ihnen gefallen, sie werden viel lernen und Spaß haben.

Traditionelle Aktivitäten

Womit beginnen Sie? Zuerst sorgen Sie dafür, dass alle mit Sonnenschutz eingecremt sind und Kopf und Füße entsprechend bedeckt sind, dann können Sie den Strand erkunden. Sie können im Seetang herumstochern, mit dem Kescher in einem Becken im Fels herumfischen oder im Sand buddeln und Sandburgen bauen. Es gibt nichts Schöneres, als eine Stunde lang Muscheln und von Meer und Sand blank polierte Steine oder Glasstücke zu sammeln. Wir gehen jedes Jahr nach Seaview auf die Isle of Wight. Die Muscheln variieren je nach Strand, doch die besten gibt es um die Ecke in Bembridge. Es gibt wunderbare Herzmuscheln, Wellhornschnecken, Stumpfe Strandschnecken, Jakobsmuscheln, Stabmuscheln, Kaurischnecken, Miesmuscheln, Napfschnecken und vieles mehr.

Wasserlachen

Wasserlachen in den Felsen sind bei Ebbe eine Fundgrube. Mit einem Kescher, Eimer und Spaten entdecken die Kinder eine andere Welt. Erkennen sie die vielen verschiedenen Arten von Seetang, eine oder zwei Krabben, einen Einsiedlerkrebs, der vorbeikrabbelt, kleine Fische, die vorbeischwimmen, Napfschnecken, Stücke von Muscheln und Glas? Wenn Sie eine Seeanemone finden, lassen Sie die Kinder sie vorsichtig berühren und beobachten, was passiert. Damit Sie auf den Felsen nicht ausrutschen, sollten Sie alte Turnschuhe oder Badeschuhe tragen. Und achten Sie auf die Gezeiten – Sie sollten nicht so vertieft in Ihre Beobachtungen sein, dass Sie vom Wasser eingeschlossen werden. Untersuchen Sie Ihre Funde in einem Eimer – aber wenn Sie keine zum Essen mitnehmen, denken Sie daran, alle wieder in die Lache zu entlassen, bevor Sie gehen.

Krebsrennen

Das ist ein absolutes Highlight für Siebenjährige. Geben Sie ihrem Enkelkind ein paar Stückchen Schinken und helfen Sie ihm, immer eines an der Krebsschnur zu befestigen (mit oder ohne Haken). Jetzt schicken Sie es mit ihren Freunden, Geschwistern oder Cousins los zu den Felsen in der Nähe, während Sie zusehen. Sehr bald wird ein Schrei ertönen und das Kind wird die Leine hochhalten, an deren Ende ein Krebs zappelt. Da braucht das Kind Ihre Hilfe. Normalerweise sollte man den Krebs wieder ins Meer werfen, doch ab und zu muss man einen in den Eimer setzen, denn … jetzt gibt es ein Krebsrennen. Die Kinder sollten einen Sandstrand oder eine Aufschleppe suchen und jedes sollte seinen Krebs ans Meer setzen. Derjenige, dessen Krebs zuerst im Wasser ist, hat gewonnen. Der Gewinner könnte auch ein Eis bekommen und der Krebs ein extra Stück Schinken, ehe er ins Wasser zurückgelassen wird.

Henry, Katie und Lucy sind bereit

Strandvergnügen

Bedenken Sie, dass der Strand gut für Ballspiele, Frisbee, Himmel-und-Hölle, Wettrennen, Drachensteigen oder auch für eine Schatzsuche geeignet ist. Jungen und Mädchen üben gerne, flache, runde Steine auf dem Wasser springen zu lassen oder mit Steinen auf schwimmendes Treibholz zu werfen (das ist viel schwieriger, als es aussieht, denn das Holz bewegt sich die ganze Zeit). Die fünfjährige Lucy baute gerne Sandburgen, aber noch lieber war ihr ein Ruderboot im Sand. Sie thronte auf dem mittleren Sitz des »Bootes« und die Familie baute um sie herum, dann legte sie mit den imaginären Rudern los.

Was man zeigen und erklären kann

Manche Dinge, die uns selbstverständlich scheinen, sind für ein kleines Kind faszinierend. Zum Beispiel:

Felsen werden zu Sand: Felsen zerbrechen und werden zu immer kleineren Steinen. Auch Muscheln zerbrechen, und die kleinen Steine und Muschelstücke werden schließlich zu Kies zerrieben und dann zu feinem Sand. Eine Frage: Wie viele Sandkörner gibt es auf der Welt? Antwort: 7 500 000 000 000 000 000 – oder sieben Trillionen fünfhundert Billiarden. Aber, wer hätte das gedacht? Es gibt mehr Sterne am Himmel – wenigstens sagen das einige Wissenschaftler.

Gezeiten: Die Schwerkraft verursacht Ebbe und Flut (erklären Sie die Schwerkraft einfach als den »Zug«, den ein Objekt auf ein anderes ausübt). Das Meer wird durch die Schwerkraft der Erde an seinem Ort gehalten. Doch die Schwerkraft der Sonne und des Mondes »zupfen« sozusagen am Meerwasser auf der Erde und ziehen es jeweils zu sich hin. Erklären Sie, dass es alle 24 Stunden zweimal Flut und zweimal Ebbe gibt. Wenn Sonne und Mond mit der Erde in einer Linie stehen, ist die Flut höher als gewöhnlich.

Pantoffelschnecken: Pantoffelschnecken leben in Haufen, mehrere Muscheln übereinander. Die Pantoffelschnecke ist zuerst männlich, wird später weiblich und ist rosabräunlich. Den Namen haben sie wegen ihrer Form.

Wurmhäufchen: Der Wattwurm lebt im Sand. Er gräbt u-förmige Löcher und verschluckt den ganzen Sand, der ihm im Weg ist. Dann verdaut er alles Fressbare darin und drückt am anderen Ende des Ganges die geschlängelten Haufen heraus, die man bei Ebbe im Watt findet.

Was ist ein Seepferdchen? Zwar sieht sein Kopf wie ein Pferdekopf aus, aber eigentlich ist es ein Fisch. Es schwimmt aufrecht und das sieht sehr eigenartig aus. Mit seinem Schwanz hakt es sich unter Wasser an Pflanzen fest. Die Männchen brüten die Eier in einer Bauchtasche aus.

Quallen: Eine Qualle besteht fast nur aus Wasser. Sie hat kein Herz, keine Knochen, kein Gehirn und auch keine richtigen Augen. Ihr Leben ist einfach – sie treibt mit den Gezeiten und Strömungen des Meeres. Im Wasser bewegt sie sich, indem sie ihren Körper anspannt und wieder loslässt. Wenn sie den Körper anspannt, drückt sie Wasser nach hinten, sodass sie selbst nach vorn gestoßen wird. Sie schwimmt nicht sehr schnell. Wenn sie an Land gespült wird, fällt ihr Körper in sich zusammen, und sie kann sich nicht bewegen. Wenn sie nicht ins Wasser zurückkommt, stirbt sie. Manche Quallen sind sehr giftig und können Menschen töten, doch in der Regel bekommt man höchstens einen unangenehmen Stich.

Fossilien: Ein Fossil ist ein Überrest einer Pflanze oder eines Tieres, die oder das vor sehr langer Zeit gestorben ist (normalerweise vor Millionen von Jahren) und in Ablagerungen, zum Beispiel in der Erde oder im Sand begraben worden ist und zu Stein wurde. An der Küste kann man gut nach Fossilien wie versteinerten Seeigeln suchen. Fahren Sie an die Ostsee, ein schöner Ort ist auch der Kreidefelsen auf Rügen. Doch erkundigen Sie sich erst, ob es auch erlaubt ist, Fossilien zu sammeln – an einigen Stellen ist es möglich, an anderen nicht. Und wenn Sie Glück haben, finden Sie vielleicht sogar einen Bernstein.

Basteln mit Muscheln und Treibholz

Aus Muscheln kann man endlos vieles machen – legen Sie sie auf ein Tablett, um sie erstmal zu untersuchen, und versuchen Sie sie gemeinsam mit den Enkelkindern mit einem Handbuch zu bestimmen. An einem regnerischen Nachmittag kann man auch gut mit ihnen basteln. Kinder hantieren gern mit den kleinen Muscheln und können auch leicht kleine Schätze in die Muscheln drücken, wozu die Finger der Erwachsenen meistens nicht geschickt genug sind.

Sammeln Sie am Strand, was Ihnen oder den Kindern gefällt. Spülen Sie alle Ihre Fundstücke möglichst bald in klarem Wasser und mit etwas Bleichmittel, sonst beginnen sie zu stinken.

Wenn Sie schon im Urlaub basteln wollen, sorgen Sie dafür, dass Sie alle notwendigen Utensilien dabeihaben, dann müssen Sie nicht in die Geschäfte hetzen.

Figuren aus Muscheln und mit Muscheln verziert

WIR BRAUCHEN: *Muscheln, Klebstoff, schwarzen Faden, Treibholz, Schachteln, Rahmen, Farben, Lack, Filzstifte, Nagellack.*

Schachtel oder Bilderrahmen mit Muscheln verziert: Mit Muscheln kann man jede kleinere Schachtel bekleben. Wir beziehen die Schachtel mit farbigem Papier und kleben die Muscheln darauf. Wenn wir sie dann noch lackieren, glänzen die Muscheln besonders schön, und wir haben ein hübsches Geschenk. Dasselbe machen wir mit einem billigen oder nicht so schönen Rahmen, der etwas aufgepeppt werden könnte. Wir können Muscheln darum kleben und vielleicht sogar einen kleinen Spiegel in die Mitte kleben.

Muscheldame: Wir kleben drei Pantoffelschnecken aufeinander als Rock, nehmen eine Kaurimuschel als Gesicht, eine halbe Herzmuschel für den Hut und als Arme zwei schmale Turmschnecken. Wenn wir winzige Muscheln in der Größe eines Sandkorns finden, können wir sie auf die Pantoffelschnecken kleben als »Stickerei« auf ihrem Kleid. Mit einem winzigen Tupfer Filzstift malen wir ihr zum Schluss Augen und mit rosa Nagellack Nase und Mund.

Mäuse auf der Schaukel: Wir kleben bei einem Stück Treibholz an jedes Ende eine Wellhornschnecke, die auf einer Pantoffelschnecke sitzt. Wir kleben einen kleinen Schwanz aus Schnur an, zwei winzige Kaurimuscheln als Ohren und machen den Mäusen Schnurrhaare aus Faden. Nun malen wir winzige Äuglein darauf und je einen Tupfer rosa Nagellack als Nase.

Schatzhöhle: Wir suchen eine offene Muschel, bei der beide Hälften noch verbunden sind. Dann lackieren wir ein paar winzige Muscheln und legen sie als Schatz hinein.

Muschelkorb: Wir legen eine Pantoffelmuschel verkehrt herum hin und suchen ein abgebrochenes Stück als Henkel (ein biegsames Ästchen eignet sich auch gut als Henkel). Wir kleben ihn an und legen winzige Muscheln oder Steine in den Korb.

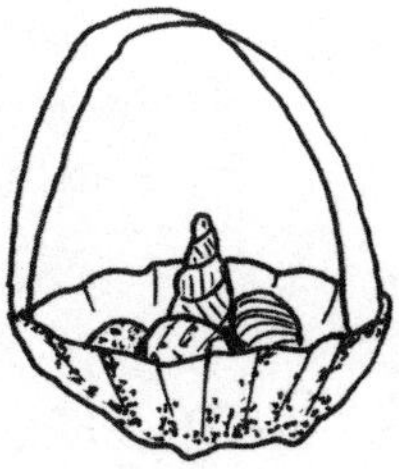

Mobile aus Treibholz

WIR BRAUCHEN: *Treibholz, Muscheln mit Löchern, Schnur, Farben und/oder Lack, sechs kleine Schrauben oder Nägel, Hammer, Metallkleiderbügel oder Blumenbindedraht oder Schnur, kleine Zange.*

Wir suchen ein leichtes Stück Treibholz mit schöner Form aus. Das könnte ein flaches Stück Holz sein oder besser noch ein verwittertes Stück Ginster oder ein völlig vertrockneter Zweig.

Wir wählen aus den gesammelten und gereinigten Muscheln verschiedene Größen aus. Sie sollten alle ein Loch haben, damit man sie aufhängen kann. Wenn wir wollen, können wir die Muscheln jetzt bemalen oder lackieren.

Wir befestigen vier oder sechs Schnüre an dem Holzstück, dazu drehen wir die Schrauben hinein oder schlagen vier oder sechs Nägel ein, wenn es keine natürlichen Möglichkeiten zur Befestigung gibt. Wir binden die lackierten Muscheln an die Enden der Schnüre oder hängen eine größere Muschel tiefer und ein paar kleinere darüber.

Zum Schluss befestigen wir ein Stück Drahtkleiderbügel oder Blumenbindedraht daran – oder hängen das Mobile einfach an einer Schnur auf. Wenn es schief hängt, müssen wir die Muscheln vielleicht etwas ausbalancieren.

Leuchtturm oder Haus

WIR BRAUCHEN: *Treibholz, selbsthärtende Modelliermasse, Klebstoff, Farben, Pinsel, Lack, Streichholz, winziges Stück Serviette, Kauri- oder Strandmuscheln.*

Wir suchen uns zuerst ein interessantes Stück Treibholz als »Landschaft«. Wenn wir das haben, modellieren wir aus selbsthärtender Masse ein Fundament und bauen darauf auch einen kleinen Leuchtturm oder ein Haus und befestigen es auf dem Holzstück. Wir machen winzige Fenster und Türen hinein. Ehe die Masse trocknet, stecken wir in das Dach ein Streichholz als Flaggenmast. Wir lassen den Leuchtturm oder das Haus trocknen und malen es dann mit Blau-, Weiß- und Rottönen an. Dazu nehmen wir immer nur eine Farbe und lassen sie erst trocknen, ehe wir zur nächsten übergehen. Zum Schluss kleben wir ein Stück bunte Serviette an das Streichholz als Fahne. Rund um das Fundament kleben wir Kaurimuscheln oder Strandschnecken als Felsen.

Bemalte Steine

WIR BRAUCHEN: *Steine vom Strand, Farben, Pinsel, Lack.*

Wir sammeln am Strand verschiedene Steine mit glatter Oberfläche. Wir nehmen sie mit nach Hause, waschen sie und lassen sie trocknen. Jetzt können wir sie wunderbar bemalen. Wir können fantasievoll sein, wir können beim Bemalen auf die natürliche Form oder die Farbe des Steins eingehen: vielleicht eine Katze, die sich um den Stein rollt, oder ein kleines Haus, ein Monster, eine Schlange oder ein Fisch. Oder wir bemalen sie einfach mit einer schönen Farbe oder einem Muster. Wenn die Farben trocken sind, lackieren wir sie. Jetzt können wir mit den Steinen unser Schlafzimmer dekorieren oder sie an Familienmitglieder und Freunde verschenken.

Auf größere Steine könnten wir unseren Namen malen oder auch etwas wie »Martas Zimmer«. Dann könnten wir ihn als Türstopper mit in unser Zimmer nehmen.

Wir könnten doch auch ein paar ähnlich gefärbte oder geformte Steine in verschiedenen Größen sammeln. Die könnten wir so als Familie gestalten: Wir malen die Gesichter der Familie, der Menschen, der Katzen, Mäuse oder was uns gefällt auf jeden Stein, mit jeweils anderen Haaren, Nasen und lachendem Mund. Dann legen wir sie in einer Reihe aus.

FILME

Die Lichter gehen aus, Sie sitzen mit Ihrem Popcorn im Kinosessel und werden gleich in eine andere Welt transportiert. Das mag Ihre Erinnerung an das Kinderkino sein, und das gibt es heute noch, doch statt charmanter Abenteuer von Kinderbanden auf Schiffen sehen Sie wahrscheinlich einen hochprofessionellen Animationsfilm.

Gemeinsam Filme ansehen

Der Kinobesuch ist immer noch ein magisches Erlebnis für Kinder, doch Sie werden bald sehen, dass sich die Kinderfilme seit Ihrer Jugend verändert haben. Irgendwann in den 90er-Jahren des letzten Jahrhunderts erkannte Hollywood, dass man sein Publikum beträchtlich vergrößern kann, wenn man Filme macht, die gleichzeitig Kinder und Erwachsene ansprechen. Das Ergebnis ist eine Art altkluger Film, der vielleicht nicht Ihrem Geschmack entspricht. Doch ganz so schlimm ist es natürlich nicht. Ich ging mit einigen Vorbehalten mit Emony in *Hairspray* und sah zu meiner Verwunderung Hunderte Kinder spontan zur Musik singen und tanzen.

DVDs haben unsere Gewohnheiten beim Filmesehen verändert. Die meisten der folgenden Empfehlungen kann man unglaublich preiswert erstehen. Durch das Filmesehen verlängert sich die Aufmerksamkeitsspanne des Kindes, doch die Pausentaste kann sehr nützlich sein. So gut wie alle DVDs bieten auch die Möglichkeit, Untertitel anzuzeigen, und bei manchen gibt es noch zusätzliches Material, zum Beispiel spezielle Angebote zum Mitsingen, interaktive Quiz und interessante Informationen dazu, wie der Film entstand.

Diese Empfehlungen gelten für Kinder bis zum Alter von zehn Jahren. Eine neuere Untersuchung hat gezeigt, dass Kinder danach normalerweise Filme für Erwachsene ansehen und auf gar keinen Fall mehr dabei erwischt werden wollen, wie sie »Kinderfilme« ansehen. Es gibt natürlich auch ein paar alte Klassiker wie »Sissi« oder »Ein Herz und eine Krone«, alte Kostüm-, Piraten- und Westernfilme, die Kindern unter zehn Jahren gefallen könnten. Das sind zweifellos alles hervorragende Filme, doch nach meiner Erfahrung werden eher Sie begeistert sein – die Vorstellungen der Kinder sind heute so anders, dass diese Oldies nur bei wenigen eine Chance haben.

Fünf Disney-Klassiker

Ich habe mich immer ein bisschen über Walt Disney lustig gemacht, ehe meine Enkelkinder da waren, doch das ist vorbei. Das waren die ersten richtig langen Filme, die wir zusammen angesehen haben, und sie haben uns vergnügliche Stunden bereitet. Jede Familie wird da ihre eigenen Favoriten haben, das sind unsere.

Schneewittchen und die sieben Zwerge – der erste (1937) und einer der besten.

Bambi – wunderschön gezeichnete Waldtiere – aber es wird Tränen geben.

Peter Pan – brillant, von der ersten Wolkenformation am Londoner Himmel bis zum letzten Abspann.

Tiggers große Abenteuer – moderner und kaum ein Klassiker, doch einer unserer Lieblingsfilme, obwohl er so »niedlich« ist.

Das Dschungelbuch – der letzte (1967) von Walt Disney, mit dem er, völlig zu Unrecht, nicht zufrieden war.

Fünf Musicals

Schön im Kino mit begeisterten Zuschauern anzusehen, aber auch gut auf DVD. Hier sind die Untertitel auch hilfreich.

Der kleine Eisbär – eines der beliebtesten Kinder-Musicals der letzten Jahre mit einem weißen, flauschigen Helden.

Lauras Stern – Laura sieht nachts, wie direkt vor ihrem Fenster ein Stern auf die Straße fällt und Lauras musikalische Sternenreise beginnt. Auch etwas für jüngere Kinder.

Mary Poppins – hervorragende Lieder, brillante Darsteller in einer Geschichte über emotional vernachlässigte Kinder.

Annie – herzzerreißende Geschichte in einem Waisenhaus. Den Kindern gefällt die schreckliche Miss Hannigan.

Hairspray – viel fröhliche Musik – ältere Kinder werden die verrückten, bunten Bilder und Lieder lieben.

Fünf neuere Animationsfilme

Stellen Sie sich auf Überraschungen ein: Der moderne Animationsfilm ist eine eigene Kunstform. Sie müssen sicher nicht wie der Kritiker A. N. Wilson Buch und Taschenlampe mitnehmen, wenn Sie mit den Kindern ins Kino gehen. Doch vielleicht gefällt Ihnen der erwachsene Tonfall einiger neuerer Filme nicht so gut.

Toy Story – die Abenteuer des Buzz Lightyear und der Bande. Der erste und beste der neuen Welle.

Wallace und Gromit auf der Jagd nach dem Riesenkaninchen – ein bezaubernder Film über den Erfinder und seinen Hund.

Mulan – auf den ersten Blick keine so augenfällige Wahl, doch Emony gefällt diese Geschichte über ein chinesisches Mädchen, das sich die Haare schneiden lässt (sehr wichtig) und gegen die Feinde ihres Vaters kämpft.

Spirit – Der wilde Mustang – eine berührende, aber nicht sentimentale Geschichte über ein Wildpferd in Gefangenschaft.

Lilo & Stitch – überraschend kämpferische Geschichte einer Waisen und ihres Alien-Freundes.

Und sechs weitere

Das ist eine bunte Mischung, aber uns haben sie gefallen.

101 Dalmatiner – der Originaltrickfilm über die Hunde in Gefahr, mit der furchterregenden Cruella de Vil. Viel besser als der Spielfim aus dem Jahr 1996 mit echten Hunden und Menschen.

Hexen hexen – finsterer Dahl, mit Angelica Huston als Hexe. Nichts für Empfindliche.

Ein Schweinchen namens Babe – Sheila Hancock: »Mir gefällt es, wenn Opa tanzt, um das Schwein aufzumuntern.«

Die Reise der Pinguine – wenn Sie den vermenschlichenden Kommentar ertragen können, ist es ein außerordentlicher Naturfilm.

Brücke nach Terabithia – Emony war von dieser Geschichte über eine Schulfreundschaft fasziniert. Und die Zuschauer hielten die Luft an, als es aus heiterem Himmel zur Tragödie kam.

DAS ALTE CHINA

China ist das Land mit der größten Bevölkerung auf der Welt und hat eine der ältesten Kulturen. Die Landschaft ist sehr vielfältig: Es gibt heilige Berge, große Flüsse und Schluchten, weite Steppen und wichtige Städte wie Beijing und Shanghai.

Ein Boot auf dem Jangtse

Über lange Zeit im letzten Jahrhundert litt China unter dem kommunistischen System und der Armut. Heute modernisieren die Chinesen ihr Land in atemberaubendem Tempo. Die größeren Städte sind heute blühende Metropolen und Wirtschaftszentren.

Der erste Kaiser und seine Terrakotta-Armee

1974 entdeckten Bauern, die in der Nähe von Xian nach Wasser bohrten, zufällig einige lebensgroße Statuen von Soldaten. Sie gehören zum Grab des Kaisers Qin Shihuangdi, der von 221 bis 210 vor Christus regierte, das ist etwa ein Jahrhundert nach Alexander dem Großen. Qin Shihuangdi war der erste Kaiser eines vereinigten China, und seine Qin-Dynastie war eine von mehreren Dynastien, die China über mehr als 2000 Jahre, bis zum Beginn des 20. Jahrhunderts, regierte. Er war ein außergewöhnlicher Mensch – genial, dynamisch und grausam. Er führte ein großes Reich zusammen, vereinheitlichte die Schrift, die Währung und die Maßeinheiten. Wahrscheinlich ist das Wort »China« von Qin abgeleitet, denn der Buchstabe »q« wird wie »ch« ausgesprochen.

700 000 Menschen arbeiteten an Qin Shihuangdis Grab, das insgesamt 56 Quadratkilometer groß ist. Der Kaiser liegt unter einem großen Hügel in der Mitte. Man sagt,

in dem Hügel befände sich eine Karte seines Reiches, die Meere und Flüsse seien aus Quecksilber. Das Grab wurde noch nicht ausgegraben, doch wissenschaftliche Versuche zeigen einen hohen Quecksilberanteil in der Erde. Die Terrakotta-Armee hatte anscheinend 7000 Soldaten, 130 Streitwagen mit 520 Pferden und 150 Reitern, doch die Archäologen fanden auch Statuen von Beamten, Artisten, Akrobaten, Musikern und Wasservögeln aus Bronze an einem Fluss – ein unterirdisches Reich für den Kaiser nach seinem Tod. Das ist die interessanteste archäologische Ausgrabungsstätte der Erde. Wer weiß, was noch zum Vorschein kommt?

Die Chinesische Mauer

Es wurden verschiedene, enorm lange Mauern gebaut, um China gegen eine Invasion aus dem Norden zu schützen. Der erste Kaiser Qin Shihuangdi baute eine mit Steinen aus der Bergregion und festgeklopftem Lehm aus den Ebenen, um seine Nordgrenze zu sichern. Bauern wurden als Sklaven zum Bau der Mauer herangezogen und Tausende starben bei den Bauarbeiten. Doch die berühmteste chinesische Mauer, die, die Tausende Touristen schon besucht haben, wurde von den Ming-Kaisern nach einer großen Niederlage im Jahr 1440 gebaut. Sie schlängelt sich über 6400 Kilometer in einem großen Bogen aus dem wildem Berggebiet im Westen bis zum Meer im Osten. Sie war stärker als die früheren Mauern, nur aus Ziegelsteinen und Stein gebaut und in regelmäßigen Abständen mit Wachtürmen bestückt. Auf dem Gipfel der Macht der Ming-Dynastie war die Mauer mit einer Armee von etwa einer Million Männern bemannt. An hohen Punkten wurden Signaltürme erbaut, damit die Soldaten miteinander kommunizieren konnten.

Wissenschaft und Erfindungen

Wussten Sie, dass viele bedeutende Dinge von den Chinesen erfunden wurden? Zum Beispiel der Kompass, das Papier, der Druck, die Akupunktur, Raketen, das Seismometer und das Schwarzpulver, um nur einige zu nennen. Der Kompass wurde um das Jahr 1000 erfunden, und Bücher wurden in China gedruckt, als in Europa immer noch Mönche von Hand auf Pergament (Kuhhaut) schrieben. Von den Chinesen stammen noch verschiedene andere intelligente Erfindungen: der Abakus (eine Rechenmaschine mit Perlenreihen in einem Holzrahmen), Streichhölzer, Hängebrücken und Fallschirme. Die Astronomie war im Vergleich zu Europa sehr weit entwickelt: Die erste Aufzeichnung einer Sonnenfinsternis zum Beispiel stammt aus China. Doch aus irgendwelchen Gründen ließ der Erfindungsgeist in den späteren Jahrhunderten nach. In China geschah nichts in der Art der westlichen Industriellen Revolution (siehe S. 286), und so verlor China seinen Vorsprung.

China entwickelte auch seine eigene medizinische Tradition. Am bekanntesten davon ist die Akupunktur, bei der kleine Nadeln in spezielle Punkte am Körper eingestochen und bewegt werden. Sie hilft bei verschiedenen Beschwerden und auch gegen Schmerzen. Es wurden schon Leute operiert, die nur durch Akupunktur betäubt waren.

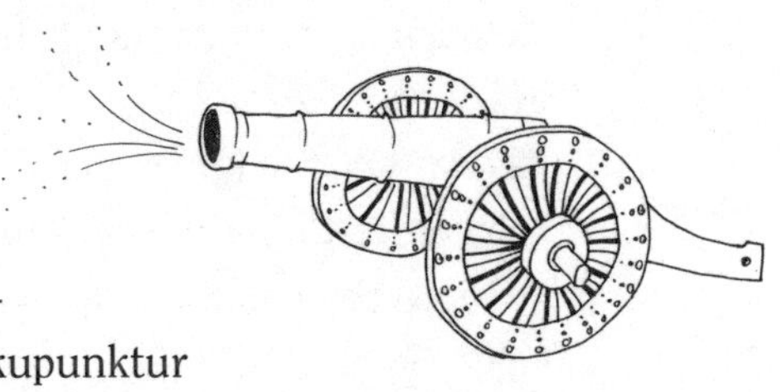

Das Schwarzpulver wurde womöglich schon im Jahr 300 erfunden. Im 13. Jahrhundert fand es seinen Weg zu den Arabern, die mit China Handel trieben, und von dort kam es nach Europa. Aus der Erfindung des Schwarzpulvers entstand natürlich das Feuerwerk. Es wurde zunächst abgefeuert, um durch den lauten Knall böse Geister zu vertreiben. China ist bis heute der größte Produzent von Feuerwerkskörpern der Welt und es gibt großartige Darbietungen zum chinesischen Neujahr. Jedes chinesische Jahr ist in einem Zwölfjahreszyklus nach einem Tier benannt. Hier sind die Tiere: Welches ist Ihres?

Ratte – 2008	Pferd – 2002
Schwein – 2007	Schlange – 2001
Hund – 2006	Drache – 2000
Hahn – 2005	Hase – 1999
Affe – 2004	Tiger – 1998
Schaf – 2003	Ochse – 1997

1996 war dann wieder die Ratte dran. Sie können in zwölfer Jahresfolgen weiter zurückrechnen.

Die Verbotene Stadt

Im 15. Jahrhundert verlegte ein Ming-Kaiser die Hauptstadt von Xian nach Beijing, das auch heute noch Hauptstadt ist. Beijing wurde in großem Stil neu aufgebaut: Eine große Kaiserstraße führte durch die Äußere und die Innere Stadt zum Palastkomplex des Kaisers. Sie führte genau in die Halle der Höchsten Harmonie, das größte Holzgebäude in China, wo der Thron des Kaisers stand.

Die Verbotene Stadt war nicht ein einzelnes Gebäude wie ein Palast, sondern eine eigene kleine Stadt, 72 Hektar groß, mit 900 verschiedenen Räumen – Hallen, Tempeln und kleineren Kammern, die um Innenhöfe herum angelegt waren. In den Gebäuden lagerten großartige Schätze, vor allem wunderbares Porzellan und Gemälde auf Papierrollen, für die China bekannt ist. Der Kaiser und seine Familie lebten in der Verbotenen Stadt mit Tausenden Dienern und einigen Regierungsmitgliedern, mit deren Hilfe der Kaiser sein riesiges Reich regierte.

Das alte Beijing mit der Verbotenen Stadt im Hintergrund

Chinesisches Gemälde mit zwei Pferden, um 1900

Seit ihrer Erbauung bildete die Verbotene Stadt das Zentrum der chinesischen Geschichte. Die Herrschaft der Ming wurde schwach und korrupt, und als im 17. Jahrhundert die nicht chinesischen Mandschu (aus der Mandschurei) in das Reich eindrangen, beging der letzte Ming-Kaiser auf dem Hügel direkt hinter dem Palast Selbstmord. Die Mandschu-Kaiser regierten von da an bis zum Ende ihres Reiches Anfang des 20. Jahrhunderts.

In der Verbotenen Stadt spielten sich die Intrigen der von allen gefürchteten Kaiserinwitwe, aber auch das ergreifende Ende des fünfjährigen Kaisers Pu Yi ab. Chinas kommunistische Herrscher rissen fast die ganze Stadt ab und versuchten, die Erinnerung an die Vergangenheit zu tilgen, doch glücklicherweise hat sie es überstanden. Heute werden Paraden am Tiananmen-Platz (Platz des Himmlischen Friedens) am Haupttor der Verbotenen Stadt abgehalten, und in den letzten Jahren finanzierte die Regierung ein umfangreiches Programm zur Restaurierung der Verbotenen Stadt, um ihren früheren Glanz wiederherzustellen.

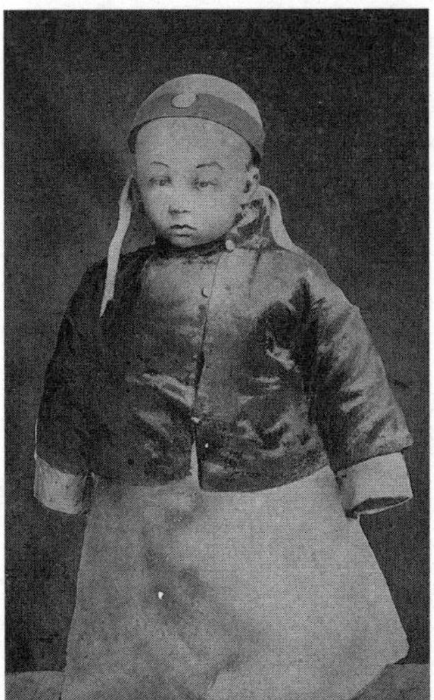

Die Kaiserinwitwe und der letzte Kaiser

47 Jahre lang, von 1861 bis 1908, herrschte die Kaiserinwitwe Cixi (eine Frau aus einer gewöhnlichen Familie, die die Lieblingsfrau eines Kaisers gewesen war), weil die Kaiser entweder zu jung oder zu schwach waren. Man sagte, sie herrschte »hinter den Vorhängen«, denn eigentlich sollten damals Frauen keine solche Machtstellung haben.

Cixi – »der alte Buddha« wurde sie genannt – hatte den Ruf, hinterlistig und grausam zu sein, vielleicht auch zu Unrecht. Sie war sehr clever – musste sie auch sein, um zu überleben –, doch es starben viele Menschen während ihrer Herrschaft. Sie ließ eine Rivalin gnädigerweise nur köpfen, anstatt sie »langsam in Stücke schneiden zu lassen«. Wir werden auch nie erfahren, ob sie wirklich befohlen hatte, eine Freundin des Kaisers in einen Brunnen zu werfen.

Cixi rauchte gern Pfeife und europäische Zigaretten. Und sie hatte viele Pekinesen (Hunde), die speziell für die Kaiser gezüchtet worden waren. Sie lagen ruhig in den Ärmeln ihres Gewandes, wenn sie umherging! Sie durfte ihre Füße normal wachsen lassen, weil sie eine Mandschu war. Allen anderen Frauen und Mädchen wurden vom Kindesalter an die Füße zu kleinen klauenartigen Hufen gebunden, sodass sie kaum gehen konnten.

Der nächste Kaiser nach Cixis Tod war der erst dreijährige Pu Yi, der ein ganz außerordentliches Leben hatte. Er war als ganz kleines Kind aus seiner Familie geholt und von Palastangestellten, die er kaum kannte, betreut worden. Doch er war nicht lange Kaiser. Das Land hatte sehr unter Cixis Herrschaft gelitten, und 1912 brachte man Pu Yi dazu, abzudanken, und dann wurde das Land eine Republik. Er durfte in der Verbotenen Stadt bleiben, doch er konnte nichts tun außer studieren, Tennis spielen und Grammofonplatten hören. Als die Japaner Ende der 30er-Jahre des letzten Jahrhunderts in China einmarschierten, wurde er Kaiser der Mandschurei, aber er war nur ihre Marionette. Und er beendete seine Tage als Gärtner im kommunistischen Beijing.

KANADA

Kanada ist nach Russland das größte Land der Welt. Die Landschaft variiert von weiten, mit Eis und Schnee bedeckten Landstrichen ganz im Norden zu den weiten Ebenen, den sogenannten Prärien in der Mitte, bis zu den Nadelwäldern um die Hudson Bay und dem Gebirge im Westen.

Die Prärien sind zu trocken für Bäume, und es gibt weite Gebiete mit Grasland, wo Rinder grasen und Weizen angebaut wird. Im Norden, um die Hudson Bay, liegt das wilde, abgelegene Waldgebiet, der sogenannte Kanadische Schild. In diesem Gebiet gibt es zahlreiche Seen und auf dem kargen Boden wachsen Nadelwälder.

Weiter im Norden geht die Landschaft in die Tundra über. Tundra nennt man die sumpfigen und moosbewachsenen Landstriche, wo es zu kalt und zu nass ist, als dass Bäume wachsen könnten. Sie liegt zwischen den Waldgebieten und dem arktischen Eis. Unter der dünnen Erdschicht ist die Erde permanent gefroren, das nennt man Permafrost. Dort wächst nichts mehr außer Moos, Flechten und bestimmten Gräsern. Moos kann das 30-fache seines eigenen Gewichtes an Wasser speichern, deshalb läuft das Wasser dort nicht ab, und es bleibt alles sumpfig. Dort gefällt es den Stechmücken! Die einzigen Tiere, die hier leben, sind die Karibus (Rentiere) und Moschusochsen, dazu ein paar kleine Nagetiere und Vögel. Eine der wenigen Städte in der Gegend ist Chur-

Ahornsirup

Ahornsirup kommt vom Ahorn, einem Baum, der in den Wäldern wächst. In die Rinde des Baumes wird eine Rille oder ein Loch geschnitten, aus dem dann der Saft herausläuft. Er tropft in einen Eimer, der am Baum hängt. Da der Saft jedoch fast nur aus Wasser besteht, braucht man 45 Liter Pflanzensaft, um einen Liter Ahornsirup herzustellen. Ahornsirup ist auf der ganzen Welt beliebt, besonders bei Kindern, die ihn gern auf Waffeln und auf Pfannkuchen essen.

chill. Die Stadt ist auch bekannt, weil dort manchmal Eisbären in die Stadt kommen, überall herumwandern und die Abfalltonnen durchwühlen. Churchill ist die Eisbärenhauptstadt der Welt, und Touristen reisen extra dorthin, um sie zu sehen. Sie fahren in speziellen Tundrafahrzeugen herum, in denen sie vor Eisbärenangriffen sicher sind.

Nördlich vom Kanadischen Schild liegen die subarktische und die arktische Region. Hier liegt die Temperatur die meiste Zeit des Jahres unter dem Gefrierpunkt. Es gibt nur vier Monate ohne Frost. Im Norden zeigt sich im Winter die Sonne kaum, und im Sommer scheint sie die ganze Zeit – sodass man kaum schlafen kann. Es gibt keine Bäume in der Arktis, weil der Boden fast immer gefroren ist. In der Arktis und der Subarktis leben die Inuit, die von Eisbären, Seehunden, Walen und Karibus leben.

Im Westen Kanadas liegt eine große Bergkette, die Rocky Mountains, kurz auch Rockies genannt – sie sind die Fortsetzung der US-amerikanischen Rocky Mountains. Die Berge sind von dichten Wäldern bedeckt. Auf dem schmalen Streifen zwischen den Bergen und dem Meer, wo das Klima viel milder ist, liegt die wunderschöne Stadt Vancouver, Kanadas wichtigster Hafen.

Die Anfänge

Vor etwa 20 000 Jahren waren Sibirien und Alaska durch eine Landbrücke verbunden und die ersten Menschen folgten den Bisonherden aus Sibirien über diese Brücke und ließen sich in Kanada nieder. Diese Menschen nennt man heute indigene Völker. Der Name Kanada stammt vom indianischen *Kanata,* das bedeutet Dorf oder Siedlung. Zu den Indigenen gehörten die Mohawk, die um den Sankt-Lorenz-Strom siedelten und Ackerbau betrieben, sowie die Schwarzfußindianer, die in den Prärien lebten und Büffel jagten. Die Inuit lebten in den kälteren Regionen im nördlichen Kanada. Als die Europäer ankamen, vertrieben sie die Indigenen aus ihren Gebieten und zwangen sie, in Reservaten zu leben. In den letzten Jahren wurde das neue Territorium Nunavut gegründet, und dort können die Inuit selbst über ihre weitere Entwicklung, Sprache und ihre Lebensweise bestimmen. Das bedeutet, sie können viele ihrer alten Traditionen bewahren. Ihre Sprache, das Inuktitut, hat Englisch als offizielle Sprache in ihrem Gebiet abgelöst.

Im 11. Jahrhundert waren Wikinger mit Schiffen aus Europa gekommen, doch die fürchterliche Kälte und die Einsamkeit vertrieben sie wieder. Später kamen die Franzosen und fanden dort so viel Wild vor, dass sie genügend Nahrung hatten und auch noch mit den Pelzen Handel treiben konnten. Sie siedelten sich in der späteren Provinz Quebec an und gründeten 1608 ihre Hauptstadt Quebec. Bald folgten britische Siedler und Pelzjäger, und schließlich erlangten die Briten die Herrschaft über das Land.

Königin Elisabeth II. ist auch Königin von Kanada, doch Amtssprachen sind Englisch und Französisch. Die englisch Sprechenden wollten Toronto als Hauptstadt, doch das gefiel den französisch Sprechenden nicht, – sie wollten Montreal, das die Englischsprachigen nicht wollten. Als Kompromiss wählte man Ottawa als Hauptstadt.

Die Großen Seen

Die Großen Seen sind ein Teil der Grenze zwischen den Vereinigten Staaten von Amerika und Kanada. Der Obersee im Westen ist der größte See der Welt; der Huronsee ist bekannt für seine Wassersport-Möglichkeiten; der Eriesee ist der flachste der drei Seen und ist manchmal komplett gefroren. Am Ende der Seen liegen die Niagarafälle – siehe Seite 134. Sie führen in den Ontariosee, der ist der kleinste und am meisten verschmutzte See, da an seinen Ufern viele Fabriken liegen. Der einzige der Großen Seen, der ganz in den USA liegt, ist der Michigansee. Die Wasserstände in den Seen fallen und man glaubt, die Verdunstung durch die weltweite Erwärmung sei daran schuld. Die Seen geben Wasser in den Sankt-Lorenz-Strom ab, der zu den größten Flüssen der Welt gehört und die Seen mit dem Atlantik verbindet. Mit dem Schiff braucht man etwa neun Tage, um von den Seen zum Meer zu fahren, denn man muss viele Schleusen passieren, um die Schiffe je nach Flusslauf anzuheben oder abzusenken. Ein typisches Frachtschiff auf den Seen wird im Englischen »Laker« genannt und transportiert Kohlen, Korn und Eisenerz.

Der Pelzhandel

Als die ersten Siedler nach Kanada kamen, sahen sie, wie die Einwohner Tiere in Fallen fingen, um sie zu essen und um die Felle wegen ihrer Wärme und zum Handel zu nutzen. Die Europäer dachten, das könnten sie ebenfalls tun, und bald spielte der Pelzhandel eine wichtige Rolle im Leben der Europäer in Kanada. Tiere, deren Fell wertvoll war, waren zum Beispiel Karibu, Bisamratte, Biber und junge Robben.

Tiere hängen zum Trocknen vor der Hütte eines Fallenstellers.

Die größte Handelskompanie war die *Hudson Bay Company* und die Stadt Winnipeg wurde ein wichtiges Handelszentrum für die Organisation. Die Kompanie war 1670 gegründet worden, als der englische König Karl II. die Erlaubnis erteilte, Tiere in Fallen zu fangen und im gesamten Land, aus dem Wasser in die Hudson Bay lief, nach Mineralien zu graben. Das Unternehmen war sehr erfolgreich und exportierte seine Tierfelle in die ganze Welt, besonders nach Europa, wo Pelze ein wichtiges Modeaccessoire waren. Abends mit einem Fuchspelz um die Schultern auszugehen (mit Füßen, Kopf und Schwanz dran), galt in New York, Berlin oder London als der Gipfel des Luxus.

Die Inuit

Die Inuit breiteten sich von Norden über Kanada aus. Ihr Siedlungsgebiet prägte auch ihre Lebensweise. Die Inuit der Subarktis und der Arktis waren zwei verschiedene Gruppen: Sie hatten je eine eigene Sprache, eine eigene Religion und ihre eigenen Gesetze. Die arktischen Inuit jagten Eisbären, Robben und Walrosse wegen ihrer Häute und des Fleisches und harpunierten Wale in den kalten arktischen Gewässern. In den Wintermonaten lebten sie in Iglus aus Schneeblöcken. Die Hauptquelle für Nahrung und Kleidung der subarktischen Inuit war das Karibu.

Die Tiere lieferten den Inuit Nahrung, Felle zur Bekleidung, Sehnen als Faden und Knochen für Werkzeuge und Nadeln. Karibu- und Robbenfelle wurden und werden immer noch für die Kleidung verwendet: Jacken, Mäntel und Stiefel für Männer und Frauen. Die Aufgabe einer Inuitfrau war es, die Häute zu kauen, um sie weich und geschmeidig zu machen, ehe man sie mit Nadeln aus Knochen und mit Sehnen zusammennähte. Die Häute wurden mit dem Fell nach innen zusammengenäht, damit sie gut wärmten. Außerdem musste die Inuitfrau sich um die Kinder kümmern und die Kleider ihres Mannes trocknen, wenn er nach Hause kam. Kleinkinder und Kinder trugen dieselbe Kleidung wie ihre Eltern. Babys bekamen jedes Mal, wenn sie weinten, einen neuen Namen – sie müssen also viele Namen gehabt haben.

Die Kleidung der Inuit war bequem – Männer und Frauen trugen Socken aus Hasenfell und Stiefel aus Robbenfell. Die Männer trugen kurze, lose Hosen aus weißem Bärenfell und die Frauen trugen kurze Hosen aus Fuchsfell mit Leggins darunter. Der Mann warf sich im Winter einen Mantel aus Fuchsfell mit einer Kapuze über, die seinen Kopf komplett bedecken konnte. Die Frauen trugen dasselbe, aber sie hatten Kapuzen aus Robbenfell, die mit Fuchsschwänzen gesäumt waren. Im Sommer trugen die Frauen einen Robbenmantel mit Fuchsschwänzen gesäumt, und die Männer trugen unter ihrem Mantel ein Hemd aus Vogelhaut, das mit den Federn nach innen getragen wurde. Bei kaltem Wetter hüllten sie sich in Schals und Decken. Um ihre Augen vor der gleißenden Sonne zu schützen, setzten sie sich selbst gemachte Schutzbrillen auf. Diese waren aus Walrosszähnen geschnitzt und sahen modernen Brillen sehr ähnlich. Sie hatten einen schmalen Schlitz, durch den man sehen konnte. Die subarktischen Inuit trugen Parkas aus Karibufell mit Kapuze, mit dem Fell nach innen. Sie spielten Kickball, eine Art Fußball mit einem Lederball, der mit Karibuhaar gestopft war. Es wurde alles vom Karibu verwendet.

Inuitmänner stellten ganz leichte, wasserdichte Kajaks her. Dazu bezogen sie einen leichten Holzrahmen mit geölten Häuten. Die Jäger machten in ihren leisen Kajaks Jagd auf Robben und Wale. Wenn sie einen Wal entdeckten, kehrten sie zu ihrer Gemeinschaft zurück, und alle Männer kamen zu Hilfe, um den Wal zu fangen und ihn zu den Häusern zu schleppen. Dort zerlegten ihn die Frauen und bereiteten ein köstliches Festmahl. Wenn die Inuit an Land etwas transportieren wollten, benutzten sie Schlitten, die von Hunden gezogen wurden. Sie stellten Schneeschuhe her, die die Form von Bärentatzen hatten, mit denen man im Winter hervorragend auf dem Schnee gehen konnte. Die subarktischen Inuit stellten eine Art Skier aus gebogenem Birkenholz her, die sie mit Streifen von nasser Karibuhaut befestigten. Im Sommer flochten sie aus Gräsern Strümpfe, die perfekt um den Fuß passten.

Eine Inuit-Mutter mit ihrem Baby auf dem Rücken

In der Arktis war nichts selbstverständlich: Es gab keine Wasserhähne, kein Gas, keine Elektrizität, also auch keine Kühlschränke und sicher auch keine Geschäfte. Die Inuit mussten alle Nahrung selbst suchen und haltbar machen. Sie hatten keine festen Essenszeiten

Eskimo & Inuit

In der Vergangenheit nannte man die Inuit Eskimos, das bedeutet Rohfleischesser. Für manche Stämme ist die Bezeichnung Eskimo eine Beleidigung, deshalb benutzt man heute das Wort Inuit, das einfach »das Volk« bedeutet.

und aßen, wenn sie hungrig waren. Ihr Essen teilten sie mit Familie und Freunden, das bedeutete: Wenn es wenig Nahrung gab, dann hatten alle ein bisschen etwas. Im Sommer lagerten sie Nahrung für den Winter ein, denn dann gab es keine Pflanzen und nur wenige Tiere.

Die Arktis gehört zu den Gebieten, die am meisten von der globalen Erwärmung betroffen sind. Der Frühling kommt immer früher und die Eisschollen schmelzen. Das hat Auswirkungen auf das Leben der Eisbären. Sie brauchen das Eis, weil sie sich über die Eisschollen fortbewegen, wenn sie auf der Suche nach Robben sind. Eisbären können zwar bei der Futtersuche schwimmen, doch oft sind sie erschöpft und sterben, ehe sie eine Eisscholle erreichen. Ein hungriger Eisbär wird sehr aggressiv und greift auch Menschen an, die ihm über den Weg laufen. Wenn es weniger Eisbären gibt, betrifft das auch die Inuit, die die Eisbären wegen des Fleisches jagen. Das schmelzende Eis bringt auch Probleme für die Robben, denn die Jungen werden im Frühling auf dem Eis geboren. Wenn das Eis geschmolzen ist, müssen die Robben für die Geburt an Land gehen, und dort droht die Gefahr, dass andere Tieren sie angreifen und die neugeborenen Robben verschleppen.

MODERNE GEDICHTE

Gedichte für Kinder wurden in den letzten Jahren viele geschrieben. Viele der neueren Gedichte gelten schon wieder als Klassiker, weil sie Tausenden von Kindern bekannt sind. Moderne Gedichte sind für Kinder am zugänglichsten – per definitionem benutzen sie die Sprache und den Rhythmus des heute Gesprochenen und behandeln oft Themen, die die Kinder sofort erkennen. Das bringt Sie gehörig ins Hintertreffen: Es kann gut sein, dass Ihr Enkelkind ein Gedicht aus der Schule kennt, von dem Sie noch nie gehört haben. Begreifen Sie das als Chance – wie wunderbar es für beide Seiten sein kann, wenn Sie ein Gedicht durch das Kind kennenlernen anstatt andersherum!

Für den Anfang

So, wo beginnt man, wenn man bei den modernen Gedichten aufholen will? Nun, es gibt einige gute Anthologien, mit denen Ihr Enkel die Welt des Dichtens kennenlernen wird, und das Buch »gehört« ihm so, wie ihm ein Roman gehören könnte (zum Beispiel *»Ich liebe dich wie Apfelmus – Die schönsten Gedichte für Kleine und Große«*, herausgegeben von Amelie Fried). Und sicher wird es einige weniger bekannte Gedichte für sich selbst entdecken.

Hier ist eine kleine Auswahl moderner Gedichte, die einige Kinder vielleicht sogar kennen werden. Machen Sie sich über so was keine Sorgen, bei Gedichten macht es Freude, wenn man sie schon kennt.

Ernst Jandl: Für Kinder sind die lustigen Wort- und Buchstabenspiele des Dichters sehr unterhaltsam. Es ist manchmal gar nicht so einfach, sie nachzusagen, und das Ganze kann zu einer Menge Gekicher führen.

ottos mops

*
ottos mops trotzt
otto: fort mops fort
ottos mops hopst fort
otto: soso

otto holt koks
otto holt obst
otto horcht
otto: mops mops
otto hofft

ottos mops klopft
otto: komm mops komm
ottos mops kommt
ottos mops kotzt
otto: ogottogott

Hugo Ball: Das folgende Gedicht ist zwar schon älter, aber trotzdem viel moderner als viele andere. Kinder werden viel leichter als Erwachsene die Karawane heraushören.

Karawane

*
jolifanto bambia ô falli bambla
grossiga m'pfa habla horem
égiga goramen
higo bloiko russula huju
hollaka hollala
anlogo bung
blago bung
blago bung
bosso fataka
ü üü ü
schampa wulla wussa ólobo
hej tatta gôrem
eschige zunbada
wulubu ssubudu uluw ssubudu
tumba ba-umf
kusagauma
ba – umf

Jutta Richter ist eine bekannte Kinder- und Jugendbuchautorin. Die armen Hunde aus diesem Gedicht werden nicht nur Ihren Enkeln zu Herzen gehen.

Arme Hunde

Arme Hunde gibt es viele
Keiner will sie haben
Weil sie hinken
Weil sie stinken
Weil sie Pfützenwasser trinken
Weil sie beißen
Weil sie reißen
Weil sie auf den Gehsteig scheißen
Arme Hunde gibt es viele
Keiner will sie haben
Aber wenn wir sie nicht schlagen
Und nicht fort- und weiterjagen
Werden arme Hunde lachen
Und uns Tag und Nacht bewachen

Jeder arme Hund
Wär gern reich und rund

Friederike Mayröcker ist eine tolle österreichische Dichterin. Das muss man auch sein, wenn man so viele Wörter für einen lieben Menschen finden kann. Vielleicht fallen Ihrem Enkelkind noch weitere ein?

Wie ich dich nenne
wenn ich an dich denke
und du nicht da bist:

meine Walderdbeere
meine Zuckerechse
meine Trosttüte
mein Seidenspinner
mein Sorgenschreck
meine Aurelia
meine Schotterblume
mein Schlummerkind
meine Morgenhand
mein Vielvergesser
mein Fensterkreuz
mein Mondverstecker
mein Silberstab
mein Abendschein
mein Sonnenfaden
mein Rüsselhase

mein Hirschenkopf
meine Hasenpfote
mein Treppenfrosch
mein Lichterkranz
mein Frühlingsdieb
mein Zittergaul
meine Silberschnecke
mein Tintenfaß
mein Besenfuchs
mein Bäumefäller
mein Sturmausreißer
mein Bärenheger
mein Zähnezeiger
mein Pferdeohr
mein Praterbaum
mein Ringelhorn
meine Affentasche
meine Winterwende
meine Artischocke
meine Mitternacht
mein Rückwärtswälzer
(da capo!)

Rap

Der Rap ist eine moderne Form der Dichtung und hat einen musikalischen Rhythmus. Den Anfang nahm der Rap in den 70er-Jahren des 20. Jahrhunderts in der Bronx in New York, als die dort lebenden Jamaikaner auf ihren Straßenpartys spontan Gedichte rezitierten. Bei dieser neuen Gedichtform legte man größten Wert auf stark betonten Reim und Wortspiele, und sie wurde auf eine rhythmische, »funky« Art rezitiert. Sie breitete sich bald über die ganze Welt aus und wurde kommerzialisiert, doch im günstigsten Fall ist der Rap ein reichhaltiges neues Ausdrucksmittel.

Wenn Ihren Enkeln so etwas gefällt, ermutigen Sie sie, selbst einen Rap zu schreiben. Die Aufführung macht genau so viel Spaß wie das Schreiben. Hier sind die ersten vier Zeilen eines Rap, den meine elfjährige Tochter mit ihrem Freund in den 80er-Jahren geschrieben hat:

Ich heiß Claire und ich heiß Jude!
Wir rocken die Schule, wir sind echt cool!
Wir gehörn zusammen, du weiß was ich meine,
wir hängen gemeinsam ab, wir sind nie alleine.

Leider muss ich sagen, dass ich den Rap zwar viele Male gehört habe, aber ich konnte mich nicht überwinden, eine Baseballkappe aufzusetzen! Vielleicht bin ich bereit, es für meine Enkelin zu tun.

Hier ist ein Auszug aus einem professionelleren Rapgedicht von Jaromir Konecny aus dem Buch *Hip und Hop und Trauermarsch.*

Habt ihr wirklich nichts zu sagen?
Keine Klagen? Missbehagen?
Plagen von den zagen Tagen,
wenn nur Fragen durchs Hirn jagen,
Bisse am Gewissen nagen?
Platzte euch noch nie der Kragen?
Wollt ihr nur das Wohlbehagen?
Fett sein, Magen voll geschlagen?
Und ihn träge herumtragen?
Futter für den Leichenwagen?
Warum nicht was Neues wagen?

KARTEN FÜR JEDEN ANLASS

Karten selber machen macht Spaß, und ein selbst gestaltetes »Dankeschön«, »Für die beste Freundin« oder »Glückwunsch zum Mutter- oder Vatertag« ist einfach großartig. Capucine, die auch an der Schule meiner Schwester unterrichtet, hat mir ein paar hübsche Karten gezeigt, die sie mit den Kindern bastelt.

Faltschnittkarten *(Pop-up-Karten)*

Ich dachte, das wäre viel zu schwierig – ist es aber nicht, und sie sind sehr schön anzusehen. Wenn Sie einmal eine gemacht haben, gehen die anderen leicht. Probieren Sie es mit den Kindern erst mit Konzeptpapier. Hier sind einige für verschiedene Anlässe.

* WIR BRAUCHEN: *Für alle diese Karten brauchen wir ein A4-Blatt weißes Papier, ein A4-Blatt Karton in einer schönen Farbe, ein paar Farben oder Filzstifte, eine scharfe Schere, Bleistift, Klebstoff.*

Ein Pop-up-Herz – für die Eltern oder zum Valentinstag

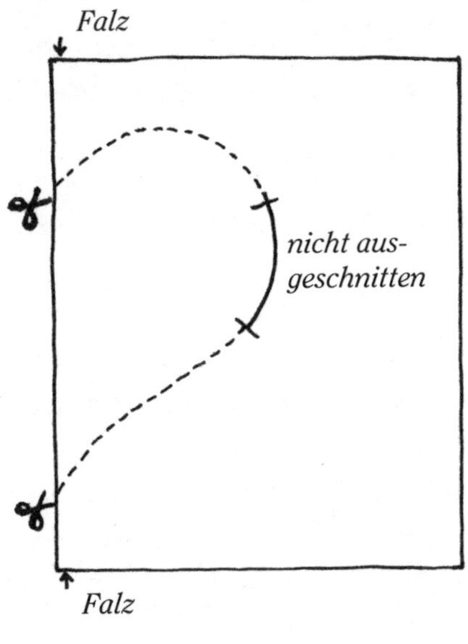

* Wir schneiden das A4-Papier in der Mitte durch. Wir falten das Papier in der Mitte und mit dem Falz als Mitte zeichnen wir ein halbes Herz darauf. Jetzt müssen wir einen Teil des Herzens ausschneiden. Wir beginnen am Falz und schneiden die Herzform aus, aber lassen etwa 4 cm in der Rundung aus (*siehe Abb.*).

  Wir öffnen nun das gefaltete Papier und legen es flach auf den Tisch, dann sollte das Herz frei fliegen und nur an den Seiten auf dem Papier gehalten werden. Das ist jetzt das Innere der Karte. Also falten wir das Papier andersherum mit dem Pop-up-Herz innen. Wir malen das Herz ganz vorsichtig in kräftigem Pink oder hellem Rot an und lassen es vollständig trocknen.

Wir schneiden die farbige A4-Karte in der Mitte durch und falten eine Hälfte. Wir kleben jetzt unser Pop-up-Papier in die bunte Karte, und schon haben wir eine hübsche Herzkarte zum Ausklappen. Wir schreiben unsere Nachricht innen in die Karte. Wenn das weiße Papier sichtbar wird, müssen wir die Ränder noch etwas nachschneiden.

Rentierkarte – für Weihnachten oder nur so zum Spaß

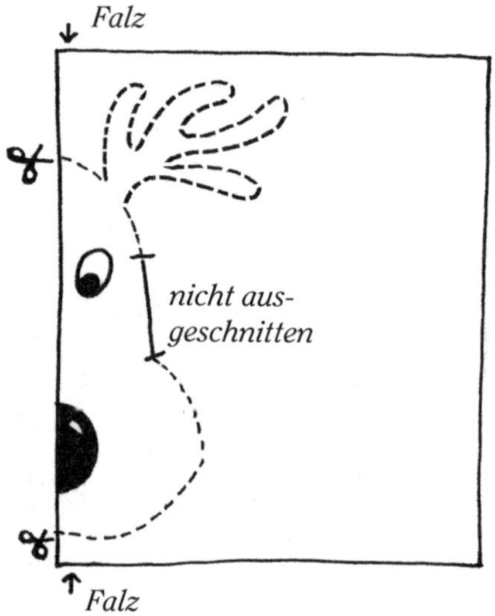

Wir schneiden ein Stück A4-Papier in der Mitte durch wie oben. Dann falten wir das Papier in der Mitte zur Hälfte und zeichnen ein Rentiergesicht. Dabei müssen wir an ausreichend Platz für das Geweih denken. Wir schneiden das halbe Rentier und das Geweih aus und lassen 4 cm an der geraden Seite des Gesichts dran (siehe Abb.).

Wir öffnen das gefaltete Papier. Jetzt können wir unserem Rentier eine rote Nase malen (wie die von Rudolf), für das Gesicht nehmen wir ein schönes Hellbraun. Wir lassen die Farbe trocknen und malen ihm schmachtende schwarze Augen und vielleicht Wimpern. Für das Geweih nehmen wir ein weihnachtliches Rot.

Wir falten schließlich unser Papier nach innen, sodass Rudolf herausspringt. Wir schneiden die farbige Karte in der Mitte durch. Dann kleben wir das Papier so in unsere farbige Karte ein, dass Rudolf hervorlugt. Vielleicht müssen wir an den Rändern ein bisschen nachschneiden.

Pop-up-Geschenke – zum Geburtstag, zu Weihnachten oder zu anderen Festen

Das Prinzip ist dasselbe wie oben. Wir falten das A4-Blatt in der Mitte, lassen oben 4 cm Platz für die Schleife und beginnen dann mit der obersten Schachtel. Wir zeichnen dann den halben Stapel mit drei Schachteln aufeinander. Wenn wir die unterste Schachtel malen, lassen wir an der Seite einen Rand von 5 cm zum Kartenrand, damit sie gut passt, wenn sie umgefaltet ist. Wir zeichnen schöne Bänder und eine üppige Schleife obendrauf.

Wir schneiden um die zwei Schachteln herum (aber nicht am Falz entlang). Dabei

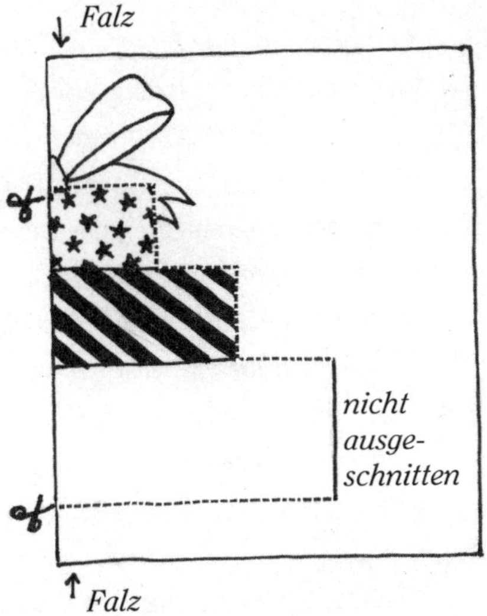

lassen wir bei der untersten Schachtel etwa 2,5 cm an der Seite dran. Wir schneiden jedoch an der Unterseite der Schachtel entlang (*siehe Abb.*).

Wenn wir das Blatt öffnen, sollten die Schachteln herausspringen, aber von den Seiten der unteren Schachtel gehalten werden. Wir zeichnen feine Bänder auf die drei Schachteln und zeichnen die andere Seite der Schleife oben. Jetzt malen wir jede Schachtel in einer anderen Farbe an. Wir lassen jede Farbe trocknen, ehe wir die nächste aufmalen. Wir malen die Bänder und die Schleife an. Dann schneiden wir unsere farbige Karte in der Mitte durch. Wenn die Farbe trocken ist, legen wir das Papier in die farbige Karte, sodass die Schachteln innen sind und herausspringen. Wir schneiden ein bisschen nach, wenn nötig.

Kürbiskarten für eine Halloween-Party

* Als Einladung für eine Party brauchen wir viele solche Karten, doch sie lassen sich leicht herstellen. Sie funktionieren genauso wie die Karte mit dem Herz. Wir malen einfach einen halben Kürbis und lassen etwa 2,5 cm an den Seiten daran, um ihn festzuhalten.

Wenn wir ihn anmalen, machen wir ihm zuerst furchterregende Augen, dann malen wir den Kopf orangebraun an. Zum Schluss malen wir schreckliche Zickzackzähne.

Origami-Blumenkarte

Das ist keine Pop-up-Karte, aber hübsch.

* WIR BRAUCHEN: *ein Blatt weißes A4-Papier, ein Blatt farbiges A4-Papier, bunte Filzstifte, Klebstoff, eine scharfe Schere.*

Wir schneiden das A4-Papier in der Mitte durch. Aus diesem Stück machen wir die Origami-Blumen.

So machen wir die Blumen: Wir nehmen das Papier und messen sorgfältig ein 4-cm-Quadrat aus, zeichnen es auf und schneiden es aus. Wir falten das Quadrat zu einem Dreieck. Dann nehmen wir die beiden unteren Ecken des Dreiecks und falten sie nach oben zu Blütenblättern (*siehe Abb.*). Jetzt haben wir die Blüte. Wir machen das Ganze noch einmal, dann haben wir zwei Blüten.

Stängel: Wir schneiden zwei Stängel mit der Länge 5 cm aus.

Blumentopf: Wir schneiden die Form eines Blumentopfes aus, etwa 5 cm hoch, mit Unterkante, zwei schrägen Seitenteilen und einer geraden Oberkante. Wir falten die Oberkante als Rand nach außen.

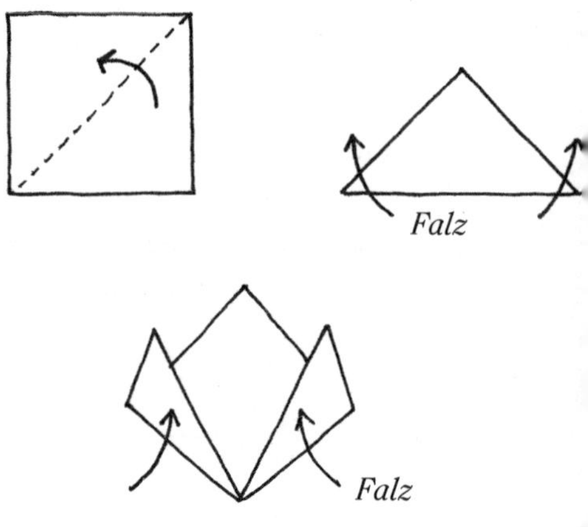

Malen: Wir bemalen die Blüten, die Stängel und den Topf. Den Rand des Topfs bemalen wir in einer anderen Farbe oder mit einem Muster. Wir lassen die Farbe gründlich trocknen.

Zusammenfügen: Wir schneiden die farbige A4-Karte in der Mitte durch und falten eines der Stücke. Auf die Vorderseite der Karte müssen wir jetzt unsere Origami-Blume kleben.

Bevor wir die Origami-Teile auf die Karte kleben, sollten wir sie einmal auflegen, damit wir sehen, ob sie gut zusammenpassen. Das macht das Aufkleben leichter.

Wir kleben die Teile auf die Karte, fertig! Jetzt schreiben wir nur noch unsere Nachricht in die Karte.

Glitzerkarte

Diese Karte zu basteln, macht großen Spaß.

* WIR BRAUCHEN: *eine Tüte Pailletten, Glitter oder Glitzermotive – oder alle drei, eine kleine durchsichtige Plastiktüte oder Klarsichtfolie (nicht größer als 18 x 19 cm), zwei A4-Blätter farbigen Karton, Filzstifte, Klebestreifen Klebstoff, Schere.*

Beginnen wir mit dem A4-Blatt aus farbigem Karton. Wir falten es in der Mitte – schneiden es aber nicht durch. Wir halten die Karte so, dass der Falz auf der linken Seite ist. Wir schneiden auf der Vorderseite die Mitte aus und lassen einen Rahmen von 2,5 cm an der Seite und je 5 cm nach oben und unten. Wir schneiden das andere Stück des A4-Blatts in der Mitte durch. Wir brauchen nur eine Hälfte. Bei der Hälfte, die wir verwenden, muss ebenfalls die Mitte ausgeschnitten werden wie oben beschrieben. Das wird später die Innenseite von der Vorderseite unserer Karte.

Jetzt kommt die schönste Sache. Wir nehmen die Plastiktüte und prüfen, ob sie in den Kartenrahmen passt. Wenn sie zu groß ist, schneiden wir sie zurecht und kleben sie an drei Seiten mit Klebestreifen zu. Wir lassen eine Seite offen. Wir füllen die Tüte mit Pailletten, Sternchen und anderem Glitzerkram. Wir können auch glänzende Goldfische malen, Seesterne oder Delfine. Wir müssen daran denken, beide Seiten zu bemalen. Wir tun aber nicht zu viel in die Tüte, damit die Teile sich noch frei bewegen können. Nun kleben wir sie oben mit Klebestreifen zu und kleben sie mit Klebestreifen in den Rahmen. Dann decken wir den Klebestreifen und die Ränder der Tüte mit dem zweiten Rahmen aus buntem Karton ab (*siehe Abb.*).

Jetzt sollten wir einen wabbeligen, witzigen Aquariumeffekt haben, sodass die Glitzerteile sich frei schwebend bewegen. Wenn wir einen Locher haben, können wir auch Schneeflocken für eine Weihnachtskarte mit weißem Konfetti und einem Weihnachtsbaum machen.

Marmorierte Karte

Das ist ganz bezaubernd und sieht fein aus.

WIR BRAUCHEN: *zwei A4-Blätter weißes Papier, Marmorier-Zutaten, A4-Stück weißen Karton.*

Wir nehmen ein A4-Blatt Karton und marmorieren es nach den Anweisungen auf Seite 238. Dann lassen wir das Papier vollständig trocknen.

Inzwischen falten wir unsere A4-Karte in der Mitte, entweder horizontal oder vertikal. Auf der Vorderseite schneiden wir eine Form aus: einen Tropfen, einen Apfel oder ein Herz. Wir probieren es am besten erst auf Konzeptpapier und vergleichen die Größe auf der A4-Karte, ehe wir drauflosschneiden. Es sollte etwa 9 x 11 cm groß sein. Dann schneiden wir die Form sorgfältig aus. Wir schneiden unser marmoriertes Papier so zurecht, dass es hinten gut in den Rahmen passt, und kleben es fest. Zuletzt schneiden wir noch einen weißen Papierrahmen aus und kleben ihn hinter das marmorierte Papier, sodass die Ränder verdeckt werden.

Wenn wir noch marmoriertes Papier übrig haben, können wir daraus noch eine Karte machen (mit einer anderen Form für das marmorierte Papier). Wir könnten es auch auf Karton aufkleben und ein schönes Lesezeichen oder einen Geschenkanhänger daraus machen.

Karte mit Kartoffeldruck

Wir basteln nach den Anweisungen auf Seite 237 eine Karte und bedrucken sie mit verschiedenen Objekten – Garnrolle, Zahnbürste, Karotte, Kartoffel, Kork, Wattestäbchen, Münzen und so weiter. Wir brauchen weiße Blätter zum Üben und dann ein Stück A4-Karton in Weiß oder Farbig.

Wenn wir mit Kartoffeldruck ein Tier aufgedruckt haben, können wir Beine, Augen und Schnabel einfach mit Filzstift dazumalen. Wir sollten nicht vergessen, den Hintergrund schön zu gestalten – stacheliges Gras mit einer Zickzackform aus einem Kartoffelstück ausgeschnitten oder eine Palme oder einen Busch. Als Blumen könnten wir zum Beispiel aus Kartoffel eine Tulpe ausschneiden und lange ovale Blätter dazu. Für eine Spinne brauchen wir nur eine Garnrolle für den Körper und dann malen wir mit Filzstift acht Spinnenbeine dazu.

Glänzende Blätter

Die können Sie und Ihre Enkel vorn auf eine gefaltete weiße A4-Karte aufdrucken oder oben auf einen Brief. Wenn Sie zum Beispiel Dankesbriefe nach einer Party schreiben, könnten Sie es probieren, das sieht sehr hübsch aus. Ich empfehle Ihnen jedoch, vorher mit den Kindern auf Konzeptpapier zu üben. Wenn Sie das gut beherrschen, probieren Sie es mit größeren Blättern wie Kastanie und auf einem größeren Blatt Papier, dann können Sie es zum Einwickeln von Geschenken verwenden.

WIR BRAUCHEN: *Konzeptpapier, A4-Karte oder ein kleineres Blatt Briefpapier, ein frisches Blatt, zum Beispiel Buche oder Eiche, Plakatfarbe Gold, Pinsel.*

Wenn wir eine A4-Karte verwenden, falten wir sie und legen sie zur Seite.

Wir legen unser Blatt auf ein Stück Zeitungspapier und malen es dick mit Goldfarbe an. Wir nehmen es sehr vorsichtig auf und drucken es oben auf das Briefpapier oder vorn auf die gefalzte Karte. Wir können das beliebig oft wiederholen, müssen aber immer wieder die Farbe erneuern.

Wir lassen die bedruckte Karte gründlich trocknen und schreiben dann unseren Gruß hinein.

Feriengruß

Das ist eine schöne Beschäftigung für einen Ferientag und kann zu amüsanten Szenen führen.

WIR BRAUCHEN: *ein Stück A4-Karton, Filzstifte.*

Wir schneiden die A4-Karte in vier Teile, sodass wir vier Urlaubskarten haben. Wir unterteilen mit einem Stift die Vorderseite in vier Abschnitte und malen in jeden kleine Szenen aus dem Urlaub. Wir denken einfach an: Vater schlafend im Liegestuhl, Ponyreiten, Eisessen, ein Springbrunnen, Sandburgen, ein Comic mit einem Familienmitglied, interessante Orte, die wir besucht haben, und so weiter. Dann schreiben wir unsere Nachricht auf die Rückseite, kleben eine Briefmarke darauf, und ab geht die Post! Das ist eine schöne Erinnerung an den Urlaub.

LEICHTATHLETIK

Heute, da die Kinder weniger Bewegung in ihrem täglichen Leben haben, ist es wichtig, sie in jedem Interesse, das sie an Sport zeigen, zu unterstützen. Laufen, Springen und Werfen sind die reinsten Sportformen, und Kinder tun das alles von klein auf sehr gerne. Leichtathletikwettbewerbe sind seit der Antike wichtige Sportereignisse (siehe S. 354). Das Problem für Eltern und Großeltern sportbegeisterter Kinder ist, den richtigen Ausgleich zwischen Ansporn und dem körperlichen und seelischen Wohlergehen des Kindes zu finden.

Ein paar Tipps

* Seien Sie nicht zu ehrgeizig. Die motorischen Fähigkeiten von Kindern sind erst im Alter von sieben richtig ausgereift, und manche Leichtathletik-Sportarten, für die man Kraft braucht, sind erst für Kinder über zehn geeignet.
* Lassen Sie Ihr Enkelkind eigene Interessen verfolgen, auch wenn Sie dessen Begeisterung nicht teilen.
* Gehen Sie zu den Veranstaltungen, an denen es teilnimmt. Als Großelternteil haben Sie vielleicht besonders gute Möglichkeiten und Zeit dazu.
* Bedenken Sie, dass es beim Sport um den Wettbewerb geht und dass es keinen Spaß macht, zu verlieren, besonders wenn man noch klein ist – zeigen Sie Verständnis und äußern Sie keine Kritik.
* Nehmen Sie selbst teil! Seien Sie ein Vorbild.
* Wenn das Kind etwas Talent und Begeisterung hat, melden Sie es im Sportverein an. Dort wird es zusammen mit anderen Kindern richtig trainiert.
* Machen Sie Ihre Enkel mit verschiedenen Sportarten bekannt, damit sie eine finden, die wirklich zu ihnen passt. Nicht jeder ist ein Läufer.

Speerwerfen

Speerwerfen ist ein alter Sport, der schon bei den antiken olympischen Spielen in Griechenland ausgeübt wurde. Damals ging es jedoch um Treffgenauigkeit und nicht um Weite. Es wurde 708 vor Christus als olympische Disziplin eingeführt. Der Speer bestand aus Olivenholz und der Werfer musste ein Ziel treffen. Im modernen Speerwerfen dominieren die Skandinavier – Finnland hat bei den modernen Olympiaden unglaubliche neun Goldmedaillen errungen. Einen Wendepunkt im Speerwerfen gab es 1984, als der DDR-Athlet Uwe Hohn 104,8 Meter weit warf, buchstäblich die gesamte Länge des Stadions. Die Funktionäre sorgten sich um die Sicherheit der Zuschauer, und in der Folge wurden die Wettkampfspeere verändert, sodass sie früher absinken und leichter im Boden stecken bleiben. Durch die neue Konstruktion der Speere verringerte sich die Distanz, die die Speere zurücklegten, um etwa zehn Prozent.

Speerwerfen ist gut geeignet für Kinder. Man kann für Sechs- bis Zehnjährige Aluminiumspeere mit Sicherheitsspitzen aus Plastik kaufen.

Stabhochsprung

Der Stabhochsprung ist spannend anzusehen und wird die meisten Kinder faszinieren. Stäbe wurden lange in Holland und in den Sumpfgebieten von England gebraucht, um über kleine Flüsse und Kanäle zu springen. Der moderne Hochsprung war einer der ursprünglichen Wettbewerbe bei den Olympischen Spielen 1896. Es ist die technisch anspruchvollste Disziplin und erfordert Unterricht in der Schule oder in einem Verein. Die Stäbe gibt es in allen möglichen Längen und Gewichtsklassen, also findet man auch den perfekten für ein Kind.

Nur 15 Männer haben bisher die Sechs-Meter-Marke übersprungen. Der erste war Sergei Bubka aus der Ukraine und er hält immer noch den Weltrekord. Es ist der Traum jedes Stabhochspringers, in den Sechs-Meter-Club zu kommen.

Diskuswerfen

Diskuswerfen ist ein alter griechischer Sport. Es gibt eine berühmte Statue eines Diskuswerfers von einem Bildhauer namens Myron aus dem 5. Jahrhundert vor Christus. Der beste moderne Werfer war der Amerikaner Al Oerter, der zwischen 1956 und 1968 vier Goldmedaillen bei der Olympiade gewann.

Zum Diskuswerfen braucht man Kraft, Geschwindigkeit und Technik – und man muss sich gern drehen! Der Werfer beginnt mit dem Rücken zu der Stelle, wo der Diskus landen wird, und dreht sich einige Male um die eigene Achse, ehe er die Scheibe loslässt. Ein Wettkampfdiskus wiegt zwei Kilogramm, doch es gibt leichtere – ein Kilogramm für Jungen und 0,75 Kilogramm für Mädchen im Alter von zehn bis zwölf. Man kann auch einen Kunststoffdiskus mit Gewicht kaufen, mit dem man in Innenräumen werfen kann.

Marathonlauf

Kinder unter sechs sollten nicht mehr als 100 Meter auf einmal laufen, auch wenn es ihnen großen Spaß macht. Doch es ist ein tolles Spektakel, bei einem organisierten Marathon zuzuschauen. Und junge Teenager können allmählich darüber nachdenken, ob sie mal einen Halbmarathon laufen wollen.

Man sagt, die Disziplin geht zurück auf den Lauf eines griechischen Boten mit dem Namen Pheidippides nach dem Sieg der griechischen Armee gegen die eindringenden Perser in der Schlacht bei Marathon. Er lief nach Athen zurück, eine Distanz von rund 42 Kilometern, um die gute Nachricht zu überbringen, und brach dann vor Erschöpfung tot zusammen.

Als Distanz für den modernen Wettbewerb wurden 42,195 Kilometer festgelegt, und das ist das Paradestück für die Olympiade, wenn die Läufer gerade vor der Abschlussveranstaltung ins Stadion einlaufen. Auch in vielen Städten werden Marathonläufe abgehalten – die fünf wichtigsten sind die in Boston, Chicago, New York, Berlin und London. Doch es gibt auch einige sehr ungewöhnliche Wettbewerbe, zum Beispiel an der Chinesischen Mauer und auf dem Eisschild in Grönland. Der seltsamste Wettbewerb ist vielleicht der Marathon »Mann gegen Pferd«, der jedes Jahr auf unebenem Untergrund in Llanwrtyd Wells in Wales abgehalten wird. Hier treten Läufer gegen Reiter auf Pferden und gegen Radfahrer an. Seit dem ersten Lauf 1980 haben nur zweimal Läufer gewonnen.

CAMPEN

Campen oder Zelten ist bei Kindern jeder Altersgruppe sehr beliebt. Emony war schon mit großen gemischten Kind-Erwachsenengruppen beim Campen und mit organisierten Gruppen für kleine Kinder. Es gehört für sie zu den besten Sachen auf der Welt. Dabei wird die Selbstständigkeit der Kinder gefördert, sie erfahren Freiheit und erleben gleichzeitig auch die Gemeinschaft. Das abendliche Sitzen um das Lagerfeuer unter dem Sternenhimmel kann für Kinder ein ganz magisches Erlebnis sein, und beim Übernachten in der freien Landschaft erleben sie echte Dunkelheit und Stille wie sonst nur selten, weit weg vom Lärm der Stadt.

Der Gedanke an Campen mag für manche Großeltern abschreckend sein, mit all den Unannehmlichkeiten wie Kälte und Regen. Doch heutzutage ist Campen viel komfortabler als früher. Die Ausrüstung ist nicht teuer und sehr zweckmäßig, und es ist einfach eine wunderbare Möglichkeit, gemeinsam Spaß zu haben und etwas draußen zu unternehmen. Die Liebe zum Campen kann ihren Anfang an einem warmen Tag in einem günstigen Zelt im Garten nehmen. Vielleicht geht Ihr Enkelkind als Teenager dann zum Wandern und Zelten.

Basislager im Garten

Die Campingsaison reicht von Ostern bis Ende September und für den Anfang kann man einfach einmal ein Zelt im Garten aufstellen. Ein Zwei-Personen-Zelt (günstig im Sportfachgeschäft zu haben) können Sie zu zweit in zehn Minuten aufbauen – die meisten Zelte haben einen eingearbeiteten Boden und Stangen, die schon verbunden sind. Dann braucht Ihr Enkelkind:

* einen warmen Schlafsack * Kopfkissen * Isomatte * Taschenlampe * Buch

* Vorrat an Keksen/Knabberzeug/Milch/Wasser

* Freund, Freundin, Bruder, Schwester, die das Erlebnis mit ihm teilen!

Hören Sie den Wetterbericht und wählen Sie eine warme, trockene Nacht. Nach dem Abendessen und einer Tasse heißem Kakao können die Kinder im Zelt die Schlafanzüge anziehen, Sie lesen ihnen eine Geschichte vor, und dann legen sie sich in die Schlafsäcke. Sie sollten eine Taschenlampe zum Lesen haben, und damit sie in den Garten leuchten können, wenn sie wissen wollen, was dort draußen vor sich geht. Stellen Sie sich darauf ein, dass in der Nacht viel geschwatzt wird und dass Sie es am anderen Morgen mit eher müden Kindern zu tun haben werden! Rechnen Sie auch damit, dass etwas Ängstlichkeit die anfängliche Zuversicht und die gespielte Tapferkeit ablösen könnte, wenn die Geräusche der Nacht – von Eulen, Füchsen und anderen – in der Dunkelheit und in der Stille überlaut erscheinen. Sorgen Sie dafür, dass die Kinder leicht ins Haus zurückgelangen können, wenn sie Angst bekommen oder unruhig werden – vielleicht halten sie am Anfang noch nicht die ganze Nacht draußen durch.

Wenn Sie ein echteres Campingerlebnis im Garten wollen, könnten Sie zuerst ein Lagerfeuer machen. Oder sie feuern einen Grill oder einen Aztekenofen an. Das ist die Alternative zu einem Lagerfeuer, wenn Sie nicht viel Platz haben und Sie den Garten nicht beschädigen wollen, indem Sie eine Feuerstelle ausgraben! Weitere Informationen finden Sie auf der rechten Seite unter »Draußen kochen«.

Unabhängig campen mit Freunden

Organisieren Sie eine Campingfahrt mit einer Gruppe von Freunden auf einem kleineren und einfacheren Campingplatz. Auf *www.bvcd.de* finden Sie eine ausführliche Auflistung zu Campingplätzen in Deutschland und auf *www.campingfuehrer.adac.de* gibt es Adressen für ganz Europa. Der ADAC bringt auch einen eigenen Campingführer heraus.

Emony zeltet das erste Mal.

Natürlich gibt es auch sehr luxuriöse Campingplätze, aber die einfachen sind billiger und vermitteln eine echtere Campingatmosphäre. Suchen Sie eine Gegend, die Sie gerne erkunden würden, mit Sehenswürdigkeiten, die Sie besichtigen können, damit Sie bei allen Wetterlagen immer genügend Aktivitäten anbieten können. Sie sollten einige Wanderungen im Voraus planen und auch Ausrüstung für Spiele draußen mitnehmen.

Draußen kochen

Sprechen Sie mit dem Bauern oder dem Zeltplatzeigentümer, ob Sie auf dem Platz ein Lagerfeuer anzünden dürfen – das ist eine wichtige Erfahrung beim Zelten. Wenn Sie auf einem Campingplatz sind, wo man kein Lagerfeuer machen darf, wäre ein Aztekenofen eine Alternative, dagegen wird der Eigentümer kaum etwas haben. Ein Aztekenofen ist eine einfache, bewegliche Feuerstelle auf Beinen, in der man Holzkohle oder Holz verbrennen kann. Darum kann man abends genauso sitzen wie um ein Lagerfeuer. Sie können sich auch ein Dreibein besorgen, wenn Sie kochen wollen. Sie können auch einen einfachen Grill aus dem Supermarkt nehmen, das macht den Kindern auch Spaß, wenn Feuer erlaubt ist.

Sie können auch eine Kochkiste bauen. Beim Kochen mit der Kochkiste müssen Sie zuerst Ihren Topf auf einem normalen Campingkocher zum Kochen bringen. Die Kochkiste soll den Topf möglichst lange nahe am Siedepunkt halten, weil sie sehr gut isoliert ist. Dazu gibt es verschiedene Möglichkeiten. Eine sehr einfache Methode wäre die mit zwei Kartons aus Wellpappe, einem großen und einem kleineren (die gewellte Form isoliert gut, weil darin Luft eingeschlossen wird). Zerknüllen Sie etwas Zeitungspapier und legen Sie es unten in die größere Schachtel. Stellen Sie die kleinere Schachtel darauf und legen Sie noch mehr zerknülltes Zeitungspapier darum. Stellen Sie Ihren kochenden Topf in die kleinere Schachtel, bedecken Sie ihn mit mehr Zeitungspapier, verschließen Sie die kleinere Schachtel und legen Sie noch mehr Zeitungspapier darauf, ehe Sie die große Schachtel verschließen. Diese Methode eignet sich sehr gut für Eintöpfe – lassen Sie sie garen, während Sie spazieren gehen, und wenn Sie zurückkommen, ist ihr Essen fertig.

Zelte

Wenn Sie mehrere Nächte zelten, ganz gleich auf was für einem Platz, dann brauchen Sie ein richtiges Zelt mit Überzelt (das heißt ein Innenzelt und ein Außenzelt). Idealerweise haben Sie ein Drei- bis Vierpersonenzelt für Erwachsene, in dem Sie stehen können, und ein Zweipersonenzelt, in dem die Kinder gemeinsam schlafen. Wenn Sie mit einer größeren Gruppe unterwegs sind, sollten Sie einen Pavillon oder ein großes Zelt mit einem Vordach haben, damit Sie irgendwo zusammen sitzen und essen können, wenn das Wetter schlecht ist.

Zelten in der Nähe des Chess in Herfordshire

Hilfreiche Hinweise, bevor Sie zum Zelten fahren

* Hören Sie den Wetterbericht, damit Sie wirklich schlechtem Wetter, etwa starken Winden, ausweichen können.
* Planen Sie Ihre Reise so, dass Sie noch bei Tagslicht ankommen und genügend Zeit haben, die Zelte aufzubauen.
* Halten Sie im Zelt alles von den Seitenwänden fern, damit das Bettzeug nicht nass wird.
* Bedenken Sie, dass es nachts feucht und kalt wird, auch im Sommer. Wenn Sie am Lagerfeuer sitzen, nehmen Sie Decken und sorgen Sie dafür, dass Ihr Enkelkind ein Unterhemd und warme Socken trägt.
* Bedenken Sie, dass die Kälte von unten kommt. – Halten Sie sich nachts warm, indem Sie einige Lagen (Isomatte oder Luftmatratze und Decken) zwischen der Unterlegplane und Ihrem Schlafsack haben.
* Auf Klappstühlen sitzen Sie am Lagerfeuer bequemer.
* Sie brauchen eine zusätzliche Unterlegplane, wenn Sie mit den Kindern am Lagerfeuer sitzen.
* Campen macht hungrig. Nehmen Sie eine große Dose selbst gebackener Kekse mit. Bereiten Sie nur einfache Mahlzeiten zu – Suppen und Eintöpfe sind ideal und machen weniger Abwasch.

Weitere Grundausrüstung fürs Campen

* Schlafsäcke
* Kopfkissen
* Isomatten – wirklich dicke, oder eine gute Luftmatratze (entweder eine selbst aufblasende oder Sie brauchen eine Pumpe), das lohnt sich und ist wichtig für Ihre Bequemlichkeit.
* Unterlegplane
* Taschenlampe – eine Stirnlampe ist gut, besonders wenn Sie im Dunklen etwas im Zelt suchen müssen! LEDs sind am besten, die halten länger.
* Leuchtstäbe (gut geeignet als Nachtlicht für Kinder)
* Laterne
* Streichhölzer
* Rucksack
* Warmes Unterhemd und Pullover
* Gummistiefel und Wanderschuhe
* Kleider zum Wechseln
* Sonnenmilch
* Klappstühle
* Wasserfeste Jacke mit Kapuze
* Notizbuch und Bleistifte
* Kompass
* Fernglas
* Vergrößerungsglas
* Spielkarten
* Wasserbehälter
* Töpfe und Pfannen
* Besteck
* Campinggeschirr aus Plastik
* Kühlbox
* Abfalltüten
* Hammer
* Taschenmesser
* Verbandszeug

* Beziehen Sie die Kinder bei allen praktischen Tätigkeiten mit ein, vom Zeltaufbauen bis zum Kochen und Abwaschen. Sie werden erstaunt sein, wie begeistert sie mitarbeiten!
* Gehen Sie einmal Pommes und Currywurst essen, dann haben Sie weniger Arbeit. Wenn Sie Ihre Kühlbox mitnehmen, können Sie das Essen warm halten, bis Sie wieder auf dem Campingplatz sind.
* Nehmen Sie ein paar einfache Musikinstrumente für das Lagerfeuer mit: Maracas, eine Gitarre, ein Tamburin, eine Okarina – meistens Instrumente, für die man keine Vorkenntnisse braucht. Aber nehmen Sie Rücksicht auf die anderen Camper.

Wie man ein Lagerfeuer macht

Versichern Sie sich vorher, dass es gestattet ist, ein Lagerfeuer zu machen.

Ein Zeltlager bei Nacht, Gemälde von Eric Beal

* Wählen Sie einen windgeschützten Platz in ausreichender Entfernung von den Zelten.
* Sammeln Sie Zunder (kleine Zweige, trockene Blätter, Holzspäne), Anzündmaterial (Reisig) und Feuerholz (große Holzknüppel). Die Kinder sollten mitsammeln, das kann eine Ihrer gemeinsamen Aktivitäten sein. Geben Sie den Kindern eine Papiertüte zum Sammeln von Zunder: Je kleiner die Stücke, desto besser – am besten findet man so was unter Hecken. Alles Brennmaterial, das gesammelt wird, muss trocken sein. Nehmen Sie nichts von lebenden Bäumen – das schadet dem Baum und wird sowieso nicht brennen. Legen Sie das Holz auf separate Stapel neben die Feuerstelle.
* Machen Sie Ihr Lagerfeuer im Gras, niemals auf einer Betonplatte. Schneiden Sie ein Stück ordentlich aus der Grasnarbe und legen Sie es zur Seite, damit Sie es nach Ihrem Lagerfeuer wieder zurücklegen können.
* Schichten Sie das Anzündematerial über Kreuz zu einer kleinen Pyramide und legen Sie den Zunder in die Mitte. Die Luft muss zirkulieren können.
* Zünden Sie den Zunder in der Mitte mit Streichhölzern an, die Sie in einer wasserdichten Schachtel verwahren.
* Der Zunder wird Feuer fangen, und Sie können allmählich mehr Holz auflegen, bis Sie schließlich zum richtigen Feuerholz kommen.

* Es macht auch Spaß, wenn Sie eine kleine Zeremonie abhalten, wenn das Feuer brennt – Sie und die Kinder könnten abwechselnd je ein Stück Holz ins Feuer werfen und sich dabei etwas wünschen oder Grüße von ihrem Heimatort überbringen.
* Trinken Sie heißen Kakao, und singen Sie Lieder am Lagerfeuer, das kann ein wirklich magisches Erlebnis sein.

Sicherheitshinweise: Halten Sie in der Nähe Wasser bereit für den Fall, dass das Feuer außer Kontrolle gerät. Lassen Sie die Kinder nie unbeaufsichtigt am Feuer. Lagern Sie das Feuerholz in einiger Entfernung vom Feuer. Versichern Sie sich, dass das Feuer ganz ausgelöscht ist, bevor Sie schlafen gehen, indem Sie es mit reichlich kaltem Wasser übergießen.

Ein richtiges Lagerfeuer: die Grasnarbe wurde entfernt, das Holz pyramidenförmig geschichtet.

SINGEN AM LAGERFEUER

In der Abendluft, am warmen Lagerfeuer mit tanzenden Flammen klingen alle Stimmen gut. Sie brauchen einfache Lieder, die man mit oder ohne Begleitung singen kann und deren Text leicht zu merken ist. Wenn Sie wollen, können Sie auch Instrumente wie Tamburin, Mundharmonika und Gitarre dazu spielen.

Hier sind ein paar Lieder, die Sie mit Ihren Enkelkindern singen können.

Meine Oma fährt im Hühnerstall Motorrad, Motorrad, Motorrad,
Meine Oma fährt im Hühnerstall Motorrad,
Meine Oma ist 'ne ganz famose Frau.

2. Meine Oma hat im hohlen Zahn ein Radio …

3. Meine Oma hat 'nen Nachttopf mit Beleuchtung …

4. Meine Oma hat 'ne Glatze mit Geländer …

5. Meine Oma hat im Strumpfband 'nen Revolver …

6. Meine Oma hat 'nen Handstock mit 'nem Rücklicht …

7. Meine Oma hat Klosettpapier mit Rüschen …

8. Meine Oma hat 'ne Brille mit Gardine …

Das Lied macht allen Kindern Spaß, vor allem wenn ihre Oma lauthals mitsingt. Sie werden die Heldin des Abends sein.

Old Mac Donald hat 'ne Farm
Iah-iah-oh
Und auf der Farm da gibt's 'ne Kuh
Iah-iah-oh
Mit 'nem Muh-Muh hier und 'nem Muh-Muh da,
hier ein Muh, da ein Muh, überall ein Muh-Muh!

2. … und auf der Farm da gibt's ein Schwein (mit Oink-Oink).
3. … und auf der Farm da gibt's 'nen Hahn (Kikeriki).
4. … und auf der Farm da gibt's 'nen Hund (Wuff-Wuff).

Machen Sie bei jedem Tier das passende Geräusch – die Liste der Tiere lässt sich endlos weiterführen. Sie können es auch reihum singen lassen, und jedes Kind sucht sich das Tier aus, das es nachgrunzen, -miauen oder -muhen will.

Drei Chinesen mit dem Kontrabass
saßen auf der Straße und erzählten sich was.
Da kam die Polizei: ei, was ist denn das?
Drei Chinesen mit dem Kontrabass.

Dann ersetzen Sie jeden Vokal durch einen anderen oder durch einen Umlaut …

Dra Chanasan mat dam Kantrabass
saßan af dar Straßa and arzahltan sach was.
Da kam da Palaza, a was ast dann das?
Dra Chanasa mat dam Kantrabass

Dre Chenesen met dem Kentrebess …

Dri Chinisin mit dim Kintribiss …

Dro Chonoson mot dom Kontroboss …

Dru Chunusun mut dum Kuntrubuss …

Drä Chänäsän mät däm Känträbäss …

Sie können die Strophen jeweils lauter, leiser, langsamer oder schneller singen. Es ist sehr unterhaltsam und wird lange nicht langweilig.

PIRATEN DER KARIBIK

Fünfzehn Mann auf des Toten Manns Kiste
Yo ho und 'ne Buddel voll Rum
Schnaps und Teufel brachten alle um
Yo ho und 'ne Buddel voll Rum

Die fröhliche Melodie dieses berühmten Liedes lässt das Piratenleben lustig erscheinen, doch in Wahrheit war es nicht sehr angenehm – die meisten Piraten waren Deserteure aus der Armee, sie lebten unter schrecklich beengten Bedingungen auf dem Schiff. Auch ihr Leben war von Gewalt bestimmt. Sie lebten davon, dass sie leicht bewaffnete Schiffe angriffen, und sie konnten jederzeit im Kampf sterben. Wenn man sie fasste, wurden sie normalerweise aufgehängt.

Piraten und Freibeuter

Ein Pirat ist jemand, der auf See Raubüberfälle macht. Piraten gibt es mindestens seit der Zeit der Römer, und auch heute sind sie noch am Werk, besonders in Südostasien. Doch das goldene Zeitalter der Piraterie war von etwa 1675 bis 1725, als Spanien seine Kolonien in Südamerika und in der Karibik hatte. Die spanischen Schiffe segelten mit Gold, Silber und anderen Gütern an Bord über die Weltmeere, und sie waren leichte Beute für die Piraten.

Zuerst bezahlte die englische Regierung Seeleute, die sogenannten Freibeuter, dafür, dass sie die Schiffe angriffen. Der berühmteste Freibeuter war Sir Francis Drake und sein gewagtester Raubzug war 1573 ein Angriff auf die spanische Kolonialstadt Nombre de Dios: Er brannte die Stadt bis auf die Grundmauern nieder und machte sich mit einer Riesenbeute aus Gold aus dem Staub. Später, 1588, war er Vizeadmiral in der englischen Flotte, die die spanische Armada besiegte – 130 Schiffe, die die britischen Inseln überfallen sollten. Man erzählt sich, dass Drake gerade mit einem Bowlingspiel auf Plymoth Hoe beschäftigt war, als die spanischen Schiffe sich näherten, und dass er erst in See stach, als das Spiel zu Ende war!

Nach seinem Tod im Jahre 1596 vor der Küste Amerikas wurde die Trommel von Drake zurück nach England gebracht. Man kann sie heute in seinem Haus in Buckland

Abbey in Devon besichtigen. Eine Legende besagt, man müsse die Trommel schlagen, wenn England jemals wieder bedroht werden sollte, dann würde Drake zurückkehren, um das Land zu verteidigen.

1713 unterzeichneten die Engländer und die Spanier einen Freundschaftsvertrag (Friede von Utrecht) und die Tage der Freibeuter waren vorbei. Jetzt mussten die gesetzeslosen Seeleute allein auf Beutezug gehen und das waren die echten Piraten. An Land lebten sie in versteckten Gemeinschaften – ein berühmter Stützpunkt war die kleine Insel Tortuga vor der Küste von Haiti.

An Bord hatten sie erstaunlich viel zu sagen, wie das Schiff zu führen sei, und viele hatten Verträge, in denen stand, was von ihnen erwartet wurde. Der Kapitän wurde von der Besatzung gewählt – eine Aufgabe war es, das Schiff zu navigieren und in die Schlacht zu führen. Die Nummer zwei auf dem Schiff war der Quartiermeister – er sorgte für Ordnung, teilte das Essen zu und führte oft die Mannschaft beim Entern anderer Schiffe. Am anderen Ende der Hackordnung stand der Pulverjunge – normalerweise ein Junge von etwa zwölf Jahren, der entführt und gezwungen worden war, auf dem Schiff mitzufahren; er musste den Schützen helfen.

Mitte des 18. Jahrhunderts waren die Piraten weitgehend verschwunden. Die führenden europäischen Länder hatten nun Kolonien in der Karibik und in Südamerika gegründet, und sie unterhielten große Seestreitkräfte, um ihre Schiffe zu schützen. Plötzlich konnten die Piraten einfach nicht mehr mithalten.

Zwei berühmte Piraten

Blackbeard (sein richtiger Name war Edward Teach) kam aus Bristol. Er baute ein gekapertes französisches Schiff in ein eindrucksvolles Kriegsschiff mit 40 Kanonen um und nannte es *Queen Anne's Revenge.* Mit diesem Schiff terrorisierte er die karibischen und die amerikanischen Küsten. Er wurde 1718 von britischen Seestreitkräften getötet, enthauptet, und sein Kopf wurde – schauerlich – vorn an sein Schiff gehängt. Das Wrack der *Queen Anne's Revenge* wurde 1996 an der Küste vor Beaufort in North Carolina gefunden und einige seiner Schätze können dort im Museum besichtigt werden.

Anne Bonny: Ein irisches Mädchen, das mit seiner Familie nach Amerika ausgewandert war. Dort brannte sie mit einem Piraten namens Calico Jack durch. Sie nahm an den Enterungen teil, kämpfte in Männerkleidern und war furchtlos im Umgang mit ihrer Pistole und dem Entermesser. Sie wurde gefangen genommen und zum Tod durch den Strang verurteilt, verschwand aber auf mysteriöse Weise, ehe das Urteil vollstreckt werden konnte. Es könnte sein, dass ihr Vater, der ein erfolgreicher Anwalt geworden war, sie verschwinden ließ.

Einige Piratenwörter

Grog – *ein Gemisch aus Wasser und Rum. Das trinken Piraten in großen Mengen.*

Seemannsgrab – *der Meeresgrund, Ruhestätte toter Piraten und Seeleute.*

Jakobsleiter – *eine Strickleiter, mit der man auf das Schiff klettert.*

Landratte – *ein unerfahrener Seemann, eine ungeschickte Person, die nicht für das Leben auf See geeignet ist.*

Schwarzer Fleck – *eine tödliche Bedrohung, berühmt geworden durch das Buch* Die Schatzinsel.

Tanz am Hanfstrick – *gehängt werden.*

GEMÄLDE ANSEHEN

Kunstgalerien und Museen sind längst nicht mehr die verstaubten Institutionen, die sie in unserer Kindheit waren. Viele Einrichtungen suchen eigene Wege, um eine kinderfreundliche Umgebung zu schaffen.

Was Sie bei einem Museumsbesuch mit Kindern beachten sollten:

* Sehr wichtig – verbringen Sie nicht zu viel Zeit in der Galerie. Kinder wie auch Erwachsene werden müde, und es kann unglaublich abschreckend sein, wenn Sie zu lange bleiben wollen. Eine Stunde reicht wahrscheinlich, wenn Sie sich nur die Bilder anschauen und die Kinder in keine anderen Aktivitäten eingebunden sind.

* Seien Sie nicht zu bestimmend. Natürlich sollen Sie die Kinder zu den Bildern führen, von denen Sie denken, dass sie am interessantesten für sie sein könnten (es ist hilfreich, wenn Sie schon flüchtig Bekanntschaft mit der Galerie gemacht haben), aber lassen Sie sich von den Kindern führen. Lassen Sie sich treiben.

* Gehen Sie ruhig noch einmal hin, und kümmern Sie sich nicht darum, dass Sie ein Bild zum wiederholten Mal ansehen. Die Kinder werden stolz darauf sein, dass sie über die Bilder Bescheid wissen und sie ihre Kenntnisse demonstrieren können, wenn sie jemand anderes begleitet, und sie werden mit Sicherheit jedes Mal etwas anderes in ihnen sehen.

* Machen Sie aus dieser Erfahrung einen ganzen (oder einen halben) wunderschönen Erlebnistag für die Kinder, indem sie in ein Café gehen, ein Picknick machen, gemütlich auf dem Balkon sitzen oder sonst was. Es ist wichtig, dass sie die Galerien als Spaß-Orte wahrnehmen und nicht als »kulturelle Kathedralen«. Wenn Sie im Urlaub sind und es dort ein Museum gibt, nehmen Sie sich fest vor, dorthin zu gehen.

* Kaufen Sie Sachen im Museums-Shop, das ergibt eine echte Verbindung zu den Bildern: Postkarten zum Einkleben und Sammeln, Puzzles, die die Familie gemeinsam zusammenfügen kann, und so weiter.

Porträts

Machen Sie Ihre Enkel mit den Grundlagen eines Porträts bekannt und erklären Sie die Unterschiede zum Selbstporträt. Ermutigen Sie sie, ein Selbstporträt zu zeichnen. Das kann man mithilfe eines Spiegels tun: entweder hat das Kind den Spiegel einfach vor sich und dem Zeichenpapier lehnen oder es übt direkt mit abwaschbarem Filzstift auf dem Spiegel.

Wenn es etwas aufwendiger sein darf, versuchen Sie Folgendes, das mit einer Schar Siebenjähriger in der Nationalgalerie wunderbar funktioniert hat. Das Kind zeichnet einen deutlichen Umriss seines Gesichts auf ein Stück farbigen Karton, frontal oder im Profil, auch ein paar wichtige Einzelheiten wie Haare und Augen. Dann legt man Draht um die gezeichneten Umrisse (man braucht eine Drahtzange). Dann – das kann etwas chaotisch werden – streicht das Kind den Draht dick mit Farbe ein und drückt ihn dann fest auf ein weißes Stück Karton, und schon haben Sie einen wunderbaren Druck. Sie können auch mehr als einen machen, Sie müssen den Draht wieder mit Farbe einstreichen.

Raster werden von manchen Lehrern des kreativen Zeichnens nicht gern gesehen, doch damit kann man auf unterhaltsame Art lernen, wie Porträts gemacht werden. Suchen Sie in einem Buch eine Schwarz-Weiß-Zeichnung von einem Gesicht. Zeichnen Sie auf ein Stück Transparentpapier ein Raster mit Kästchen von 2,5 cm und legen Sie es über das Bild. Dann zeichnen Sie ein ebenso großes Raster (oder ein vergrößertes) auf ein weißes Blatt Zeichenpapier und lassen Ihr Enkelkind das Porträt abzeichnen. Diese Übung hat zwei Vorteile: Sie verdeutlicht die Beziehung der einzelnen Elemente der Zeichnung zueinander, und sie bringt Ergebnisse – nichts stärkt das Selbstvertrauen mehr als ein gelungenes Bild.

Sehen Sie sich dann gemeinsam ein paar berühmte Porträts und Selbstporträts in einem Buch an, oder gehen Sie, wenn Sie können, in die Galerien, um sich Originale anzusehen.

Einen Wischer herstellen

Ein Wischer oder Tortillon ist ein fest eingerolltes Stück Papier, dessen Innenteil nach außen gedrückt wurde, sodass ein »Papierstift« entsteht. Damit kann man Teile von Zeichnungen leicht verwischen, um etwas Schattierung zu bekommen. Das ist nicht gerade lebensnotwendig für einen jungen Künstler, doch leicht zu machen und sehr nützlich.

Markieren Sie auf einem A4-Blatt Papier oben links 2,5 cm von der Ecke nach unten entfernt einen Punkt. In der Ecke unten rechts markieren Sie auf der Diagonale gegenüber einen Punkt 2,5 cm von der unteren Ecke entfernt und verbinden die beiden Punkte wie in der Zeichnung. Schneiden Sie das Papier entlang der Linie durch, und Sie haben das Material für zwei Wischer. Nehmen Sie eines der Papierstücke, beginnen Sie am schmalen Ende, und rollen Sie es ganz fest zu einem Zylinder zusammen. Halten Sie den Zylinder fest und drücken Sie mit einem langen dünnen Gegenstand wie etwa einer Stricknadel den Innenteil nach außen. Jetzt haben Sie einen Papierstift, doch Sie müssen ihn wohl mit einem kleinen Stück Klebestreifen um die Mitte festkleben.

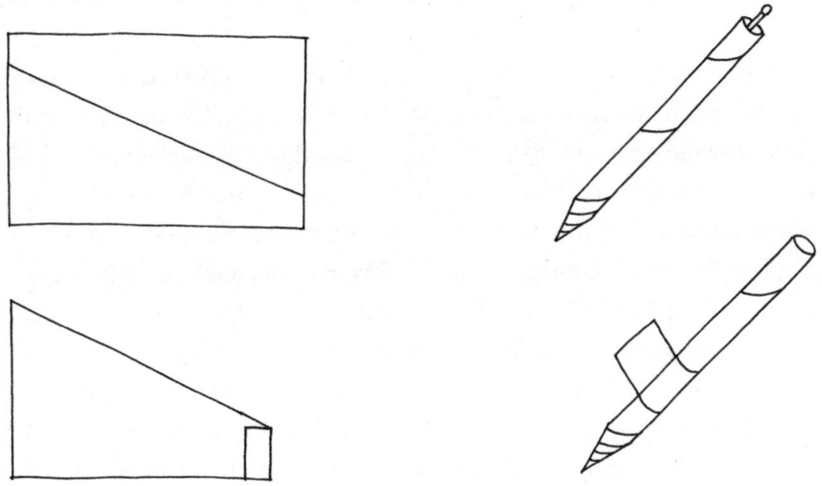

NATURWUNDER DER WELT
(Teil II)

Der Amazonas-Regenwald

Der Amazonas-Regenwald ist ein riesiges tropisches Waldgebiet in Südamerika. Zahlreiche Flüsse durchziehen ihn, der größte und bedeutendste ist der 4800 Kilometer lange Amazonas, der von den Anden im Westen bis zum Atlantik im Osten fließt. Der Amazonas und seine Nebenflüsse durchqueren sechs verschiedene Länder: Bolivien, Brasilien, Kolumbien, Ecuador, Peru und Venezuela.

Die Vielfalt der Lebensformen im und um den Amazonas ist überwältigend. Es gibt dort mehr Tier- und Pflanzenarten als an irgendeinem anderen Ort der Welt; immer noch werden neue Arten entdeckt. Ein Fünftel aller Vögel der Welt leben dort. Schildkröten, Krokodile, Flussdelfine, Tukane und Papageien, Affen und Ameisenbären sind nur einige von Tausenden Tier- und Vogelarten, die entlang des Flusses leben. Als einer der gefährlichsten Fische des Amazonas gilt der Piranha. Obgleich recht klein, hat er den Ruf, alles zu fressen, was ihm in die Quere kommt – sogar Menschen. Doch eigentlich jagt er nur Kleintiere und frisst Aas, so hält er das Gewässer sauber.

Zu den außergewöhnlichen Pflanzen gehört auch die riesige Seerose, die in den ruhigeren Armen des Flusses wächst. Die größten Blätter haben bis zu zwei Meter Durchmesser und sind so stabil, dass ein Erwachsener darauf stehen kann. Viele Tiere leben sogar auf den Blättern. Die riesige, wunderschöne Blüte ist weiß, wenn sie sich am Abend das erste Mal öffnet. Ihr Duft zieht Käfer an, die dann in die Blüten fliegen und sie befruchten. Wenn die Blüte sich am Morgen schließt, sind die Käfer darin gefangen, bis sie sich abends wieder öffnet. Jetzt sind die Käfer voller Pollen, die sie zur nächsten Blüte mitnehmen und sie so befruchten. Inzwischen ist die befruchtete Seerose rötlich geworden und ist nicht mehr anziehend für die Käfer.

Seit Jahrtausenden leben zahlreiche Völker im Amazonas-Regenwald, meistens am Fluss, sodass sie sich mit ihren Kanus leicht fortbewegen konnten. Sie jagen, fischen und bauen Nahrung in ihren Gärten und auf Feldern an. Wenn es notwendig ist, holzen sie Wald in der Nähe ab, brennen die niedrigen Büsche nieder und pflanzen in der fruchtbaren Erde Feldfrüchte an. Diese Anbaumethode nennt man Brandrodung, das ist gut für die Erde. Die Bewohner legen von Zeit zu Zeit neue Felder an und überlassen die alten wieder dem Dschungel. Diese Lebensweise steht im Einklang mit dem Regenwald. Doch heutzutage tragen kommerzielle Landwirtschaft im großen Maßstab und die Abholzung zur Zerstörung des Urwalds bei. Der Regenwald verschwindet in beängstigender Geschwindigkeit: Die traditionelle Lebensweise seiner Bewohner und auch das einmalige Ökosystem sind bedroht. Der Verlust des Regenwalds betrifft uns alle: Die Bäume spielen eine wichtige Rolle für das Klima der Erde, denn sie nehmen schädliche Gase aus der Atmosphäre auf. Je mehr Bäume wir verlieren, desto größer wird unser Problem mit der globalen Erwärmung.

Der Grand Canyon

Der Grand Canyon liegt im Staat Arizona in Amerika und ist die größte Schlucht der Welt. Er ist so groß, dass man ihn vom Weltraum aus sehen kann: 466 Kilometer lang, 28 breit und 1,6 Kilometer tief. Über Millionen Jahre hat sich der Colorado seinen Weg durch das Gestein gegraben und dabei die Schlucht geschaffen. Das freiliegende Gestein am Boden ist über zwei Milliarden Jahre alt.

Der Grand Canyon ist ein fantastisches Naturerlebnis, mit unglaublichen Felsformationen, die wie alte Tempel aussehen. Wer zum ersten Mal über den Rand schaut,

verstummt überwältigt bei dem Anblick der Gipfel, Felswände und Schluchten. Die großartigen Farben des Gesteins, Rot-, Rosa-, Beige-, Gelb- und Lilatöne, verändern sich je nach Sonneneinstrahlung und sind am besten beim Sonnenauf- oder -untergang zu sehen.

Im Canyon lebten vor etwa 4000 Jahren Jäger und Sammler. Sie hinterließen in den Höhlen Zeichnungen, die wir heute noch sehen können. Zwei Stämme amerikanischer Ureinwohner, die Hualapai (Volk der großen Pinien) und die Havasupai (Volk am blaugrünen Wasser) leben noch heute dort. Die Havasupai betrachten sich als traditionelle Wächter des Canyon. Sie bewegten sich in der Vergangenheit zwischen der Hochebene oberhalb der Schlucht und der Schlucht selbst. Sie jagten, sammelten Samen und bauten dort, wo es Wasser gab, Mais, Bohnen und Kürbisse in Gärten an. Heute ist der Tourismus ihre Haupteinnahmequelle, doch sie pflegen immer noch ihre traditionelle Lebensweise.

In der Umgebung des Grand Canyon gibt es Wüste und Nadelwälder – und zahlreiche Tiere. Adler und Kondore kreisen über der Schlucht, Wapitihirsche, Eidechsen, Schlangen, Rotluchse und Pumas leben an den Felsenflanken. Doch ihr Leben wird durch die Touristen, die den Grand Canyon besuchen, auf zweierlei Art gefährdet: Erstens versuchen die Besucher oft, die Tiere zu füttern, und wenn das geschieht, werden die Tiere von den Menschen abhängig und verlernen das Jagen. Zweitens hinterlassen die Touristen Abfall, der den Tieren sehr schadet, zum Beispiel wenn sie Plastiktüten und andere Verpackungen fressen.

Der Grand Canyon ist seit fast 100 Jahren Nationalpark und jedes Jahr besuchen ihn etwa fünf Millionen Menschen. Viele geben sich damit zufrieden, vom Rand in den Abgrund hinunterzuschauen. Andere, Abenteuerlustigere reiten auf dem Eselsrücken zum Fluss hinunter, gehen zum Rafting auf dem Fluss oder überfliegen den Canyon im Helikopter.

Die Galapagosinseln

Eine Riesenschildkröte

Die Galapagosinseln liegen im Pazifik, 965 Kilometer vor der Westküste von Ecuador in Südamerika. Es gibt 13 Hauptinseln, doch nur fünf davon sind von Menschen bewohnt. Das Vulkangestein auf den Inseln und seine Flora und Fauna werden schon seit langer Zeit von Reisenden, Wissenschaftlern und Naturliebhabern bewundert und studiert. Die Wissenschaftler haben von diesen abgelegenen Inseln viel darüber gelernt, wie sich die Arten entwickelt haben.

Die Inseln wurden von verirrten spanischen Seeleuten entdeckt, die auf der Suche nach Trinkwasser waren. Auf diesen Inseln, wo es vor Meerestieren und Vögeln nur so

Ein Leguan

Männlicher Fregattvogel, der seinen Halssack ausstülpt, um Weibchen anzuziehen.

wimmelte, fanden sie riesige Schildkröten. Da das spanische Wort für Schildkröte »galápago« lautet, nannten sie die Inseln auch so, und der Name ist geblieben. Zuerst waren die Inseln eine Anlaufstelle für Walfänger, die im Pazifik unterwegs waren. Die Walfänger fingen und töteten Tausende Schildkröten, um daraus Fett zu gewinnen, und viele Arten sind daher ausgestorben. Auf der Insel Floreana hatten die Walfänger ein Holzfass, das als Postamt diente. Post nach Europa und Amerika wurde in das Fass gelegt und dort von Schiffen abgeholt, die auf dem Rückweg vorbeikamen.

Auch Piraten nutzten diese Inseln, um sich zwischen ihren Überfällen auszuruhen und sich mit Trinkwasser und Essbarem einzudecken – die Tiere waren nicht scheu und waren so leichte Beute. Die Piraten und andere Reisende fingen auch die Riesenschildkröten als Frischfleischvorrat auf dem Schiff. Sie legten sie verkehrt herum hin und die Schildkröten blieben so ein Jahr lang ohne Futter und Wasser am Leben.

1895 kam ein Schiff der Royal Navy, die *HMS Beagle,* um die Häfen aller Inseln zu vermessen und um Schildkrötenfleisch für die Seeleute mitzunehmen. An Bord war der junge Naturforscher Charles Darwin. Er landete auf San Cristobal und war so fasziniert von den Arten, die es nur auf den Inseln gab, dass er blieb und alle Inseln erkundete. Er bemerkte, dass die Vögel und Schildkröten auf jeder Insel anders waren. Er verbrachte fünf Wochen dort und studierte die Vögel und Tiere in ihrer natürlichen Umgebung. Als er wieder in England war, entwickelte er seine Theorie über die Evolution durch natürliche Auslese zum Teil aufgrund seiner Beobachtungen auf den Galapagosinseln. Später veröffentlichte er seine Ergebnisse in seinem berühmtesten Buch *Die Entstehung der Arten.* Er schrieb: »Die Natur dieses Archipels ist ganz bemerkenswert. Es scheint eine eigene kleine Welt zu sein. Die meisten seiner Bewohner, sowohl Pflanzen als auch Tiere, gibt es sonst nirgends auf der Welt.«

Die Tiere und Vögel auf Galapagos haben immer noch keine Angst vor den Menschen. Zu den Vögeln und anderen Tieren, die Darwin auf den Inseln fand und die heute noch dort leben, gehören: Riesenschildkröten, Galapagos-Albatrosse, Landleguane und Meerechsen, Grüne Meeresschildkröten, Seelöwen, Wale, fluglose Kormorane, Binden-Fregattvögel, Pelikane, rosa Flamingos, Darwinfinken, Blaufußtölpel und Pinguine (die einzigen Pinguine, die in den Tropen leben). Auf der Insel Wolf ist der berühmteste Vogel der Vampirfink, der vom Blut der Tölpel lebt und nur auf dieser Insel anzutreffen ist.

1959 wurden die Galapagosinseln zum Nationalpark erklärt, um die Flora und Fauna zu schützen. Man kann die Inseln besuchen, doch der Tourismus wird streng kontrolliert, um die empfindliche Umwelt zu schonen. Es gibt inzwischen die Charles-Darwin-Forschungsstation, ein Programm zur Zucht von Riesenschildkröten und andere Artenschutzprogramme.

Das Große Barriereriff

Das Große Barriereriff oder Great Barrier Reef in der Korallensee vor der Küste von Queensland in Nordostaustralien ist das größte Korallenriffsystem der Welt. Es entstand vor 17 Millionen Jahren, doch das heute lebende Riff ist etwa 8000 Jahre alt. Der Riffkomplex besteht aus 3000 einzelnen Riffen und 900 Inseln und erstreckt sich über 2600 Kilometer.

Korallen bestehen aus den harten Überresten von Meerestieren, den Polypen. Diese leben in Kolonien und bilden sich in seichten Gewässern kurz unter der Meeresoberfläche. Alte Riffe, die über die Meeresoberfläche hinausragen, bilden oft kleine Inseln und Atolle. Viele Inseln bestehen aus Korallensand. Weil die Riffe so nah an der Oberfläche, aber schwer zu sehen sind, sind im Laufe der Jahre zahlreiche Schiffe ihretwegen gesunken, und häufig liegen Schiffswracks unter den Korallen.

Blauer Seestern auf einer Koralle

Es gibt viele Korallenarten in einer unglaublichen Vielfalt von Farben und Formen. Das Riff bietet vielen Arten Lebensraum und beherbergt Tausende Spezies von Muscheln, Fischen und Meerestieren. Viele bedrohte Arten sind dort geschützt und das gesamte Riff wurde zum Weltnaturerbe erklärt. Wale, Delfine und Schweinswale kann man dort sehen, dazu Haie und Stachelrochen. Kaiserfische, Papageienfische, Riesengarnelen, Seeschnecken und Quallen sind nur einige der Arten, die man um die Riffe antrifft. Es gibt neun verschiedene Seepferdchenarten, 17 Spezies von Seeschlangen und sechs Arten von Meeresschildkröten.

Die Grüne Meeresschildkröte gehört zu den größten Meeresschildkröten der Welt. Sie kann unter Wasser nicht atmen und muss deshalb regelmäßig an die Oberfläche kommen. Sie legt ihre Eier am Strand entlang des Riffs ab. Die Weibchen beginnen mit dem Nestbau von Oktober bis März, und sie kehren immer zu dem Strand zurück, an dem sie geschlüpft sind, um dort ihre eigenen Eier abzulegen. Sie können alle zwei bis drei Wochen zwischen 50 und 150 Eier legen, doch dann gehen sie sofort ins Meer zurück, ohne zu warten, bis sie schlüpfen. Es dauert bis zu zwei Tage, bis sich die kleinen Schildkröten mit ihrem speziellen Eierzahn durch die Schale beißen.

Das Riff ist sehr beliebt bei Touristen, besonders zum Schnorcheln und Tauchen. Es ist wichtig, dass man nicht auf die Korallen tritt – man kann sich an den Füßen verletzen, doch vor allem kann man so auch leicht das Riff beschädigen, und es dauert eine lange Zeit, bis es sich von einer Beschädigung wieder erholt. Das Riff wächst sehr langsam, oft weniger als fünf Zentimeter im Jahr.

Die größte Bedrohung für das Große Barriereriff ist die Klimaveränderung, die zu einer Erhöhung der Wassertemperatur führt. Eine Erwärmung bedeutet Stress für die Korallen, die dann ihre leuchtenden Farben verlieren und weiß werden. Diese sogenannte Korallenbleiche bedeutet normalerweise, dass die Koralle stirbt. Wenn die Koralle stirbt, leidet die gesamte Nahrungskette, da viele Arten dort Nahrung und Schutz finden. Die Umweltverschmutzung durch Düngemittel ist ein weiteres Problem. Sie werden vom Land in die Flüsse gespült, die sich wiederum ins Meer ergießen und das Wasser verschmutzen.

Sehen Sie sich die Website *www.mcsuk.org* (englischsprachige Website) der Marine Conservation Society an. Sie können am Programm »Adopt-a-Turtle« teilnehmen und eine der vielen Schildkröten unterstützen, die Hilfe brauchen. Die Grüne Meeresschildkröte ist eine bedrohte Tierart, weil in bestimmten Teilen der Welt die Schildkrötensuppe so beliebt ist.

Antonio Carluccio

ist Stief-Großvater von Theo, Milton, Scott, Mo und Molly. Er sagt:

Als ich klein war, lebten wir in Vietri sul Mare im Süden Italiens, aber wir zogen nach Norden, als ich sieben Monate alt war. Während des Krieges waren die Zeiten im Norden schlecht, da fuhr die Familie in den Süden zu den Großeltern, und danach waren wir jeden Sommer für drei Monate dort.

Meine Großmutter besaß etwas Land und baute wunderbare Dinge an. Wir wurden zum Teil von unserem Kindermädchen Lina aufgezogen. Von Lina lernten wir die Liebe zum Essen – sie aß immer sehr scharfe Peperoni, und sie machte die köstlichsten Fusilli von Hand. Ich war eines von sechs Kindern und Lina gab jedem von uns eine Aufgabe im Haushalt. In jenen Jahren war das Essen oft knapp, und eine meiner ersten Aufgaben war es, Rucola zu pflücken, der zwischen den Eisenbahnschienen wuchs. Wir sammelten alles, was draußen wuchs, auch Löwenzahn und Pilze, und all das esse ich immer noch sehr gern.

Pilze suchen ist meine große Passion. Aber ich finde es schade, dass es im britischen Fernsehen kein Programm darüber gibt. Wir sind das einzige Land in Europa, in dem man so wenig darüber weiß. In großen Teilen Europas und in Russland ist Pilzesammeln im Wald ein wichtiger Teil des Alltags und gleichzeitig ein Fest. Das Wissen über essbare Pilze wird von Generation zu Generation weitergegeben.

In Italien ist es Tradition, einen Stock mitzunehmen. Damit kann man Blätter durchstöbern und mit der Gabel am Ende kann man Vipern festhalten! Ich nehme immer einen geraden Hasel- oder Eschenstock, etwa 1,20 m lang, mit einer Gabelung am Ende. Ich ziehe die Rinde ab, verziere ihn mit Schnitzereien und schneide die Gabel zurecht. Als persönliches Markenzeichen schnitze ich einen kleinen Steinpilz oben in die Gabelung.

Ich habe durch meine Heirat fünf Enkelkinder bekommen. Sie alle mögen gutes Essen; ich habe ihnen beigebracht, wie man Pasta macht, und ein Kind kann jetzt auch Pizza machen. Jetzt sind meine Enkelkinder im richtigen Alter, um sie mit in den Wald zu nehmen, wenn ich Pilze sammeln gehe. Ich hoffe, ich kann ihnen meine Leidenschaft dafür weitergeben –Theo kann schon einen traditionellen Pilzesuchstock machen.

DIE TÖDLICHSTEN TIERE DER WELT

Die Welt ist ein gefährlicher Ort! An manchen Stellen zumindest. Es ist nicht sehr wahrscheinlich, dass Sie an einem solchen Ort dieses Buch lesen – Sie können sich also einfach zurücklehnen und erschauern. Diese Tiere sind die gefährlichsten Tiere der Welt, in der Reihenfolge nach Anzahl der Todesfälle, die sie verursachen. Sie und Ihre Enkel werden staunen, welches Tier auf dem ersten Platz gelandet ist.

Der Eisbär

Eisbären sind die größten Landraubtiere. Sie leben in einem so kalten Klima und sind von so wenig Fressbarem umgeben, dass sie jede Gelegenheit nutzen müssen, um an Nahrung zu kommen. Deshalb sind sie für den Menschen sehr gefährlich. Meistens fressen sie Robben, doch auch alles, was ihnen sonst über den Weg läuft.

Sie stellen ihrer Beute entweder nach, oder sie lauern ihr auf und greifen dann plötzlich an. Ist die Beute gefasst, bricht ihr der Bär mit seinen kräftigen Kiefern den Schädel auf, obwohl schon ein Hieb mit seinen Klauen ausreichen würde, um einen Menschen zu töten. Wo Eisbären leben, sollte man nie ohne Gewehr und Leuchtkugeln unterwegs sein – sonst hat man keine Hoffnung, einen Angriff zu überleben.

Das Salzwasserkrokodil

Krokodile sind seit über 200 Millionen Jahren auf diesem Planeten, also wundert es nicht, dass sie zu den gefährlichsten Raubtieren der Erde gehören. Sie können große Tiere und auch Menschen töten. Salzwasserkrokodile sind Anschleichjäger und lauern unter der Wasseroberfläche, wo man sie nicht sehen kann. Dann springen sie plötzlich heraus und schnappen sich ihre Beute. Sobald sich die Beute im Maul befindet, wird sie ins Wasser gezogen und ertränkt.

Zwar ist ihr natürlicher Lebensraum das Wasser, doch Krokodile sind auch an Land sehr schnell und können über kurze Entfernungen Menschen leicht einholen – obwohl Angriffe an Land zum Glück sehr selten sind.

Falls ein Krokodil angreift, bohrt man ihm am besten etwas in die Augen und schlägt ihm auf die Schnauze. Sobald man allerdings ins Wasser gezogen wurde, hat man kaum Überlebenschancen!

Der afrikanische Löwe

Der Löwe ist die zweitgrößte Großkatze (nach dem Tiger), doch weil er häufiger vorkommt, werden jedes Jahr mehr Menschen von Löwen als von Tigern getötet.

Löwen jagen im Rudel, und mit ihren kräftigen Hinterbeinen, starken Kiefern und markanten Eckzähnen können sie sogar Beutetiere erlegen, die ein Vielfaches ihrer Körpergröße haben. Auf die Jagd gehen hauptsächlich die Weibchen, oft nachts. Ein Löwenrudel schleicht sich langsam an die arglose Beute an – und mit einer plötzlichen Beschleunigung und einem Sprung wird das Opfer schließlich zur Strecke gebracht.

Wenn Sie einem Löwen begegnen, machen Sie am besten so viel Lärm wie möglich, werfen Sie Steine und Stöcke nach ihm, um ihn zu vertreiben. Doch wenn Sie ihn sehen, ist es wahrscheinlich schon zu spät!

Der Weiße Hai

Der Weiße Hai ist der größte Raubfisch der Welt, der die Meere auf der Suche nach Beute durchstreift. Mit seinem dunklen Rücken ist er von oben schlecht zu sehen, sein weißer Bauch ist von unten schwer zu erkennen. Wenn er seine Beute sieht, schlägt er von unten mit einem gewaltigen Biss zu. Mit den rasiermesserscharfen Zähnen tötet er seine Opfer meistens bei dem ersten Angriff.

Der Weiße Hai hat den Ruf, dass er wahllos tötet, doch oft ist es seine Neugier, die zu den Todesfällen unter den Menschen führt. Was für den Weißen Hai ein »Tastbiss« ist, kann beim Menschen schon zu schweren Verletzungen führen. Haie haben auch schon Boote angegriffen und zum Kentern gebracht. Wenn ein Hai angreift, sollte man ihm auf das Maul schlagen, ihm irgendwas in die Augen bohren, und dann so schnell wie möglich das Wasser verlassen!

Südasiatische Kobra

Die Südasiatische Kobra oder Brillenschlange ist für eine große Anzahl der geschätzten 125 000 Todesfälle durch Schlangenbisse jedes Jahr verantwortlich. Sie jagt hauptsächlich kleine Tiere wie Nagetiere und Vögel, doch wenn sie sich bedroht fühlt, beißt sie alles. Ehe sie angreift, hebt sie den vorderen Körper und spreizt ihren Nackenschild zur Warnung. Diesen Anblick kennen viele, denn in ganz Indien arbeiten die Schlangenbeschwörer mit Kobras. Wenn sie auf der Flöte spielen, erhebt sich die Kobra, spreizt den Nackenschild und scheint sich zur Musik zu wiegen.

Das Gift der Kobra enthält einen starken Wirkstoff, der die Muskeln lähmt. Dadurch wird die Atmung behindert oder das Herz versagt. Zwar gibt es ein Gegengift, doch die meisten Bisse kommen in abgelegenen ländlichen Gegenden vor, sodass kaum einmal ein Opfer rechtzeitig ein Krankenhaus erreicht.

Stechmücken

Man glaubt es kaum, dass dieses Tier auf der Liste der tödlichsten Tiere der Welt steht, aber es verursacht mehr Tote als alle oben genannten Tiere zusammen: über zwei Millionen Tote im Jahr. Während diese winzigen Tiere Blut aus ihren Opfern saugen, können sie tödliche Krankheiten übertragen (die schlimmste davon ist die Malaria), doch meistens trägt das Opfer nur einen kleinen juckenden Stich davon. Das Tier ist zwar weniger interessant und Furcht einflößend als die anderen auf unserer Liste, doch mit dieser Statistik hat die Stechmücke eindeutig den ersten Platz verdient!

KARTOFFELDRUCK UND MARMORIEREN

Kindern wird Handwerkliches nie langweilig und an einem verregneten oder zu ruhigen Nachmittag kann man sie mit Farben und Töpfen hantieren lassen. Decken Sie den Küchentisch gut ab und halten Sie sich im Hintergrund, während sie kreativ sind, damit Sie bei Bedarf helfen können.

Wenn Sie mit den Kindern ab und zu Mal- oder Bastelstunden veranstalten, könnten Sie auch einmal im Jahr eine »Ausstellung« organisieren, bei der die Ergebnisse ausgestellt werden und die ganze Familie zum Anschauen – und vielleicht zum Kauf – eingeladen wird. Vielleicht möchten die Kinder den Erlös für einen wohltätigen Zweck spenden.

Sowohl der Kartoffeldruck als auch das Marmorieren sind relativ einfache Techniken, die man vielfältig anwenden kann. Wenn Sie ein paar große Bogen braunes Packpapier kaufen (aus dem Schreibwarenladen oder vom Spezialisten für Künstlerbedarf), haben Sie nach dem Bedrucken mit Kartoffelstempeln schönes Geschenkpapier. Lassen Sie die Kinder Motive je nach Jahreszeit drucken: gelbe Küken oder Blumen an Ostern, Tannenzweige und Sterne an Weihnachten oder entsprechende Motive für andere Anlässe.

Kartoffeldruck

Überlegen Sie vorher gemeinsam mit den Kindern, was Sie machen wollen: eine Karte, einen Briefkopf, einen Geschenkanhänger, ein großes oder ein kleines Muster, damit Sie Papier in der entsprechenden Größe kaufen können. Nehmen Sie Kartoffeln in der Größe, dass sie ein Kind in der Hand halten kann. Sie könnten auch leere Garnspulen, Korken, Wattestäbchen und Bleistiftenden vorschlagen, wenn Sie das Muster variieren wollen. Lassen Sie die Kinder auf jeden Fall erst auf Konzeptpapier probieren, ehe Sie richtig drucken. Die Übung macht auch hier den Meister.

WIR BRAUCHEN: *mindestens fünf Kartoffeln für die verschiedenen Motive, einen schwarzen Bleistift oder Buntstift, ein Messer, Ausstechformen, dicke Plakatfarben, Unterteller, billiges Konzeptpapier, Papier oder Karton.*

Ehe wir anfangen, decken wir den Tisch oder die Arbeitsfläche mit Zeitung ab und ziehen uns alte Kleider, eine Schürze oder einen Kittel an. Jetzt waschen wir eine Kartoffel, trocknen sie ab und schneiden sie in der Mitte durch. Mit dem Bleistift oder Zeichenstift malen wir die Umrisse verschiedener Motive auf jede aufgeschnittene Hälfte. Zum Beispiel: eine rundliche Allzweckform, etwa für den Körper eines Vogels oder eines anderen Tieres, eine kleinere Allzweckform als Kopf, einen Delfin, einen Fisch, einen Seestern, Seetang, eine Muschel, ein Blatt, Beeren, einen Stern, ein Kreuz, ein Dreieck. (Beim nächsten Schritt ist wahrscheinlich die Hilfe von Oma oder Opa nötig.) Wir müssen um das Motiv herum die Kartoffelfläche wegschneiden, sodass das Motiv etwa ½ cm vom Rest der Kartoffel erhaben ist. Wenn wir Ausstechformen benutzen, sollten wir sie fest eindrücken und um sie herum ausschneiden, ehe wir sie wieder abnehmen. Wir schneiden dann alles Überstehende an der Kartoffel ab (*siehe Abb.*).

Wir füllen die Farben in die Untertassen – die sollte etwa so dickflüssig sein wie Ketchup. Wir nehmen nicht zu viel von der Farbe, denn der »Hintergrund« des Kartoffelstempels soll keine Farbe annehmen. Wir füllen lieber bei Bedarf etwas nach.

Wir tauchen unsere/n Kartoffelstempel/Wattestäbchen/Korken oder Bleistiftende in die Farbe und probieren unsere Motive auf dem Konzeptpapier aus. Wenn wir sorgfältig arbeiten, können wir etwa vier Abdrucke machen, ehe wir wieder in die Farbe eintauchen müssen. Wenn wir so weit sind, gehen wir zum richtigen Papier über.

Wenn wir ein einfaches Muster gedruckt haben, können wir es auch weiterentwickeln. Nach dem Trocknen können wir mit dem schwarzen Stift die Motive ergänzen: Wir malen beim Osterküken Beine, kleine schwarze Augen und einen Schnabel zu dem gelben Kartoffelklecks, wir malen Adern auf die Blätter und Augen und Maul für die Fische oder den Delfin (siehe Anleitung für die Kükenkarte im Osterkapitel auf Seite 92).

Das Bedrucken von Karten, Geschenkanhängern und Geschenkpapier macht viel Spaß, und die Beschenkten werden begeistert sein.

Marmorieren

Hier ist *definitiv* die Aufsicht eines Erwachsenen nötig! Doch mit etwas Übung erzielen Sie wirklich schöne Ergebnisse. Die großen Bogen können Sie als Geschenkpapier verwenden. A4-Blätter können Sie für alles Mögliche verwenden, zum Beispiel auf Karton kleben und als Bildeinfassung verwenden.

Mit zwei A4-Blättern Karton und vier A4-Blättern marmoriertem Papier, die Sie auf jeder Seite auf die Kartonstücke aufkleben, können Sie auch einen Ordner basteln. Die Teile verbinden Sie mit Klebeband. Dann fixieren Sie das Ganze mit zwei Bändern. Sie können auch kleinere Stücke marmoriertes Papier auf Karton kleben und als Schilder, Geschenkanhänger, Lesezeichen und für den Mittelteil einer Karte verwenden (siehe Seite 206).

Sie können spezielle Marmorier-Farben in Bastelgeschäften kaufen. Sie sind gut geeignet zum Basteln mit Kindern, weil man kein Terpentin braucht.

* WIR BRAUCHEN: *ein großes Stück Alufolie, ein Backblech oder eine Farbwanne, drei oder vier verschiedene Marmorierfarben, drei oder vier Schüsseln, einen großen Plastiklöffel oder ein Stäbchen, A3- oder A4-Blätter weißes Papier.*

Wie beim Kartoffeldruck sollten wir den Tisch und den Boden sorgfältig mit Zeitungspapier abdecken und eine Schürze oder einen Kittel anziehen. Zuerst probieren wir auch hier auf Konzeptpapier, ehe wir richtig beginnen.

Wir gießen Wasser auf das Blech oder in die Wanne. Wir lassen einige Tropfen von drei verschiedenen Farben in das Wasser tropfen. Wir ziehen den Löffel in wirbelnden Mustern durch die Farben, aber vermischen sie nicht zu sehr.

Wir legen ein weißes Blatt Papier leicht auf die Wasseroberfläche und lassen es darauf schwimmen. Wir tippen ganz leicht darauf, damit es in Kontakt mit dem Wasser-Farben-Gemisch darunter kommt. Nun nehmen wir das Blatt vorsichtig hoch und lassen es auf einer ebenen Fläche trocknen.

Wir ziehen jetzt noch einmal den Löffel durch die Farbe, geben vielleicht noch eine weitere Farbe dazu und wiederholen das Ganze.

Da sich Wasser und Öl nicht vermischen, schwimmen die Ölfarben auf dem Wasser, und wir können beobachten, wie sich das schöne Marmormuster bildet.

NÄHEN

Das Nähen ist fast aus den Lehrplänen der Schulen verschwunden und das ist schade. Zu meiner (Eleos) Zeit herrschte das andere Extrem – man verbrachte jede Woche Stunden damit, und wir hatten keinen Unterricht in Naturwissenschaften. Wir kämpften mit Knopflöchern und beim Stopfen, aber die Grundstiche beherrschen wir heute noch. Auf diesem Gebiet haben Sie als Großmutter sicher mehr Zeit und Geduld als die Eltern, um dem Kind beim Einfädeln, Nähen, Entwirren von Knoten und Verbinden zerstochener Finger zu helfen. Wenn das Kind nur widerstrebend ans Nähen geht, versuchen Sie ihm oder ihr nur drei wichtige Grundlagen beizubringen, die immer nützlich sind – Vorstich, Säumen und einen Knopf annähen.

Wie beim Kochen beginnen Sie eine Nähstunde am besten, wenn Sie sich eine gute Stunde Zeit nehmen können, und stellen Sie sich auf Rückschläge ein. Geben Sie sich größte Mühe, nicht ungeduldig zu werden – es soll Ihnen und den Kindern vor allem Spaß machen. Sorgen Sie dafür, dass zu Beginn alles bereitliegt, was Sie brauchen. Das Kind verliert die Lust, wenn Sie erst damit beschäftigt sind, Faden und so weiter zu besorgen. Wenn Sie noch kein Nähkästchen haben, könnten Sie sich jetzt eins zulegen, mit allem, was man zum Nähen und für Handarbeiten braucht. Man muss dem Kind die Stiche nicht extra beibringen, die lernt es mit der Zeit. Wenn Ihr Enkelkind älter wird, können Sie ihm den Umgang mit der Nähmaschine zeigen (wenn Sie eine haben). Die Handhabung ist einfach und damit geht es wirklich viel schneller. Natürlich werden Sie gelegentlich mit fürchterlichem Fadenwirrwarr und Knoten zu kämpfen haben, aber die Mühe lohnt sich.

Hier sind einige Vorschläge für Kinder verschiedener Altersstufen.

Nähsätze und Vorlagen

Vielleicht kann man ein Kind so am besten für das Nähen begeistern. Einfache Nähsätze erhalten Sie in Geschäften und auf Handarbeits-Websites für alles, was Sie sich nur vorstellen können: Fingerpuppen, Kreuzstichmuster, Filzarbeiten, einfaches Knüpfen, Stricken und so weiter.

Sie können auch kleine Plastikbogen kaufen, aus denen Sie alle möglichen Vorlagen, auch für Patchwork, ausschneiden können. Fragen Sie in einem Handarbeits- oder Kurzwarenladen danach.

Stickkarten

Kleinere Kinder sollten mit diesen beliebten Karten anfangen, die es schon gab, als ich noch klein war. Die Stickkarte ist gelocht und auf ihr kann man mit buntem Faden ein vorgedrucktes Bild nachsticken. Stickkarten und Stickgarn kann man in jedem Handarbeitsgeschäft oder Kaufhaus mit einer Kurzwarenabteilung kaufen. Wenn das Kind mit Stickkarten zurechtkommt und weiß, wie man den Faden hält und wie man in die Löcher einsticht, sollten Sie mit dem richtigen Nähen anfangen.

Ein Deckchen oder Lesezeichen

An Anfang sollte man mit etwas Kleinem anfangen, denn in diesem Stadium ist es wichtig, dass das Interesse des Kindes nicht erlahmt.

* WIR BRAUCHEN: *eine Sticknadel, vier verschiedene Stickgarne (4- bis 6-fädig), Stoff, der für Kreuzstiche geeignet ist und Löcher hat, zum Beispiel Stramin (wenn es in einem Geschäft in der Nähe nicht zu finden ist, könnten wir im Internet danach suchen).*

Wir schneiden den Stoff für das zu, was wir verschönern wollen – ein Deckchen oder ein Lesezeichen. Wir malen jetzt mit einem Stift ein Muster darauf. Nun können wir mit der eigentlichen Arbeit beginnen und sticken. (Wenn das Einfädeln des Garns schwierig ist, können Oma oder Opa beim Einfädeln helfen, sie könnten auch die ersten Stiche vormachen: Kreuzstich, Vorstich oder Schrägstich.) Wir füllen das Deckchen oder Lesezeichen mit unseren Stichen, nach dem Muster, das wir vorgezeichnet haben.

Lassen Sie das Kind weitermachen, und bleiben Sie dabei, damit Sie Knoten auflösen können. Es macht nichts, wenn Sie am Ende die meiste Arbeit getan haben, Sie sollten es nur nicht wochenlang herumliegen lassen.

Einen Beutel nähen

Ein Lavendelsäckchen ist ein hübsches Nähprojekt für Sie und Ihr Enkelkind. Natürlich können Sie auch etwas anderes in den Beutel tun. *So geht's:* Das Kind lernt einen einfachen Vor- oder Heftstich, siehe Seite 251. Die Stiche werden unregelmäßig sein, der Faden wird sich zu schrecklichen Knoten verwirren, aber machen Sie einfach weiter und halten Sie das Kind bei Laune.

* WIR BRAUCHEN: *ein Taschentuch (30 x 30 cm oder ein Stück Stoff mit diesen Maßen) – Stoff mit Vichy-Muster (Karostoff) ist gut geeignet, weil man sich da an den Streifen orientieren kann; eine Nadel mit großem Öhr, Stecknadeln, weißes Nähgarn, buntes Satin- oder Samtband oder Schnur zum Zusammenbinden, Füllmaterial: getrockneter Lavendel, Seife, Badekugeln oder -würfel, Lorbeerblätter, Kräuterteebeutel.*

Wir falten das Taschentuch oder den Stoff in der Mitte, sodass es 30 x 15 cm misst (die schönere Seite des Stoffs sollte innen liegen). Wir falten es jetzt wieder in der Mitte, sodass es etwa 15 x 15 cm groß ist. Bei einem Taschentuch haben wir kein Problem mit ungesäumten Rändern. Unten brauchen wir keinen Saum, denn da ist der Rand ja der Falz. Mit dem unteren Rand zu uns liegend müssen wir nun entlang dem oberen Rand mit kleinen Heftstichen nähen (wenn es kein Taschentuch ist) und dann rechts und links an den Seiten entlang. Es ist am Anfang viel leichter, mit farbigem Faden zu heften, als den Stoff mit Stecknadeln zu stecken, aber wenn wir erst erfahrener sind, können wir es auch mit Nadeln feststecken, ohne dass wir uns in die Finger piksen. Wir fädeln den Faden in die Nadel und nähen entlang der bunten Heftlinie (dabei können Oma oder Opa gut helfen). Danach ziehen wir die Heftfäden wieder heraus und lassen das Säckchen oben offen. Fertig! Jetzt drehen wir den Beutel auf die richtige Seite, damit man das schöne Stoffmuster sieht. Wir füllen ihn mit Lavendel oder einem kleinen Seifenstück – nur nichts zu Schweres, denn die Stiche gehen leicht auf. Wir binden den Beutel mit einem schönen Band zu, und schon haben wir unser erstes genähtes Geschenk für Eltern oder Freunde.

Wir können auch das Band an einer Sicherheitsnadel durch den oberen Saum ziehen und den Beutel so verschließen.

Andere einfache Ideen

Eine kleine Puppe, einen Teddy, eine Maus, einen Frosch

WIR BRAUCHEN: *Stoff, Faden oder Perlen (für die Augen), schwarzes oder rosa Stickgarn für Nase, Mund, Schnurrhaare, bunte Kordel für den Mäuseschwanz, Filz für die Mäuseohren, etwas Füllmaterial – Watte oder kleine Stoffreste oder getrockneten Reis für den Frosch.*

Wir sehen uns die Vorlagen auf den Seiten 244 und 245 an, suchen uns eine aus und pausen sie ab. Wenn wir außen an der Vorlage entlangzeichnen, können wir die Vorlage nach Wunsch vergrößern – und wir müssen dabei unbedingt immer an den ½ cm denken, den wir zusätzlich für den Saum oder die Naht brauchen. Damit wir ganz sicher sein können, fertigen wir immer erst einen Schnitt auf Papier an, ehe wir den Stoff ausschneiden – das bewahrt uns vor Katastrophen! Wir fragen auch Oma und Opa um Rat. Erst dann übertragen wir den Schnitt auf den Stoff.

Für eine Puppe, einen Frosch oder einen Teddy schneiden wir zwei Stücke aus dem Stoff aus. Für eine Maus schneiden wir zwei Teile für die Seiten und eine für den Bauch unten aus.

Für die Puppe, den Frosch oder den Teddy nähen wir mit Vorstich oder Rückstich ½ cm vom Rand um den Körper herum und lassen den Kopf oben offen. Wir nähen zwei Knöpfe als Augen an und machen dann mit einigen Stichen die Nase und den Mund.

Für die Maus nähen wir die beiden Seiten für den oberen Teil des Körpers von der Nase bis zum Schwanz zusammen. Bevor wir jetzt das Unterteil annähen, nähen wir zwei winzige Perlen als Augen an und ziehen schwarzes Stickgarn durch die spitze Nase als Schnurrhaare. Wir nähen außerdem einen langen Schwanz und zwei kleine Ohren an. Jetzt nähen wir das Unterteil an beiden Seiten an und lassen hinten einige Zentimeter offen, um die Füllung hineinzustopfen.

Wir stopfen schließlich das Spielzeug und nähen die Öffnung zu. (Bei der Puppe sollten man nicht zu viel hineinstopfen.) Wir können uns überlegen, auch oben an den ausgestopften Armen und Beinen eine Naht anzubringen, damit die Glieder nicht so steif sind.

Für den Frosch nähen wir die Vorlagen wie oben beschrieben, doch wenn die Seiten fertig sind, drehen wir ihn auf die richtige Seite, nähen Knöpfe als Augen an und machen mit einigen Stichen einen Mund, dann füllen wir die Figur mit Reis – nicht zu viel, sonst wird er nicht weich. Wir nähen die Öffnung oben zu und drücken ihn.

Mausvorlage

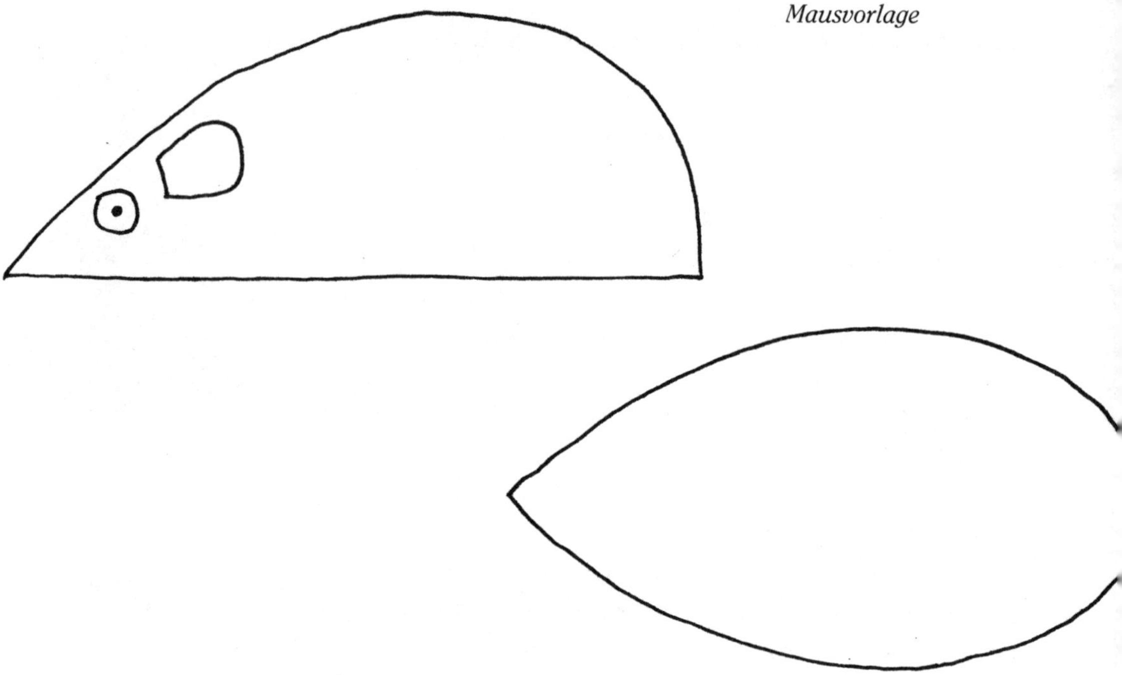

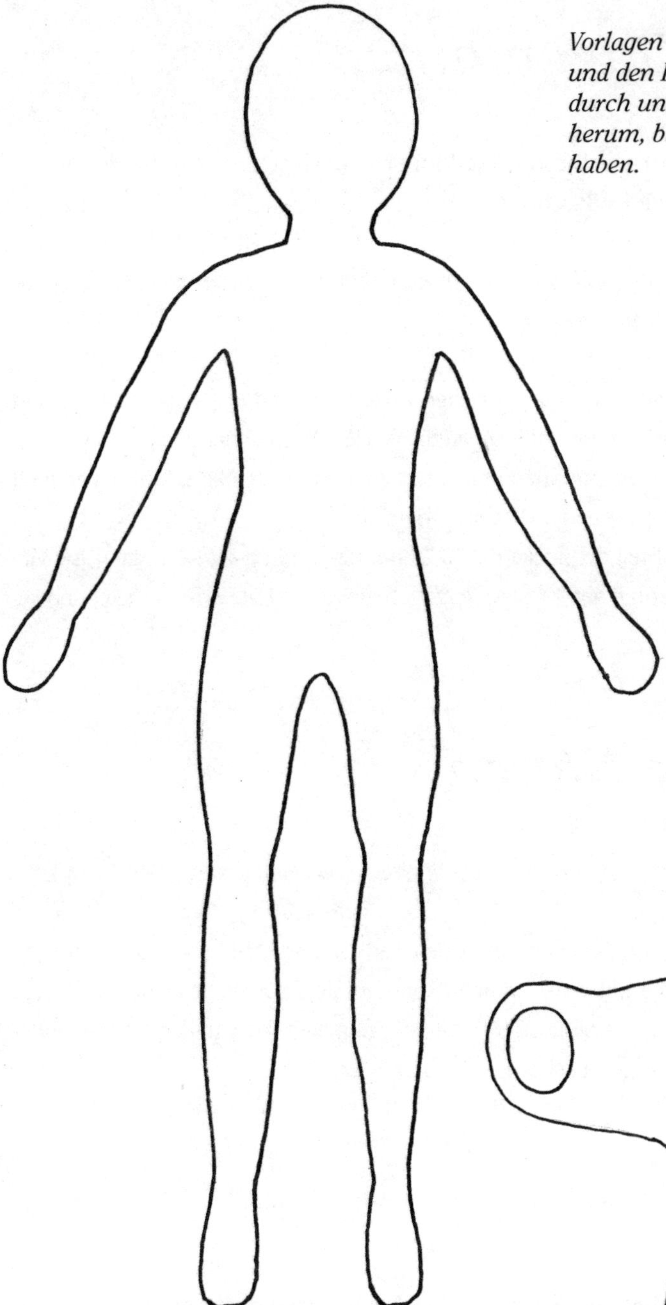

Vorlagen für den Teddy, die Puppe und den Frosch – wir pausen sie durch und zeichnen um die Vorlagen herum, bis wir die gewünschte Größe haben.

Maus mit Katzenminze

Machen Sie doch gemeinsam mit Ihren Enkelkindern ein Geschenk für die Katze. Mit dieser Maus fühlt sie sich wie im Paradies.

WIR BRAUCHEN: *etwas Katzenminze, etwas Reis, eine bunte alte Kindersocke, etwas dunkle Wolle, Filz für die Ohren.*

Ehe wir die Socke mit Katzenminze füllen, machen wir am Zehenende der Socke das Gesicht für die Maus. Die Augen nähen wir mit schwarzer Wolle. Wir machen dann die Schnurrhaare mit einem Stück schwarzem Faden und eine kleine schwarze Nase. Wir nähen jetzt zwei kleine, umgekehrte u-Formen aus Filz als Ohren an.

Wir füllen jetzt den Fußteil der Socke mit Katzenminze und etwas Reis, damit sie Gewicht hat, und machen dann einen Knoten. Jetzt geben wir der Katze die Leckerei und sehen zu, wie sie ausflippt.

Beutel ohne Nähen

WIR BRAUCHEN: *schönen Stoff – rosa Karostoff oder etwas Geblümtes (25 x 25 cm).*

Wir breiten den Stoff flach auf dem Tisch aus und legen zum Beispiel Lavendel, Badeperlen oder Kräuterteebeutel in die Mitte. Wir raffen dann den Stoff zusammen und binden ein hübsches Samtband oder eine Kordel oder nur einen schmalen Stoffstreifen in einer anderen Farbe oben um den Stoff, und schon ist der Beutel fertig.

Kreuzstich

Am leichtesten ist der Anfang beim Kreuzstich mit einer Stickpackung. Ein Bild von einer Blume, einem Pony oder einem Kätzchen ist schon vorgegeben, und das Kind stickt das Muster nach. Sie müssen dem Kind zeigen, wie der Kreuzstich geht und wie die Stiche aneinandergestickt werden. Kaufen Sie eine kleine Packung, etwa für ein Lesezeichen, damit die Arbeit leicht ist und schnell fertig wird.

Wenn das Kind mit einer einfachen Packung zurechtgekommen ist, können Sie ein einfaches Deckchen auf normalem Stramin probieren, ohne vorgegebenes Muster.

Das hat meine Nichte Katy für mich gemacht

WIR BRAUCHEN: *ein quadratisches Stück Stramin (siehe Deckchen auf S. 241) oder Baumwolljersey mit Löchern für Kreuzstiche, farbiges Stickgarn, Sticknadel.*

Wir zeichnen ein Rechteck oder ein Quadrat etwa 15 x 15 cm groß auf ein Stück Papier und zeichnen dann Linien in verschiedenen Farben – zum Beispiel rot um die Ränder, blau darin, grün wiederum darin und so weiter. Die Stickerei kann Kreuzstich, lange und kurze Vorstiche und sogar Rückstiche enthalten (*siehe Abb. auf S. 252*).

Wir zeichnen in die Mitte ein Boot, einen Vogel, eine Katze, ein Herz, die Initialen eines Familienmitglieds oder was anderes (*siehe Abb. auf den S. 248 bis 250*). Wir bestimmen die Mitte des Stoffes und arbeiten uns von dort nach außen. Das wird entweder ein Deckchen für jemanden oder auch das Mittelteil eines kleinen weißen Kissens. Es könnte auch ein Beutel werden, wenn wir die Kreuzstiche auf eine Hälfte des Stoffes beschränken, den Stoff umfalzen und an den beiden Seiten zunähen. Darin können wir Schätze oder Taschentücher aufbewahren. Eine nette Idee ist es auch, ein kleines Kreuzstichbild in einem Rahmen zu verschenken, wie Katys Erdbeerbild oben.

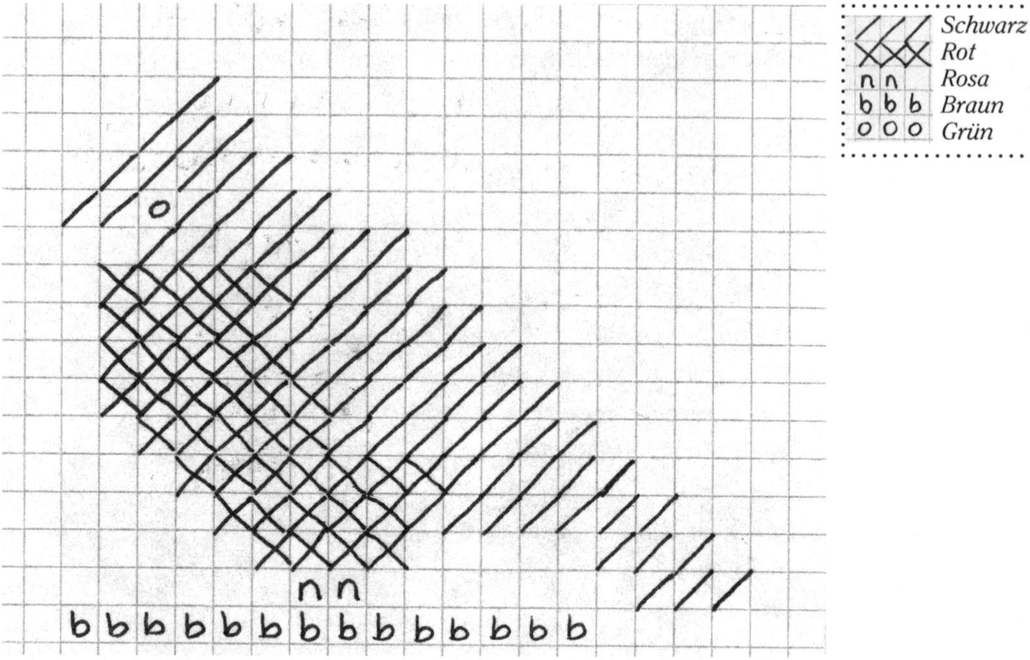

Kreuzstichvorlage für Vogel

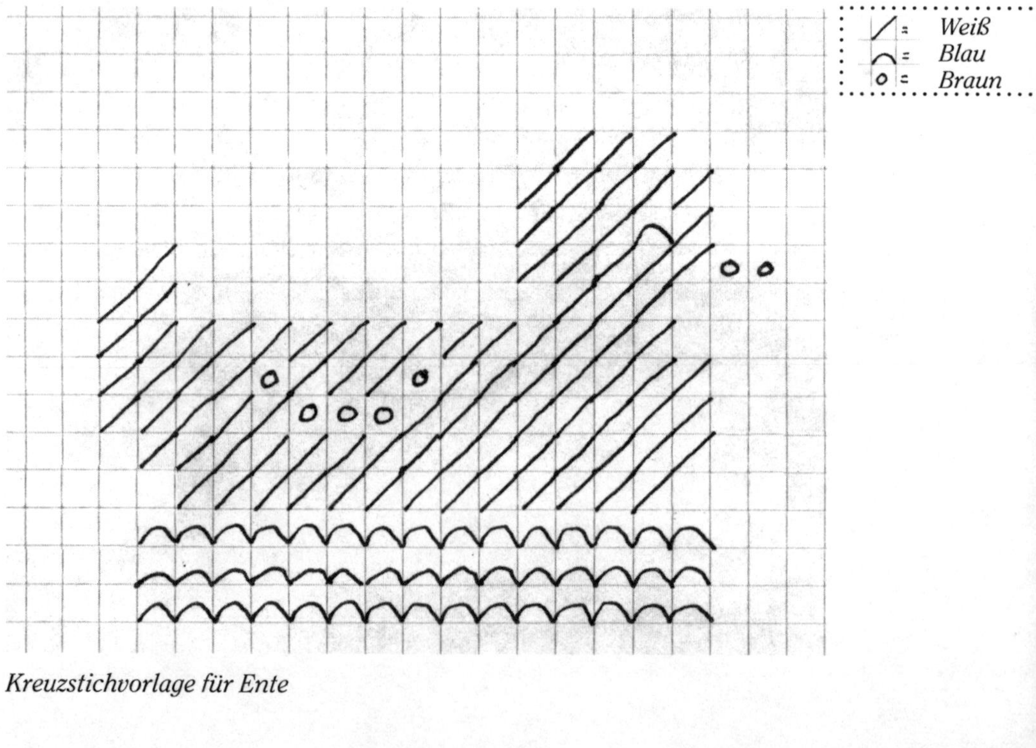

Kreuzstichvorlage für Ente

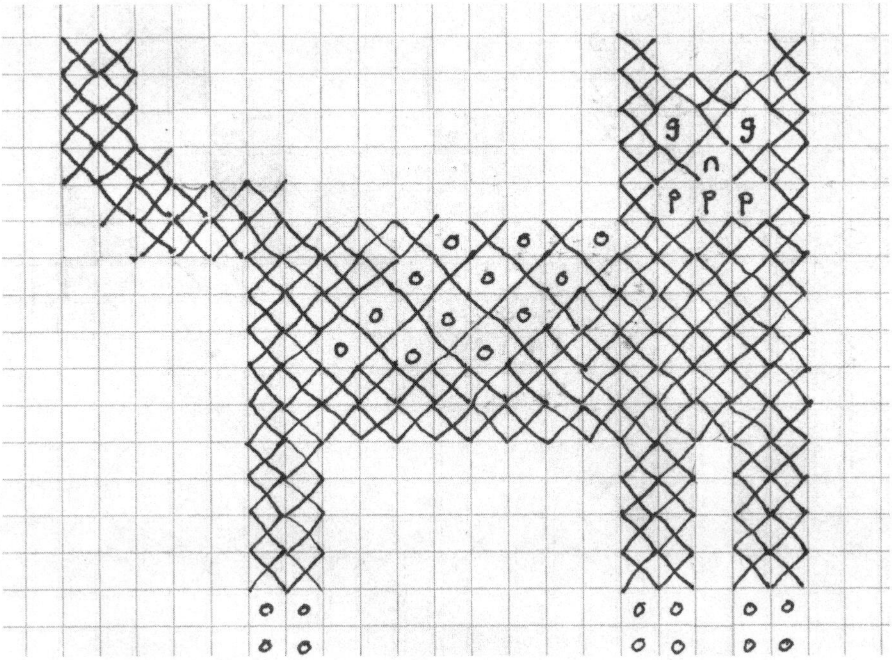

n = Schwarz
X = Braun
o = Weiß
g = Grün
p = Rosa

Kreuzstichvorlage für Katze

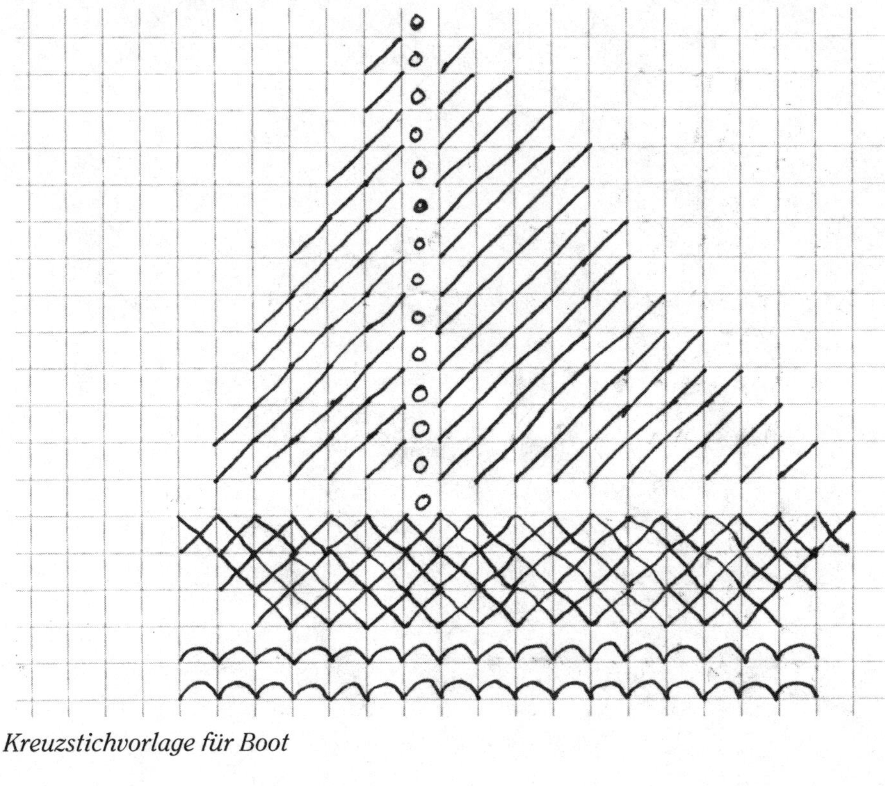

/ = Weiß
⌒ = Blau
X = Rot
o = Braun

Kreuzstichvorlage für Boot

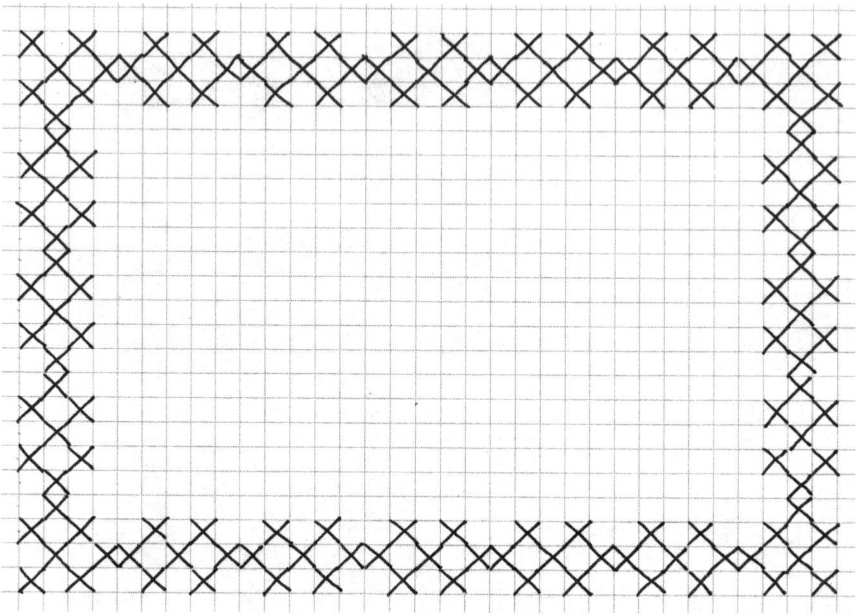

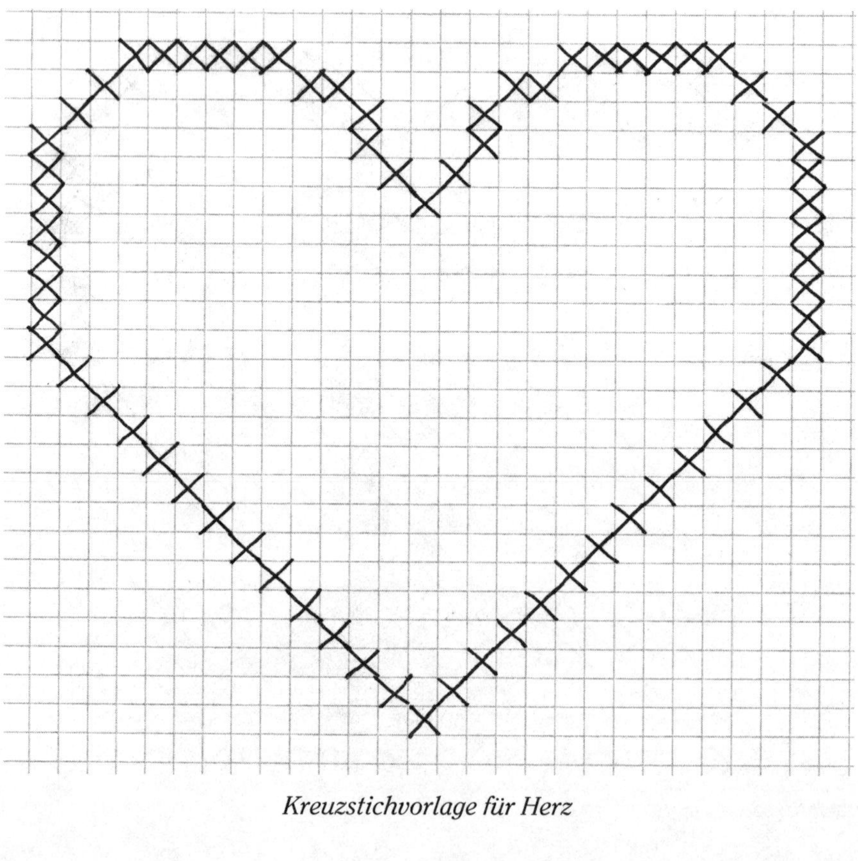

Kreuzstichvorlage für Herz

Weben

Das kann acht- oder neunjährigen Jungen und Mädchen Spaß machen. Ihrem Enkelsohn ist das vielleicht nicht männlich genug, aber vielleicht probiert er es trotzdem aus. Komischerweise sind gerade oft Männer außerordentlich gut im Teppichknüpfen. Man braucht nur einen Webrahmen aus Holz und ein Webschiffchen und natürlich eine Auswahl bunter Wolle. Oder Sie machen gemeinsam mit dem Kind einen selbst gebastelten Webrahmen. Sie brauchen dazu ein sehr festes Stück Karton. Sie schneiden oben und unten in regelmäßigen Abständen die Ränder des Kartons ein. In diese Schnitte können Sie dann die Wollfäden spannen.

Zeigen Sie dem Kind, wie man die Wolle einlegt – nach anfänglicher Hilfe wird es schnell damit klarkommen –, und lassen Sie es sein eigenes Muster kreieren. Es kann halbe Streifen, ganze Streifen oder andere Formen ausprobieren. Wenn es schön geworden ist, kann man das Werk auch einrahmen. Weben eignet sich auch gut, um auf Reisen das Kind eine Weile zu beschäftigen.

Stiche

Heftstich

Erfahrende Näherinnen verwenden diesen Stich am Anfang, wenn Sie zwei Stoffstücke zusammenfügen wollen. Geheftet wird normalerweise mit einem hellen Faden, der nach dem richtigen Nähen wieder entfernt wird. Nehmen Sie nach Möglichkeit ein Stück Karostoff, denn die Linien und Quadrate sind eine gute Orientierungshilfe.

Machen Sie an einem Ende des Fadens einen Knoten. Das Kind sollte den Stoff in der einen Hand halten und die Nadel von der Rückseite auf die Vorderseite durchstechen. Jetzt den Faden durchziehen und in etwa 1 cm Entfernung die Nadel von oben nach unten in den Stoff einstechen. 1 cm weiter die Nadel wieder von unten nach oben stechen und so weiter, in einer geraden Linie. Das Kind sollte so lange üben, bis es den Stich relativ sicher beherrscht. Dann zeigen Sie ihm, wie man die Nadel mit einer Bewegung ein- und wieder heraussticht – das beschleunigt die Sache!

Vorstich

Wenn das Kind Sicherheit mit dem Heftstich erlangt hat, verkleinern Sie den Abstand auf ½ cm zu einem schönen Vorstich. Damit können Sie die Tasche, die Puppe, den Teddy, die Maus oder den Frosch verzieren.

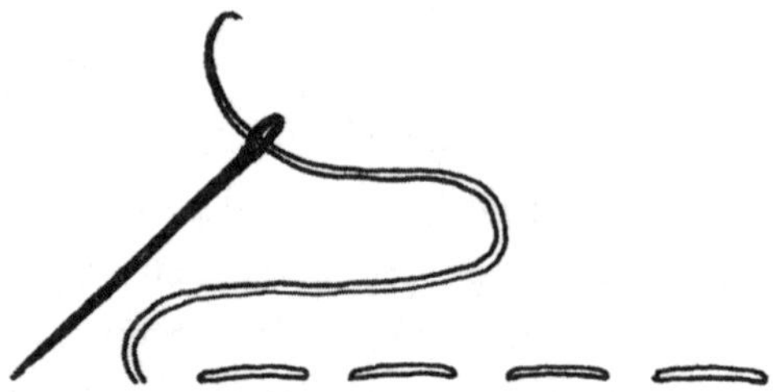

Rückstich

Versuchen Sie den nur, wenn das Kind das Heften und den Vorstich sicher beherrscht. Bei diesem Stich halten Sie den Stoff mit der richtigen Seite nach oben und bringen die Nadel von unten nach oben. Jetzt gehen Sie ½ cm zurück und stechen die Nadel mit einer Bewegung ein und bringen Sie 1 cm rechts hinter der Einstichstelle wieder nach oben (*siehe Abb.*). Das ist der sicherste Stich, und wenn das Kind ihn einmal gelernt hat, sollte es hauptsächlich den benutzen.

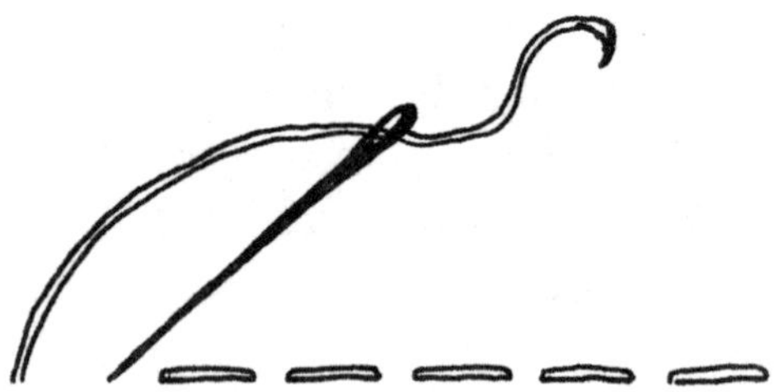

Säumen

Diesen Stich verwendet man, um den umgeschlagenen Saum eines Kleidungsstücks am Hauptstück zu befestigen. Machen Sie den ersten Stich auf dem Saum, sodass der Knoten auf dem Saum ist und nicht auf dem Hauptststück des Kleidungsstücks. Jetzt machen Sie einen winzigen Saumstich auf dem Stoff, dann wieder auf dem Saum und gehen so vorwärts (*siehe Abb.*).

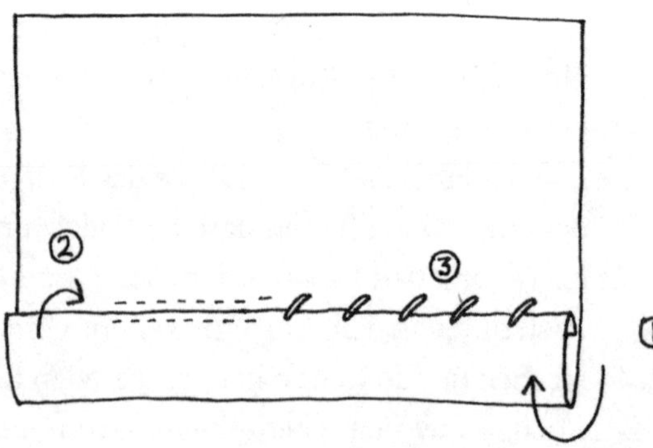

Patchwork

Wenn ein Kind die Nadel richtig halten kann, das Einsäumen beherrscht und mit Ihrer Hilfe sicher nähen kann, kann es auch eine Patchworkarbeit in Angriff nehmen. Es lohnt sich, ein Patchwork im Voraus zu planen, und es wäre ein schönes Vorhaben für die Ferien. Pakete mit vorgeschnittenen Patchworkformen gibt es, aber Sie können auch in der Restekiste der Familie stöbern, bei Freunden nach Stoffresten fragen und ein eigenes Muster entwerfen.

Vichy-Stoff in verschiedenen Farben mit weißen Stoffteilen dazwischen sieht hübsch aus. Ehe das Kind anfängt, sollte man möglichst die Stoffstücke ausschneiden, dazu zehn bis zwölf sechseckige Vorlagen aus Pappe. Sie können auch Plastikkarten für die Vorlagen kaufen oder bei Patchworkhändlern im Internet bestellen.

Patchworkbild

Das geht langsam, ist aber sehr lohnend und kann im Laufe der Sommerferien in Angriff genommen werden.

WIR BRAUCHEN: *eine Patchwork-Packung oder eigene Stoffstücke. Bei Letzteren sollten wir darauf achten, dass die Stoffe alle ungefähr gleich schwer sind und dass die Farben zusammenpassen. Ideal ist Bekleidungs- oder Vorhangstoff aus Baumwolle. Leichte oder dünne Stoffe sind nicht so gut, weil sie nicht stabil genug sind und später leicht reißen könnten. Dann brauchen wir Stoff für die Rückseite oder einen Kissenbezug aus Baumwolle für das fertige Patchworkbild, genügend leichten Karton oder Plastik für die Vorlagen, sodass zehn bis zwölf sechseckige Stücke ausgeschnitten werden können, und weißen Faden.*

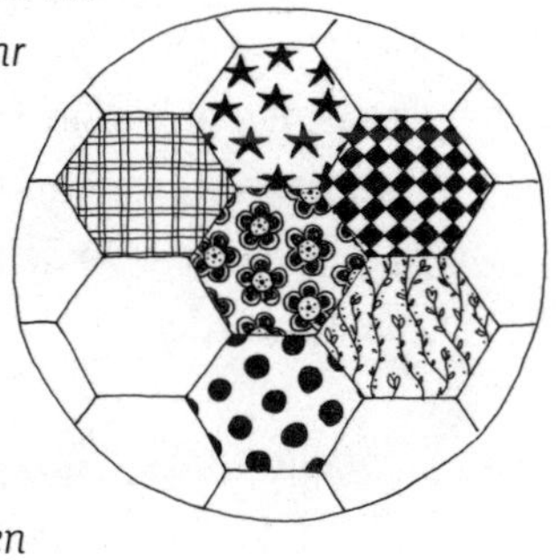

Ehe wir den Stoff zuschneiden, überlegen wir uns genau, wie das Gesamtmuster der Teile aussehen soll. Wir ordnen sie zu einem Muster, das ein hübsches Patchworkquadrat von 25–30 cm ergibt. Wir prüfen zuerst, wie groß unser Kissen ist, damit die Patchworkarbeit auch ähnliche Maße hat.

So geht's: Wir machen eine sechseckige Vorlage mit 2 ½ cm Seitenlänge aus Papier und übertragen sie auf einige dünne, flexible Kartonteile. Wir schneiden zehn bis zwölf Karton-Sechsecke aus.

Wenn wir keine vorgefertigten Teile verwenden, müssen wir den Stoff zuschneiden.

Wir legen das Kartonstück auf den Stoff und schneiden ein Sechseck aus. – Dabei sollten wir daran denken, ½ bis 1 cm Stoff auf allen Seiten zuzugeben, damit wir den Stoff auch über die Vorlage schlagen und festheften können. Am besten probieren wir das zuerst mit ein paar Stoffresten aus, damit wir die richtige Größe finden. Wir falten den Stoff über das Sechseck und heften ihn auf die Schablone.

Wenn wir das mit unseren zehn bis zwölf Vorlagen gemacht haben, haben wir einen Stapel mit verschiedensten Mustern vor uns liegen. Wir nehmen jetzt zwei Kartonstücke in dem Muster, das wir geplant haben, legen sie Rücken an Rücken gegeneinander und nähen sie an einer Seite zusammen. Wir machen dasselbe mit einer anderen Schablone an einer anderen Seite und so weiter, bis wir weitere Stoffschablonen für unser Muster brauchen. Wir befestigen sie am Stoff und arbeiten so weiter.

Die Ränder werden unregelmäßig sein, deshalb müssen wir entweder ein paar halbe Sechsecke für die Lücken machen oder die Ränder unregelmäßig lassen. Am Ende trennen wir die Heftstiche auf, nehmen die Schablonen heraus und legen unsere Patchworkarbeit auf den Stoff für die Rückseite oder auf unseren Kissenbezug und nähen sie fest.

Einen Haargummi nähen

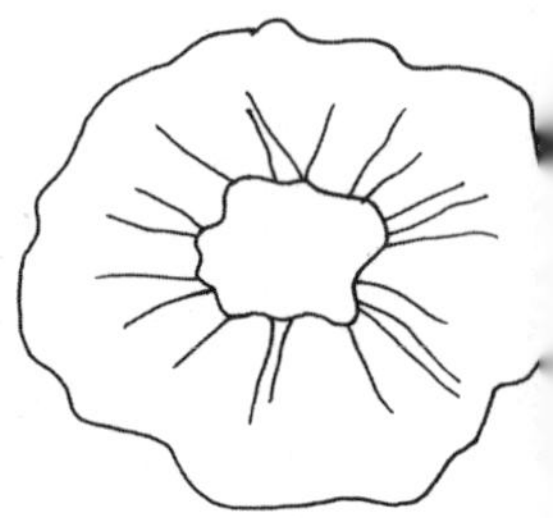

Das ist leicht. Wenn Sie eine Nähmaschine haben, können Sie Ihrer Enkelin helfen, denn für den Haargummi braucht man zwei längere Nähte von je 30 Zentimetern. Er kann aber auch leicht von Hand genäht werden.

WIR BRAUCHEN: *ein schön gemustertes oder einfarbiges Stoffstück – Baumwolle, Chiffon, Samt oder Cordsamt (30 cm x 10 cm), ein Stück schmales Gummiband (etwa 30 cm lang), Nähgarn, Nadel, zwei Sicherheitsnadeln.*

Wir schneiden den Stoff nach den Angaben oben zu. Mit der Innenseite nach außen falten wir den Stoff der Länge nach zur Hälfte, sodass das Stück 30 cm lang ist und 5 cm breit. Wir nähen nun auf der linken Seite mit der Nähmaschine, mit Rückstich oder in kleinen Vorstichen etwa 1 cm vom Rand entfernt entlang (*siehe Abb.*).

Jetzt drehen wir die Arbeit auf die richtige Seite – dazu nehmen wir einen langen Bleistift zu Hilfe, dann können wir den Stoff leichter durchschieben. Wir legen den Stoff flach hin und nähen der Länge nach noch einmal etwa 1 cm vom Rand entfernt entlang. Wir befestigen nun ein Ende des Gummibandes an einer Sicherheitsnadel oder Haarnadel. Da-

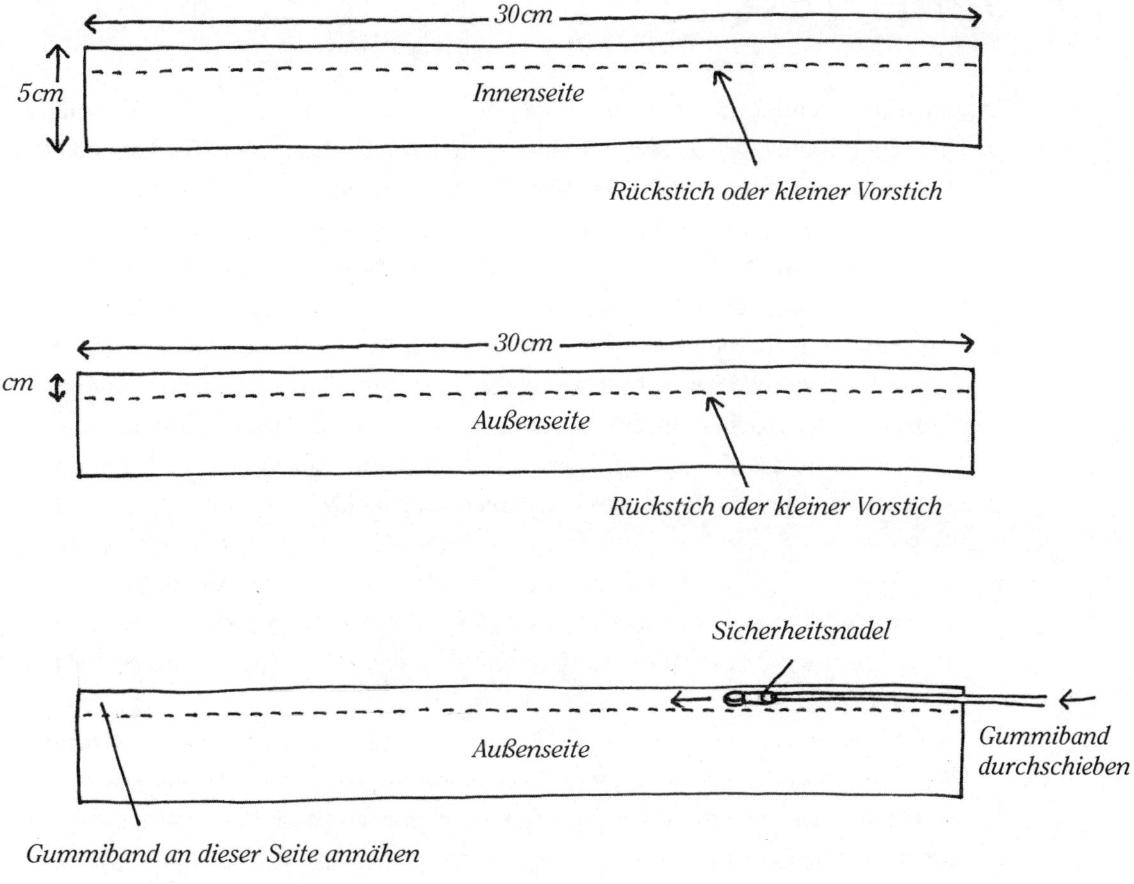

mit schieben wir das Gummiband durch die Stoffhülle, und wenn wir das andere Ende erreicht haben, befestigen wir das Band mit einigen Stichen am Stoff. Dabei schlagen wir den Stoffrand ein.

Wir ziehen jetzt das Gummiband an, sodass es einen Ring bildet (nicht so eng, dass die Haare nicht mehr durchpassen). Dann sollten wir etwa 20 cm Gummiband übrig haben. Wir nähen es fest, ehe wir das überflüssige Band abschneiden. Wir nähen die beiden Enden des Haarbands zusammen – fertig! Man kann den Haargummi auch schön mit Pailletten verzieren.

Jenis Tasche

Diese wirklich schöne Tasche können Sie mit einem etwas älteren Kind zusammen machen. Es sollte den Rückstich mit einiger Sicherheit beherrschen. Sie können es bei den längeren Nähten auch an der Nähmaschine anleiten, aber die Tasche, die ich gesehen habe, war ganz von Hand gemacht. Innen war sie mit Vichy-Stoff gefüttert, das war ein interessanter Kontrast. Wenn Sie die Nähmaschine nehmen, probieren Sie erst mit einem kleineren Stück Stoff, welches die richtige Spannung zum Nähen ist. Kaufen Sie eine dicke Nähnadel im Kurzwarenladen. Wenn Sie kein Wachstuch verwenden wollen, nehmen Sie einen schweren Baumwollstoff oder Leinen. Bevor Sie den Stoff zuschneiden, machen Sie ein Papiermuster in den unten beschriebenen Maßen und prüfen Sie, ob das die richtige Größe für Sie oder Ihre Enkelin ist. Vielleicht machen Sie erst ein Modell, ehe Sie das Wachstuch zuschneiden.

WIR BRAUCHEN: *Wachstuch oder feste Baumwolle (69 cm x 33 cm), Karostoff (69 cm x 33 cm), ein Stück Juteband (etwa 5 cm x 1,88 m – für den oberen Rand der Tasche und die Griffe), eine dicke Nähnadel und einen Fingerhut, starken weißen und braunen Zwirn.*

Wir schneiden ein Papiermuster aus: 69 cm lang und 33 cm breit. Wir schneiden das Wachstuch oder den Baumwollstoff und den Karostoff nach dem Muster aus. Das Karofutter sollten wir dabei ein bisschen (½ cm) kleiner machen als das Wachstuch, damit es gut in die Tasche passt.

Wir nehmen das Wachstuch oder den Baumwollstoff mit der Innenseite nach außen, falten es in der Mitte und nähen die beiden Seiten zur Form einer Tasche zusammen, entweder mit Rückstich oder mit der Nähmaschine. Dabei müssen wir sehr sorgfältig arbeiten, sonst fällt die Tasche nach wenigen Tagen auseinander. Wenn nötig, sollten wir lieber noch einmal nachnähen. Dann nähen wir das Futter aus dem Karostoff. Dabei muss die Innenseite außen sein und oben 1 cm vom Stoffrand eingeheftet werden. Wir bügeln den Karostoff danach, um eventuelle Falten zu glätten.

Wir drehen jetzt die Wachstuchtasche auf die richtige Seite. Beim Karostoff bleibt die linke Seite außen.

Wir nehmen jetzt das Juteband und legen es oben um die Tasche. Wir schlagen es um, sodass die eine Hälfte (2 cm) innen und die andere Hälfte außen ist. Überstehende Reste schneiden wir ab. Wir nähen das Juteband mit dem braunen Zwirn und Vorstich an der Tasche fest.

Wir schneiden das übrige Juteband für die beiden Griffe in zwei Teile. Wir stecken auf jeder Seite ein Band fest – und prüfen zuerst, ob sie an der richtigen Stelle sitzen. Dann schlagen wir die unteren Enden ein, damit sie nicht ausfransen. Es sollten 6 cm des Griffs über dem Juterand und dem Wachstuch oder Baumwollstoff festgenäht sein. Wir müssen sie sehr fest nähen, mit haltbaren Stichen, die durch das Wachstuch und das Band gehen (*siehe Abb.*).

Wir stecken schließlich das Futter, immer noch mit der linken Seite nach außen, in die Tasche, sodass die richtige Seite sichtbar ist. Der umgeschlagene Rand des Karostoffs sollte nicht sichtbar sein. Wir nähen den Karostoff sauber etwa 1 cm unter der Oberkante der Tasche an das Juteband.

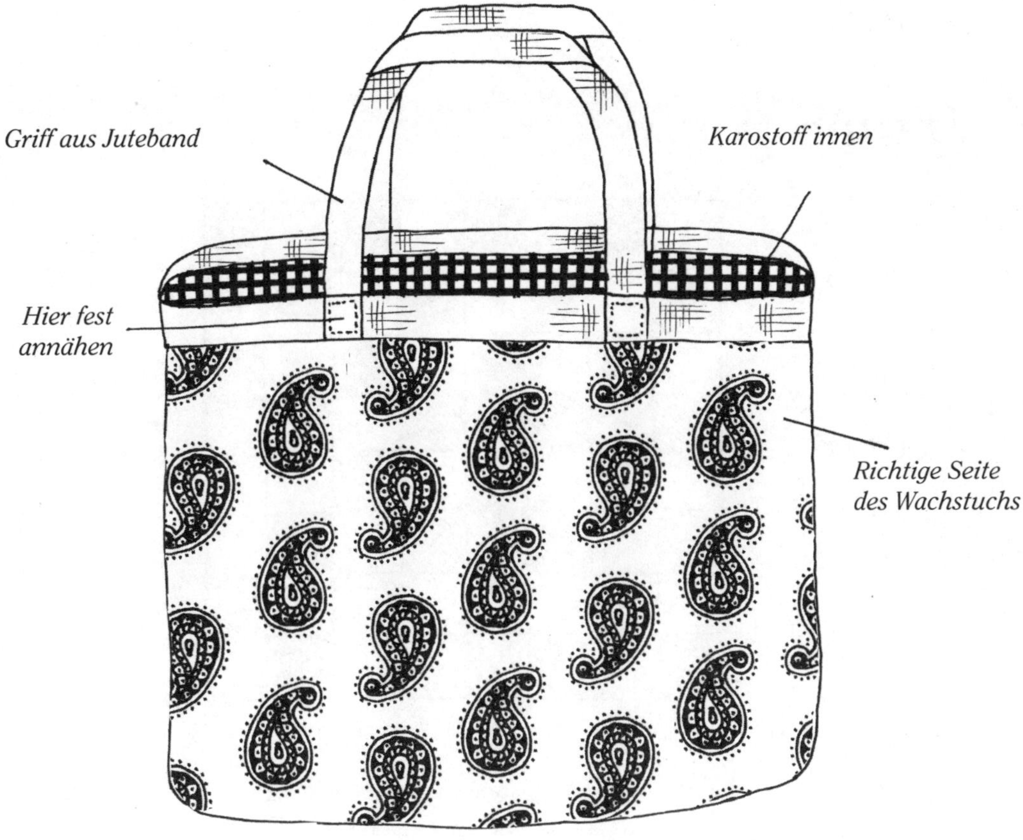

REGELN FÜR DAME, SCHACH UND BACKGAMMON

Dies sind wunderbare traditionelle Familienspiele, bei denen Kinder oft erstaunliche Fähigkeiten entwickeln und Sie in den Schatten stellen. Bei uns (Eleo) sind die Anleitungen schon vor langer Zeit verloren gegangen, und niemand weiß mehr, wie man die Figuren aufstellt. Hier sind die Anleitungen zur Aufstellung und die Spielregeln. Für weiterführende Informationen: *www.brettspielnetz.de/spielregeln*, *www.schach-starter.de* und *www.backgammon.de.*

Dame

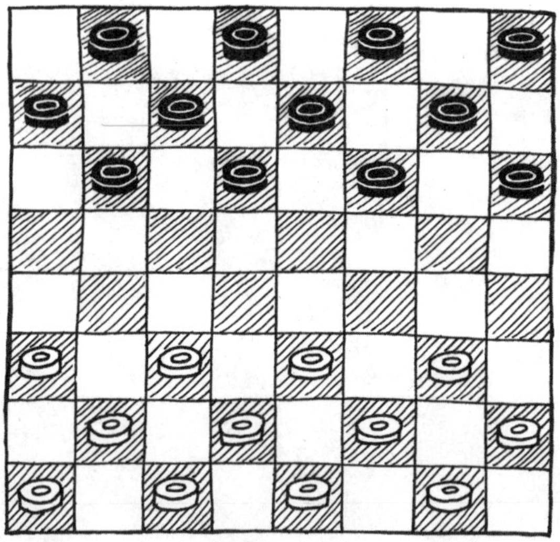

Ein Spiel für zwei Spieler und eines der ersten Strategiespiele, die man Kindern beibringen kann.

Das Ziel ist es, die Spielsteine des Gegners zu blockieren und sie vom Brett zu entfernen.

Legen Sie das Brett zwischen sich, sodass das helle Feld in der ersten Reihe rechts auf dem Brett liegt (*siehe Abb.*).

Die beiden Spieler haben je zwölf Spielsteine. Diese werden in den ersten drei Reihen auf den schwarzen Feldern ausgelegt. Es wird nur auf den schwarzen Feldern gespielt.

Die Person mit den schwarzen Spielsteinen beginnt. Ein Spielstein muss vorwärtsbewegt werden, immer ein Feld weit diagonal auf ein leeres schwarzes Feld.

Ziel ist es, die Spielsteine des Gegners zu schlagen, indem man sie überspringt, wiederum diagonal. Das kann man nur, wenn das schwarze Feld auf der anderen Seite des gegnerischen Spielsteins frei ist, damit man dort landen kann. Wenn das gelingt, können Sie den Spielstein Ihres Gegners vom Brett entfernen. Nach dem Schlagen haben Sie sofort einen weiteren Spielzug frei. Sie können auch mehr als einen Spielstein auf einmal schlagen, solange Sie den Stein vorwärts und diagonal bewegen.

Wenn einer Ihrer Spielsteine die Grundlinie des Gegners erreicht (das heißt die Linie, die am weitesten von Ihnen entfernt liegt), wird dieser Spielstein zur Dame. Dazu muss der Gegner Ihnen einen Ihrer Steine zurückgeben, damit man ihn auf den Damestein legen kann. Eine Dame zu besitzen, ist eine feine Sache, denn sie darf sich vorwärts- und rückwärtsbewegen (immer diagonal). Doch bedenken Sie, dass ein normaler Spielstein auch eine Dame schlagen kann.

Der erste Spieler, der alle Spielsteine des Gegners geschlagen hat, hat gewonnen. Oder, wenn keiner mehr einen Zug machen kann, wird ein Unentschieden erklärt.

Schach

»Ich liebe das Schachspielen, weil man wirklich seinen Verstand gebrauchen muss und voraussehen muss, welche Züge man machen kann – diese Fähigkeit nutzt einem auch für andere Spiele!« Schachmeisterin Selina Khoo, 11 Jahre

Schach ist so nützlich, dass es in Russland, Kanada und einigen europäischen Ländern in der Schule unterrichtet wird. Dabei lernen Kinder Problemlösungen, logisches Denken und entwickeln einen gesunden Ehrgeiz.

Schach ist mehr als nur ein großes Brettspiel – es ist das Abbild mittelalterlichen Lebens. Keiner weiß, wie alt das Spiel wirklich ist. Es wurde auf jeden Fall vor Jahrhunderten schon in Persien, Indien und China gespielt. Als die Araber in Persien einfielen, lernten sie das Schachspiel von den Persern, und als sie später nach Spanien eindrangen, brachten sie es den Spaniern bei. Von dort war es nicht weit bis in unsere Breiten. Wir benutzen immer noch ein persisches Wort für das Spiel: *Schah* heißt auf Persisch »König« und *matt* bedeutet »tot«. Also bedeutet *schachmatt* »der König ist tot«.

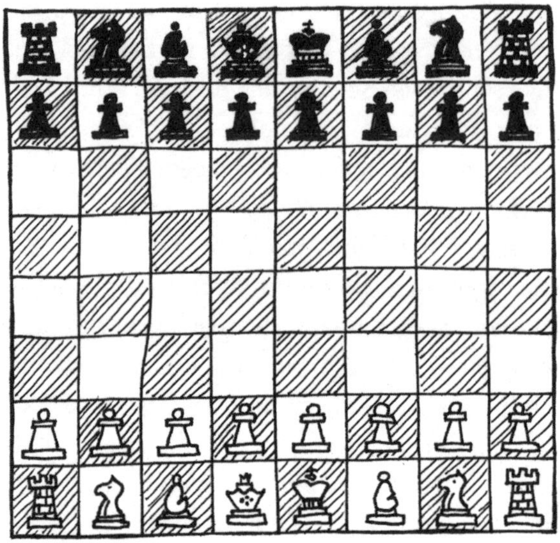

Schach ist ein Spiel für zwei Spieler. Jeder Spieler hat 16 Figuren, die auf dem Brett aufgestellt werden, wie auf der Abbildung gezeigt.

Man muss wissen, wie die verschiedenen Figuren sich bewegen:

* Bauern sind die Sklaven des Mittelalters. Sie sind klein und langsam, und ihre Aufgabe ist es, die anderen zu beschützen. Sie können sich immer nur ein Feld nach vorn bewegen – oder zwei Felder beim ersten Zug. Wenn sie eine andere Figur schlagen, muss das durch einen Zug diagonal und vorwärts geschehen. Erreicht ein Bauer die Grundlinie des Gegners, kann er durch eine beliebige Figur ersetzt werden, die der Gegner geschlagen hat.

* Türme sind stark und fest und stehen für die Sicherheit des Heimes. Sie können kühn und mutig sein und sich in geraden Linien bewegen: vorwärts, rückwärts oder seitwärts, aber nicht diagonal. Sie können so viele leere Felder überspringen, wie vorhanden sind.

* Springer sind bewegliche, boshafte Soldaten zu Pferde und können andere Figuren überspringen. Sie können drei Felder auf einmal in einer L-Form entweder nach vorn oder rückwärts überspringen, auch wenn eine andere Figur im Wege steht.

* Läufer können sich diagonal beliebig weit bewegen, können jedoch keine andere Figur überspringen.

* Damen sind mächtig. Sie können sich in jede Richtung über beliebig viele Felder bewegen, doch immer in gerader Linie. Sie können nicht über andere Figuren springen.

* Könige sind die wertvollsten Figuren. Sie stehen für die Macht der Monarchie – wenn der König sich ergibt, ist das ganze Land besiegt. Der König ist »alt« und kann sich nicht sehr schnell bewegen. Er kann in jede Richtung gehen, doch immer nur ein Feld weit. Wenn der König völlig bewegungsunfähig ist, nennt man das schachmatt, und das Spiel ist zu Ende.

Der Spieler mit den weißen oder hellen Figuren beginnt. Denken Sie immer genau nach, ehe Sie ziehen. Beobachten Sie den Gegner und studieren Sie seine Züge, damit Sie erkennen, was er als Nächstes plant. Er wird dasselbe mit Ihnen tun. Sorgen Sie immer dafür, dass Ihr König in Sicherheit ist.

Ihr Ziel muss es sein, den gegnerischen Spieler in die Falle zu locken und den König zu schlagen. Wenn Sie auf einer gegnerischen Figur landen, können Sie sie schlagen, indem Sie sie vom Spielfeld nehmen. Wenn Sie den König schlagen können, haben Sie gewonnen.

Rochade: Das ist ein spezieller Zug, den Sie nur einmal ausführen dürfen. Wenn Sie Ihren Turm und Ihren König noch nicht bewegt haben und keine Figuren zwischen ihnen stehen (zum Beispiel Läufer und Springer – und die Dame, wenn Sie auf ihrer Seite des Königs rochieren), dann können Sie deren Position tauschen. Nach dem Tausch bewegt sich jede Figur in ein Feld (der Turm bewegt sich zwei Felder, wenn die Rochade auf der Seite der Dame ausgeführt wird), sodass sie nebeneinanderstehen. Dieser Zug wird oft vergessen, aber er ist eine gute Möglichkeit.

Schach: Sie sind im Schach, wenn Ihr König von einer anderen Figur geschlagen werden kann. Um dies zu vermeiden, müssen Sie entweder Ihren König bewegen, Ihren Gegner bewegungsunfähig machen oder die Figur schlagen, die den König bedroht.

Schachmatt: Das bedeutet, Ihr König kann nicht gerettet werden und das Spiel ist vorbei.

Backgammon

Backgammon ist ein Spiel für zwei Spieler und wurde wahrscheinlich von den alten Griechen oder Römern erfunden.

Das Spielbrett besteht aus vier Teilen, den sogenannten Boards, die je sechs lange Dreiecke enthalten, die sogenannten Points oder Zungen. Es gibt zwei Seiten, Rot und Schwarz, und jede hat ein Homeboard und ein Outer Board. Jeder Spieler legt 15 Spielsteine derselben Farbe auf das Board, wie auf der Abbildung auf der nächsten Seite. Ziel des Spiels ist es, rund um das Board zu ziehen und seine Spielsteine sicher auf das eigene Homeboard zurückzubringen. Um zu bestimmen, wer beginnt, würfelt jeder mit einem Würfel, und die Person mit der höchsten Zahl beginnt. Die Zahl der Punkte auf den beiden Würfeln bestimmt, wie weit man die Spielsteine bewegen kann. Wenn Sie eine Drei und eine Vier würfeln, können Sie entweder einen Spielstein insgesamt sieben Schritte vorwärtsbewegen oder einen Spielstein drei Schritte und einen anderen vier Schritte weit. Bedenken Sie: Sie müssen die Spielsteine in Richtung Ihres Homeboards bewegen (*siehe Abb.*).

Wenn Sie einen Pasch würfeln – zwei Fünfer zum Beispiel –, können Sie die Anzahl Ihrer Schritte verdoppeln, also vier Mal fünf Schritte machen. Sie können eine beliebige Kombination von Spielsteinen insgesamt 20 Schritte weit bewegen.

Ein Spielstein kann nicht auf einen Point ziehen, auf dem bereits zwei oder mehr Steine des Gegners liegen. Wenn nur ein Stein des Gegners dort liegt, können Sie ihn schlagen. Dann nehmen Sie den Spielstein und legen ihn auf die Bar des Boards (die Bar teilt die beiden Hälften). Wenn das geschieht, muss der Gegner versuchen, diesen Spielstein wieder von der Bar und auf Ihr Homeboard zu bekommen, ehe er einen anderen Stein bewegt. Mit anderen Worten: Er muss zum Anfang zurück! Die einzige Möglichkeit, das zu erreichen, ist würfeln und hoffen, dass die gewürfelte Zahl zu einem freien Point auf Ihrem Homeboard führt. Wenn zum Beispiel Points zwei und vier auf Ihrem Homeboard frei sind, und Ihr Gegner würfelt eine Zwei oder eine Vier, so kann er seinen Spielstein auf einen dieser Points zurücksetzen. Würfelt er nicht die richtige Zahl, muss er eine Runde warten und kann es dann wieder probieren.

Wenn Sie alle 15 Spielsteine auf Ihr Homeboard zurückgezogen haben, beginnen Sie, die Steine vom Board selbst zu entfernen, das nennt man Auswürfeln. Wenn Sie eine Sechs und eine Vier würfeln und Spielsteine auf den Points sechs und vier stehen haben, dürfen Sie diese Spielsteine entfernen. Wenn Sie nur noch wenige Spielsteine haben und eine Fünf würfeln, aber keinen Stein auf der Fünf haben, dürfen Sie einen

Spielstein von den Points vier, drei, zwei oder eins entfernen. Würfeln Sie zum Beispiel eine Drei, dürfen Sie einen beliebigen Spielstein drei Schritte weiter bewegen, damit Ihre Steine gleichmäßig auf Ihrem Homeboard verteilt sind.

Ein Wort zur Warnung: Wenn Sie alle Ihre Spielsteine auf dem Homeboard haben und Ihr Gegner zieht auf einen, der allein steht (weil er auf der Bar war oder zurück zum Anfang gehen musste), dann muss Ihr Spielstein zurück zur Bar. Dann müssen Sie die richtigen Zahlen würfeln, um ihn wieder ins Spiel zu bringen und zum Anfang zurückgehen – das heißt, zum Homeboard Ihres Gegners. Also lehnen Sie sich nicht zurück, wenn Sie denken, das Spiel sei fast vorbei. Ganz plötzlich kann sich einer Ihrer Spielsteine wieder im ersten Spielfeld wiederfinden.

Gewonnen hat, wer zuerst alle seine Spielsteine ausgewürfelt hat.

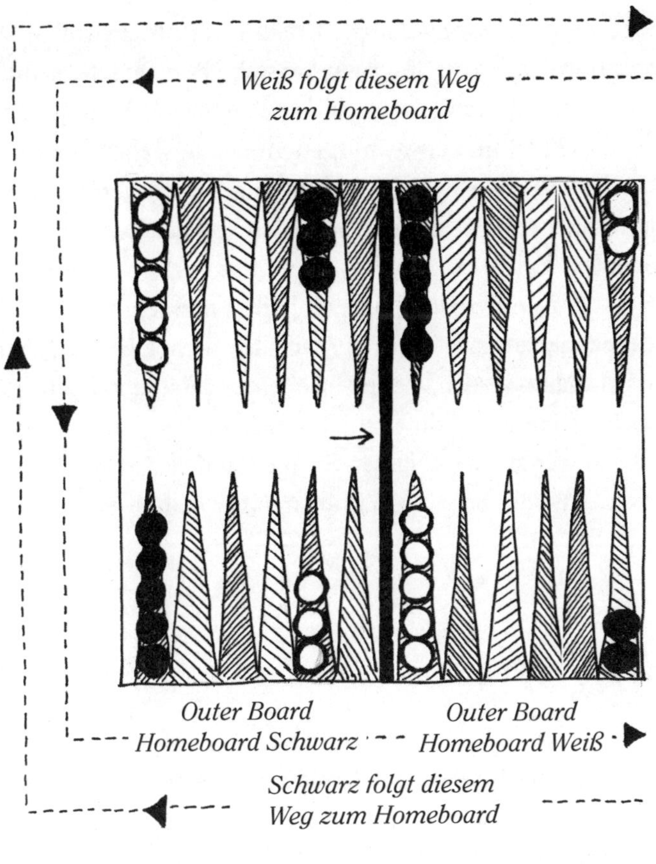

SPASS UND SPIELE

Schatzsuche

Für eine erfolgreiche Schatzsuche brauchen Sie eine Kindergruppe, die auf der Suche nach Hinweisen einen Park oder Garten durchstöbern kann. Doch auch wenn die »Gruppe« nur aus einem Kind besteht, können Sie die Idee realisieren, dem Kind wird es sicher Spaß machen. Natürlich können Sie dieses Spiel auch im Haus spielen.

Damit es ein ganz besonderes Erlebnis wird, könnten Sie eine Schatzkarte zeichnen und die Hinweise heimlich verteilen. Sagen Sie ihnen nichts, dann wird es eine Überraschung. Wenn Sie ein echtes *Schatzinsel*-Erlebnis vermitteln wollen, sollten Sie sich die Mühe mit der Karte machen. Besorgen Sie sich »Pergament«, sengen Sie die Ränder vorsichtig mit einem Streichholz an, und reißen Sie es an einigen Stellen ein. Mit anderen Worten: Es soll alt und etwas mitgenommen aussehen, aber lesbar sein. Jüngere Kinder gehen Ihnen vielleicht auf den Leim. Die Älteren werden sich über Ihre Bemühungen amüsieren, aber es wird ihnen auf jeden Fall gefallen.

Schreiben Sie in »alter« Schrift auf die Karte und nummerieren Sie die Hinweise, sodass die Kinder eine bestimmte Reihenfolge einhalten müssen.

Natürlich muss die Schatzkarte versteckt werden, aber nicht allzu gut, denn als Erstes muss sie einmal gefunden werden, vielleicht in einer verstaubten alten Dose hinter einem Busch. Auch die Hinweise, die gesucht werden sollen, müssen ebenfalls auf »altem Papier« versteckt werden, dann lassen Sie die Bande los.

Richten Sie es so ein, dass der Schatz am Ende in einer »alten« Kiste oder Schachtel gefunden wird.

Wasserballons

Ein Spiel für einen Sommernachmittag, an dem niemand feine Kleider trägt. Es eignet sich gut für eine große Gruppe. Wir (Eleo mit Familie) haben das immer bei den Geburtstagspartys der Kinder gespielt. Es geht jedoch auch gut spontan mit ein paar Nachbarskindern.

Man braucht doppelt so viele Luftballons wie Kinder. Vor dem Spiel füllen Sie jeden

Luftballon am Wasserhahn mit Wasser. Ziehen Sie dazu den Ballon über die Öffnung des Hahns und halten Sie den Ballon von unten fest, während er sich mit Wasser füllt. Verknoten Sie dann die Ballonöffnung gut.

Türmen Sie die wabbeligen Ballons zu einem Haufen, ähnlich wie Kanonenkugeln.

Die Kinder spielen immer zu zweit zusammen, stellen sich etwa im Abstand von einem Meter voreinander auf (kleinere Kinder etwas näher) und werfen sich den Ballon immer wieder gegenseitig zu. Sie müssen beim Werfen vorsichtig sein, sonst findet das Spiel ein vorzeitiges Ende. Nach jedem Fangen muss das Kind einen Schritt nach hinten machen.

Gewinner sind die beiden, die die größte Distanz haben und deren Ball noch ganz ist. Viele Kinder haben allerdings nicht das geringste Interesse am Gewinnen, sondern wollen einfach nur nass werden. Spielen Sie das Spiel noch einmal, wenn Sie wollen, doch dann müssen Sie wieder Ballons füllen.

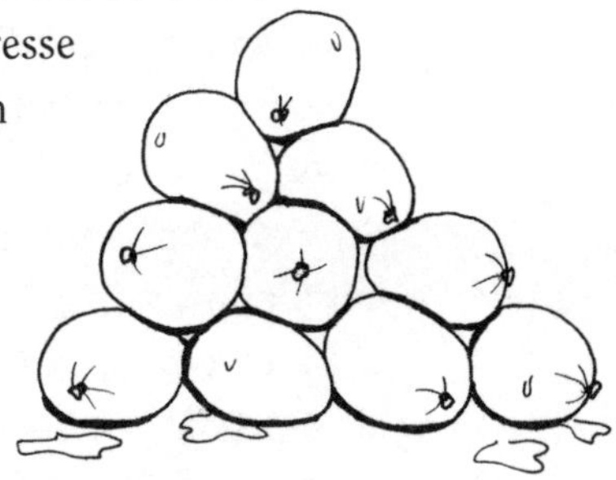

Büchsenkönig

Dieses beliebte Spiel hat Ähnlichkeit mit dem Versteckspiel oder Fangen und kommt bei allen Altersstufen gut an. Es können beliebig viele Kinder mitspielen. Sie brauchen einen Bereich in einem Garten oder Park mit Bäumen und Büschen, hinter denen man sich verstecken kann.

Eine Person ist dran, und ehe das Spiel beginnt, wird eine Büchse, ein Eimer oder eine Schachtel auf eine offene Fläche von etwa 20 mal 20 Metern gelegt. Dort in der Nähe ist das Gefängnis.

Derjenige, der dran ist, zählt zum Beispiel langsam bis 30, und alle außer ihm verstecken sich. Er muss dann die anderen Kinder suchen und sie abschlagen. Dann kommen sie ins Gefängnis und müssen warten, bis ein noch nicht gefangenes Kind zur Büchse rennt und sie wegkickt, bevor es selbst gefangen werden kann. Wenn die Büchse weggekickt ist, sind alle Kinder aus dem Gefängnis befreit, können wegrennen und sich wieder verstecken. Wenn der Fänger alle gefangen hat, ist das Spiel vorbei und jemand anderes wird zum Fänger bestimmt. Man kann die Regeln etwas abändern, wenn die Kinder jünger oder älter sind und das Wegkicken erleichtern oder erschweren. Erschwert wird es zum Beispiel, wenn die Person, die fangen muss, die Büchse mit der Hand berühren muss, ehe sie einer Person nachrennt, die sich verstecken will.

Verkleidungsstaffel

Das ist wahrscheinlich das Lieblingsspiel bei unseren Geburtstagspartys und gefällt den Kindern so sehr, dass sie es immer gleich noch einmal spielen wollen. Sie brauchen so viele Kinder, dass Sie zwei Mannschaften mit je drei oder vier Kindern bilden können. Außerdem brauchen Sie eine halbwegs ordentliche Verkleidungskiste, die man für diese Gelegenheit auch mit Krawatten, Hüten, Röcken, kurzen Hosen, Handschuhen und Jacken aus dem Schrank füllen kann, die eigentlich nicht zum Verkleiden gedacht sind.

Geben Sie jeder Mannschaft eine große Tasche, einen Koffer oder Müllsack mit Kleidern. Sie brauchen eine Reihe von Hüten zur Auswahl, Krawatten, ein paar Jacken, einen oder zwei Röcke, kurze oder lange Hosen, eine Weste wenn möglich, Schwimmbrillen, Sonnenbrillen, vielleicht eine Maske, alles, was die Sache noch komischer macht.

Eine Person aus jedem Team läuft zu einem weiter entfernten Punkt, wo ihre Verkleidungstasche liegt. Dort müssen sie aus jeder Kategorie etwas anziehen für ihre Verkleidung. Eine ältere Person sollte mit der Krawatte und so weiter helfen. Ihre eigenen Schuhe sollten die Kinder aber anlassen. Dann müssen sie so schnell wie möglich zum Ausgangspunkt zurück. Dann zieht die nächste Person diese Kleider an, rennt zurück zur Tasche und legt sie dort ab. Das dritte Mitglied der Mannschaft rennt los und wählt wieder Kleider aus der Tasche aus und so weiter.

Letzten Sommer habe ich das Spiel mit einer großen Kindergruppe in leicht abgewandelter Form gespielt. Ich habe alle Krawatten auf einem Busch drapiert, die Hüte mit einer Wäscheklammer an einer Wäscheleine am Baum, die Schals über niedrige Büsche an einem anderen Baum und so weiter. Die Kinder mussten durch den Garten laufen und die Kleidungsstücke an den verschiedenen Orten wegnehmen. Es standen Erwachsene in der Nähe, die beim Anziehen etwas behilflich waren, doch das war nicht so wesentlich, das kann auch ein tatkräftiger Großelternteil allein. Sobald die Kinder verkleidet waren, mussten sie einmal durch den Garten und dann zum Ausgangspunkt zurücklaufen. Dann rennt ein anderes Kind los. Das erste Team, bei dem alle verkleidet sind, hat gewonnen.

Kann sein, dass Sie das Spiel einige Male hintereinander spielen müssen.

Ein Spiel für einen Regentag

Ich garantiere Ihnen, dass dieses Spiel großen Spaß macht, auch deswegen, weil Sie es erst selbst machen müssen, ehe Sie es spielen können! Sie können es auf das Alter der Enkelkinder abstimmen und es entwickelt sich beim Spielen. Sie können sich gemeinsam verschiedenste Varianten dieses Spiels ausdenken, passend zur Jahreszeit, zum Anlass oder zu den Interessen Ihrer Enkel. Ich warne Sie, dieses Spiel kann sehr lange dauern – ideal für einen Regentag.

* WIR BRAUCHEN: *ein Stück starken Karton (am besten 60 x 45 cm), zwei Würfel, für jeden Spieler einen anderen Spielstein (das können auch Muscheln, Steine oder selbst gemachte Spielsteine sein, wenn nichts anderes zur Hand ist), ein paar A3-Blätter starkes weißes Papier.*

Wir schneiden aus dem starken weißen Papier rechteckige Spielkarten und bilden zwei gleich große Stapel in der Mitte des Bretts. Ein rot markierter Stapel mit Ärgerlichem und ein blau markierter mit Spaß. Die Spaßkarten werden das Fortkommen eines Spielers befördern und die Ärgerkarten lassen ihn zurückfallen.

Jeder schreibt nun witzige Aufgaben auf die Karten – je absonderlicher, desto besser, denn die Spieler werden sich daran halten müssen. Zum Beispiel: »Du hast den Preis für das unaufgeräumteste Zimmer gewonnen. Halte eine Dankesrede und rücke vier Felder vor.« Oder: »Erzähle einen Witz. Wenn keiner lacht, gehe zwei Felder zurück.« An Ideen wird es sicher nicht mangeln.

Dann zeichnen oder malen wir Kreise oder Quadrate an den vier Seiten des Bretts entlang, auch »Start« und »Ziel« – und bestimmen ein Thema. Das könnte der letzte Urlaubsort sein, ein sportliches Ereignis, ein Umzug, Ereignisse aus dem Alltag oder Ähnliches. Wir tragen die Felder ein, wo die Karten mit Ärger und Spaß aufgenommen werden sollen, und das Spiel kann losgehen.

DIE FRANZÖSISCHE REVOLUTION

Frankreich war in den 80er-Jahren des 18. Jahrhunderts in Aufruhr. Es war das reichste Land in Europa mit der größten Bevölkerung, aber es steckte in der Krise. Das politische System war überaltert. Der König, Ludwig XVI., regierte nicht richtig, seine Minister wechselten ständig. Es gab nicht genügend Geld, um alles zu bezahlen. Die Steuern wurden hauptsächlich von normalen Menschen gefordert und nicht von den reichen Adligen und von der Kirche. Es herrschte eine schlimme Lebensmittelknappheit. Die Situation war angespannt.

König Ludwig war ein aufrichtiger und anständiger Mensch. Er konnte Englisch, liebte die Jagd und war ein sehr guter Schlosser. Er war auch dick und extrem gierig. Und er kam mit seiner Aufgabe als König nicht zurecht. Unglücklicherweise glaubte er aber, er sei von Gott persönlich eingesetzt. Seine österreichische Ehefrau, Königin Marie Antoinette, war sehr jung verheiratet worden. Sie war kein schlechter Mensch, aber sie feierte gern, liebte schöne Kleider, stattete gern ihre Schlösser aus und gab sehr viel Geld dafür aus. Das Volk hasste sie. Ludwig und Marie Antoinette hatten zwei Kinder, Ludwig und Maria Theresia.

Die Revolution

Anfang des Sommers 1789 rief der König das Parlament zusammen, das sich über 150 Jahre lang nicht mehr versammelt hatte. Die Vertreter des normalen Volkes erklärten sich selbst zu einer Nationalversammlung – sie wollten die Macht des Königs einschränken, und er war dagegen. Die Nahrungsmittel wurden knapper und in Paris kursierten beängstigende Gerüchte. Dann griff am 14. Juli eine Menschenmenge zu den Waffen und stürmte die Bastille, die gefürchtete königliche Gefängnisfestung in Paris. Sie wollten die Gefangenen befreien, fanden aber nur sieben dort. An diesem Tag schrieb der König in sein Tagebuch »nichts passiert« (er meinte, er habe auf der Jagd nichts erlegt). Der 14. Juli, der Tag des Sturms auf die Bastille, ist seitdem französischer Nationalfeiertag.

Drei Monate später marschierte wieder eine Menschenmenge, diesmal angeführt von Pariser Marktfrauen, zum riesigen, prächtigen Schloss von Versailles, wo die königliche Familie lebte und der Regierungssitz war. Sie forderten günstige Lebensmittel. Sie brachen in die königlichen Gemächer ein, sodass die Königin furchtbar erschrak, und zwangen sie, mit ihren Kindern auf einem Balkon vor dem Volk zu erscheinen. Die königliche Familie musste nach Paris gehen und kehrte nie nach Versailles zurück.

In der Politik überschlugen sich die Ereignisse. Der König verlor seine Macht, eine revolutionäre Regierung begab sich an seine Stelle, und viele schlechte Dinge aus dem alten System wurden abgeschafft. Im Juni 1791 beschloss der König, in Verkleidung mit seiner Familie ins Ausland zu fliehen. Ihre Kutsche kam bis Varennes in der Nähe der Grenze, doch man erkannte Ludwig, wie man sagt, weil er seinem Bild auf den Münzen so ähnlich sah, und sie wurden zurückgebracht.

Jetzt kamen in der Nationalversammlung und im ganzen Land Extremisten an die Macht. Normale Männer, Frauen und Kinder, Adlige und Priester wurden ins Gefängnis geworfen, weil man sie beschuldigte, Feinde der Revolution und des Volkes zu sein. Die königliche Familie wurde in den Temple gebracht, eine andere Festung in Paris. Im September 1792 griff eine aufgebrachte Menschenmenge das Gefängnis an und viele Gefangene wurden niedergemetzelt. Der Königin zeigte man den Kopf ihrer besten Freundin, aufgespießt auf einen Pfahl vor ihrem Fenster.

Die Guillotine und der Terror

Frankreich wurde zur Republik erklärt und der König, jetzt Bürger Capet (sein Familienname) genannt, wurde als Verräter vor Gericht gestellt. Im Januar 1793 wurde er zum Tode verurteilt und mit der Guillotine hingerichtet. Die Guillotine war von einem gewissen Dr. Guillotin erfunden worden, damit das Köpfen humaner und schneller vor sich ging. Man ließ eine riesige Klinge auf den Hals des Opfers sausen und durch das große Gewicht ging die Exekution extrem schnell.

Die wichtigste Figur in der revolutionären Regierung war nun Robespierre, ein ehrgeiziger Anwalt, der nicht zuließ, dass sich jemand oder etwas der Revolution in den Weg stellte. Der sogenannte Schrecken begann, und es wurden noch mehr Menschen getötet. In ganz Frankreich wurden politische Gegner, Aristokraten und gewöhnliche Menschen zu Tausenden umgebracht. Alte Frauen saßen um die Guillotine, unterhielten sich und strickten, wenn die Exekutionen stattfanden, das waren die sogenannten »Tricoteuses«, die Strickerinnen. Die Königin wurde von ihren Kindern getrennt und

Ludwig XVI auf dem Weg zur Hinrichtung

Marie Antoinette

in ein anderes Gefängnis, die Conciergerie, geworfen, dann vor Gericht gestellt und von dort im Oktober 1793 in einem Karren zur Guillotine gebracht. Ihr Sohn Ludwig XVII. starb im Gefängnis in Einzelhaft, ihre Tochter wurde freigelassen.

Nach der Revolution

Bei der Revolution wurde sogar der Kalender reformiert. Es gab drei zehntägige Wochen in einem Monat, zwölf Monate im Jahr, der Rest war für Feiertage vorgesehen. Die Monate erhielten alle Namen wie *floréal* (April/Mai, das bedeutet »blühend«), *thermidor* (Juli/August, das bedeutet »warm«) und *fructidor* (August/September, das bedeutet »Frucht«). Am 9. *thermidor* im Jahr II (1794) wurden Robespierre und seine wichtigsten Unterstützer durch einen Staatsstreich gestürzt (und natürlich mit der Guillotine enthauptet). Die neue Regierung war das Direktorium.

Seit 1793 hatten die französischen Revolutionsstreitkräfte an allen Fronten gegen den größten Teil Europas gekämpft. Einer der erfolgreichsten Generäle war Napoleon Bonaparte, ein junger Offizier von der Insel Korsika. Die Marseillaise, ein Lied, das für Soldaten geschrieben wurde, die nach Paris marschierten, wurde die französische Nationalhymne. Sein mitreißender, aber auch blutrünstiger Text spiegelt den Geist der Revolution wider, mit seinem Patriotismus und seinem aufrichtigen Wunsch, trotz aller Schrecken eine neue und bessere Welt zu schaffen.

SKLAVEREI

Die Sklaverei ist eines der umstrittensten Themen in der modernen Geschichte. Es lässt sich nicht leugnen, dass eine Reihe europäischer Gesellschaften durch einen Handel reich wurde, der Millionen von Afrikanern ins Elend stürzte. Beim 200-jährigen Jahrestag der Abschaffung der Sklaverei im Jahr 2007 wurde eine Reihe neuer Museen und Forschungszentren über Sklaverei eröffnet.

Der Sklavenhandel

Als die Sklaverei schließlich abgeschafft wurde, waren über elf Millionen Afrikaner in Westafrika gefangen genommen und in die Neue Welt gebracht worden – meistens nach Brasilien, viele auch in die Karibik und in die heutigen USA. Doch das war noch nicht alles. Gleichzeitig wurden 14 Millionen Menschen von arabischen Händlern auf der anderen Seite Afrikas gefangen genommen und nach Arabien in die Sklaverei verkauft. Weil so in Afrika über 25 Millionen Menschen verschwanden, stieg dort über lange Zeit die Bevölkerungszahl nicht an.

Portugal war im 16. Jahrhundert das erste europäische Land, das Sklaven aus Afrika sowohl nach Amerika als auch ins eigene Land brachte. Deshalb waren im 18. Jahrhundert zehn Prozent der Bevölkerung in der portugiesischen Hauptstadt Lissabon schwarz. Dann brachte Spanien Sklaven nach Amerika, und bald traten auch Großbritannien, Frankreich, Holland und Dänemark in den profitablen Handel ein.

Alle diese Länder gründeten Handelsstationen an der westafrikanischen Küste. Die europäischen Händler wagten es nicht, ins Landesinnere zu reisen, und kauften deshalb Sklaven, die Afrikaner ihnen brachten. Die gefangenen Stammesangehörigen, die vielleicht verhaftet oder einfach entführt worden waren, mussten zur Küste marschieren, wo sie gekauft, mit einem Eisen gebrandmarkt, in Ketten gelegt und an Bord der europäischen Schiffe gebracht wurden.

Dann mussten sie sieben Wochen über den Atlantik reisen. Diese Reise hieß »Middle Passage«, denn sie war der mittlere Teil eines Dreieckshandels: Zuerst brachten die Europäer Waren nach Afrika im Austausch gegen Sklaven. Dann brachten sie die Sklaven in die Neue Welt und kehrten dann mit Gütern wie Zucker, Baumwolle und Tabak nach Europa zurück. Die Bedingungen auf der Reise waren entsetzlich, und über eine Million Sklaven starben, hauptsächlich durch Wassermangel.

Im 18. Jahrhundert beherrschte Großbritannien den Sklavenhandel: Über drei Millionen Afrikaner wurden in diesem Jahrhundert von britischen Händlern befördert. Die Städte Bristol und insbesondere Liverpool wurden reich durch den Sklavenhandel.

Die Abschaffung der Sklaverei

Obwohl die Briten die wichtigsten Händler waren, waren sie auch führend bei der Abschaffung der Sklaverei. Es hatte immer schon Einzelne gegeben, die dagegen waren, und aus allen Teilen des Landes wurden im Parlament Petitionen eingebracht. Der Feldzug dagegen wurde im britischen Unterhaus vor allem von einem Politiker namens William Wilberforce geführt. 1807 wurde der Sklavenhandel in Großbritannien abgeschafft, doch im britischen Empire wurde die Sklaverei erst 1838 verboten.

Sklaverei in Amerika

In den amerikanischen Kolonien arbeiteten die Sklaven zuerst auf den Zuckerplantagen und den Tabakfeldern, doch später wurde Baumwolle die wichtigste Anbaupflanze. Baumwollsamen lassen sich sehr schwer aus dem Baumwollbausch lösen, doch nachdem im Jahr 1793 eine Maschine dafür erfunden worden war, war die Baumwolle auf dem Vormarsch. Die Nachfrage nach Baumwolle in Europa war groß.

Sklaven aus dem Süden, die nach Virginia im Norden der Vereinigten Staaten geflohen waren, 1862

Die Sklaven arbeiteten viele Stunden am Tag auf den Baumwollfeldern. Sie fingen vor Sonnenaufgang an und hörten erst am Abend auf. Es war eine furchtbar schwere Arbeit, doch wenn die Sklaven sich ausruhten, wurden sie mit der Peitsche geschlagen. Die Kinder mussten schon im Alter von acht Jahren arbeiten.

Die Nordstaaten der Vereinigten Staaten verboten die Sklaverei schon früh, doch in den

Südstaaten, wo die meisten Sklaven lebten, waren sie ein wichtiger Teil des Alltags. 1861 brach zwischen Nord- und Südstaaten ein Bürgerkrieg aus und 1865 wurde die Sklaverei schließlich abgeschafft.

Toussaint L'Ouverture

Der 23. August ist der Gedenktag an die Sklaverei und erinnert an den Tag im Jahr 1791, als einer der größten Aufstände gegen die Sklaverei stattfand. Einem Autodidakten und Farmer mit Namen Toussaint L'Ouverture und seinen Anhängern gelang es, die französischen Truppen von Saint Dominique (heute Haiti) auf der Insel Hispaniola zu vertreiben und dann die britischen und die spanischen Truppen zu besiegen, die versuchten, die Insel zu besetzen. Sie gewannen sieben Schlachten in sieben Tagen gegen die Briten. L'Ouverture wurde schließlich von Napoleon betrogen, der ihn zu einem Friedensabkommen überredete und ihn dann gefangen nahm und nach Frankreich brachte, wo er im Gefängnis starb. 2003 wurde der internationale Flughafen in Port-au-Prince auf Haiti zu Ehren des großen Befreiers in Toussaint-L'Ouverture-Flughafen umbenannt.

HERBST

Ende September werden die Tage kürzer und kühler, die Kinder gehen wieder zur Schule, und alle können etwas aufatmen. Doch nach der Schule, an den Wochenenden und in den Herbstferien gibt es immer noch viel im Garten, in Parks oder in der Landschaft zu entdecken.

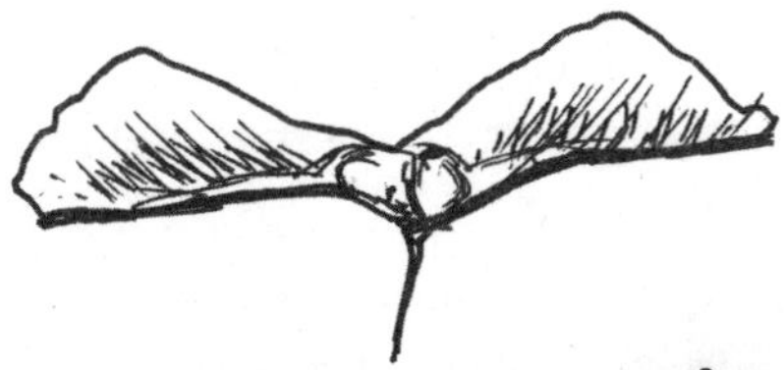

Früchte und Pilze

Spazieren Sie durch den Park oder die offene Landschaft und suchen Sie unter Eichen und Kastanienbäumen nach Eicheln und Rosskastanien. Machen Sie das Kind später auch darauf aufmerksam, wie die Bäume ohne Blätter aussehen und zeigen Sie ihm Bäume, die ihre Blätter nicht verlieren. Wenn Sie gerne Wildfrüchte pflücken, finden Sie Holunderbeeren, Brombeeren, Hagebutten und Schlehen jetzt überall. Auch Pilze wachsen jetzt, und mit der richtigen Menge Sonne und Regen wird es sie den Herbst hindurch auch weiter geben. Ich (Eleo) lebe in der Nähe eines Waldes, und ich gehe mit meiner Familie jeden Herbst zum Pilze sammeln. Wir finden immer viele verschiedene – aber die, die wir nicht bestimmen können, werfen wir am Ende weg. Alle suchen gerne unter Farn und Blättern, und hoffen, dass sie einen Pfifferling finden.

Wenn Sie genügend Hagebutten finden, könnten Sie Hagebuttensirup machen – der enthält viel Vitamin C! Sie können auch Heckenfrüchte sammeln (Hagebutten, Holunderbeeren, Holzäpfel und so weiter)und Heckengelee machen. Es ist köstlich.

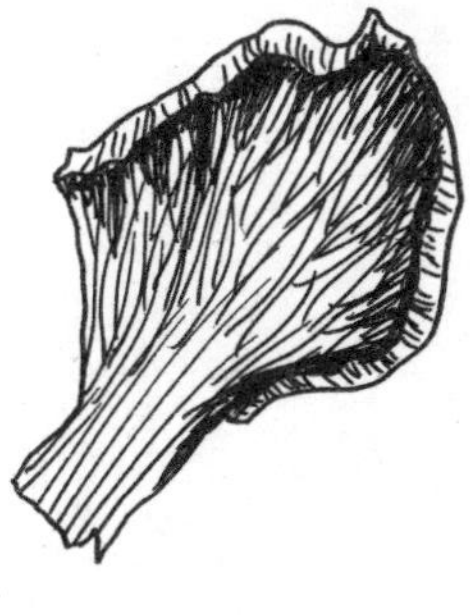

Heckengelee *Ergibt ein Glas*

Das macht Spaß – vom Pflücken bis zum Anblick des dampfenden Topfes am Schluss.

* *450 g Brombeeren, Holunderbeeren, Hagebutten und Holzäpfel gemischt*
* *175 ml Wasser*
* *450 g Zucker*
* *1 Zitrone*

▶ Dieses Rezept muss unter Aufsicht eines Erwachsenen zubereitet werden.

Wir entfernen alle Stiele und andere Pflanzenteile von den Früchten (wir schneiden die Holzäpfel klein), dann waschen wir alles und lassen es abtropfen. Wir füllen alle Früchte in einen großen Topf mit Wasser: Der Topf muss so groß sein, dass die Fruchtmischung kochen kann, ohne später überzukochen. Wir lassen Früchte und Wasser etwa 30 Minuten köcheln. Dann zerdrücken wir alles im Topf zu einem Brei und geben den Zucker und den Zitronensaft dazu. Wir lassen die Mischung bei niedriger Hitze etwa 15 Minuten lang weiterköcheln – der Zucker muss sich vollständig auflösen.

Wir füllen ein Marmeladeglas und eine Schüssel zum Anwärmen mit warmem Wasser. Wir stellen sie zur Seite.

Denn drehen wir die Hitze am Herd hoch und kochen die Mischung im Topf zehn Minuten unter regelmäßigem Rühren.

Wir schalten den Herd aus, gießen das Wasser aus dem Marmeladeglas und der Schüssel und lassen den Fruchtbrei durch ein Sieb in die Schüssel laufen. Wir drücken mit einem Holzlöffel möglichst viel von dem Fruchtbrei durch das Sieb.

Schließlich füllen wir mit einer Schöpfkelle das Gelee in das Glas. Wenn es fest wird, ehe wir es ausgießen konnten, müssen wir es einfach noch einmal im Topf aufwärmen. Wenn wir fertig sind, schrauben wir einen Deckel auf das Glas. Das Gelee kann man wunderbar zu Fleischgerichten, Käse, Salaten oder einfach zu Brot servieren.

Naturtisch

Der Herbst ist eine gute Zeit, um zu Hause einen Naturtisch anzulegen. Darauf kommt alles, was dem Kind gefällt: Blätter, Eicheln, Steine, Pilze, Federn, Tannenzapfen, Gräser, Holzäpfel, Bartflechten, Heckenfrüchte, zum Beispiel Hagebutten – die Liste ist endlos. Sammeln Sie, versuchen Sie zu bestimmen und legen Sie es dann auf einem großen einfarbigen Blatt Papier aus, wo alles die nächsten Wochen liegen bleiben kann. Die Sammlung kann auch als Inspiration für ein Stillleben dienen. Wenn das Kunstwerk gelungen ist, rahmen Sie es ein.

Wenn Ihre Enkelkinder gerne zeichnen, gehen Sie mit Skizzenblock und Bleistift nach draußen – Sie könnten die Umrisse von Bäumen zeichnen, gefallene Blätter, Eicheln oder Kastanien in ihren stacheligen Hüllen, Pilze – einfach alles, was ihnen beim Spaziergang ins Auge fällt. Für eine gute Zeichnung könnte es auch eine kleine Belohnung geben!

Blattabdrucke und gepresste Blätter

Das macht zu dieser Jahreszeit Spaß. Sammeln Sie verschiedene Blätter und sortieren Sie, wenn Sie zu Hause sind, alle eingerissenen oder irgendwie beschädigten Blätter aus. Gut wären ein größeres und mehrere kleinere Blätter. Helfen Sie Ihrem Enkelkind, sie möglichst bald zu pressen. Die Blätter sollten sorgfältig zwischen Küchentüchern oder anderem saugfähigen Papier, etwa Löschpapier, liegen. Darunter und darauf legt man ein Stück Zeitung, damit die Feuchtigkeit aufgenommen wird, und darauf kommen schließlich einige schwere Bücher oder ein großes Buch und ein Gewicht. Durch das Buch wird das Gewicht gleichmäßig verteilt. Sie können die Blätter auch in eine Blumenpresse legen. Sie müssen Sie mindestens einen Monat lang darin lassen. Blattabdrucke werden auf Seite 201 bei »Karten für jeden Anlass« beschrieben.

Wenn die Blätter fertig sind, ordnen Sie sie gemeinsam mit dem Kind auf einem A4- oder einem größeren Blatt an. Helfen Sie dem Kind, sie mit einem kleinen Tupfer Klebstoff festzukleben und den richtigen Namen des Baums unter jedes Blatt zu schreiben. Zum Schutz sollte das Blatt mit Klebefolie (im Schreibwarengeschäft) abgedeckt werden und schließlich könnten Sie einen Rahmen dafür suchen, selbst herstellen oder kaufen. Blätterbilder eignen sich auch gut als Geschenk. Kleine gepresste Blätter kann man dekorativ auf A5-Karten oder leere Postkarten kleben und die Blätter dann mit Lack versiegeln. Die Karten können Sie als Notizkarten oder Dankeschönkarten für Geburtstage oder an Weihnachten verwenden.

Im Garten

Das Gartenbeet der Kinder sieht immer zerzauster und unordentlicher aus, denn die meisten Gemüsesorten sind schon geerntet und die Blumen sterben ab. Jetzt ist es an der Zeit, aufzuräumen. Die Kinder müssen den Unrat wegräumen, Blätter zusammenrechen, welke Rosen auspflücken, Samen von Jungfer im Grünen, Erbsen, Stockrosen und allem, was sie noch erhalten wollen, sammeln und schließlich den Garten sorgfältig umgraben und die Erde auf den Winter vorbereiten. Erinnern Sie sie daran, dass sie beim Umgraben auf die mehrjährigen Pflanzen und die Zwiebeln achten.
Es ist zwar schon Herbst, aber jetzt können die Kinder gut überlegen, was sie noch im Garten haben möchten. Gehen Sie mit dem Kind in ein Gartencenter oder suchen Sie in einem Katalog Blumenzwiebeln aus, was sie wollen – loben Sie ihre Auswahl, wenn möglich! Idealerweise sollten die Zwiebeln über das ganze Beet verteilt werden, damit es recht natürlich aussieht. Da das Beet aber sicher sehr klein ist, wollen die Kinder vielleicht lieber mehr Ordnung halten und setzen deshalb die verschiedenen Sorten immer in Gruppen zusammen. Denken Sie unter anderem an Schneeglöckchen, Krokusse, Narzissen, Hyazinthen und Tulpen. Sie können auch Goldlack kaufen.
Wenn Sie rechtzeitig dazu kommen, können Sie (Anfang November) auch einige Blumenzwiebeln speziell für Weihnachten und Neujahr in Töpfe einpflanzen. Das ist eine leichte und angenehme Aufgabe für ein Kind und ergibt auch ein gutes Geschenk. Sie brauchen speziell behandelte Zwiebeln, Blumenerde und einen Topf. Wenn Sie sie eingepflanzt haben, sollten sie etwa fünf Wochen an einem dunklen, kühlen Ort stehen. Holen Sie sie etwa drei Wochen vor Weihnachten heraus, damit sie wachsen und Sie sie als wundervolle Geschenke oder Dekoration im Neuen Jahr verwenden können.

ALLES ÜBER VÖGEL

Vögel sind überall um uns. Es gibt etwa 10 000 Vogelarten auf der Welt und etwa 360 findet man in einer nordeuropäischen Großstadt wie London. Wir sehen sie am Himmel, auf den Bäumen und unter unseren Hausdächern. Wir teilen unser Leben mit ihnen, doch was wissen wir über sie?

Was sind Vögel?

Vögel legen Eier, sorgen für ihre Jungen noch ziemlich lange, nachdem sie geschlüpft sind, sie haben Federn statt Haaren oder Fell. Doch ihre außergewöhnlichste Eigenschaft ist vielleicht, dass sie fliegen können – und auf spektakuläre Weise! Ein Wanderfalke kann mit 300 Stundenkilometern auf seine Beute herabstürzen; der Fasan steigt gerade in die Luft wie ein Senkrechtstarter und der Mauersegler kann neun Monate ununterbrochen in der Luft bleiben. Vögel sehen und hören auch ungeheuer gut: Die Eule zum Beispiel hat riesige Augen und damit auch ein großes Sichtfeld und sie sieht hervorragend bei Nacht.

Überraschend ist, dass Vögel von zweibeinigen, fleischfressenden Dinosauriern abstammen – einer Gruppe, zu der auch der *Tyrannosaurus Rex* und der Star von *Jurassic Parc,* der *Velociraptor,* gehörte, der eigentlich Federn hatte. Es ist eine komische Vorstellung, dass ein riesiger Dinosaurier der Vorfahr eines süßen kleinen Rotkehlchens in unserem Garten sein soll, aber es stimmt. Wenn man einmal gesehen hat, wie ein Falke seine Beute verschlingt, kann man sich vielleicht einen Moment lang vorstellen, wie einige Dinosaurier waren … erschreckend!

Paarung und Brutzeit

Vögel paaren sich, um Junge zu bekommen. Die Männchen haben normalerweise buntere Federn, und oft stolzieren sie herum und singen, um eine Partnerin anzulocken. Wenn Sie Glück haben, sehen Sie einmal einen Pfau – er hat einen wunderschönen Schwanz, mit dem er spektakulär »ein Rad schlagen« kann. Wenn er sein Gefieder schüttelt, macht es ein angenehmes Geräusch.

Manche Vögel bleiben ein Leben lang mit ihrem Partner zusammen, so wie die Schwäne. Auf dem Aasee in Münster hat sich die wohl seltsamste Liebesgeschichte entwickelt, die die ganze Welt rührte. Ein schwarzer Schwan hat sich unsterblich in einen weißen verliebt. Leider ist es nur ein Tretboot in Schwanenform. Doch die beiden sind und bleiben unzertrennlich. Bei den meisten Enten und Gänsen ist das genauso, doch manche Vögel bleiben auch nur ein Jahr zusammen. Vögel kümmern sich sehr intensiv um ihre Jungen. Das aufopferndste Beispiel ist der Kaiserpinguin. Das Weibchen legt ein einziges Ei und übergibt es dann dem Männchen, ehe sie auf Futtersuche geht. Er legt es auf seine Füße, wo es durch eine Falte in der gefiederten Haut geschützt ist, und steht zwei Monate lang Schulter an Schulter mit anderen Pinguinvätern in den arktischen Schneestürmen. Er kann sich nicht bewegen, außer mit den anderen Pinguinmännchen etwas zusammenzurücken, damit sie sich gegenseitig warm halten können, und er verliert eine große Menge Gewicht. Schließlich kommt das Weibchen zurück, das Küken schlüpft aus, und sie füttert es. Jetzt endlich kann das Männchen selbst auf Futtersuche gehen. Die Eltern wechseln sich dann bei der Futtersuche für das Junge ab. Diese erstaunliche Geschichte können Sie im Film *Die Reise der Pinguine* verfolgen.

Ernährung

Manche Vögel ernähren sich einfach von Pflanzen, doch die meisten fressen Fleisch oder Fisch, weil sie viel Energie zum Fliegen brauchen und um sich warm zu halten. Spechte zum Beispiel klopfen mit ihrem meißelartigen Schnabel gegen Baumrinden und holen mit ihrer langen Zunge Insekten darunter hervor. Manche Bienenfresser fressen 200 Bienen am Tag. Und zuvor reiben sie sie wild auf einer festen Unterlage, bis das ganze Gift herausgepresst ist und sie nicht mehr stechen können. Es gibt überraschend viele Vögel, die Sardinen fressen. Und Rabenkrähen und Seemöwen fressen fast alles!

Die Pflanzenfresser fressen eher die Samen, und in diesen ist die meiste Energie enthalten. Doch die Samen sind sehr trocken, deshalb brauchen diese Vögel sehr viel Wasser. Man muss nur die Tauben betrachten: Sie können hervorragend trinken – sie müssen nicht wie die meisten Vögel ihren Kopf nach jedem Schluck nach hinten neigen.

Warum bauen Sie nicht gemeinsam mit Ihren Enkelkindern aus einer flachen Schüssel eine Vogeltränke, die sich auch als Vogelbad benutzen lässt? Füllen Sie sie mit Wasser, legen Sie ein paar Steine hinein und beobachten Sie gemeinsam die Vögel, die ankommen. Achten Sie darauf, dass sie frei steht, damit nicht plötzlich Katzen aus dem Hinterhalt angreifen.

Der Gesang der Vögel

Es gibt einen Unterschied zwischen dem Singen und dem Rufen. Die meisten Vögel rufen, aber nur die Singvögel singen. Die Rufe dienen meistens der Warnung und oft machen verschiedene Vögel dasselbe Geräusch. Wenn ein Habicht über ihnen fliegt, werden die Amsel und die Kohlmeise sehr ähnliche Warnrufe ausstoßen.

Vögel singen wahrscheinlich, um einen Partner anzulocken und um ihr Revier zu verteidigen. Und vielleicht macht es ihnen auch einfach Spaß! Nachtigallen können fünf Stunden am Stück singen. Der winzige Zaunkönig hat mit den lautesten Gesang – jede Strophe dauert etwa fünf Sekunden, und der winzige Vogel gibt sein Bestes, um gehört zu werden, er zittert vor Anstrengung beim Singen. Einer der vielseitigsten Sänger ist der Sumpfrohrsänger, der gern andere Vögel imitiert – die Hälfte seiner Lieder ist gestohlen!

Vogelzug

Jeden Herbst fliegen Millionen von Vögeln aus ihren Brutgebieten an einen anderen Ort, wo sie den Winter über Futter finden können. Das nennt man Vogelzug, und die Hälfte aller Vogelarten tut das, manche auch nur über kurze Distanzen. Manche Rotkehlchen fliegen zum Beispiel von England nur über den Kanal nach Nordfrankreich. Andere machen sich auf die erstaunlichsten Reisen: Die Küstenseeschwalbe fliegt tatsächlich jedes Jahr den ganzen Weg vom Nordpol zum Südpol und wieder zurück. Die älteste bekannte Küstenseeschwalbe war 26 Jahre alt, und man hat errechnet, dass sie in ihrem Leben die Entfernung zum Mond und wieder zurück geflogen ist.

Wie die Vögel navigieren, ist immer noch ein Rätsel. Wahrscheinlich spüren sie das Magnetfeld der Erde und orientieren sich bei Nacht an den Sternen. Bei Tag orientieren Sie sich an der Sonne und an Landmarken. Halten Sie Ausschau nach Gänsen, die in ihrer typischen V-Formation fliegen.

NATURKATASTROPHEN

Vulkane

Ein Vulkan ist ein Berg oder Hügel auf der Erdkruste, der aus Lava entstanden ist – geschmolzenes Gestein und/oder Vulkanasche, die aus den Tiefen der Erde ausgebrochen sind. Vulkane können über der Erde oder unter der Meeresoberfläche liegen. Wenn sie ausbrechen, spucken sie Asche, Gas und Lava, die an den Seiten des Vulkans herunterfließt und beim Erkalten fest wird. Die meisten Vulkane sind kegelförmig und bestehen aus mehreren Lava- und Ascheschichten früherer Ausbrüche. Manche Ausbrüche sind relativ harmlos, wenn die Lava sehr dünn und flüssig ist und keine menschlichen Siedlungen erreicht. Ist die Lava dagegen dickflüssig und hart, kann das zu einer gewaltigen Explosion führen, weil sich unter der Oberfläche im Vulkan ein großer Druck aufgebaut hat. Dann wird alles in einer riesigen glühenden Wolke von heißer Asche und überhitztem Dampf hoch in den Himmel geschleudert, um dann mit erschreckender Geschwindigkeit auf die Erde zu fallen. So ein Ausbruch bringt die meiste Zerstörung mit sich und ist verantwortlich für die schlimmsten Vulkankatastrophen.

Die bekanntesten Vulkane sind der Fudschi in Japan, der Kilimandscharo in Kenia, der Mount St. Helen in Oregon in den USA, und der vielleicht berüchtigtste von allen ist der Vesuv in Italien.

Der Vesuv

Der Vesuv liegt in der Bucht von Neapel und gehört zu den gefährlichsten Vulkanen der Welt. Als er im Jahr 79 ausbrach, regneten heiße Asche und Steine auf die umliegenden Städte und Dörfer. In Pompeji im Süden starben über 2000 Menschen – manche wurden von der Asche verschüttet, andere wurden von den giftigen Dämpfen aus einer schwarzen Vulkanwolke überwältigt, die so riesig war, dass die Sonne nicht mehr durchschien. Herculaneum, das in der Nähe lag, ertrank ebenso in einem Meer von Asche, die in jeden Hohlraum eindrang und sich an manchen Stellen 20 Meter hoch türmte. Die verschütteten Städte gerieten in Vergessenheit, bis etwa 1700 Jahre später, im Jahr 1738, Archäologen Herculaneum wieder entdeckten und zehn Jahre später auch Pompeji. Hier fanden sie die gut erhaltenen Überreste einer wunderschönen römischen Stadt mit Villen, Wohnungen, Werkstätten, Straßen, einem Amphitheater, öffentlichen Bädern und vielen anderen Gebäuden.

Pompeji mit dem Vesuv im Hintergrund

Überall fanden sie die Formen menschlicher Körper als Hohlräume in der erhärteten Asche – die Leichen waren schon lange verwest. Man goss Gips in diese Formen und erhielt so Abgüsse der Menschen in der Stellung, in der sie gestorben waren, als sie von der Asche verschüttet wurden. Das ist sehr bewegend – manche sind zusammengekauert oder liegen mit dem Gesicht nach unten und haben die Hände über dem Kopf – offensichtlich hatten sie keine Zeit zu fliehen.

Erdbeben

Die Erdkruste besteht aus riesigen tektonischen Platten, die immer in Bewegung sind und aneinanderreiben. Dieses Gegeneinanderreiben kann den Druck so erhöhen, dass sich Gestein plötzlich bewegt oder unter der Spannung bricht, und das verursacht ein Erdbeben. Das dauert vielleicht nur wenige Sekunden, doch Erdbeben können riesige Schäden an Gebäuden verursachen und Tausende Menschen obdachlos machen. Wissenschaftler in Forschungszentren rund um die Welt untersuchen die Erdbeben, doch niemand kann genau vorhersagen, wann es ein Erdbeben geben wird. Mit sogenannten Seismografen werden die Bewegungen des Erdbodens während eines Erdbebens aufgezeichnet. Es gibt zwei Möglichkeiten, wie man ein Erdbeben messen kann – Intensitätsskalen wie die Mercalli-Skala messen die Auswirkungen des Erdbebens auf den Boden, die je nach Entfernung vom Erdbeben unterschiedlich sind, und Skalen wie die Richterskala messen die Stärke eines Erdbebens an seinem Ausgangspunkt.

Das Erdbeben von San Francisco

San Francisco an der Westküste Amerikas ist sehr erdbebengefährdet, weil es auf der San-Andreas-Verwerfung liegt, einem langen Riss im Gestein nahe den Grenzen zwischen zwei tektonischen Platten. San Francisco wurde im April 1906 von einem schweren Erdbeben heimgesucht, bei dem etwa 7000 Menschen starben. Das Folgende hat ein kleiner Junge mit dem Namen Lloyd darüber geschrieben:

Holzhäuser wurden von ihren Fundamenten gerissen

Es war zwischen fünf und halb sechs am Mittwoch morgen, als das Erdbeben kam: vorwärts, rückwärts und seitwärts rüttelte es und ließ die Sachen auf dem Schreibpult tanzen, als wären sie lebendig, während das Geschirr in der Anrichte und im Porzellanschrank gewaltig klirrte. Ich glaube, keiner hatte Zeit, darüber nachzudenken, was geschehen war, zumindest ich nicht. Ich hielt mich nur an einer Seite des Bettes fest, damit ich nicht herausfiel, und versteckte meinen Kopf unter dem Kissen, denn ich hatte solche Angst, dass ich nicht einmal schreien konnte.

Glücklicherweise wurden Lloyd und seine Familie gerettet, doch viele andere nicht. Das Erdbeben dauerte weniger als eine Minute. Doch die Feuer, die daraufhin ausbrachen, waren so fürchterlich, dass sie zu den schlimmsten Naturkatastrophen in der Geschichte der Vereinigten Staaten gezählt werden müssen. Die Feuer verursachten größere Schäden als das Erdbeben. Die Feuerwehr versuchte Häuser zu sprengen, um Schneisen ins Feuer zu schlagen, doch da die Leute nicht sehr gut ausgebildet waren, verursachten sie damit eher noch mehr Schaden.

Der Chef der Feuerwehr war beim Erdbeben ums Leben gekommen und die gesprengten Häuser fingen selbst Feuer. Viele Menschen zündeten ihre beschädigten Häuser mit Absicht an, damit sie von der Versicherung Geld fordern konnten, denn sie waren gegen Feuerschäden versichert, aber nicht gegen Erdbeben. Wasser gab es nur in begrenzter Menge, denn das Erdbeben hatte die Hauptwasserleitungen beschädigt, und die Feuer wüteten vier Tage und Nächte lang weiter. Über 500 Straßenzüge der Stadt wurden zerstört. Soldaten mussten in der Stadt patrouillieren, um Plünderungen zu verhindern und um Unterkünfte für die über 20 000 Menschen zu schaffen, die obdachlos geworden waren.

Die Einwohner in diesem Gebiet von San Francisco leben in ständiger Angst, dass eines Tages wieder ein Erdbeben kommen könnte.

Tsunamis

Das Wort »Tsunami« kommt aus dem Japanischen und bedeutet »Hafenwelle«. Man nennt dieses Phänomen auch Flutwelle.

Tsunamis sind riesige Ozeanwellen, die durch unterseeische Erdbeben, Erdrutsche oder Vulkanausbrüche ausgelöst werden. Sie beginnen weit draußen auf dem Meer und sind oft nur eine Reihe von Wellen im tiefen Wasser und werden daher auf den Schiffen gar nicht wahrgenommen. Wenn sie sich weiter auf das Land zu und in seichteres Wasser bewegen, werden die Wellen größer und mächtiger, ziehen das Wasser vom Meeresboden ab, sodass er freiliegt, und kommen dann mit schrecklicher Macht an Land – manchmal mehrere Kilometer landeinwärts.

Tsunamis kommen oft im Pazifik vor, denn dort gibt es viele Erdbeben und Vulkane. 1960 wurde die Ostküste Japans von Tsunamiwellen verwüstet, die über den Pazifik aus dem 16 000 Kilometer entfernten Chile gekommen waren. Die Wellen brachten auch Zerstörung an der Westküste von Nordamerika und um Hawaii.

Am 26. Dezember 2004 suchte ein schrecklicher Tsunami die Küsten von Indonesien, Indien, Burma, Somalia, Sri Lanka, Thailand, den Malediven und Malaysia heim. Über 225 000 Personen kamen dabei ums Leben und Tausende wurden obdachlos, als ganze Gemeinden von den oft 30 Meter hohen Wellen hinweggefegt wurden. Es war eine der größten Naturkatastrophen der Welt.

Die zehnjährige Tilly Smith aus England rettete ihre Familie und viele andere, weil sie die Anzeichen eines Tsunami in Thailand erkannte. »Ich war am Strand, und das Wasser wurde ganz komisch. Es zischte und sprudelte und die Ebbe kam«, sagte sie. Tilly rief ihre Mutter, und alle rannten vom Strand weg und konnten sich rechtzeitig in Sicherheit bringen. Dank Tilly starb niemand an diesem Strand in Phuket.

Schiff, das von einem Tsunami 1960 in Japan auf ein Haus gespült wurde

DIE INDUSTRIELLE REVOLUTION

Die meisten Menschen in Europa lebten früher in kleinen Dörfern auf dem Land. Sie arbeiteten auf Bauernhöfen oder stellten zu Hause hauptsächlich Waren für den eigenen Gebrauch her. Kaum jemand reiste viel. Die einzige Möglichkeit zu reisen war, abgesehen vom Wandern, zu Pferde. Die Familien lebten eng zusammen und in allen Dörfern sah es etwa gleich aus.

Dann kam die Industrielle Revolution. Man nennt es »Revolution«, weil die alte Lebensweise zerstört wurde und die neue Lebensweise, die wir heute noch haben, ihren Anfang nahm. Die Menschen zogen vom Land in die großen neuen Städte; anstatt auf den Feldern arbeiteten sie in Fabriken und Büros. Große Kanäle und Eisenbahnen wurden gebaut, um sie und die Waren, die sie herstellten, über große Entfernungen zu transportieren.

Die Industrielle Revolution begann in Großbritannien mit der Erfindung der Dampfmaschine und anderen wichtigen Erfindungen in zwei Branchen: in der Baumwollindustrie und im Bergbau. Früher war Baumwolle von Menschen in ihren Häusern auf einer kleinen Maschine gesponnen worden. Dann erfand James Hargreaves eine große Maschine, die die Arbeit viel schneller erledigen konnte. Er nannte sie nach seiner Tochter Spinning Jenny. Bald wurde die Spinning Jenny weiter verbessert, und in und um Manchester eröffneten große Fabriken, in denen diese neuen Maschinen standen und die große Mengen von Baumwollprodukten herstellten.

Cottonopolis, die Baumwollstadt

Die andere große Erfindung war die Dampfma-

Baumwollstadt Manchester

Manchester wurde schnell zum Zentrum der Baumwollindustrie und wurde bald »Cottonopolis« genannt, »Stadt der Baumwolle«. 1783 gab es nur eine Spinnerei in der Stadt, die Richard Arkwright gehörte. 30 Jahre später gab es 86, die alle von Dampfmaschinen angetrieben wurden. Zuvor war Manchester eine kleine Stadt mit nur 25 000 Einwohnern gewesen, bald waren es 350 000. Es gab tausende Lagerhäuser in der Stadt, wo die rohe Baumwolle oder die Baumwollprodukte gelagert wurden, die in den Fabriken hergestellt worden waren. Jeden Dienstag und Freitag versammelten sich 10 000 Menschen im Gebäude der Börse, um mit ihrer Baumwolle zu handeln. Manchester musste Waren versenden, also wurde es zum Zentrum der Kanäle und Eisenbahnen. Die Eisenbahn Liverpool–Manchester wurde 1830 eröffnet, nachdem die *Rocket* von George Stephenson eine Reihe von Waggons mit einer Geschwindigkeit von 22,5 Stundenkilometern gezogen hatte. Die Liverpool Road Station ist der älteste Bahnhof der Welt, und man sieht ihn heute fast noch im Originalzustand.

schine. Sie wurde 1769 von James Watt erfunden und wurde zuerst für Wasserpumpen im Bergbau benutzt, damit die Stollen nicht überschwemmt wurden. Doch bald gab es alle möglichen Anwendungen für diese neuen Maschinen. Früher mussten Fabriken neben schnell fließenden Flüssen gebaut werden, weil für die alten Maschinen Wasserkraft gebraucht wurde. Doch nun mit den Dampfmaschinen konnte man überall Fabriken bauen. Die Nachfrage war so groß, dass James Watt und sein Partner Matthew Boulton in kurzer Zeit 500 Maschinen produziert hatten.

Großbritannien war führend bei der Industriellen Revolution, doch bald fanden ähnliche Veränderungen auch in Frankreich, Holland, in Teilen von Deutschland und in den USA statt. Es ist ein Rätsel, warum es an diesen Orten geschah und nicht zum Beispiel in China oder Indien, wo eigentlich erst heute eine richtige Industrielle Revolution stattfindet. Vielleicht liegt es daran, dass Großbritannien ein relativ kleines Land war, wo die Waren leicht transportiert werden konnten, oder weil es in Nordengland viele schnell fließende Flüsse gab für die Fabriken, die kurz vor der Industriellen Revolution entstanden waren, oder vielleicht hatte es etwas mit den Gesetzen zu tun, durch

Kaminkehrer

Sweep's boy.

In der Industriellen Revolution gab es Kinder, die als Kaminkehrer arbeiteten. Zwei oder drei kleine Jungen wurden mit kleinen Bürsten und einem Stück Metall in einen Kamin hinaufgeschickt, um den Ruß auszuräumen. Das waren oft Waisenkinder, die als Lehrlinge bei einem Kaminkehrer arbeiteten, oder manchmal auch nur die Kinder armer Familien, die als Kaminkehrer verkauft worden waren. Doch als Kohle die Hauptenergiequelle wurde, stieg die Nachfrage an Kaminkehrern und auf einmal waren allein in London über tausend Kaminkehrer gleichzeitig tätig. Es gab einen öffentlichen Aufschrei, weil diese Kinder so schrecklich behandelt wurden. Sie mussten sehr enge, dunkle Kamine hinaufsteigen, und wenn sie sich weigerten, zündeten die Kaminkehrermeister oft unter ihnen ein kleines Feuer an. Der Einsatz von Kindern als Kaminkehrer wurde erst 1875 verboten, nachdem ein zwölfjähriger Junge mit Namen George Brewster in der Biegung eines Krankenhauskamins stecken geblieben und gestorben war.

die Erfinder von ihren Erfindungen profitierten. Wahrscheinlich war es eine Kombination von alledem. Auf jeden Fall brachte die Industrielle Revolution für Großbritannien eine Blütezeit, und es konnte sein Reich, das Empire, aufbauen.

Auf lange Sicht verbesserte die Industrielle Revolution die Lebensbedingungen für alle. Die neuen Maschinen konnten schnell und günstig produzieren, zum Beispiel Geschirr. Mit den neuen Dampfmaschinen und anderen Methoden der industriellen Fertigung konnten die Keramikfabriken in Staffordshire erstmals billige Teller von guter Qualität für alle produzieren.

Doch kurzfristig lebten Millionen Menschen erst einmal unter schlechten Bedingungen. Die Arbeit in den Fabriken war hart, man arbeitete viele Stunden am Tag, und wer das Tempo nicht halten konnte, wurde streng bestraft. Kleine Kinder arbeiteten in den Fabriken und in den Kohlebergwerken für wenig Geld. Zum Beispiel standen sie in Kohlebergwerken stundenlang in der Kälte und im Dunkeln und öffneten die Wettertüren mit einem Seil, wenn die unterirdischen Loren vollgeladen mit Kohle durchfuhren. Die Kinder mussten auch härtere Arbeiten verrichten, zum Beispiel mussten sie die beladenen Loren schieben und ziehen.

Die Bedingungen zu Hause waren nicht viel besser. Da Millionen Menschen vom

Land in die Städte gezogen waren, um dort zu arbeiten, baute man für sie große Siedlungen mit Reihenhäusern ohne Toiletten und Gärten. Sie waren kaum besser als Slums, es gab fast kein Licht in den Häusern, und die offene Kanalisation verlief mitten auf der Straße. Unter diesen Bedingungen brachen häufig Krankheiten wie zum Beispiel die Cholera aus.

Der Kristallpalast

Mitte des 19. Jahrhunderts war die erste Phase der Industriellen Revolution abgeschlossen. Das Land Großbritannien hatte sich vollständig gewandelt. Es sah in vielen Regionen, speziell im Norden, ganz anders aus, nachdem Wälder und Felder den Fabriken und Häusern gewichen waren. Jetzt war es auch viel einfacher geworden, durch das Land zu reisen. Es hatte einen großen Bauboom bei den Eisenbahnen gegeben und alle großen neuen Städte waren nun miteinander verbunden.

Der Mann von Königin Viktoria, Prinz Albert, hatte die Idee, in London eine große Ausstellung zu veranstalten, den Reichtum des Landes zur Schau zu stellen und der Öffentlichkeit neue Ideen und Produkte aus Großbritannien und anderen Ländern zu zeigen – die Früchte der Industriellen Revolution. Dafür wurde von John Paxton im Hyde Park eine gewaltige Halle gebaut, die wie ein riesiges Gewächshaus aussah. Wegen dem Glas wurde es Kristallpalast genannt. Nicht allen gefiel er, einer sagte, es sehe

Museen

Die meisten großen Städte haben Industriemuseen, die normalerweise gut auf den Besuch von Kindern eingerichtet sind. Oft gibt es große, spektakuläre Exponate in alten beeindruckenden Fabrikhallen und Kohlezechen. Man muss nicht in kleine Glasvitrinen mit vielen kleinen Gegenständen spähen. So etwas lohnt sich auch als Ausflug bei einem Kindergeburtstag.

www.saechsisches-industriemuseum.de – von der Textilfabrik bis zur Zinngrube gibt es tolle Ausstellungen und sogar spezielle Führungen für Kindergeburtstage.

www.ferropolis-online.de – die »Eiserne Stadt« bietet riesige Bagger samt dazugehöriger Führung und Begehung. Für Kinder gibt es einen passend eingerichteten Spielplatz.

www.glashuette-gernheim.de – nach englischem Vorbild errichtet, bietet die Glashütte einen Einblick in die frühe Industrialisierung und die faszinierende Welt der Glasherstellung.

aus wie ein Gurkenspalier zwischen zwei Kaminen. Doch die Ausstellung war ein großer Erfolg in der Öffentlichkeit, und die Einnahmen daraus trugen zum Aufbau der Museen für Wissenschaft und Naturgeschichte in South Kensington in London bei.

Nicht alle Exponate stammten aus industrieller Produktion. Das beliebteste war der Koh-i-Noor-Diamant, den Königin Viktoria kurz zuvor von einem indischen Prinz erhalten hatte. Es war der größte Diamant der Welt, und die Massen kamen, um ihn zu bewundern. Heute ist er im Tower von London zu sehen. Sehr beliebt waren auch die Toiletten, denn es waren die ersten öffentlichen Toiletten in größerem Stil, erbaut von einem Ingenieur mit dem Namen George Jennings. Man bekam einen sauberen Sitz, ein Handtuch und Schuheputzen für einen Penny! Deshalb sagt man in England immer noch, man geht »einen Penny ausgeben«, wenn man zur Toilette geht.

Der Palast wurde am Ende der Ausstellung abgebaut und in einen Teil im Süden Londons gebracht, den man dann nach dem Kristallpalast »Crystal Palace« nannte. Er stand viele Jahre in einem großen Themenpark, bis er 1936 niederbrannte. In Crystal Palace gibt es jetzt ein ziemlich neues Museum, und die Dinosaurierstatuen im Park um das alte Gebäude, die bald nach dem Aufbau des Palasts dort erbaut wurden, sind jetzt gesetzlich geschützt.

Harte Zeiten

Charles Dickens schrieb 1854 einen Roman, in dem er beschrieb, was für ein Land England, seiner Meinung nach, nach der Industriellen Revolution geworden war: ein Ort, an dem viele nur ans Geldverdienen dachten, und Kindern nur langweilige Tatsachen beigebracht wurden, damit sie im neuen industriellen Leben erfolgreich waren. In diesem berühmten Ausschnitt bittet der Lehrer Mr Gradgrind ein Mädchen namens Sissy Jupe zu erklären, was ein Pferd ist:

»Gib mir eine Definition von einem Pferde.«

(Sissy Jupe kommt dadurch in größte Bestürzung.)

»Mädchen Nummer zwanzig unfähig, ein Pferd zu beschreiben!«, sagte Mr Gradgrind … »Mädchen Nummer zwanzig kennt keine Tatsachen in Bezug auf eines der gewöhnlichsten Tiere!« … »Bitzer«, sagte Thomas Gradgrind. »Deine Definition von einem Pferde« …

»Vierbeiner, Grasfresser, vierzig Zähne, davon vierundzwanzig Mahl-, vier Eck- und zwölf Schneidezähne. Verliert die Haare im Frühjahr; in sumpfigem Gelände verliert es auch die Hufe. – Harte Hufe, die aber mit Eisen beschlagen werden müssen …«

»Mädchen Nummer zwanzig,« sagte Mr Gradgrind, »jetzt weißt du, was ein Pferd ist.«

EISENBAHNEN

Die »Rocket«

Die frühen Eisenbahnen wurden für den Kohlebergbau gebaut. Kohle wurde vom Bergwerk auf Holzschienen in Waggons, die von Pferden gezogen wurden, zu einem Hafen gebracht. Doch mit der Erfindung der Dampfmaschine änderte sich alles. Die erste Strecke wurde 1825 in England eröffnet, mit einem Dampfzug, der Kohle, Mehl und Menschen transportierte. Das war die Stockton and Darlington Railway, die die Kohlebergewerke im Inland mit dem Hafen von Stockton verband, wo die Kohle auf Schiffe verladen wurde. Die Liverpool and Manchester Railway wurde 1830 feierlich mit der Lokomotive *Rocket* von George Stephenson eröffnet. Der Erfolg der Eisenbahnlinie Liverpool and Manchester führte zu einem riesigen Boom bei den Eisenbahnen und gab auch in Deutschland den Anstoß, das Netz für Dampflokomotiven auszubauen.

Auch in Deutschland dienten die Eisenbahnen anfangs nicht der Beförderung von Menschen, sondern zum Transport von Gütern in Bergwerken. Zu den ersten gehören der Rauendahler Schiebeweg in Bochum (1787) oder die Silscheder Kohlenbahn (1832), die anfangs allerdings von Pferden gezogen wurden. Diese kann man sogar heute noch besichtigen. Nach und nach wurde das Bahnnetz ausgebaut und mit richtigen Dampflokomotiven für den öffentlichen Verkehr genutzt.

Die Dampflokomotiven erreichten 1938 mit der *Mallard* ihren Höhepunkt, die bis zu 201 Stundenkilometer erreichte, doch danach begann die Elektrifizierung, und die Tage der Dampflokomotiven waren bald vorbei. Wenn Sie Dampflokomotiven in Aktion sehen wollen, sehen Sie auf der Website des Dampflokmuseums nach (*www.dampflokmuseum.de*).

Die Ausbreitung der Eisenbahnen

Schnell breitete sich die Eisenbahn über die Welt aus. Die riesige Transaustralische Eisenbahn wurde gebaut, die die West- und die Ostküste des Landes verbindet. Sie verläuft durch die baumlose Nullarbor Plain (»baumlose Ebene«), und da es auf der Stre-

Der Krieg der Spurweiten

Die Spurweite ist die Entfernung zwischen den beiden parallel laufenden Schienen. Sie wird von der Innenseite der einen Schiene zur anderen gemessen. George Stephenson hatte auf der Strecke Liverpool–Manchester die heutige Normalspur (auch Regel- und Vollspur, 1435 mm) eingeführt, doch in den 40er-Jahren des 19. Jahrhunderts gab es eine ganze Reihe unterschiedlicher Spurweiten bei den britischen Eisenbahnen. Die Sache spitzte sich zu, als Isambard Kingdom Brunel beim Bau der Great Western Railway (GWR), die Westengland mit London verband, eine größere Spurweite nahm (2140 mm). 1846 verabschiedete das britische Parlament dann ein Gesetz, das bestimmte, dass alle neuen Eisenbahnen mit der Normalspur gebaut werden müssen, doch der Kampf um die Spurweiten endete erst in den 90er-Jahren des 19. Jahrhunderts, als die GWR auf die Normalspur umstellte. Heute haben mehr als die Hälfte der Eisenbahnen der Welt die Normalspur.

cke keine einzige natürliche Wasserquelle gibt, mussten die Züge früher immer alles nötige Wasser mit sich führen. Auf dieser Linie gibt es mit 478 Kilometern die längste Eisenbahnstrecke der Welt ohne eine einzige Kurve.

Die Engländer bauten schnell Eisenbahnen in den von ihnen verwalteten Teilen Indiens, und die indischen Prinzen bauten in ihren eigenen Staaten ebenfalls welche. Deshalb besitzt Indien heute eines der größten Eisenbahnnetze der Welt, von der dampfbetriebenen Schmalspurbahn in Darjeeling (Weltkulturerbe) bis zum Himsagar Express, der 3750 Kilometer in 75 Stunden zurücklegt. Der Bahnhof mit dem kürzesten Namen in Indien ist Ib, und der längste ist … Venkatanarasimharajuvaripeta. Versuchen Sie mal, das schnell zu sagen!

Seit 1994 fahren Züge auch direkt von Paris nach London durch den neu gebauten Euro- oder Kanaltunnel, und die Eröffnung des renovierten Bahnhofs St. Pancras 2007 war ein Tribut an die Geschichte der Eisenbahn und ein großer Schritt nach vorn. Man kann heute von dort in nur wenig mehr als zwei Stunden nach Paris reisen und hat dann Anschluss an die französischen Hochgeschwindigkeitszüge. 2007 erreichte der französische TGV unglaubliche 357 Stundenkilometer, das ist momentan der Weltrekord.

Ein berühmter Unfall

Der Schriftsteller Charles Dickens wurde 1865 in einen Unfall in Staplehurst in Kent verwickelt. Über einen kleinen Fluss wurde ein neues Gleis über eine Brücke verlegt, doch der Zug kam zu früh, und die letzten beiden Teile waren noch nicht verlegt worden. Der Zug stürzte in den Fluss und zehn Menschen kamen ums Leben. Später schrieb Dickens in einem Brief: »Ich bin ein bisschen mitgenommen, doch nicht vom Schlagen und Rütteln im Eisenbahnwaggon, sondern von der harten Arbeit hinterher. Die Sterbenden und die Toten herauszuholen, das war ganz schrecklich. Mein Waggon war der einzige, der nicht in den Fluss gefallen war.« Nachdem er den Verletzten geholfen hatte, stieg er in das Wrack und rettete das Manuskript für seinen neuen Roman *Unser Gemeinsamer Freund*. Außerdem füllte er seinen Zylinderhut mit Wasser und gab den Durstigen daraus zu trinken.

Modelleisenbahnen

Manche Kinder (und manche Erwachsene!) spielen gern mit der Eisenbahn. Wenn Sie Ihr Enkelkind an dieses Thema heranführen wollen, kaufen Sie am besten eine Einsteigerversion, die dann weiter ausgebaut werden kann, wenn es sich wirklich dafür interessiert. Die Eisenbahnen sind wie Haustiere: Es sind schöne Weihnachtsgeschenke, doch manchmal interessiert sich schon im Neuen Jahr niemand mehr dafür.

Wenn das Kind sich dann wirklich für Modelleisenbahnen interessiert, können Sie es in diese Welt einführen, doch das wird Geld kosten (Ihres!), und es braucht Platz. Ein Schuppen im Garten oder der Dachboden sind ideal. Sie können auch eine Anlage zum Zusammenklappen kaufen, aber für einen echten Eisenbahnfan ist das nicht das Richtige.

Alles Wichtige über Modelleisenbahnen finden Sie unter *www.kinderbahn.de* und *www.modellbau-wiki.de/wiki/Einstieg_in_die_Modelleisenbahn*. Im Märklim-Museum in Göppingen kann man sich die unterschiedlichsten Objekte rund um Modelleisenbahnen anschauen.

Lucy Lambton

Lucy ist Großmutter von Alfie (8), Archie (5) und Zak (2). Sie sagt:

Wirklich schön am Großelternsein ist das berauschende Gefühl von Freiheit, dass es immer nur um Spaß geht, wenn wir zusammen sind. Weil es meine Enkelkinder sind, fühle ich nicht das Gewicht der Verantwortung, die ich für eigene Kinder hätte. Und dann gibt es den ungeheuren Luxus, dass man auch einfach das Schiff verlassen kann, wenn die See zu rau wird! Das gibt mir den Spielraum, auch bei den Dingen unnachgiebig zu sein, die mir sehr wichtig sind, zum Beispiel bei den Manieren – Höflichkeit, den Menschen immer in die Augen sehen und ein fester Händedruck. Vor allem möchte ich, dass meine Enkelkinder glücklich sind, an sich arbeiten, verständnisvoll und freundlich sind.

Ich lese ihnen gern vor, und im Moment mag Alfie besonders Tintin.

Alfie hat ein gutes Gefühl dafür, wie die Dinge sein sollten, und hat eine genaue Beobachtungsgabe, wenn er Gebäude zeichnet. Mit sechs Jahren zeichnete er den zentralen Platz in Siena, ärgerte sich aber, dass etwas nicht stimmte, bis ihm auffiel, dass er die Rinnsteine nicht gezeichnet hatte. Dadurch wurden der Anstieg und die gesamte Form sichtbar. Dann machte er sich an den Schiefen Turm von Pisa. Seine Mutter Wendy und sein Vater Huckleberry ließen das für mich zu Weihnachten auf einen Teller drucken. Archie war damals zu jung zum Zeichnen. Von ihm stammen die farbigen Fingerabdrücke rund um den Tellerrand.

DIE UREINWOHNER AMERIKAS

Die Geschichte der amerikanischen Indianer im 19. Jahrhundert ist eines der schmerzlichsten Kapitel in der modernen Geschichte und widerspricht allen Mythen über »Cowboys und Indianer«.

Als die ersten Europäer in Nordamerika ankamen, begegneten ihnen dunkelhäutige Menschen, die sie Indianer nannten, weil sie glaubten, sie seien in Ostindien gelandet. Diese Menschen hatten dort schon seit Tausenden von Jahren gelebt, und es gab viele verschiedene Gruppen – von den Inuit im frostigen Norden bis zu den Pueblo in den Wüsten im Südwesten. Die Menschen besaßen viele Fertigkeiten, kannten jedoch keine Pferde, als die Spanier gegen Ende des 15. Jahrhunderts dort ankamen.

Die Ureinwohner Amerikas sprachen über 200 verschiedene Sprachen, doch da es wenige schriftliche Aufzeichnungen gibt, ist es schwierig, sie heute zu erforschen. Gemeinsam war den meisten dieser Sprachen, dass sie kleine Wörter zu einem langen zusammenfügten. Ein berühmtes Beispiel ist das einzelne Wort, das bedeutet »die-die-sitzen-werden-und-mit-einem-Messer-einen-schwarzen-männlichen-Büffel-aufschneiden-werden«! Manche Wörter haben wir übernommen: Tomahawk, Squaw und Mokkasin.

Lebensweise

Die Ureinwohner lebten in Gruppen, den sogenannten Stämmen, und manchmal schlossen sich die Stämme zu einer größeren Gruppe, einer sogenannten Konföderation, zusammen. Die berühmteste war die Irokesen-Konföderation, die aus fünf verschiedenen Stämmen bestand und für alle einen einzigen Häuptling bestimmt hatte. Die Völker lebten in unterschiedlichen Siedlungen. In der Prärie im Zentrum des Landes zogen sie häufig den Büffelherden (Bisons) nach, die sie jagten. Die Menschen lebten in Tipis, das waren zeltartige, kegelförmige Behausungen aus Holzgestellen, die mit Tierfellen bezogen waren. Wigwams waren ähnlich, aber kuppelförmig und wurden aus Holz und Rinden oder Tierhäuten hergestellt. Sowohl Tipis als auch Wigwams wurden von den Frauen der Stämme gebaut und konnten sehr schnell auf- und abgebaut werden. Die Pueblos hatten viel dauerhaftere Behausungen, denn sie waren Bauern und keine Jäger. Sie bauten prächtige Häuser aus Lehm, der in der Sonne getrocknet war, und noch heute kann man in New Mexico eindrucksvolle Pueblodörfer besichtigen.

Ein Pueblodorf in New Mexico

Die Kinder wurden gut versorgt, doch starben viele an Krankheiten in der Kindheit. Wenn sie überlebten, mussten sich die Jungen zum Eintritt ins Erwachsenenleben schließlich einer Zeremonie unterziehen, die sehr brutal sein konnte. Die Jungen der Hopi- und Zunistämme wurden nur leicht mit der Peitsche geschlagen, doch bei den benachbarten Pueblostämmen wurden sie richtig ausgepeitscht. Die Prärie-Cheyenne mussten bei ihrer berühmten Initiationszeremonie unter anderem barfuß über heiße Kohlen gehen.
Manche Indianer waren Bauern, andere an der Küste waren Fischer, und die in der Prärie waren Jäger. Für sie waren Büffel von entscheidender Bedeutung. Sie aßen das Fleisch, machten aus den Knochen Waffen, stellten aus den Häuten Decken und Kleidung her und gewannen aus den Hufen Klebstoff.

Blutiger Konflikt

Zuerst waren die Beziehungen zwischen den Indianern und den Europäern gut, auch wenn die Krankheiten der Europäer (wie Windpocken oder Masern) Tausende Eingeborene das Leben kosteten. Doch als schließlich Millionen von Siedlern auf dem Kontinent ankamen und nach Westen vordrangen, war ein Konflikt unvermeidlich.

1834 wurden fünf Stämme (Cherokee, Creek, Seminolen, Choctaw und Chisosaw) gezwungen, in das sogenannte Indianer-Territorium, das die Regierung bestimmt hatte, umzuziehen und dort zu leben. Die Seminolen in Florida leisteten heftigen Widerstand. Die Stammesältesten waren einverstanden gewesen, dorthin zu ziehen, doch die jungen Krieger weigerten sich und begannen einen langen Krieg gegen die amerikanische Armee in den Sümpfen und Wäldern von Florida. Als er

Seminolen am Miami River um 1904

schließlich vorüber war, durften nur 360 Seminolen in ihrem angestammten Gebiet bleiben.

Im ganzen Land versuchten die Indianer, den weißen Männern Widerstand zu leisten, die allmählich in ihre Gebiete eindrangen, doch sie lebten in kleinen Stämmen und hatten nicht die richtigen Waffen, um gegen die Kavallerie der Vereinigten Staaten zu kämpfen. Einen großen Sieg errangen sie in der Schlacht am Little Bighorn 1876, als eine vereinte Streitkraft von Sioux, Cheyenne und Arapaho General Custer und alle seine Männer der 7. Kavallerie auslöschten.

Doch die Zeit wurde knapp und am Ende stand die Schlacht am Wounded Knee 1890. Eine große Gruppe von Sioux war gefangen genommen worden und sollte weggebracht werden, als ein Handgemenge entstand. Die Kavallerie eröffnete das Feuer und in einem Massaker wurden 300 Sioux niedergemetzelt. Das war das Ende des indianischen Widerstands.

Ein Augenzeugenbericht

Diesen Bericht über eine Racheaktion gibt Captain John Bourke der 3. US-Kavallerie am Salt River 1872 gegen eine Gruppe von Apachen: Alle 76 Krieger der Apachen wurden getötet. Die überlebenden Frauen und Kinder wurden in das Camp McDowell gebracht.

»Vor der Höhle war die Gruppe der Räuber, die gerade von ihrem erfolgreichen Raub- und Mordzug zurückgekehrt waren. Sie tanzten, um sich warm zu halten und um ihrer Freude über die gute Rückkehr Ausdruck zu verleihen ... Ein halbes Dutzend oder mehr Squaws ... beugten sich über ein Feuer und bereiteten schnell Stärkung zu ... Die Indianer, Männer und Frauen, waren in bester Stimmung ... Unsere Aufforderung, sich zu ergeben, wiesen sie mit Verachtung zurück ... Wir hörten ihren Totengesang. Wir waren dreimal so viele wie sie und pumpten sie mit Blei voll.«

DER WILDE WESTEN

Die ersten europäischen Siedler in Nordamerika landeten an der Ostküste. Dann kamen immer mehr Menschen und sie zogen weiter ins Inland an den Mississippi und über die großen Ebenen auf der Suche nach einem besseren Leben in Kalifornien und in anderen Gebieten im Westen.

Die Wege der Pioniere

Eine der berühmtesten Routen war der Oregon Trail, der in Missouri begann und an der Pazifikküste Oregons endete. Für die 3200 Kilometer brauchte man sechs Monate. Deshalb machten sich die Pioniere immer im Frühjahr auf den Weg und hofften, dass sie vor dem Wintereinbruch die Küste erreichten.

Weil es damals noch keine Eisenbahn durch das Land gab, war die Reise im Planwagen, der von Ochsen oder Pferden gezogen wurde, die einzige Möglichkeit. Die Pioniere, unter denen auch Kinder waren, gingen oft neben dem Wagen her anstatt zu fahren, weil man im Wagen so durchgeschüttelt wurde. Im Wagen war alles Hab und Gut der Familie. Es reisten immer einige Wagen gemeinsam hintereinander in einem Wagenzug, doch nachts stellten sie sich in einem großen Kreis auf, um sich vor Indianerüberfällen zu schützen.

Indianer waren nur eine Gefahr. Die Siedler mussten gefährliche Flüsse überqueren, sich vor wilden Tieren hüten und wurden von schlimmen Krankheiten befallen. Außerdem mussten sie darauf achten, dass ihre Wagen bei den schlechten Wegen nicht auseinanderfielen. Viele schafften es nicht.

Der Goldrausch in Kalifornien

Die Anzahl der Siedler, die nach Westen zogen, erhöhte sich dramatisch, als man im American River in der Nähe von Sacramento 1848 Gold entdeckte. Ein Ladenbesitzer mit Namen Sam Brannan verbreitete die Neuigkeit. Er zeigte eine Flasche mit Goldsand in San Francisco herum und rief aufgeregt: »Gold! Gold! Gold aus dem American

River!« Plötzlich gab es einen Goldrausch in Kalifornien. Die Stadt San Francisco, die ursprünglich aus 80 Gebäuden bestand, wuchs innerhalb von weniger als zehn Jahren zu einer Stadt mit 100 000 Einwohnern an.

Zuerst waren die Methoden der Goldwäscher einfach: Sie siebten einfach den Kies aus den Flüssen in großen Pfannen und hofften, dass sie den Goldstaub und die Goldteile so herausholen könnten, die in Millionen Jahren in den Flusskies gespült worden waren. Allmählich entwickelte man kompliziertere Methoden und grub mit großen Maschinen tief in den Flussbetten nach Gold.

Die Goldwäscher arbeiteten unglaublich viele Stunden am Tag, sechs Tage in der Woche. Sie mussten schwere Felsen bewegen und große Eimer mit Schlamm tragen und arbeiteten oft im eisig kalten Wasser des Flusses. Da ist es kein Wunder, dass sie sich an dem einzigen Tag, an dem sie nicht arbeiten mussten, austobten. Ihre Lieblingsbeschäftigung in der Freizeit war das Glücksspiel und Streitigkeiten wurden oft mit Waffen geklärt.

Einige Menschen wurden sehr reich bei dem Goldrausch, doch es gab auch viele Verlierer, besonders die Ureinwohner von Kalifornien. Tausende wurden von ihrem Land vertrieben und brutal ermordet. Noch viel mehr starben an den Krankheiten, die die Goldsucher eingeschleppt hatten.

Der Goldrausch sorgte dafür, dass Kalifornien ein Teil der Vereinigten Staaten wurde. Es war jetzt zu wohlhabend und hatte zu viele Einwohner, als dass man es nur den Indianern und Mexikanern überlassen wollte. 1850 wurde Kalifornien der 31. Staat der Vereinigten Staaten.

Cowboys

Zu dieser Zeit gab es große Viehfarmen in Texas und in der Prärie, wo die Rinderhirten zunehmend in Konflikt nicht nur mit den Indianern, sondern auch mit den neuen Siedlern gerieten, die in großer Zahl dort ankamen. 1862 hatte die amerikanische Regierung bestimmt, dass jeder in der Prärie leben durfte und 65 Hektar für sich beanspruchen konnte. Wer fünf Jahre dort gelebt hatte, dem gehörte das Land. Die Neuankömmlinge errichteten Zäune um ihr Land, um es gegen die Rinder zu schützen, und damit gerieten sie in Streit mit den Rinderhirten.

Weil die Rindermärkte im Osten lagen, musste man die Tiere über Hunderte von Kilometern von den »Ranches« zu den Eisenbahnstädten in Kansas treiben, wo sie auf Frachtzüge verladen und nach Osten transportiert wurden. Das war eine harte,

Zwei große amerikanische Geschichten

Zu den großen amerikanischen Geschichten über das Leben im Wilden Westen gehören *Unsere kleine Farm* von Laura Ingalls Wilder und der *Ruf der Wildnis* von Jack London. Siehe *Klassische Geschichten* auf Seite 140 und Seite 52 *Lesen macht Spaß*.

gefährliche und einsame Arbeit für die Cowboys, die dafür sorgen mussten, dass die Tiere auf den Wegen blieben. Manchmal gingen die Rinder durch, wenn sie etwa vom Donner erschreckt worden waren, und dann mussten die Cowboys sie wieder einfangen. Oft waren die Cowboys monatelang unterwegs.

Die Städte am Ende der Trails, wie Abilene, Wichita und Dodge City, waren gesetzeslose Orte, wo die Cowboys ihr hartes Leben einmal vergessen und sich ein paar Tage lang austoben konnten, nachdem sie ihre Tiere abgeliefert hatten. Dort gab es häufig Schlägereien und Schießereien, und Sheriffs wie Bat Masterson und Wild Bill Hickok bemühten sich, die Ordnung aufrecht zu erhalten. Dodge City hatte einen berühmten Friedhof, Boot Hill, wo viele Cowboys endeten. Hickok selbst wurde ermordet: Man schoss ihm beim Pokerspiel von hinten in den Kopf.

Der Westen war gefährlich. Als der junge William Bonney, genannt Billy the Kid, in Lincoln County in New Mexico ankam, geriet er in einen Streit zwischen den Rinderhirten und Händlern. Er schloss sich einer Mörderbande an, die sich die »Regulators« nannte und randalierte. Er wurde verhaftet und zum Tode verurteilt, konnte aber auf spektakuläre Weise aus dem Gefängnis fliehen, wobei er seine Wachen ermordete. Der Sheriff von Lincoln County, Pat Garrett, wartete eine Weile ab, verfolgte Billy aber schließlich bis Fort Summer und erschoss ihn mitten in der Nacht. Billy war 21 Jahre alt.

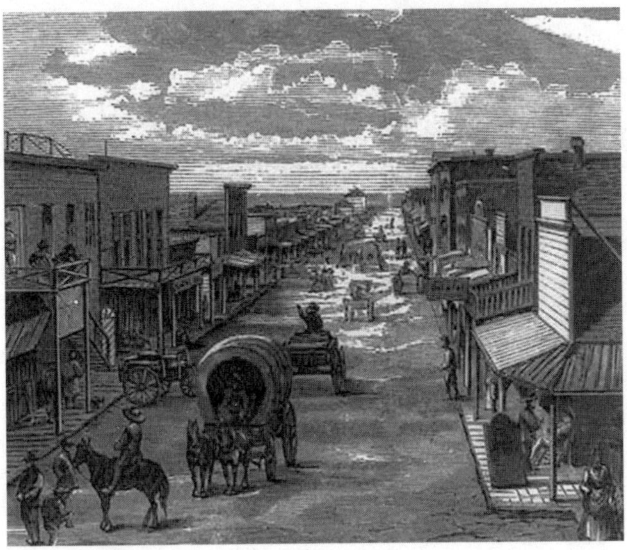

Die Main Street (Hauptsraße) in Wichita

NATURWISSENSCHAFTEN LEICHT GEMACHT

Hier sind ein paar einfache Experimente, die Sie mit Ihren Enkelkindern leicht in der Küche oder im Garten durchführen können. Weitere wissenschaftliche Experimente aller Art für Kinder können Sie auf folgenden Homepages nachschauen: *www.experimente-fuer-kinder.blogspot.com; www.kinder-leichte-experimente.de.*

Pflanzen

Pflanzen brauchen Wasser. Sie saugen es aus dem Boden durch ihre Wurzeln, in die Stängel hinauf bis in die Blätter. Hier sind einige einfache Experimente mit Pflanzen und Wasser, die Spaß machen.

Bunte Nelken

WIR BRAUCHEN: *vier weiße Nelken, drei hohe Gläser, etwas rote, blaue und gelbe Lebensmittelfarbe, Wasser.*

Wir geben ein paar Tropfen Lebensmittelfarbe in die drei Gläser, eine Farbe je Glas. Wir stellen in jedes Glas eine Nelke und füllen es mit Wasser auf.

Wir nehmen die vierte Nelke und schneiden vorsichtig den Stängel in der Mitte in zwei Hälften. Dann stellen wir jede Hälfte in ein anderes Glas, sodass jede Hälfte in einer anderen Farbe steht.

Nach etwa einem Tag können wir beobachten, dass das gefärbte Wasser alle Teile der Pflanze erreicht hat und sogar die Blüten eine andere Farbe angenommen haben. Die vierte Nelke wird aus beiden Gläsern Farbe angenommen haben und kann sich nun nicht entscheiden, welche Farbe sie haben will!

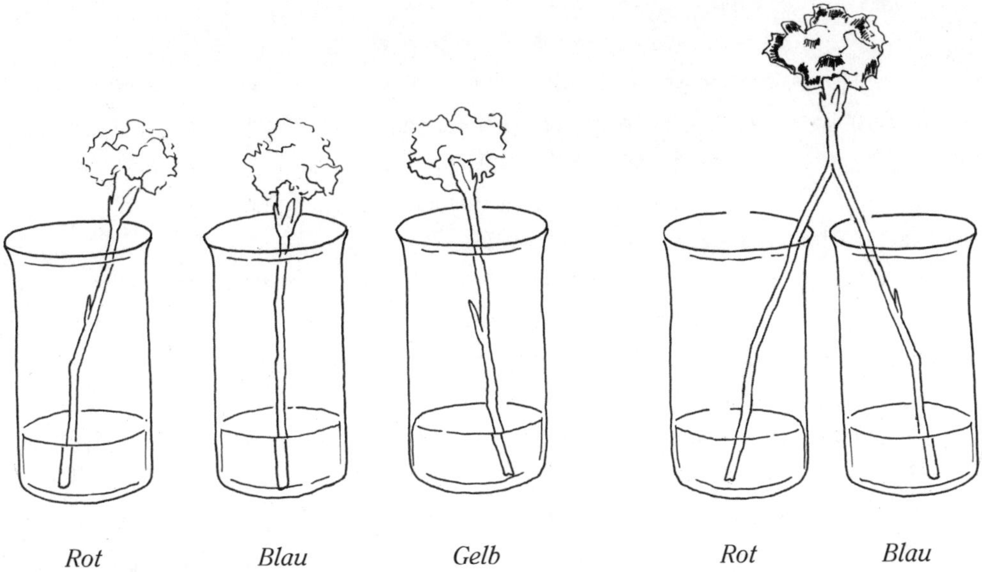

Sellerie-Saugkraft

WIR BRAUCHEN: *eine Stange Sellerie mit einigen Blättern daran, rote oder blaue Lebensmittelfarbe, einen Behälter (zum Beispiel ein Glas), Wasser.*

Wir gießen etwas Wasser in unser Glas und geben ein bisschen blaue oder rote Lebensmittelfarbe dazu. Wir stellen die Selleriestange in den Behälter.

Wir lassen sie etwa einen Tag lang stehen und sehen dann nach.

Wir werden sehen, dass die Selleriestange das Wasser aufgenommen hat, denn sie wird die Farbe angenommen haben. Wir sehen auch, wie weit das Wasser in der Pflanze aufgestiegen ist – auch die Blätter sollten eine rötliche oder bläuliche Färbung haben. Wir schneiden den Stängel durch und sehen, dass die Röhren in der Mitte farbig sind: Hier wurde das Wasser nach oben transportiert.

Blühende Bohnen

Bei diesem einfachen Experiment können Sie gemeinsam herausfinden, was eine Bohne braucht, um zu keimen und zu wachsen.

WIR BRAUCHEN: *zwei getrocknete Bohnen, zwei Marmeladengläser oder andere große Gläser, Wasser.*

Wir lassen die Bohnen vor diesem Experiment einige Tage einweichen.

Wir tun ein paar Blätter Küchenkrepp in die beiden Gläser und legen in jedes eine Bohne etwa in die Mitte, sodass wir sie sehen können. Wenn die Bohnen nach unten rutschen, müssen wir etwas mehr Küchenkrepp hineintun, damit sie oben bleiben.

Wir machen in einem Glas den Küchenkrepp nass, lassen ihn im anderen trocknen.

Nun stellen wir die Gläser an einen warmen sonnigen Ort und sorgen dafür, dass das Papiertuch im nassen Glas nicht austrocknet.

Was passiert nach ein paar Tagen? Im nassen Glas sollte aus der Bohne eine Wurzel gesprossen sein. Sie braucht Wasser, um zu wachsen, also wird sie danach suchen und nach unten wachsen. Bald wird oben in der Bohne ein grüner Spross erscheinen. Er wächst zum Licht, also nach oben.

In dem trockenen Glas wird nichts passiert sein, obwohl es an einem warmen Ort stand. Warum?

Der einzige Unterschied bei den Gläsern war das Vorhandensein von Wasser. Daraus lässt sich schließen, dass Bohnen sowohl Wärme als auch Wasser brauchen, um zu keimen und zu wachsen.

Wie bewegt sich der Schall?

Bechertelefon

WIR BRAUCHEN: zwei Kinder, zwei Plastikbecher, zwei Sicherheitsnadeln oder Büroklammern.

Dieses lustige Experiment können zwei Kinder im Garten machen.

Wir machen mit einem Zahnstocher ein kleines Loch in die Mitte der Becherboden.

Dann ziehen wir von außen eine Schnur durch und befestigen sie am Ende mit einem großen Knoten oder mit einer Sicherheitsadel oder Büroklammer. Wir machen dasselbe mit dem anderen Becher am anderen Ende der Schnur. Jetzt sind die Becher durch die Schnur miteinander verbunden.

Wir gehen nach draußen und ziehen die Schnur straff, aber nicht so, dass sie reißt. Jetzt kann es losgehen: Einer von uns muss den Becher nah an seinen Mund halten und hineinsprechen, der andere hält den Becher an sein Ohr. Er wird alles hören, was der andere spricht.

Wenn jemand in den Becher hineinspricht, schwingt die Luft und damit auch die Schnur. Die Schwingungen (das Gesprochene) setzen sich über die Schnur und in den zweiten Becher fort. Das Ohr nimmt die Schwingungen auf und wandelt sie in ein Signal um, das zum Gehirn weiterwandert, und so hört man die Worte.

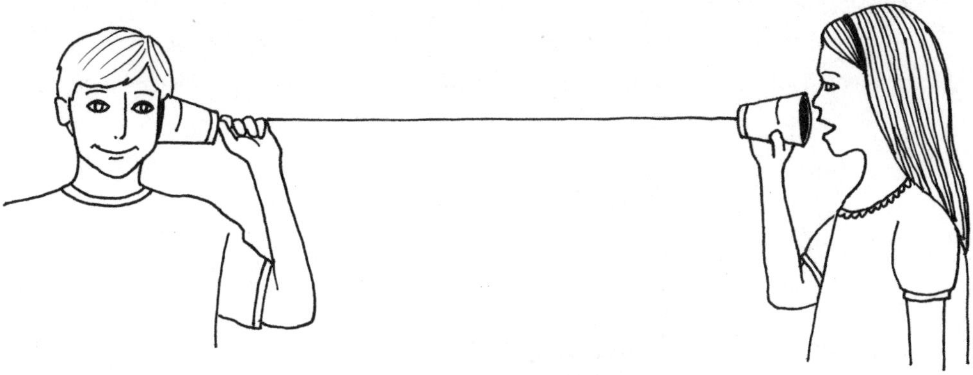

Dichte

Manche Flüssigkeiten haben eine andere Dichte als andere. Wenn Sie zwei Flüssigkeiten mit unterschiedlicher Dichte haben, steigt die leichtere nach oben und die schwerere sinkt nach unten.

Flüssige Schichten

Hier ist ein einfaches Experiment mit drei Flüssigkeiten, an denen sich das zeigen lässt. Versuchen Sie mit Ihren Enkelkindern herauszufinden, was die größere Dichte hat – Öl, Honig oder Wasser?

WIR BRAUCHEN: flüssigen Honig oder Zuckerrübensirup, Pflanzenöl, Wasser, Lebensmittelfarbe, einen Glasbehälter (Marmeladenglas oder ein hohes Glas).

Wir gießen etwas Honig oder Sirup in das Glas, danach dieselbe Menge Öl und schließlich dieselbe Menge Wasser, mit etwas Lebensmittelfarbe darin.

Die drei Flüssigkeiten werden sich in verschiedenen Schichten lagern, und so haben wir die Antwort auf unsere Frage. Die Dichteste sinkt nach unten und die Leichteste schwimmt oben. Wir hätten es vielleicht nicht gedacht, aber das Öl ist die leichteste Flüssigkeit.

Jetzt können wir auch verstehen, wie gefährlich es für Seevögel ist, wenn die Schiffe ihre Ölladung oder ihren Treibstoff ins Meer verlieren. Das Öl schwimmt in einer Schicht auf der Oberfläche, und wenn ein Vogel in der Schicht landet, verschmiert das Öl seine Federn und geht nicht mehr ab. Außerdem werden die Vögel von dem Öl vergiftet, das in sie eindringt.

Schließlich probieren wir auch, was am besten schwimmt oder was sofort versinkt: Wir legen einen Korken, eine Münze und eine Weintraube in unseren Glasbehälter und beobachten, wo sie liegen bleiben.

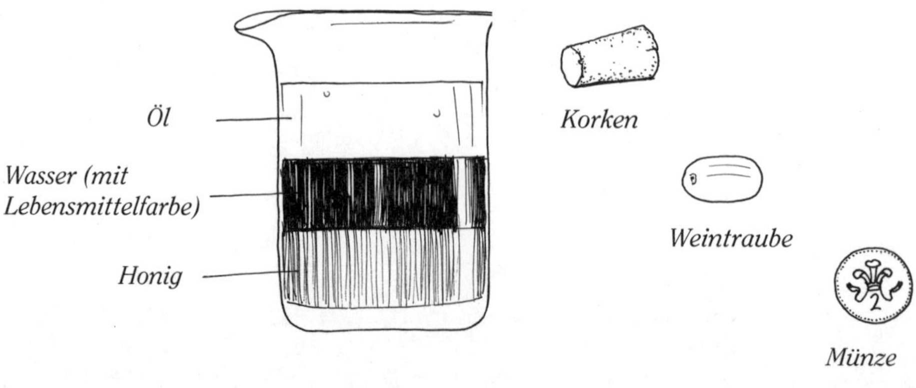

Die versinkende Orange

Hier ist noch ein lustiges Experiment, mit dem sich die Dichte demonstrieren lässt.

* WIR BRAUCHEN: *eine Orange, eine Schüssel, Wasser.*

Wir füllen die Schüssel mit Wasser und legen die Orange hinein. Was geschieht? Können wir sie zum Sinken bringen?

Wir schälen jetzt die Orange und legen sie wieder ins Wasser. Was geschieht?

Wir könnten die ungeschälte Orange nicht zum Sinken bringen, weil die Schale viele Lufteinschlüsse hat. Dadurch ist die Orange sehr leicht für ihre Größe und schwimmt oben. Ohne die Schale ist die Orange kleiner und relativ schwer für ihre Größe und sinkt deshalb zu Boden.

Luftdruck

Luftdruck ist die Kraft, die die uns umgebende Luft auf uns ausübt.

Zauberglas

Das ist ein witziger Wassertrick, mit dem man den Luftdruck demonstrieren kann.

WIR BRAUCHEN: *ein Stück Karton (etwa 8 x 8 cm), ein Glas, Wasser, eine Schüssel.*

Wir halten das Glas über die Schüssel und gießen etwas Wasser in das Glas.

Wir legen das Kartonstück auf das Glas und achten darauf, dass es am gesamten Rand Kontakt mit dem Glas hat.

Wir halten die Karte fest, immer noch über der Schüssel, und drehen das Glas um. Wir lassen jetzt die Karte los (aber halten dabei das Glas fest). Was geschieht?

Die Karte sollte am Glas bleiben und das Wasser im Glas halten. Wenn nicht, probieren wir so lange, bis es funktioniert – vielleicht schließt ja unser Karton das Glas nicht richtig ab, wenn wir es umdrehen.

Das funktioniert, weil der Druck der Luft, der von außen nach oben auf die Karte drückt, stärker ist als die Kraft, die das Wasser nach unten drückt.

Versteckte Kerze

Dieser Versuch zeigt, was geschieht, wenn ein Luftstrom auf ein Hindernis trifft.

WIR BRAUCHEN: *eine kleine Kerze, einen großen Zylinder (zum Beispiel eine große Konservendose), Streichhölzer.*

Wir stellen die Kerze direkt hinter den Zylinder und zünden die Kerze an.

Wir senken jetzt das Gesicht direkt vor den Zylinder und blasen an den Zylinder (hinter dem die Kerze steht). Was geschieht?

Es ist überraschend! Unser Luftstrom teilt sich, wenn er seitlich um den Zylinder fließt, kommt auf der anderen Seite aber wieder zusammen und löscht die Kerze aus.

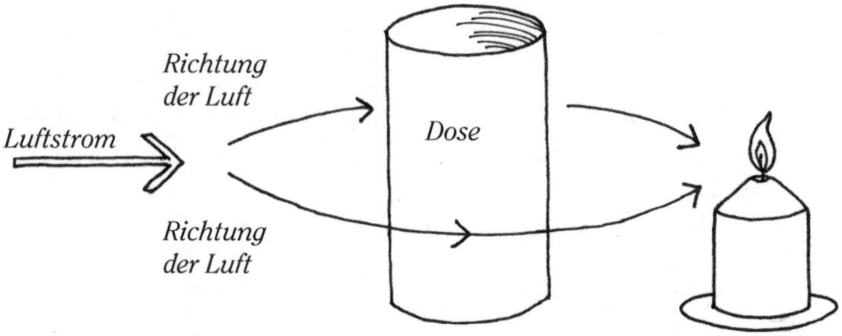

Seifenblasen

Hier ist noch ein Versuch, mit dem man den Luftdruck demonstrieren kann.

* WIR BRAUCHEN: *Gartendraht oder Drahtkleiderbügel, eine Schüssel, Spülmittel.*

Wir gießen etwas Wasser in eine Schüssel und geben einen großen Spritzer Spülmittel dazu – wir sollten es nicht andersherum machen, das gibt zu viel Schaum.

Wir formen aus dem Draht einen Stab mit einer Form daran, einen Stern, ein Quadrat oder ein Herz. Wir machen am anderen Ende einen Kreis daran.

Wir tauchen jetzt den Stab in die Schüssel, sodass die Spüllauge einen Film über den Formen bildet. Jetzt machen wir Seifenblasen. Welche Form werden die Blasen haben, quadratisch, herzförmig, sternförmig oder rund?

Die Blasen aus beiden Stäben werden rund sein. Warum? Der Druck der Luft innen drückt gleich stark in alle Richtungen, sodass die Blase kugelförmig wird.

Elektrische Ladung

Hier sind zwei einfache Experimente.

Haftender Ballon

* WIR BRAUCHEN: *einen Luftballon, einen Woll- oder Nylonpullover.*

Wir blasen den Ballon auf und binden das Ende zu, damit die Luft nicht entweicht.

Wir ziehen einen Nylon- oder Wollpullover an und reiben den Ballon etwa 20 Mal kräftig an unserem Pullover auf und ab.

Wir halten jetzt den Ballon einige Sekunden am Körper oder, noch eindrucksvoller, wir halten ihn an eine Wand.

Jetzt lassen wir den Ballon los. Was passiert?

Wenn Ballon und Pullover aneinandergerieben werden, lädt sich jedes Teil mit einer unterschiedlichen elektrischen Landung auf. Der Ballon wird negativ aufgeladen und der Pullover positiv. Gegensätzliche Ladungen ziehen sich an und deshalb bleibt der Ballon hängen.

Wir können den Ballon auch an unseren Haaren reiben anstatt am Pullover. Dann würde der Ballon an unserem Kopf hängen bleiben! Und seht erst, was mit unseren Haaren passiert!

Die menschliche Glühbirne

Verblüffen Sie Ihre Freunde und zeigen Sie ihnen, wie Sie einen Raum erleuchten können.

WIR BRAUCHEN: *einen dunklen Raum, einen Kamm, einen Wollschal, ein paar Freunde!*

Wir lassen unsere Freunde in einem dunklen Raum. Wir gehen jetzt mit der Glühbirne und dem Kamm in den Raum.

Wir ziehen den Kamm mindestens 20 Mal durch unsere Haare oder über den Wollschal.

Wir halten den Kamm an das Metallende der Glühbirne und sehen, dass der Draht in der Glühbirne aufglüht.

Wie kommt das? Wenn wir unseren Kamm über das Haar oder über den Schal ziehen, wandern Elektronen (das sind kleine, elektrisch geladene Partikel) von unserem Haar auf den Kamm. Der aufgeladene Kamm entlädt sich in die Glühbirne und gibt kleine Lichtstöße ab.

BERÜHMTE WISSENSCHAFTLER

Sir Isaac Newton (1672–1727)

Isaac Newton ist einer der größten Wissenschaftler der Welt und lebte vor 300 Jahren in einer Zeit, in der erstaunliche wissenschaftliche Entdeckungen gemacht wurden. Ehe Newton geboren wurde, sprach man zwar über neue Ideen, aber nie wurde etwas wissenschaftlich überprüft und bewiesen. Das änderte sich jedoch mit Newton. Er überprüfte seine Theorien mit mathematischen Berechnungen und Versuchen, weil er wissen wollte, ob seine Ideen richtig waren.

Newton und sein fallender Apfel, Karikatur von John Leech

Newton wurde 1642 in Lincolnshire als Sohn eines Bauern geboren. Sein Vater starb, ehe er geboren wurde, und seine Mutter wollte, dass er später die Arbeit auf dem Hof übernahm. Aber der junge Newton erfand lieber etwas. Einmal baute er eine Wassermühle, die von einer Maus in einem Laufrad angetrieben wurde!

Isaac war sehr schlau und ging zur Universität in Cambridge. Er verbrachte sehr viel Zeit dort und arbeitete an Theorien über das Licht. Er kaufte ein Prisma, das ist ein Stück klares Glas mit gewinkelten Seiten. Er hielt es gegen das Licht und sah, dass das Prisma weißes Licht in einen Regenbogen unterschiedlicher Farben aufspaltete. Er erkannte, dass etwas, das weiß aussieht, alles Licht reflektiert, während etwas, das farbig aussieht, das Licht dieser Farbe reflektierte und den Rest absorbierte.

Newton wollte Experimente mit Sonnenstrahlen machen und sah eines Tages genau in die Sonne. Das schadete seinen Augen so sehr, dass er einige Tage in einem dunklen Raum verbringen musste. Ein anderes Mal stach er mit einem Messer in seinen Augapfel, weil er wissen wollte, ob das sein Augenlicht beeinträchtigen würde!

1655 verließ Newton Cambridge, weil er vor der Pest fliehen musste, und ging nach Hause, weil er glaubte, er sei dort sicherer. Dort las er ein Buch von Galileo über die Bewegungen von Sonne, Mond und Planeten, und das regte ihn an, selbst darüber zu forschen. Es gab viele unbeantwortete Fragen. Warum zum Beispiel bewegte sich der Mond um die Erde?

Eines Tages saß Newton zu Hause unter einem Apfelbaum und dachte über den Mond und die Planeten nach. Er beobachtete, wie ein Apfel zu Boden fiel, und dachte nach – warum fiel der Apfel und blieb nicht, wo er war? Plötzlich kam ihm die Idee, dass die Kraft, die den Apfel zu Boden zog, wahrscheinlich dieselbe war, die den Mond um die Erde kreisen ließ und die Planeten um die Sonne. Das war nur der Anfang seiner Idee, und es dauerte noch Jahre, ehe er das Gesetz der Schwerkraft ausgearbeitet hatte, das eines der wichtigsten Gesetze zur Erklärung für das Universum wurde. Er erkannte, dass die Kraft, die den Apfel zu Boden zog, dieselbe ist, die den Mond anzieht. Der Mond versucht, sich von der Erde zu entfernen, doch die Erde zieht ihn zurück und lässt ihn in einem Bogen darum kreisen. Ebenso ist auch die Schwerkraft der Sonne so stark, dass sie alle Planeten in einer Umlaufbahn um sich hält.

Zwei Jahre später kehrte Newton nach Cambridge zurück und schrieb eine Abhandlung über die mathematische Methode der Infinitesimalrechnung. Diese Abhandlung begründete seinen Ruhm, und er wurde mit 26 Jahren der jüngste Mathematikprofessor aller Zeiten. Jetzt war er Professor und musste Vorlesungen halten, doch er war kein guter Lehrer, und es kamen nur wenige Studenten. Das machte Newton nichts aus, denn so hatte er mehr Zeit für seine Forschungen!

Bald erkannte Newton, dass er eigentlich ein Erfinder war. Er entwarf und baute ein neues Teleskop, das das Licht weniger verzerrte, weil es Spiegel anstelle von Linsen hatte. Das erste Spiegelteleskop, das er baute, vergrößerte die Gegenstände 40-mal mehr als die normalen Teleskoplinsen. Dieses neue Teleskop war ein großer Erfolg, und er gab für König Karl II. eine Spezialvorführung. Newton wurde auch eingeladen, der Royal Society beizutreten.

Eines Tages besuchte ihn sein Freund, der Astronom Edmund Halley in Cambridge, und sie sprachen über die Planeten. Halley war schockiert, als er erfuhr, dass Newton zwar alles ausgearbeitet, aber noch nichts darüber veröffentlicht hatte. Also ermutigte er ihn, alles aufzuschreiben. Newton brauchte ein Jahr für diese große Arbeit mit dem Titel *Principia,* die auf Latein verfasst war. In dem 1687 veröffentlichten Werk erklärte Newton, wie das Universum funktioniert, warum die Planeten in Umlaufbahnen kreisten, wie Kometen sich durch das All bewegten und was die Gezeiten verursachte. Obwohl es schwer zu verstehen war, wurde er sofort berühmt. Hier ist ein Beispiel worüber er schrieb: Wenn etwas still steht, steht es still. Wenn etwas sich bewegt, bewegt es sich in einer geraden Linie, sofern nicht eine Kraft auf es einwirkt. Wenn man beispielweise etwas auf den Boden wirft, zieht die Schwerkraft es nach unten, und der Luftwiderstand bremst es ab.

Etwas später bot man Newton die Stelle als Leiter der Königlichen Münzanstalt in London an. Dort war er für die Geldversorgung des Landes verantwortlich. Als er die Position antrat, waren einige Münzen im Umlauf schon über 150 Jahre alt und sehr leicht zu kopieren. Newton ließ alle Münzen zurück in die Münzanstalt bringen und einschmelzen und ließ neue Münzen prägen, die schwerer zu kopieren waren.

Danach wurde Newton Präsident der Royal Society und machte sich an ihre Reformierung. Außerdem begann er mit der Arbeit an seinem nächsten großen Buch *Opticks,* das auf seiner Arbeit über das Licht basierte, die er als Student geschrieben hatte. Er veröffentlichte es 1704.

1727 wurde er sehr krank und starb am 20. März in seinem Haus. Er war der erste Wissenschaftler, der in der Westminster Abtei beerdigt wurde.

Louis Pasteur (1822–1895)

Louis Pasteur war ein französischer Chemiker und Mikrobiologe, der berühmt wurde für seine Entdeckung der Keime und seine Arbeiten über die Ursache und die Vorbeugung von Krankheiten.

Louis Pasteurs Vater war Gerber (er verwendete Chemikalien, um Tierhäute haltbar und daraus Leder zu machen), und seine Familie lebte im Süden Frankreichs. Pasteur studierte in Paris Chemie, wurde dann Chemieprofessor an der Universität Lille. Eine seiner Aufgaben war es, herauszufinden, was mit Wein (und auch Bier) passierte, wenn er sauer wurde und gärte. Pasteur konnte nachweisen, dass Bakterien in den Wein und das Bier gelangten (später bewies er dasselbe für Milch) und Milchsäure produzierten, die das Produkt sauer machte. Er fand heraus, dass die Bakterien abstarben, wenn man die Flüssigkeit erhitzte, kochte und wieder abkühlen ließ. Später nannte man den Vorgang nach ihm »pasteurisieren«, und das machen wir heute noch mit unserer Milch.

Pasteur erkannte, dass die Keime Tiere und auch Menschen infizieren konnten. Bald darauf konnte er der französischen Seidenindustrie helfen. Die Seidenwürmer starben und es drohte der Niedergang der ganzen Branche. Pasteur erkannte, dass die Seidenraupeneier von Parasiten angegriffen wurden und dass das die Infektionen verursachte. Er empfahl, alle infizierten Seidenraupen zu vernichten und nur gesunde, nicht infizierte Eier zu behalten, damit die gesunden nicht von den kranken infiziert werden können. Er behielt recht, die Infektion breitete sich nicht weiter aus, und die Seidenproduktion war gerettet.

Keiner glaubte Pasteur, als er sagte, dass Bakterien in der Luft um uns herum lebten und dass Keime den Körper von außen angriffen. Er musste beweisen, dass er recht hatte. Nach seinem Erfolg mit den Seidenraupen experimentierte er mit anderen Tieren und fand heraus, dass er sie vor Krankheiten schützen konnte, wenn er ihnen abgeschwächte Keime gab – das nennt man Impfung. Weil die Keime abgeschwächt waren, konnte der Körper die Infektion abwehren, bildete aber gleichzeitig Antikörper, um denselben Keim zu bekämpfen, wenn der Körper wieder infiziert werden sollte.

Er fragte sich, ob das gleiche Prinzip auch beim Menschen funktionierte, doch mit ihnen konnte er keine Experimente machen. Das änderte sich, als er eines Tages zu einem Jungen namens Joseph Meister gerufen wurde, der vierzehn Mal von einem tollwütigen Hund gebissen worden war. Seine Mutter bat Pasteur um Hilfe. Er wusste, dass Tollwut erst nach Wochen ausbrach, deshalb vermutete er, dass eine Impfung auch nach dem Biss einen Ausbruch der Krankheit verhindern könnte. Pasteur impfte den Jungen einige Male mit abgeschwächten Tollwuterregern, die nur an Hunden erprobt worden waren. Glücklicherweise erkrankte der Junge nie an Tollwut. Pasteur bewies, dass Menschen durch Impfung vor vielen schrecklichen Krankheiten wie Tuberkulose (TBC), Milzbrand, Tollwut und Cholera geschützt werden konnten.

1888 wurde in Paris das Institut Pasteur zur Vorbeugung von Krankheiten gegründet. Louis Pasteur war Direktor bis zu seinem Tod 1895. Noch heute arbeiten Wissenschaftler dort an der Erforschung von Infektionskrankheiten auf der ganzen Welt.

Marie Curie (1867–1934)

Marie Curie war eine der berühmtesten Wissenschaftlerinnen ihrer Zeit. Sie wurde unter dem Namen Maria Skłodowska in Polen geboren und lebte in Warschau, wo ihr Vater als Physiklehrer arbeitete. Von Kindheit an hatte sie ein hervorragendes Gedächtnis und lernte viel. Später verließ sie Warschau und ging nach Paris, um Physik zu studieren. Dort lernte sie den Leiter eines Physiklaboratoriums, Pierre Curie, kennen und heiratete ihn.

Marie und Pierre waren arm und mussten neben ihrer wissenschaftlichen Arbeit immer wieder unterrichten. Sie untersuchten gemeinsam radioaktives Material. 1898 gaben sie die Entdeckung eines Elements bekannt, das sie aus Pechblende, einer natürlich vorkommenden Substanz, isoliert hatten.

Sie nannten es Polonium, nach Maries Heimatland Polen. Später entdeckten sie ein zweites radioaktives Element in der Pechblende, das Radium (vom lateinischen Wort für Strahlen abgeleitet). Die Curies prägten den Begriff »radioaktiv«. Den Großteil dieser Arbeiten erledigte Marie in einem alten Glasverschlag in Pierres Schule. Dort kochte sie die Pechblende auf und rührte sie mit einem Metallstab um.

1903 erhielten die Curies für ihre Arbeiten auf dem Gebiet der Strahlung gemeinsam den Nobelpreis in Physik. Leider wurde Pierre 1906 von einer Pferdedroschke überfahren und starb. Marie übernahm seine Lehrtätigkeit und wurde die erste Professorin an der Sorbonne. Sie widmete sich der Arbeit, die sie gemeinsam begonnen hatten, und erhielt 1911 einen zweiten Nobelpreis, diesmal in Chemie. Sie war die erste Person und die einzige Frau, die zwei Nobelpreise in verschiedenen Gebieten erhalten hatte.

Die Entdeckung von Radium durch die Curies spielte eine wichtige Rolle für die Verwendung von Röntgenstrahlen in der Medizin. Als der Erste

Pierre und Marie Curie in ihrem Labor

Weltkrieg ausbrach, dachte Marie, mithilfe der Röntgenstrahlen könne man Kugeln besser im Körper der Verletzten finden und so besser operieren. Es war auch wichtig, dass die Verwundeten nicht transportiert werden mussten, deshalb entwickelte sie mobile Röntgengeräte, die man in Wagen benutzen konnte, und bildete 150 Assistentinnen dafür aus. Die Wagen nannte man »Petites Curies« (Kleine Curies), und sie retteten Tausende Leben. Sie fuhr mit ihrem Wagen, in dem die Geräte mit der Batterie des Fahrzeugs betrieben wurden, von einem Krankenhaus zum nächsten. Das Internationale Rote Kreuz ernannte sie zur Leiterin seines Röntgendienstes und sie schulte Ärzte und Krankenschwestern.

Trotz ihres Erfolges wurde sie von den männlichen Wissenschaftlern in Frankreich nicht anerkannt und profitierte finanziell kaum von ihrer Arbeit. Später wurde sie Leiterin des Institut Pasteur. Sie starb 1934 an Leukämie, was mit ziemlicher Sicherheit eine Folge ihres häufigen Kontakts mit der Strahlung war. Die schädlichen Auswirkungen der Strahlung waren damals noch nicht bekannt und die meisten Arbeiten hatte sie ohne Schutzmaßnahmen durchgeführt. Sie hatte sogar Reagenzgläser mit radioaktivem Material in ihrem Schreibtisch und trug sie in der Tasche mit sich herum. Angeblich gefiel ihr das schöne blaugrüne Licht, das sie abstrahlten und das im Dunklen sichtbar war. Heutzutage weiß man, wie gefährlich die Strahlung für den Menschen ist.

Die älteste Tochter der Curies, Irène, war ebenfalls eine hervorragende Wissenschaftlerin und bekam den Nobelpreis für Chemie.

KATASTROPHEN AUF SEE

Mary Rose

Die *Mary Rose* war ein Kriegsschiff der Tudors (ein britisches Adelsgeschlecht), das zwischen 1509 und 1511 gebaut worden war. Es war das Flaggschiff von Heinrich VIII. und war nach seiner jüngeren Schwester benannt. 1538 wurde es überholt, und an den Seiten wurden Geschützpforten angebracht, sodass es mit 15 Bronzekanonen und 76 Eisenkanonen ausgerüstet werden konnte. Es gab auch Kanonen am Bug (vorn) und auf dem Achterschiff (hinten). Die *Mary Rose* fasste über 400 Menschen einschließlich Besatzung, Soldaten und Kanonieren. Sie hatte vier Masten und auf jedem war eine Plattform. Dort kletterten Soldaten hinauf und hatten so eine bessere Sicht, wenn auf feindliche Schiffe geschossen werden sollte. An Bord kämpften Soldaten und Bogenschützen mit Schwertern, Dolchen, Langbogen und Pfeilen.

Im Juli 1545 drangen die Franzosen in die Meerenge Solent ein, mit dem Ziel, die Isle of Wight zu besetzen und die englische Flotte zu zerstören. Am 19. Juli war Heinrich der VIII. in Portsmouth und konnte beobachten, wie seine Schiffe aus dem Hafen ausliefen, um gegen die Franzosen zu kämpfen, als die *Mary Rose* plötzlich ohne Vorwarnung vor seinen Augen Schlagseite bekam. Wasser drang durch die Geschützpforten ein, und das Schiff sank. Niemand weiß genau, was geschehen ist. Setzte die Mannschaft die Segel falsch und schwankte das Schiff sehr, als es sank? Über die Decks waren Netze gespannt, damit Feinde das Schiff nicht entern konnten, doch am Tag der Tragödie hinderte genau das viele Menschen an der Flucht. Fast 450 Seeleute und Soldaten ertranken.

Die *Mary Rose* lag 437 Jahre auf dem Meeresgrund bei Portsmouth und wurde schließlich im Jahr 1982 geborgen. Sie wird restauriert und befindet sich in einer geschützten Umgebung, damit das Holz nicht austrocknet. Sie ist das einzige Kriegsschiff aus dem 16. Jahrhundert überhaupt, das besichtigt werden kann. Sie können es im Historic Dockyard in Portsmouth besichtigen, siehe auch unter *www.maryrose.org.*

Mary Celeste

Am 4. Dezember 1872 fand die Besatzung des Schiffs mit dem Namen *Dei Gratia* die *Mary Celeste* im Nordatlantik treibend. Das Schiff hatte alle Segel gesetzt, doch obwohl die Seeleute keinerlei Notsignale sahen, trieb sie führerlos dahin. Als der Erste Offizier mit anderen an Bord ging, fanden sie dort niemanden. Es war viel Wasser unter Deck und nur eine Pumpe funktionierte. Die Uhr war stehen geblieben und der Kompass war kaputt. Etwas musste geschehen sein, und es sah aus, als sei die Besatzung in großer Eile geflohen. Das Essen war stehen geblieben und das Rettungsboot fehlte. Drei Alkoholfässer an Bord waren geborsten.

Wer weiß, was geschehen war? Hatte der Kapitän allen befohlen, ins Rettungsboot zu gehen, weil er glaubte, die Schiffsladung von 1700 Fässern Alkohol würde explodieren? Hatte es eine Meuterei gegeben? Weder ein Rettungsboot noch Leichen wurden je gefunden. Was ist mit ihnen passiert? Keiner hat diese Rätsel je lösen können und man spricht von der Mary Celeste nur als Geisterschiff.

Titanic

Die *Titanic* war ein Passagierschiff der White Star Line. Als sie 1912 vom Stapel lief, galt sie als das größte und beste Passagier-Dampfschiff der Welt. Das hochmoderne Schiff war in Belfast gebaut worden und hatte eine besondere Sicherheitsausstattung, sodass man es als »unsinkbar« bezeichnete.

Auf der *Titanic* gab es ein Schwimmbad, einen Gymnastiksaal, ein türkisches Bad, eine Squashhalle, elektrische Aufzüge und sehr elegante Kabinen – zumindest für die Passagiere der ersten Klasse. Die *Titanic* hatte auch vier Schornsteine und 29 Dampfkessel.

Auf ihrer ersten Reise, der sogenannten Jungfernfahrt, sollte die *Titanic* von Southhampton nach New York fahren. An Bord reisten 2240 Menschen in drei Klassen: Die erste Klasse oben im Schiff hatte elegante Aufenthaltsräume, Promenadendecks und Restaurants. In der zweiten Klasse gab es ebenfalls tadellose Unterkünfte. In der dritten Klasse, die im unteren Teil des Schiffes untergebracht war, befanden sich viele Menschen, die nach Amerika auswandern wollten. Sie hatten lange gespart, um nach Amerika reisen zu können, weil sie sich dort ein besseres Leben erhofften.

Am vierten Tag der Reise, am 14. April 1912, kam das Schiff in Gewässer mit Eisfel-

dern. Man schickte Warnungen an Kapitän Edward J. Smith, dass Eis gesichtet worden sei, doch die Warnungen kamen nicht an. Mitten in der Nacht tauchte plötzlich ein gewaltiger Eisberg auf und das Schiff kippte sofort zur Seite. Es lief nicht direkt auf den Eisberg auf – doch der Eisberg streifte das Boot an der Seite, sodass es unter der Wasseroberfläche aufgerissen wurde und Wasser eindringen konnte.

Kapitän Smith erkannte schließlich, dass es keine Hoffnung mehr gab und dass die *Titanic* innerhalb weniger Stunden sinken würde. Er ordnete die Evakuierung an, aber es gab nicht genügend Rettungsboote. Frauen und Kinder sollten zuerst gehen, aber sie mussten die Männer zurücklassen. Manche Menschen ließen auch ganz eigennützig die Rettungsboote zu Wasser, ehe sie voll waren, um ihr eigenes Leben zu retten. Nur zwei Rettungsboote kehrten zurück, nachdem das Schiff gesunken war, um nach Überlebenden zu suchen.

Nur 705 Menschen überlebten – vor allem Frauen und Kinder und Passagiere der ersten Klasse, weil sie im Schiff oben gewesen waren und den Vortritt bei den Rettungsbooten gehabt hatten. Auf dem Schiff gab es eine Tanzkapelle, die spielte, um die Menschen zu beruhigen, während das Schiff sank. Alle acht Mitglieder der Kapelle starben, zusammen mit Kapitän Smith.

Zwei kleine Jungen, Edmond und Michel Navratil, waren von ihrem Vater in ein Rettungsboot gesetzt worden, doch er selbst ertrank. Man nannte die Jungs die »Titanic-Waisen«, und niemand wusste, wer sie waren, bis ihre Mutter in Frankreich ihr Bild in der Zeitung sah und sie abholte.

73 Jahre lang lag die *Titanic* in einem sehr tiefen Teil des Atlantiks auf dem Meeresgrund. 1985 fand ein amerikanisch-französisches Team das Wrack und barg eine unglaubliche Menge von Gegenständen.

ANGELN

Rebecca und ihr Fang

Für mich fing alles bei einem Angelwettbewerb der Wölflinge Anfang der 70er-Jahre an. Ich war noch nie zuvor beim Angeln gewesen, hatte aber immer das eigenartige Leuchten in den Augen meiner Freunde wahrgenommen, wenn sie über etwas sprachen, was mit der Angelausrüstung, Fischen oder dem Fluss zu tun hatte. Bald kauften mir meine Eltern eine Fiberglas-Rute mit einer Rolle, Modell »Garcia Mitchell Black Prince«. Mein erster Fang war ein silbrig glitzernder Ukelei (eine Elritzenart), und ich sah in diesem Augenblick ein Zeichen, dass ich angeln gehen sollte.

Meine Eltern sind jetzt Großeltern und zeigen immer noch reges Interesse an den Angelabenteuern unserer Kinder. Ben, 13, und Rebecca, 9, können schon viel Anglerlatein von den Seen und Flüssen in der Nähe erzählen. Unsere Jüngste, Rachel, 3, hält die Fische einfach gern in der Hand und lässt sie dann langsam wieder in ihre eigenartige Wasserwelt zurückgleiten. Letztes Jahr im Sommerurlaub in Pembrokeshire schimpfte sie, mit einem Gesichtsausdruck, den sie höchstwahrscheinlich von ihrer Vorschullehrerin »Mrs Bumblebee« abgeschaut hat, weil ich es gewagt hatte, eine Makrele zu essen, die wir gefangen hatten.

Meine Frau Clare geht nicht regelmäßig angeln. Aber ich erinnere mich immer noch an die Schlappe, die sie uns an einem See in der Nähe von Woodbridge in Suffolk bei einem familieninternen Freundschaftsangelwettbewerb beibrachte: Kurz vor dem Abpfiff fing sie einen höchst lebendigen Aal. Hätte ich nur früher abgepfiffen!

Tim, der Großvater mütterlicherseits unserer Enkel, ist fast ein Experte im Brandungsangeln. Er hat gerade einen alten Campingbus gekauft, und will mehrere Nächte herumreisen und auf große Kabeljaue und Barsche warten. Ihr Fische, es gibt kein Entkommen mehr!

Im modernen Leben ist man oft so beschäftigt, dass die verschiedenen Ruten und Rollen in unserer Garage Staub ansetzen. Alte Maden haben sich schon lange in Schmeißfliegen verwandelt und sind davongeflogen. Wenn wir aber nur ein paar Stunden Zeit haben und nur halbwegs eine Entschuldigung finden, sind wir schon weg an unserem See und hoffen auf einen großen gestreiften Flussbarsch oder einen schönen Schwarm Brassen.

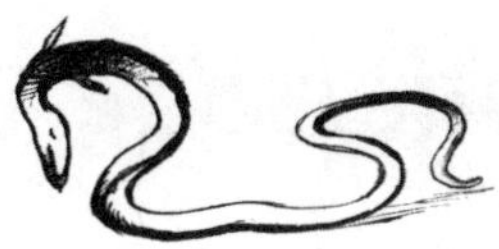

Der Angelschein

Damit Sie mit Ihrem Enkelkind Angeln gehen können, brauchen Sie immer einen Angelschein. Wenn Sie sowieso schon angeln gehen, wissen Sie Bescheid und können Ihr Enkelkind motivieren und dabei unterstützen, selbst aktiv zu werden. Falls Sie selbst noch nie angeln waren, aber Interesse daran haben, werden Sie nicht drum herum kommen, einen zu machen. Angeln ohne Schein ist verboten. Der Angelschein heißt offiziell Fischereischein und man erhält ihn nach der bestandenen Sportfischerprüfung. Sie lernen etwas über das Fischen, über Gewässer, erhalten eine Einführung in Gerätekunde und die Gesetzeslage in Deutschland. Dass Sie einen Angelschein haben, heißt aber noch lange nicht, dass Sie einfach wild drauflosfischen können. Dafür braucht man einen Gewässerschein, der einem erlaubt, in einem bestimmten Gewässer zu fischen. Viele Fische darf man auch zu bestimmten Zeiten nicht fangen, da sie Schonzeit haben. Ausführliche Informationen finden Sie auf *www.angelschein.net*. Vielleicht ist es am einfachsten, einem Verein in ihrer Nähe beizutreten, wo Sie und Ihre Enkelkinder Menschen mit den gleichen Interessen treffen. Außerdem darf man dann in allen Gewässern angeln, die dem Verein gehören. Es gibt viele Kinder, die sich sehr vom Angeln begeistern lassen – sogar mit eigenen Internetforen, siehe *www.kinder-angelforum.de*.

Angeln gehen

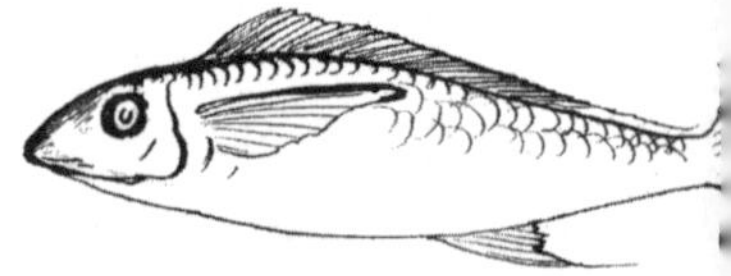

Ich (Neil Green) finde, die erste Angelerfahrung eines Kindes sollte vor Ort im Geschäft für Anglerbedarf beginnen. Zwar kann man eine Ausrüstung auch im Internet günstig erwerben, aber das ersetzt nicht die in vielen Jahren gesammelte Erfahrung, die ein guter Besitzer eines Geschäfts für Anglerbedarf bietet. Dort wird man beraten über Ausrüstung, Köder und Angelplätze. Doch am wichtigsten ist vielleicht das prickelnde Gefühl, wenn man die vielen Angelruten, Spulen, Schwimmer, Haken und Fliegen sieht, das Anglerlatein hört und die generelle Begeisterung einatmet, was einem online nicht geboten wird.

Fluss, Meer oder See

Jonathan mit seinem Fang

See: Wahrscheinlich ist es am einfachsten, ein Kind an einem See mit dem Angeln vertraut zu machen. Dort gibt es keine starken Strömungen und es ist weniger anstrengend, die Schnur und den Schwimmer zu beherrschen.

Fluss: Für mich ist der Fluss das eigentliche Angelrevier. Angeln mit einem Schwimmer auf Rotaugen (Plötze), Flussbarsche oder Döbel ist nicht zu übertreffen. Es ist wegen der Strömung etwas schwieriger, einen Schwimmer richtig zu beherrschen, aber dafür umso befriedigender, wenn es gelungen ist. Langsamer fließende Flüsse eignen sich auch gut für den Anfang. Manchmal verlieren Flüsse im Sommer ihre Strömung völlig.

Meer: Die meisten Kinder machen ihre ersten Angelerfahrungen am Meer bei einem Strandurlaub. Aus der Begeisterung beim Stöbern in Felsenbecken und beim Krebsesammeln kann eine lebenslange Passion erwachsen. Ich suche immer noch gerne unter dem Seetang nach Krabben, Garnelen und kleinen Fischen – wie auch meine Kinder. Ein weiterer Höhepunkt beim Urlaub an der See ist eine Fahrt auf einem Makrelenboot. Die Stunden vergehen wie im Flug, während man wartet, bis der flüchtige Schwarm vorbeischwimmt und man mit farbigen oder silbernen Federn an einer in der Hand gehaltenen Schnur seinen Fang machen kann.

Es ist wirklich wichtig, dass Sie sich beraten lassen, wenn Sie Brandungsangeln versuchen wollen, denn es gibt viele verschiede Methoden und Angelplätze. Am Pier und auf dem Hafenwall kann man es gut lernen.

Ein Wort zum Schluss

Jeder Angler erinnert sich an sein erstes Angelerlebnis. Die schönsten Erinnerungen sind die an lange heiße Sommer in der Kindheit, als man mit Freunden beim Angeln war. In einer Zeit, wo man so viel Zeit vor dem Fernseher, mit Computerspielen oder dem Vergleichen von technischen Spielereien am Handy verbringt, ist Angeln eine willkommene Abwechslung für Kinder aller Altersgruppen.

Charlie inspiziert seinen Kescher.

HANDWERKERARBEITEN

Unter Aufsicht kann ein Kind mit etwas Fantasie wunderbare Dinge mit Holz, Nägeln, einem Hammer und etwas Schnur basteln. Natürlich muss man bei scharfen Werkzeugen mit einem wachen Auge dabei sein. Sägen und Bohren zum Beispiel sollten nur im Beisein eines Erwachsenen versucht werden. Hier sind ein paar sehr einfache Ideen.

Wenn Sie nicht die entsprechenden Werkzeuge besitzen oder sich die Arbeit nicht zutrauen, können Sie bei den meisten Baumärkten gegen einen geringen Aufpreis das Holz entsprechend zuschneiden lassen. Die Anweisungen im Folgenden sind für Sie und Ihr Enkelkind.

Ich (Eleo) erhielt große Unterstützung vom Tischlereiexperten PC (Tony Plowman), der 21 Jahre lang an der Cothill School mit Kindern arbeitete. Von ihm stammen die Zeichnungen für den Panzer, das Vogelhäuschen, den Stiefelknecht und das Schuhregal.

Für das Kind

Du darfst Tischlerarbeiten nur machen, wenn ein Erwachsener in der Nähe ist, besonders wenn du mit der Säge und mit dem Bohrer arbeitest. Dieses Zeichen ▶ bedeutet: Sei sehr vorsichtig und mache diese Arbeit nur im Beisein von Erwachsenen. Lies alle Anweisungen gut durch, ehe du anfängst.

Notiznagel/Zettelspieß

Das ist ein nettes Geschenk für Freunde oder Verwandte mit unaufgeräumtem Schreibtisch. Vielleicht hilft es ja.

WIR BRAUCHEN: *Fichten- oder ähnliches Holz (etwa 100 x 100 mm oder größer, etwa 15 mm dick), Bügelsäge, Bohrer und 2–3-mm-Bohreinsatz, Drahtkleiderbügel, Drahtzange, Klebstoffe, Schleifpapier.*

▶ Wir sägen das Holz zu einem sauberen Quadrat von etwa 100 x 100 mm. Es muss nicht ganz exakt sein. Wir schmirgeln die Kanten rund.

▶ Mit einem 2- oder 3-mm-Einsatz bohren wir ein etwa 10 mm tiefes Loch in die Mitte des Holzstücks, dann knipsen wir ein 100 mm langes, gerades Stück von dem Kleiderbügel ab und stecken es fest in das Loch im Holz. Wenn es wackelt, kleben wir es fest.

Fertig.

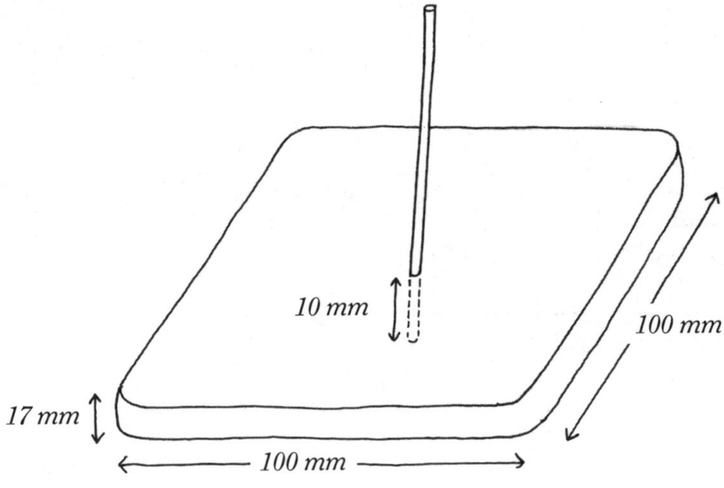

Stiefelknecht

WIR BRAUCHEN: *Fuchsschwanzsäge oder Plattensäge, zwei Stücke Kiefernholz: (400 x 180 x 20 mm für das Brett und 108 x 35 x 35 mm für die Fußstütze), Holzleim, zwei Schrauben Größe 4 und ca. 35 mm lang.*

Brett: ▶ Wir messen von oben 120 mm nach unten und 50 mm von jeder Seite nach innen und bohren dort jeweils ein Loch (*siehe Abb.*).

Nun müssen wir eine V-Form aussägen (damit die Ferse des Stiefels eingelegt werden kann), also müssen wir ein großes V einzeichnen wie in der Zeichnung, 100 mm tief und 100 mm breit. ▶ Wir sägen das V-Stück aus und nehmen es heraus.

Fußstütze: ▶ Wir nehmen das kleinere Holzstück und schrägen es an allen vier Seiten an der Kante ab (*siehe Abb.*). Wir bestreichen die obere Fläche mit Holzleim. Dann legen wir das Holzstück unter das Brett unter die Bohrlöcher. Wenn der Leim klebt, drehen wir die Schrauben fest in die Löcher.

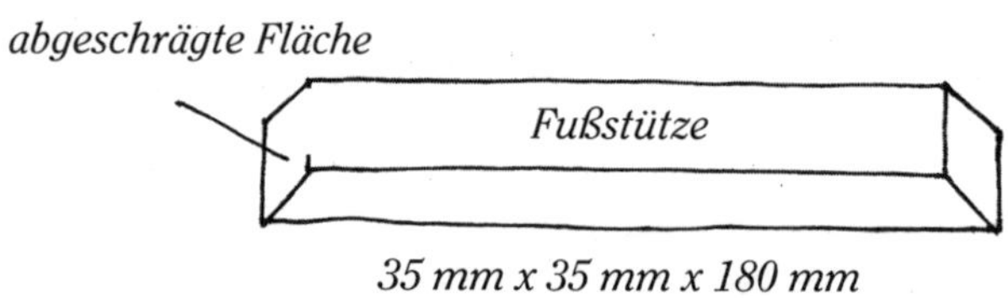

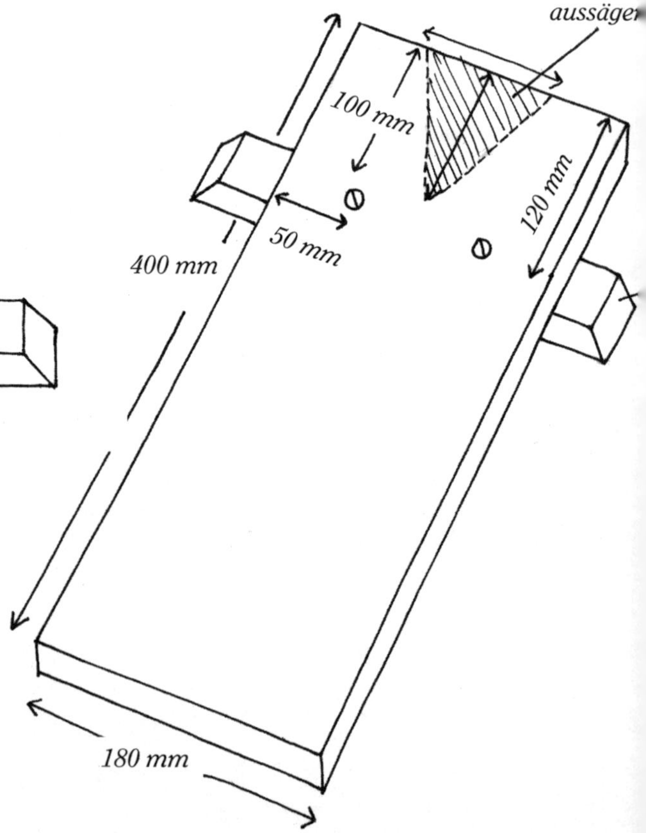

Vogelfutterplatz zum Aufhängen

Diesen Vogelfutterplatz kann man ganz leicht selbst machen.

* WIR BRAUCHEN: *ein Holzbrett (etwa 300 x 300 mm, 25 mm dick), Säge, Bohrer und 12-mm-Bohreinsatz, Holzleim, 2 m starke Schnur, 150 mm verzinkter Draht, 150 mm Gartendraht, vogelfreundliches Holzschutzmittel.*

Unterteil: ▶ Wir sägen 20 mm an jedem Rand unseres Holzquadrats ab. Wir bewahren die vier abgesägten Stücke auf, denn sie werden der Rand des Vogelfutterplatzes.

Mit dem 12-mm-Einsatz ▶ bohren wir vier Löcher in den Boden des Futterplatzes – diese Löcher sollten so groß sein, dass die Schnur durchgeführt werden kann, an der der Futterplatz aufgehängt werden soll (*siehe Abb.*).

Ränder: Die vier abgesägten Stücke werden als niedriger Rand um das Unterteil gelegt, damit das Futter nicht herunterfallen kann. Wir sägen die Stücke zurecht und lassen an den Ecken Lücken, damit Wasser abfließen kann. Wir kleben die Teile oben auf den Futterplatz auf (*siehe Abb.*).

Wir schneiden die Schnur in vier Teile und fädeln sie durch die vier gebohrten Löcher im Boden. Wir machen an jedes Ende unten einen Knoten. Wir nehmen die vier Schnüre am Ende zusammen und binden sie mit dem Gartendraht zusammen.

Wir führen das Stück verzinkten Draht durch das Schnurbündel und formen den Draht zu einer 8.

Wir streichen den Futterplatz mit dem für Vögel unschädlichen Holzschutzmittel an. Wenn er trocken ist, hängen wir ihn auf, legen Vogelfutter hinein und beobachten, wie die Vögel den neuen Futterplatz besuchen.

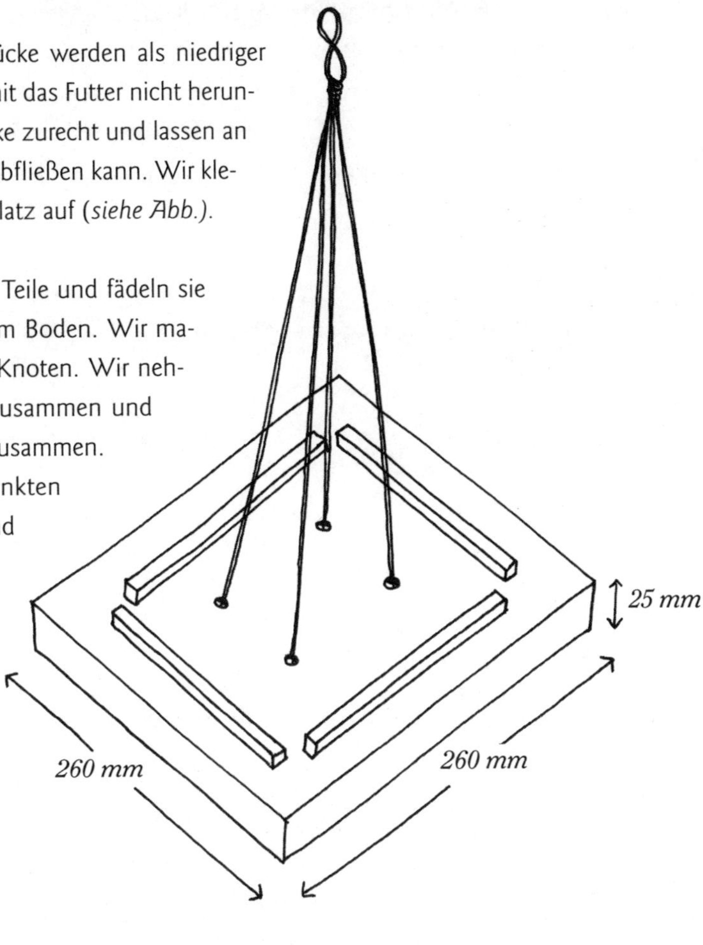

Panzer

WIR BRAUCHEN: *ein Stück Kiefernholz (360 mm lang, 100 mm breit, 20 mm dick), Dübel (ca. 125 mm lang und 5 mm Durchmesser), Schleifpapier, Laubsäge oder Bogensäge, 5 mm-Bohreinsatz, sechs Drahtstifte (30 mm), zwei 30-mm-Nägel, Schraubzwinge (optional), normale Dispersionsfarbe oder Modellbaufarbe, in der Farbe, die der Panzer haben soll.*

▶ Wir sägen ein 50 mm langes Stück von dem Holz ab. Das wird der Geschützturm.

Wir messen am übrigen Stück 150 mm vom Ende her ab und ziehen eine Linie quer darüber. ▶ Wir sägen entlang dieser Linie – sodass wir am Ende zwei Teile haben – ein 160 mm langes für den Panzer und ein 150 mm langes für die Ketten (*siehe Abb.*).

Wir sägen von dem 150 mm Holzstück zwei Ketten ab, 150 mm lang und 20 mm breit. Wir sägen die Ecken ab und runden sie dann mit Schleifpapier ab *(siehe Abb.)*.

▶ Wir schrägen die Vorderseite des Geschützturms etwa im Winkel von 45 ° ab. Wir schmirgeln den Panzer, den Geschützturm und die Kettenteile glatt.

▶ Wir bohren ein 10 mm tiefes Loch in die Mitte der Unterseite des Geschützturms.

▶ Wir bohren oben in die Mitte des eigentlichen Panzerteils ein 15 mm tiefes Loch.

Wir kleben in das Loch, das wir gerade in den Panzer gebohrt haben, ein 25 mm langes Rundholzstück.

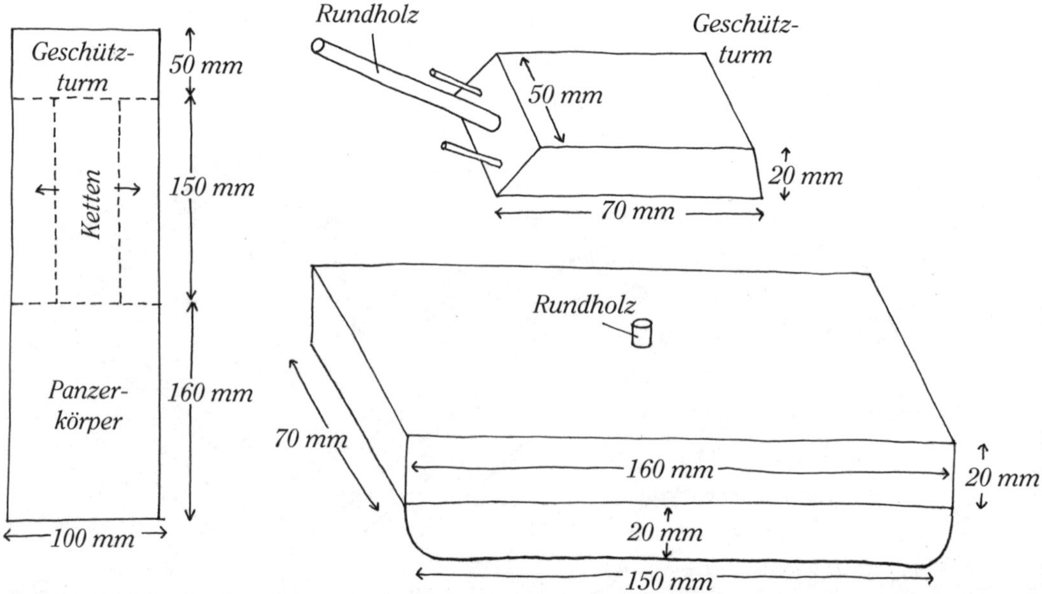

Wenn eine Schraubzwinge zur Hand ist, machen wir den Geschützturm mit der Vorderseite nach oben fest und ▶ bohren ein 15 mm tiefes Loch leicht schräg in Richtung Unterseite des Geschützturms hinein, sodass die Öffnung später nach oben zeigt. Wir nehmen ein 100 mm langes Dübelstück für das Geschützrohr und kleben es hinein. Wir hämmern dann noch zwei Nägel rechts und links vom Rohr hinein, das sind dann Maschinengewehre.

Wir kleben die Ketten seitlich unten an den Panzer und nageln sie zur Sicherheit mit je zwei Drahtstiften fest.

Wir malen den Panzer und den Geschützturm an. Dazu nehmen wir graue oder Tarnfarben: Grün und Braun oder vielleicht Gelb und Braun.

Nach dem Trocknen stecken wir den Geschützturm auf den Dübel am Panzer. Nicht festkleben, er sollte sich jetzt gut drehen lassen.

Stiefelablage

Auf diesem Gestell kann man sechs Paar Gummistiefel aufbewahren. Wenn Sie wollen, können Sie es auch länger machen. Tony sagt, das sei das Lieblingsprojekt bei den Jungen.

* WIR BRAUCHEN: *drei mal zwei Meter Rundstäbe (Ø 19 mm), ein Stück Kiefernholz (1,7 m x 40 mm x 40 mm), Bohrer mit 19-mm-Einsatz, vier Schrauben Größe 4 (ca. 60 mm lang), Schleifpapier, Holzleim.*

Seitenteile: ▶ Wir sägen zwei 600 mm lange Stücke von dem Kiefernholz ab und ziehen in der Mitte einen Bleistiftstrich. Wir messen am ersten Seitenteil von einem Ende her 50 mm ab und bohren dort das erste Loch. Wir bohren fünf weitere Löcher jeweils im Abstand von 100 mm. Dann sind am anderen Ende 50 mm übrig. Wir machen dasselbe auf dem anderen Seitenteil.

▶ Wir bohren in jedes Seitenteil 20 mm von jedem Ende je seitlich ein Loch *(siehe A auf der Abb.)* und machen dasselbe auf dem anderen Seitenteil.

Zwischenteile: Wir sägen von dem übrigen Kiefernholz zwei Zwischenteile von 250 mm Länge ab. Wir kleben beide Enden mit Holzleim zwischen die Seitenteile. Durch die gebohrten Löcher schrauben wir die Seitenteile fest an.

Rundstäbe: ▶ Wir sägen zwölf Stücke von etwa 500 mm ab und schleifen jeweils ein Ende mit Sandpapier ab. Das andere bestreichen wir bei jedem mit Holzleim. Wir stecken die geleimten Enden in die Bohrlöcher auf den Seitenteilen. Wir rücken die Stäbe gleich nach dem Einsetzen zurecht, damit sie alle gut sitzen. Das Ganze muss 24 Stunden trocknen, ehe es benutzt werden kann.

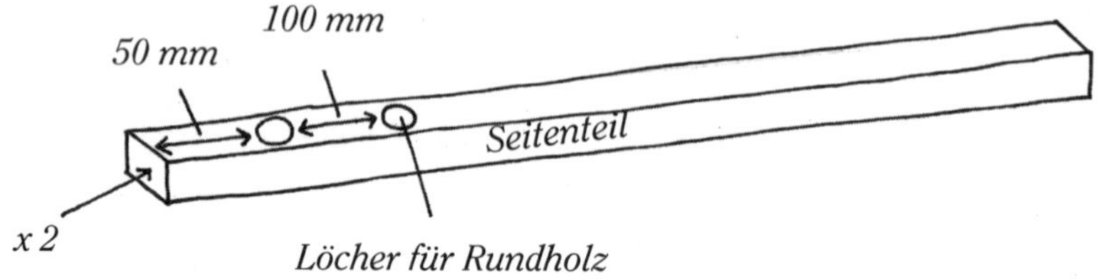

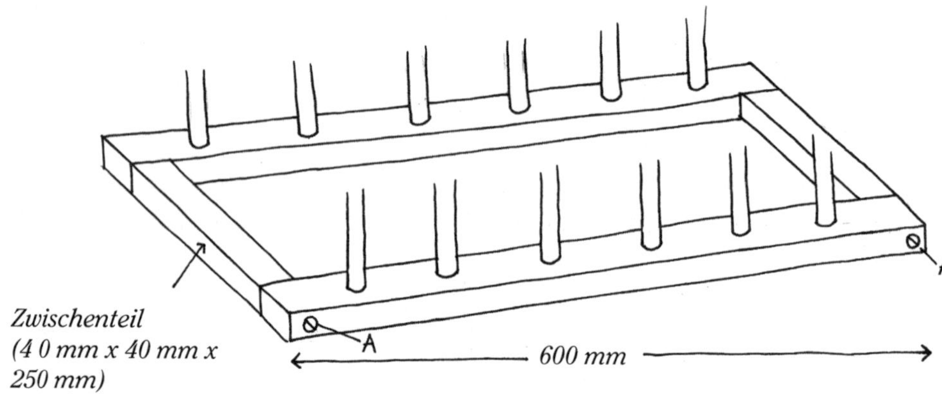

NISTKASTEN

WIR BRAUCHEN: *Kiefernholz (1,22 m lang, 200 mm breit, 20 mm dick), Fuchsschwanzsäge, Bohrer mit 6-mm- und 32-mm-Einsatz, Holzleim, Schraubzwinge (optional); 50-mm-Scharnier, 11 Schrauben Größe 4, ca. 30 mm lang, 4 Schrauben Größe 4, ca. 15 mm lang, 4 Schrauben Größe 4, ca. 50 mm lang, Schleifpapier.*

Rückwand: ▶ Wir sägen ein Holzstück in der Größe 350 mm x 200 mm zurecht. Wir bohren mit einem 6-mm-Bohrer acht Löcher – zwei auf jeder Seite etwa 100 mm und 200 mm von oben und 10 mm vom Rand entfernt, dann zwei am oberen und zwei am unteren

Rand (zur Befestigung an einem Baum oder Pfosten). Wir messen schließlich 50 mm von oben ab und ziehen eine Bleistiftlinie (*siehe Abb. nächste Seite).*

Seiten: ▶ Wir sägen zwei Rechtecke aus, 250 mm hoch x 150 mm breit. Vorn sollte 200 mm nach oben hin eine Schräge beginnen. Wir bohren mit dem 6-mm-Bohrer 10 mm vom Rand jeweils zwei Löcher in jedes Seitenteil *(siehe Abb. B nächste Seite).*

Dach: ▶ Wir sägen ein Rechteck mit den Maßen 220 mm x 200 mm zurecht.

Vorderseite: ▶ Wir sägen ein Rechteck mit 160 mm Breite und 200 mm Höhe zurecht. Wir bohren in der Mitte ein Loch mit dem 32-mm-Einsatz (*siehe Abb. C*). Wir glätten den Rand mit Schleifpapier

Unterseite: ▶ Wir sägen ein Rechteck mit 150 mm Breite und 200 mm Höhe zurecht. Wir bohren mit dem 6-mm-Einsatz drei Löcher 10 mm vom Rand entfernt *(siehe Abb. D).* Wir bohren zusätzlich Löcher an beliebiger Stelle in die Unterseite, damit Wasser abfließen kann.

Jetzt müssen die Seitenteile an der Rückwand befestigt werden. Wir bestreichen die längere Seite jedes Seitenteils mit Holzleim. Wenn eine Schraubzwinge vorhanden ist, befestigen wir die Hinterwand darin und legen das erste Seitenteil an die Rückwand, sodass der obere Rand A der abgeschrägten Seite an der Bleistiftlinie an der Rückwand an »A« anliegt. Wenn keine Schraubzwinge vorhanden ist, legen wir das Seitenteil hin und stellen die Rückwand dagegen. Wenn wir die zwei Löcher an jeder Seite der Rückwand gebohrt haben, drehen wir jetzt mit einem Schraubendreher die 30 mm langen Schrauben ein, zwei auf jeder Seite. Wir machen natürlich dasselbe mit dem anderen Seitenteil.

Vorderseite: Wir streichen beide Seiten des Vorderteils mit Leim ein und legen es zwischen die beiden Seitenteile. Da wir schon Löcher in die Seitenteile gebohrt haben, können wir die 30-mm-Schrauben fest in das Vorderteil drehen.

Unterseite: Wir streichen die Unterseiten des Vorderteils, der Seiten und der Rückwand mit Leim ein. Wir legen den Nistkasten auf die Arbeitsfläche und kleben den Boden ein. Wir befestigen den Boden mit 30-mm-Schrauben in den drei Löchern.

Dach: Das Dach kleben wir nicht fest. Wir sägen an einer der 200-mm-Kanten eine leichte Schräge ab (*siehe Abb.C*). Wir setzen die abgeschrägte Seite gegen die Rückwand und über die Seitenteile (*sieh Abb. F*). Wir prüfen, ob sie gut passt. Wenn nicht, arbeiten wir etwas nach.

Wir legen die Rückwand wieder ab und legen das Scharnier in die Mitte zwischen der Rückwand und dem Dach. Wir befestigen das Scharnier mit den vier 15-mm-Schrauben an der Stelle (*siehe Abb. F*).

Zum Schluss schrauben wir mit den 50-mm-Schrauben den Kasten an einen Pfosten oder Baum.

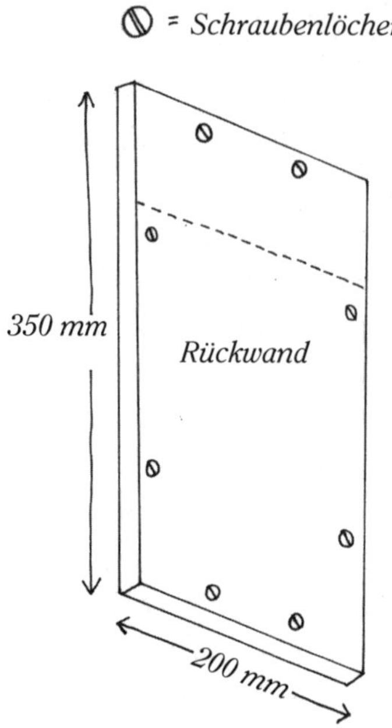
= Schraubenlöcher
350 mm
Rückwand
200 mm

A

B

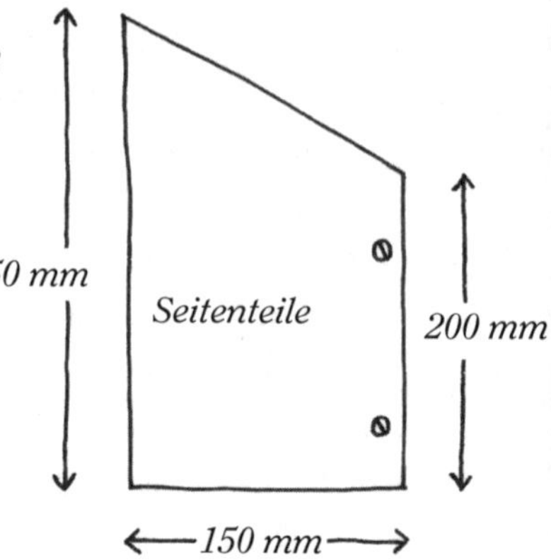
250 mm
Seitenteile
200 mm
150 mm

C

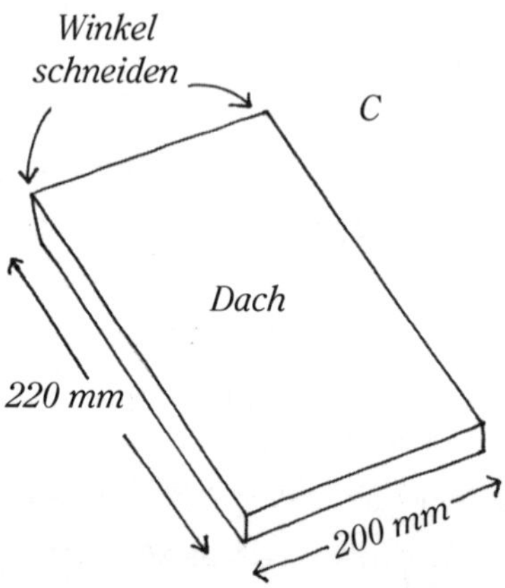
Winkel schneiden
Dach
220 mm
200 mm

D

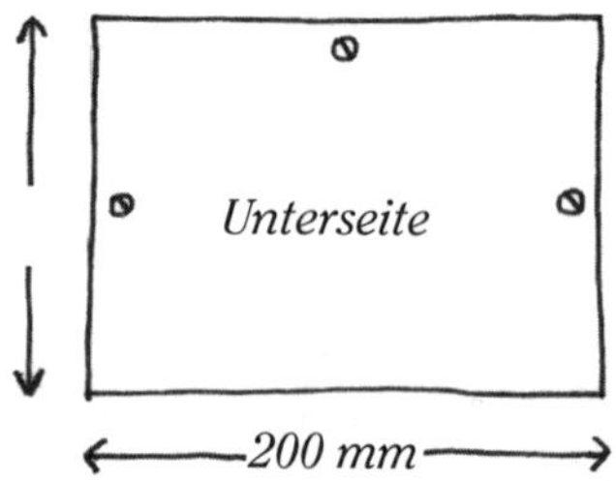
Unterseite
200 mm

E

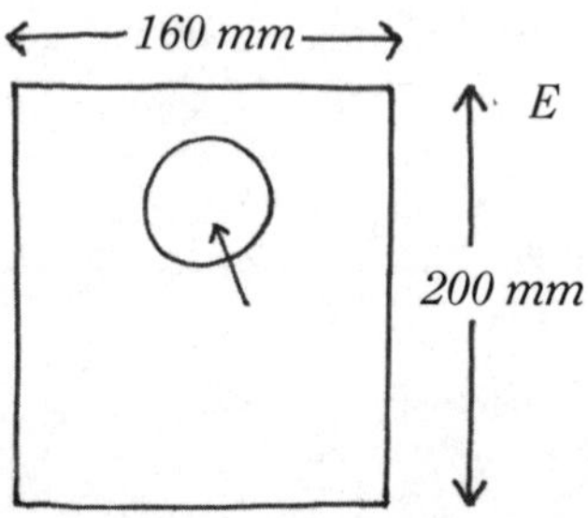
160 mm
200 mm

F

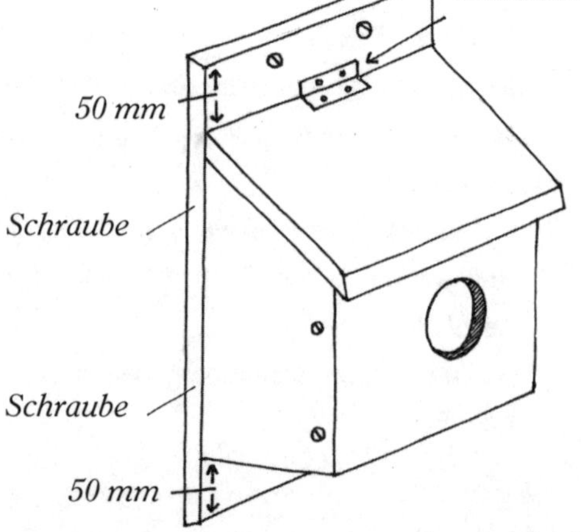
Scharnier
50 mm
Schraube
Schraube
50 mm

RUSSLAND

Vor tausend Jahren gab es auf dem Gebiet des heutigen Russland eine Reihe kleinerer Staaten. Sie waren entlang der großen Flüsse entstanden, die sich durch die Wälder und Ebenen des Landes schlängeln. Die Menschen waren Slawen, und sie wurden von Fürsten regiert, die von den Wikingern abstammten. Der führende unter diesen Staaten war Kiew (das heute in der Ukraine liegt). Doch nach heftigen Kämpfen ging schließlich Moskau als mächtigster Staat hervor. Moskau ist benannt nach dem Fluss Moskwa und entstand um den Kreml, eine Festung, die heute noch Sitz der russischen Regierung ist.

Im 13. Jahrhundert drangen Tartarenarmeen in Moskau und die anderen russischen Länder ein – das war die sogenannte »Goldene Horde« von Mongolen aus Zentralasien, die hervorragende Reiter waren. Die einzelnen russischen Staaten mussten den Tartaren Tribut zahlen, doch sie verbündeten sich unter der Führung Moskaus und vertrieben schließlich die Tartaren.

Die Zaren

Die Großfürsten von Moskau (die sich Zaren nannten, vom lateinischen Wort *Caesar*) besiegten jetzt ihre Rivalen und schlossen die Länder zu einem einzigen Staat unter der Herrschaft Moskaus zusammen. 1552 wurde die Tartarenstadt Kasan erobert, und dann überquerten Soldaten, die von wohlhabenden Kaufleuten bezahlt wurden, den Ural und erkundeten Sibirien. Riesige Gebiete, die sich bis zum Pazifik erstreckten, wurden für Russland erobert. Die Einwohner waren meistens Nomaden und leisteten kaum Widerstand.

Zar Iwan IV., »der Schreckliche« (1530–1584), der Eroberer von Kasan, hatte sieben Frauen und hat insofern etwas Ähnlichkeit mit Heinrich VIII. von England. Iwan war zwar in vielerlei Hinsicht ein fähiger Führer, doch er verbreitete Angst und Schrecken und regierte mit einer Art Geheimpolizei. Gegen Ende seines Lebens tötete er in geistiger Umnachtung seinen ältesten Sohn durch einen Stockschlag auf den Kopf.

Zar Peter I., »der Große« (1672–1725), ist der berühmteste der russischen Zaren.

Als Kind hatte er eine eigene Armee mit richtigen Soldaten, mit denen er Schlachten nachstellte (die Regimentsnamen seiner Armee haben bis zum heutigen Tag überlebt). Er hatte auch ein Schiff auf der Moskwa, das das erste Schiff der russischen Marine wurde. Als Erwachsener vergrößerte er Russland durch Eroberungen und trug viel zur Modernisierung des Landes bei. Er ging so weit, die Männer ihre traditionellen Bärte stutzen und Trinkgesellschaften im westlichen Stil abhalten zu lassen. Sein Ziel war es, Russland so modern zu machen wie Westeuropa. Deshalb zog er aus dem altmodischen Moskau in seine nagelneue Stadt Sankt Petersburg, die er am Ufer der Ostsee erbaut hatte, sein »Fenster zum Westen«. Doch er war auch ein grausamer und unbeständiger Mensch, fast zwei Meter groß, und er hatte einen nervösen Tick. Sein eigener rebellischer Sohn starb im Gefängnis durch Schläge, die vielleicht Peter selbst ihm beigebracht hatte.

Der andere russische Herrscher, der »groß« genannt wird, war eine Frau. Katharina II. (1729–1796) war eine deutsche Prinzessin, die den Zaren Peter III. heiratete. (Er war ein schwacher Mann und ein schlechter Führer. Er starb bei einem Staatsstreich »aus Versehen«.) Katharina war außerordentlich intelligent und arbeitete viel. Unter ihrer Herrschaft wurde das Regierungssystem modernisiert und Universitäten gegründet. Das Staatsgebiet Russlands wurde auf Kosten Polens und des anderen Tartarenreichs auf der Krim erweitert.

Katharina sammelte Gemälde und liebte Pflanzen. Sie schrieb für eine Wochenzeitschrift, die sie selbst herausgab. Sie hatte auch viele Liebhaber.

1812 marschierte der französische Kaiser Napoleon mit einer riesigen Armee in Russland ein. Doch eine geschickte Verzögerungstaktik der Russen und ein schrecklicher Winter, der Tausende französische Soldaten und ihre Pferde das Leben kostete, brachten Napoleons Feldzug zum Stillstand, und seine Truppen zogen sich zurück. Das russische Reich wuchs immer weiter und schluckte große Teile Zentralasiens und des Kaukasus.

Das Ende der Zaren

Doch es war bei Weitem nicht alles gut. Die meisten Bauern und Arbeiter waren Leibeigene, also eigentlich Sklaven. Sie gehörten dem oftmals untätigen Adel, durften nicht wegziehen und konnten von ihren Herren gekauft und verkauft werden. Zar Alexander II. befreite die Leibeigenen 1861, aber es gab nicht genug Land für sie alle, deshalb besserte sich die Lage für viele danach nicht. Nichts konnte die Macht des Zaren ein-

Der Zar und seine Familie im Jahr 1912

schränken und so kam es zum Terrorismus – Alexander kam durch eine Bombenexplosion ums Leben. Die Terroristen wurden hingerichtet und viele politische Gegner wurden als Gefangene nach Sibirien geschickt.

Vor hundert Jahren herrschte Zar Nikolaus II. (1868–1918), ein Vetter des englischen Königs Georg V. Sie sahen sich so ähnlich, sie hätten Zwillinge sein können. Nikolaus' Frau Alexandra war auch zur Hälfte Engländerin und eine Enkelin von Königin Viktoria. Sie hatten fünf Kinder, vier Töchter und einen Sohn, Alexej.

Doch Nikolaus kam mit der Last der Herrschaft nicht zurecht. Er stand unter dem Einfluss der neurotischen und sehr fordernden Alexandra. Ihr Sohn Alexej litt an der Bluterkrankheit (Hämophilie) und nur der seltsame Mönch Rasputin, dem Alexandra vertraute, konnte ihm mit seinen hypnotischen Kräften helfen.

Wirtschaftlich wuchs das Land schneller als jedes andere Land in Europa. Doch sonst gibt es nicht viel Gutes zu berichten. Ein schrecklicher Krieg gegen Japan war verloren worden, es herrschten laufend politische Unruhen und Streiks.

Revolution

Dann kam der Erste Weltkrieg. Es hätte sicher eines Tages einmal größere Reformen gegeben, doch durch die schrecklichen Belastungen des Landes im Krieg kam es unausweichlich zu einer Revolution. Zuerst dankte im Februar 1917 der Zar nach Streiks

Bauern beim Tee um 1900

und Aufständen ab. Es folgten Monate des Chaos unter einer schwachen Regierung. Im Oktober organisierten die Bolschewiki, eine gut geführte, kleine, links gerichtete Partei, eine zweite Revolution, die zum Sturz der Regierung führte. Der Zar Nikolaus II. und seine Familie wurden ins Gefängnis gesteckt. (Ihre Vettern in England hatten selbst Angst vor der Revolution und hatten sich geweigert, ihnen zu helfen.) Im Juli 1918 wurde die ganze Familie – Eltern, Kinder und die verbliebenen Bediensteten – in ihrem Gefängnis in den Keller gerufen und von den Bolschewiki erschossen. Andere Mitglieder der Zarenfamilie wurden in einen Bergwerkschacht gestürzt und man warf Granaten hinterher. Die neue bolschewistische Regierung wollte nicht, dass irgendjemand aus der königlichen Familie überlebte und Anspruch auf den Thron erheben könnte. Nikolaus II. und seine Familie gelten als Heilige für die russische Kirche, und an der Stelle, wo ihr Gefängnis stand, wurde eine Kirche zum Gedenken an sie errichtet.

Die Sowjetunion

Das Land hieß jetzt »Union der Sozialistischen Sowjetrepubliken«. Sie war begründet auf der Theorie des Kommunismus (siehe Kasten auf Seite 339), und es gab nur eine politische Partei, die Kommunistische Partei. Hauptstadt wurde wieder Moskau. Es gab drei herausragende Führer: Lenin, ein brillanter Politiker, der die Revolution angeführt hatte, Trotzki, ein erstklassiger militärischer Stratege und Stalin, ein revolutionärer Terrorist aus Georgien, der nach Lenins Tod 1923 an die Macht kam. Er war genauso gerissen wie Lenin und duldete keinerlei Widerstand. Die Kommunistische Partei blieb an der Macht und hielt das Land zusammen, aber der Preis war hoch. Einige Millionen der alten Ober-, Mittel- und Bildungsschicht verließen das Land oder wurden gezwungen, es zu verlassen. Einige Jahre lang tobte ein äußerst grausamer

Bürgerkrieg zwischen der Roten (Bolschewiki), unter der Führung des Machthabers Trotzki, und der Weißen Armee (Befürworter des alten Regimes). Es gab eine fürchterliche Hungersnot, bei der Millionen Menschen starben. Gruppen verwaister Kinder zogen durch das Land. Alles Eigentum war beschlagnahmt worden, bis auf das Land der Bauern, und jetzt wurde auch das noch weggenommen. Wer sich widersetzte, wurde in ein Arbeitslager nördlich vom Polarkreis geschickt und musste unter schrecklichen Bedingungen leben.

Die Säuberungen

In den 30er-Jahren wurde alles noch schlimmer. Der »Terror« hatte Ähnlichkeit mit dem während der Französischen Revolution. Stalin beseitigte alle seine Rivalen, und bei diesen sogenannten »großen Säuberungen« wurde jeder, der im Verdacht stand (oft unbegründet), Gegner der Sowjetmacht zu sein, erschossen oder in ein Lager geschickt. Ein Junge namens Pavlec, der, wie man berichtet, seinen eigenen Vater an die Polizei verraten hatte, wurde zum Nationalhelden. Auch die Kinder der »Verräter« litten. Jugendliche wurden oft in Arbeitslager geschickt, kleinere Kinder kamen in Heime und verloren oft jeglichen Kontakt zu ihrer Familie. Das ganze System von Lagern nannte man Gulag (siehe Kasten Seite 339). Rund 18 Millionen Menschen sind durch die Lager des Gulag gegangen, solange es sie gab.

Der Zweite Weltkrieg

Im Juni 1941 marschierte Hitler in Russland ein, so wie es Napoleon 1812 getan hatte. Das brachte Russland im Krieg auf die Seite der Alliierten. Stalin war überhaupt nicht darauf vorbereitet: Die Obersten der Armee waren durch die Säuberungen größtenteils ausgelöscht worden, und die deutschen Truppen waren den sowjetischen weit überlegen. Doch nach drei Jahren wurden die Deutschen zurückgedrängt und dann drangen fremde Truppen in Deutschland ein. Im April 1945 wurde Berlin und damit der Staat der Nationalsozialisten besetzt. Es gab einige Gründe für den russischen Sieg:

* Stalins wilde Entschlossenheit
* einige brillante Befehlshaber der Armee

* die harten russischen Winter
* die Tatsache, dass Russland keine Rücksicht auf Verluste in den Gefechten nahm
* die Tatsache, dass die Deutschen die von ihnen besetzten Gebiete so schlecht behandelten.

Stalin, Roosevelt und Churchill in Teheran 1943

Ohne den russischen Sieg wäre der Krieg im Westen vielleicht nicht gewonnen worden, zumindest nicht so bald.

In den folgenden Jahren erreichte die Macht der Sowjets ihren Höhepunkt. Das sowjetische Volk war stolz auf seinen Sieg. Stalin blieb bis zu seinem Tod im Jahr 1953 an der Macht, und seine ersten Nachfolger brachten dem Land bescheidenen Wohlstand, obwohl es immer noch schwierig war, dort zu leben, wenn man nicht mit dem System übereinstimmte. Ein »Eiserner Vorhang« (siehe Kasten rechts), so hatte Churchill gesagt, war vor den Ländern Osteuropas niedergegangen, die unter sowjetischem Druck zum Kommunismus gezwungen worden waren. Die Schwerindustrie Russlands erholte sich. Die Sowjets entwickelten ihre erste Atombombe. 1957 wurde Laika, ein streunender Hund von den Straßen Moskaus, als erstes Lebewesen ins All geschossen, und zwar im Sputnik – das war ein Raumfahrzeug mit Robotern. Leider starb Leika bald nach dem Start am Stress. 1961 war der sowjetische Kosmonaut Yuri Gagarin das erste menschliche Wesen, das ins All flog. Die Sowjetunion und die USA waren die beiden konkurrierenden Großmächte im »Kalten Krieg«.

Das Ende der Sowjetunion

Zum Schluss glich das ganze Land einer alten Maschine, die jahrelang nicht gut instand gehalten worden war. Das politische System war korrupt, die Wirtschaft veraltet und schlecht geführt. 1989 wurde die Grenze, die den kommunistischen Ostteil Deutschlands vom westlichen Teil trennte, niedergerissen – das war ein Symbol für den Wandel in ganz Osteuropa. Die Macht der kommunistischen Regierungen brach überall zusammen, und das mit erstaunlich wenig Blutvergießen, vor allem in der Sowjetunion selbst. Die Union zerfiel: Viele Länder erklärten ihre Unabhängigkeit.

Die russische Föderation muss sich immer noch mit dem Erbe der düsteren Sowjetvergangenheit auseinandersetzen.

Sowjet: ein traditioneller russischer Arbeiterrat
Kommunismus: Eine Weltanschauung, die besagt, dass alles Eigentum allen gehören sollte und nicht einzelnen Personen.
Gulag: Ein System von Arbeitslagern in den kältesten und abgelegensten Teilen Russlands und Sibiriens. Millionen Internierte wurden dort unter entsetzlichen Bedingungen gefangen gehalten, und viele starben.
Eiserner Vorhang: Winston Churchill hatte in einer Rede den Ausdruck »Eiserner Vorhang« gebraucht und meinte damit die Trennung der kommunistischen Welt von der des Westens.

NELSON MANDELA

Nelson Mandela ist eine der bedeutendsten Persönlichkeiten unserer Zeit. Millionen von Afrikanern verdanken ihm ein Leben in Selbstbestimmung.

Kindheit und Jugend

Mandela wurde am 18. Juli 1918 in einem Dorf in der Transkei im östlichen Südafrika geboren. Mit sieben Jahren besuchte er als Erster aus seiner Familie die Schule. Dort wurde ihm ein englischer Name verpasst – Nelson. Seinen afrikanischen Namen Rolihlahla durfte er nicht mehr benutzen.

Nelson war ein intelligentes Kind, er arbeitete viel – aber er boxte und rannte auch gern. Später besuchte er die Universität und studierte Rechtswissenschaft. Als einziger schwarzer Jurastudent hatte er es nicht leicht. Nach seinem Studium gründete er mit seinem Freund Oliver Tambo eine Anwaltskanzlei für Schwarze, von denen er kein oder nur wenig Geld nahm.

Viele Jahre zuvor war die African National Congress Party (ANC) gegründet worden, die sich dem Kampf gegen Rassismus verschrieben hatte. Mandela besuchte einige Versammlungen und gründete bald darauf mit anderen jungen Schwarzen die Jugendorganisation des ANC. Die ANC Youth League demonstrierte gegen die weiße Regierung und forderte Bürgerrechte für die afrikanische Bevölkerung. Die Schwarzen wollten endlich frei sein.

Apartheid

Im Jahr 1948 führte die südafrikanische Regierung die Apartheid ein. Dies hatte eine Verschlechterung der Lebensbedingungen für die Schwarzen zur Folge. Das Wort »Apartheid« bedeutet Trennung, und genau die wollte die Regierung erreichen. Sie wollte die weiße Bevölkerung von den schwarzen und farbigen Menschen trennen. Die weißen Kinder gingen in Schulen »nur für Weiße«, fuhren in Bussen »nur für Weiße«, gingen in Kinos »nur für Weiße« und vergnügten sich an Stränden »nur für Weiße«. Farbige Menschen hatten in jedem Fall schlechtere Bedingungen. Sie lebten in soge-

nannten Townships, gesonderten Wohngebieten, in einfachen Hütten ohne fließend Wasser und Kanalisation. Wenn sie ihre Wohngegend verlassen wollten, mussten sie jedes Mal einen Pass vorzeigen, ständig wurden sie von der Polizei angehalten und kontrolliert. Wenn ein Polizist einen Eintrag im Pass beanstandete, waren häufig Verhaftung und Gefängnis die Folge.

Der ANC organisierte den Widerstand gegen die Rassentrennung, doch die Regierung verschärfte die Gesetze noch und ließ die Demonstranten verhaften und einsperren. Nelson Mandela wurde die Teilnahme an den Demonstrationen erst untersagt, dann wurde ihm mit Gefängnis gedroht, wenn er aus dem ANC nicht austrete.

Er begriff, dass der Freiheitskampf noch verstärkt werden musste. Zusammen mit anderen Widerstandskämpfern verfasste er die Freiheitscharta, die Gleichberechtigung und Menschenrechte für alle Südafrikaner, gleich welcher Hautfarbe, forderte. Die Menschen wurden gefragt, welche Gesetze sie wollten, wie sie leben wollten, wie ihre Lebensbedingungen verbessert werden könnten und so weiter. Tausende von Afrikanern sandten ihre Wünsche ein. Die Regierung versuchte, diese Entwicklung zu stoppen, aber die Freiheitscharta führte zum Zusammenschluss der schwarzen Afrikaner und wurde zur Basis der Anti-Apartheid-Bewegung.

Im Jahr 1956 wurden alle führenden ANC-Mitglieder verhaftet und 155 von ihnen wegen Hochverrats angeklagt. Aufgrund der Freiheitscharta wurde ihnen vorgeworfen, sie wollten die Regierung stürzen. Im ganzen Land brachen Unruhen aus. In Sharpville schoss die Polizei in eine Gruppe Demonstranten und tötete 70 Männer, Frauen und Kinder. Dieses Ereignis machte auf der ganzen Welt Schlagzeilen und verdeutlichte, wie Südafrika mit der schwarzen Bevölkerung umging.

Mandela wurde verhaftet und der ANC verboten. Den Mitgliedern des ANC drohte Gefängnis. Mandela arbeitete weiter, musste aber im Untergrund leben. Mal als Chauffeur, mal als Gärtner verkleidet, entkam er immer wieder der Polizei.

Im Jahr 1962 reiste Mandela ins Ausland, wo er sich mit anderen Führern des Widerstands traf und ein militärisches Training ableistete. Er war zu der Überzeugung gekommen, dass die Verhältnisse sich ohne militärischen Widerstand nicht ändern ließen. Bei seiner Rückkehr wurden er und seine Kameraden verhaftet, wegen Planung des bewaffneten Umsturzes der Regierung angeklagt und zu lebenslanger Haft verurteilt. Während des Prozesses hielt Mandela eine Rede, die weltberühmt wurde.

Die Verurteilten wurden in eines der schlimmsten Gefängnisse Südafrikas gebracht – auf die Gefängnisinsel Robben Island. Mandela hatte keinerlei Kontakt zu seiner Familie. Die Gefangenen bekamen verdorbenes Essen und mussten unter härtesten Bedingungen in den Steinbrüchen arbeiten. Mandela hauste in einer winzigen Zelle, die einen Durchmesser von nur 1,80 Meter hatte. So unglaublich es klingen mag, Mandela saß 27 Jahre lang im Gefängnis. Viele Jahre lang durfte er nur zweimal jährlich einen Brief empfangen. Auch Besuch durfte er nur zweimal im Jahr empfangen, jeweils nur für eine halbe Stunde. Seine zweite Ehefrau Winnie saß ebenfalls im Gefängnis. Ihr wurde jegliche politische Aktivität verboten.

Schließlich wurde Mandela von der Arbeit in den Steinbrüchen abgezogen und erhielt die Erlaubnis, sich mit Rechtswissenschaft zu beschäftigen und auch andere junge Gefangene in Rechtskunde zu unterrichten.

Der Kampf gegen die Apartheid ging weiter. Vor allem junge Menschen beteiligten sich daran. Im Jahr 1976 gab es im Township Soweto eine große Demonstration, bei der die Polizei über 500 Menschen tötete. Viele Länder auf der Welt forderten bessere Lebensbedingungen für die Schwarzen und die Freilassung von Mandela. Mandela war mittlerweile in ein besseres Gefängnis überführt worden. Er lehnte das Angebot seiner Freilassung ab, das an die Bedingung geknüpft war, auf den Kampf gegen die Apartheid zu verzichten. Trotzdem erkannte er, dass Frieden für sein Land nur möglich wäre, wenn er mit der Regierung verhandelte. Er traf sich heimlich mit Regierungsvertretern und wurde im Jahr 1990 freigelassen. Im selben Jahr wurde auch das Verbot des ANC aufgehoben.

Mandela war nun ein freier Mann, von der ganzen Welt als Held gefeiert. Er wurde der erste schwarze Präsident Südafrikas. In seiner Antrittsrede als Präsident sagte er: »Gemeinsam wollen wir eine Gesellschaft errichten, in der alle Südafrikaner, schwarze wie weiße, in der Lage sind, ohne Furcht im Herzen aufrecht zu gehen … ein Regenbogenvolk, das mit sich und der Welt in Frieden lebt.«

Seit seiner Entlassung reiste Mandela in viele Länder. Er trennte sich von Winnie, heiratete Graça Machel und kehrte in seine Heimatregion, die Transkei, zurück. Im Jahr 1997 erschien seine Autobiografie *Der lange Weg zur Freiheit,* die er zum großen Teil im Gefängnis geschrieben hatte. Im Sommer 2008 fand in England ein großes Wohltätigkeitskonzert für Afrika anlässlich Mandelas 90. Geburtstag statt.

GEHEIMBOTSCHAFTEN

Gibt es einen spannenderen Beruf als Geheimagent? Du träumst davon, ein neuer James Bond zu werden? Dann solltest du dich unbedingt über Geheimcodes und Verschlüsselungsmethoden kundig machen. Wenn du ein paar der hier dargestellten Tricks beherrschst, wirst du bald ein Top-Spion sein, der echte Geheimbotschaften übermitteln kann.

Geheimschrift

Unsichtbare Tinte

Wie schreibe ich eine unsichtbare Botschaft auf Papier und wie kann der Empfänger sie wieder sichtbar machen? Das geht so:

DU BRAUCHST: *eine Zitrone, ein Schälchen, ein Wattestäbchen, einen Zahnstocher aus Holz oder einen sauberen Füller, Papier, eine Glühbirne oder ein Bügeleisen.*

Zuerst drückst du die Zitrone aus und gießt ein wenig Zitronensaft in das Schälchen. Dann wählst du ein Schreibgerät aus – Zahnstocher oder Füller funktionieren immer, aber es geht auch mit einem Wattestäbchen. Wenn du einen Zahnstocher benutzt, weiche die Spitze kurz in Zitronensaft ein. Dann schreibst du die Botschaft in deutlichen Buchstaben auf das unlinierte Papier. Die Schrift verschwindet »in dem Papier«. Wenn deine Freunde das Papier erhalten, müssen sie es nur über eine Glühbirne halten (am besten eine starke Birne, aber pass auf, halte das Blatt nicht zu nah an die Lampe, sonst fängt es womöglich Feuer) oder kurz überbügeln und schwuppdiwupp – die Buchstaben erscheinen auf dem Papier in bräunlicher Schrift.

Ein Problem gibt es allerdings, wenn man ein leeres Blatt Papier verschickt. Fällt es deinen Feinden in die Hände, werden sie mit Sicherheit misstrauisch. Deshalb schreibe vor dem Verschicken eine Scheinbotschaft mit Kugelschreiber auf das Blatt, niemand vermutet dann, dass sich darunter eine Geheimbotschaft verbirgt.

Das ist das einfachste Rezept für unsichtbare Tinte. Man muss sie aber nicht unbedingt selbst herstellen. Es gibt sie auch zu kaufen, und es gibt auch fertige Stifte, die schon mit Zaubertinte gefüllt sind.

Spiegelschrift

Eine der einfachsten Geheimschriften ist die Spiegelschrift. Es macht richtig Spaß, Spiegelschrift zu schreiben und zu lesen. Das Problem ist nur, dass sie so einfach zu entschlüsseln ist. Zuerst schreibst du deine Botschaft in Großbuchstaben auf. Dann hältst du einen Spiegel über das Blatt und schreibst ab, was du im Spiegel siehst. Hier sind vier Beispiele zum Ausprobieren. Finde heraus, was da steht.

NODNOL LANESRA NEMERB REDREW

ILLIL EXEH ELREK NEDLIW EID

Geheimcodes und Verschlüsselungen

Geheimcodes werden schon seit Tausenden von Jahren von Militärs und Spionen eingesetzt. Wir wissen von einer verschlüsselten Botschaft, die ein griechischer Feldherr vor über 2000 Jahren durch den Gürtel seines Boten transportieren ließ. Das Wort, das die Kunst des Verschlüsselns und Entschlüsselns bezeichnet – Kryptologie – ist aus zwei griechischen Wörtern zusammengesetzt, die soviel wie »verstecktes Schreiben« heißen.

Die Begriffe Code und Verschlüsselung bezeichnen unterschiedliche Dinge. Bei einem Code wird ein vollständiges Wort durch ein anderes ersetzt. Dafür ein kurzes Beispiel. Zuerst musst du dich mit dem Empfänger der Geheimbotschaft auf ein Buch einigen, dass ihr beide besitzt. Zum Beispiel einigt ihr euch auf das Buch *Harry Potter und der Stein der Weisen.* Du suchst in dem Buch die Wörter für deine Botschaft heraus und übermittelst deinem Freund, wo er sie finden kann. Mithilfe von Zahlen bezeichnest du erst die jeweilige Seite, dann den Absatz und schließlich das richtige Wort. Zuerst schreibst du die Botschaft für dich auf – Klartext, wie die Profis sagen. Dann suchst du die einzelnen Wörter im Buch heraus und schreibst unter jedes Wort die Seitenzahl, die Zahl für den Absatz und die Nummer des Worts. Rechne aber nur vollständige Absätze und Wörter und trenne die Zahlen für die Seiten und Absätze mit Punkten, für die Wörter mit Schrägstrichen.

Und jetzt versuch mal die unten stehende Geheimbotschaft mit Harry Potter, Band 1 zu entschlüsseln. Auflösung auf Seite 346.

33·5·18/56·7·27/64·2·8/76·6·5/88·2·3/53·7·3

Kompliziert wird es nur, wenn das Buch, das ihr ausgesucht habt, nicht alle benötigten Wörter enthält. Wenn du zum Beispiel den Satz schreiben willst TREFFPUNKT AM PIER IN Hamburg könntest du den Harry-Potter-Band nicht benutzen, weil er weder das Wort PIER noch das Wort HAMBURG enthält, wenigstens glaube ich das, nachgeprüft habe ich es aber nicht! Außerdem müssen beide dieselbe Ausgabe benutzen, sonst funktioniert es nicht. Zum Beispiel könnte sich die gebundene Ausgabe bei den Seitenzahlen von der Taschenbuchausgabe unterscheiden. Bei einer Verschlüsselung wird jeder einzelne Buchstabe verändert, und der Empfänger muss das System, also den Schlüssel, kennen, um den Text lesen zu können. Hier ein einfaches System für den Anfang.

Schreibe alle Buchstaben des Alphabets auf und nummeriere sie durch, beginne aber bei A mit deinem Alter. Wenn du bei 26 angekommen bist, machst du einfach mit 1 weiter. Wenn du acht Jahre alt bist, sieht das so aus:

A	B	C	D	E	F	G	H	I	J	K	L	M	N	O	P	Q	R	S	T	U	V	W	X	Y	Z
8	9	10	11	12	13	14	15	16	17	18	19	20	21	22	23	24	25	26	1	2	3	4	5	6	7

Und dann kannst du mit den Nummern eine verschlüsselte Botschaft schreiben, allerdings muss der Empfänger dein System kennen. Findest du heraus, was diese Zahlen heißen? Auflösung auf Seite 346.

20 12 16 21. 9 25 2 11 12 25. 16 26 1. 4 12 14. 18 22 20 20. 16 21. 12 16 21 12 25. 26 1 2 21 11 12.

Die Chiffrierscheibe

* Eine Chiffrierscheibe ist eine einfache Verschlüsselungsvorrichtung, die aus zwei Scheiben besteht, an deren Rändern rundum die Buchstaben des Alphabets stehen. Sie wurde im Jahr 1467 von dem italienischen Architekten Leon Battista Alberti erfunden, der sich sehr für Codierungen interessierte. Der amerikanischen Erfinder Thomas Jefferson entwickelte daraus später eine richtige Chiffriermaschine.

Es ist gar nicht schwierig, eine Chiffrierscheibe selbst zu basteln. Schneide zwei runde Papierscheiben aus, die eine ein bisschen kleiner als die andere. Um die Ränder beider Scheiben schreibst du die Buchstaben des Alphabets. Dann legst du die kleinere Scheibe auf die größere und befestigst sie in der Mitte lose mit einer Nadel oder einer Beutelklammer. Nun drehst du die innere Scheibe beliebig hin und her, sodass die beiden Alphabete nicht mehr deckungsgleich sind. Dann ersetzt du die Buchstaben der äußeren Scheibe (Klartext) mit denen der inneren (verschlüsselter Text).

Das Buchstabenquadrat

Diese Verschlüsselungsmethode ist etwas komplizierter. Man schreibt den Klartext fortlaufend in ein Quadrat mit lauter Kästchen, verschickt aber als Geheimbotschaft die Buchstabenfolge, die in der Senkrechten steht. Wenn du zum Beispiel die Nachricht Treffpunkt im Park schicken willst, füllst du das Rechteck wie unten aus. Leere Kästchen am Ende füllst du mit beliebigen Buchstaben aus.

T	R	E	F
F	P	U	N
K	T	I	M
P	A	R	K

Wenn man jetzt die Senkrechte liest, entsteht folgende Botschaft: TFKP RPTA EUIR FNMK: Der Empfänger der Nachricht muss nur ein entsprechendes Quadrat zeichnen, die Buchstaben senkrecht einfüllen und quer, von links nach rechts, lesen. Das funktioniert wirklich!

Lösungen von Seite 344 und Seite 345:
DER KUPFERKESSEL IST IN DER HÜTTE.
MEIN BRUDER IST WEG: KOMM IN EINER STUNDE.

Das Morsealphabet

A·–	G––·	M––	S···	Y–·––
B–···	H····	N–·	T–	Z––··
C–·–·	I··	O–––	U··–	
D–··	J·–––	P·––·	V···–	
E·	K–·–	Q––·–	W·––	
F··–·	L·–··	R·–·	X–··–	

Der berühmteste Geheimcode ist das Morsealphabet – obwohl überhaupt nichts Geheimes daran ist! Es ist einfach eine Möglichkeit, schnell und unkompliziert Nachrichten zu übermitteln, und besteht aus einem Alphabet aus Punkten und Strichen.

Zum Beispiel kann man mit einer Taschenlampe eine Nachricht übermitteln, indem man kurz für den Punkt und lang für den Strich blinkt. Nimmt man statt der typischen Morsezeichen andere Symbole, wird das Ganze natürlich noch rätselhafter.

Codes entschlüsseln

Das Knacken von Codes, die sogenannte Kryptoanalyse, macht beinahe genauso viel Spaß wie das Verschlüsseln von Botschaften, ist aber mindestens doppelt so schwierig. Die Kryptoanalyse war schon immer sehr wichtig, weil mit ihrer Hilfe Kriege gewonnen und Feinde besiegt wurden. Im Zweiten Weltkrieg benutzten die Deutschen einen sehr komplizierten Code, die »Enigma«. Dieser wurde jedoch ohne ihr Wissen erst von polnischen Mathematikern und dann von englischen und amerikanischen Spezialisten geknackt. Dadurch konnten viele wichtige Botschaften der deutschen Streitkräfte von den Alliierten gelesen werden. Manche behaupten sogar, dass dies einer der Hauptgründe für den Sieg über die Deutschen gewesen sei.

Wo soll man also anfangen, wenn man einen Code knacken will? Die Profis untersuchen als erstes die Häufigkeit bestimmter Buchstaben und Wörter. Diese Häufigkeitsanalyse gibt bereits wichtige Hinweise auf die richtigen Buchstaben, denn in jeder Sprache gibt es Buchstaben, die häufiger auftreten als andere. Codeknacker aufgepasst: hier ein paar nützliche Fakten über die deutsche Sprache.

E ist mit Abstand der häufigste Buchstabe im Deutschen. Bei der Geheimbotschaft mit dem durchnummerierten Alphabet fällt auf, dass die 12 sechs Mal erscheint, also viel häufiger als jede andere Zahl. Ein Codeknacker weiß sofort, dass die 12 der Buchstabe E sein muss.

Der Buchstabe, der am häufigsten am Anfang eines Wortes steht, ist D und am Ende eines Wortes N.

Die häufigsten Dreierkombinationen im Deutschen sind ICH, EIN, DER, SCH, DIE.

Die häufigsten Wörter sind der, die, und, in, den.

Der Profi-Codeknacker weiß das natürlich alles und hat deshalb gute Chancen, eine Geheimbotschaft zu entschlüsseln.

BERÜHMTE FORSCHER

Marco Polo

Eines der berühmtesten Bücher des Mittelalters ist Marco Polos Bericht über seine unglaublichen Abenteuer in China. Es wird heute noch gelesen. Doch nicht alle glaubten damals seine Geschichten. In Italien wurde das Buch scherzhaft *Il Milione* genannt, was soviel wie *Eine Million Lügen* heißen sollte.

Marco Polo wurde im Jahr 1254 geboren und wuchs in Venedig auf. Mit siebzehn Jahren brach er mit seinem Vater und seinem Onkel zu einer großen Reise nach China auf. Sie durchquerten viele unwegsame Gebiete, so auch die Wüste Gobi, die er als so groß beschrieb »dass es ein Jahr dauern würde, vom einem Ende zum andern zu gelangen.«

Nach beinahe vier Jahren und einer Reise von 9000 Kilometern erreichten sie den Hof von Kublai Khan, dem Großkhan des mongolischen Reichs und Enkel des berüchtigten Dschingis Khan. Marco war fasziniert von seinen Eindrücken in China und wurde ein Vertrauter des Khan.

So bewunderte er den Sommerpalast in Shang-tu, in dem 6000 Menschen für ein großes Festmahl Platz fanden, Papiergeld (in Europa bis dahin unbekannt) und das Postwesen, das mit dem Einsatz von Läufern und Reitern das ganze Land überzog.

Marco Polo blieb 17 Jahre lang in China und häufte große Reichtümer an. Seine Heimreise dauerte zwei Jahre. In ganz Europa bekannt wurden seine Reisen, nachdem ein gewisser Rustichello da Pisa sie in einem Buch aufzeichnete.

Aber entsprechen sie auch der Wahrheit? Polo erwähnt weder die chinesische Mauer noch typische chinesische Besonderheiten wie das Teetrinken. Manche glauben, er habe alles nur erfunden. Als er starb, soll er für seine Grabinschrift folgende Worte gewählt haben: »Ich habe nicht die Hälfte dessen erzählt, was ich gesehen habe.«

Burke und Wills

Robert Burke und William Wills, ein Ire und ein Engländer, unternahmen eine große Forschungsreise: Sie wollten Australien von Süden nach Norden durchqueren. Ihre Expedition endete jedoch tragisch mit dem Tod beider Männer.

Im Jahr 1860 verließ die gut ausgerüstete Expedition Melbourne mit Pferden, Kamelen, Wagen und Vorräten für zwei Jahre. Ihr Ziel war der Golf von Carpentaria im Norden des Landes, eine Strecke von ungefähr 2800 Kilometern, die quer durch die damals für Europäer unbekannte Landesmitte führte.

Eine Gruppe schaffte es bis Coopers Creek, das ungefähr auf halber Strecke lag. Da beschloss Burke, der auf jeden Fall als Erster den Golf erreichen wollte, mit Wills, John King und Charles Gray vorauszureisen. Sie hatten sechs Kamele und ein Pferd dabei. Es herrschte eine schreckliche Hitze, die Männer gingen zu Fuß, während die Tiere das Gepäck trugen. Schließlich erreichten Burke und Wills die Flussmündung des Flinder Rivers am Golf – sie waren die Ersten, die Australien von Süden nach Norden durchquert hatten.

Auf dem Rückweg starb Gray. Sie legten einen Tag Pause ein, um ihn zu beerdigen, und machten sich dann auf den mühsamen Weg zum Coopers Creek. Als sie völlig erschöpft dort ankamen, fanden sie das Lager verlassen vor. Eingeritzt in einen Baum stand der Hinweis Grabe 3 Fuß NW. So fanden sie einen Brief, aus dem hervorging, dass die anderen ausgerechnet am Morgen dieses Tages, nach viermonatiger Wartezeit, aufgebrochen waren. Hätten Burke und Wills nicht pausiert, um Gray zu begraben, hätten sie vielleicht überlebt. Doch sie waren zu erschöpft, um den anderen nachzureisen. Zwei Monate lang lebten sie von Samen und Fischen, die sie von den Aborigines erhielten, starben aber beide im Juni. Einzig John King überlebte.

David Livingstone

David Livingstone ist der bekannteste europäische Afrikaforscher. Er wuchs in dem schottischen Städtchen Blantyre auf. Als Kind arbeitete er in einer Spinnerei. Er bildete sich abends fort und wurde schließlich Arzt. Da er Missionar werden wollte, ging er nach Südafrika, wo er in einer Mission am Rande der Wüste Kalahari eingesetzt wurde.

Von dort aus unternahm er zahlreiche Expeditionen. Zweimal durchquerte er die Wüste Kalahari und erforschte dann den Sambesi. Dort entdeckte er als erster Weißer

Livingstone zieht durch einen Sumpf

die großen Wasserfälle, die in der Sprache der Einheimischen Mosi-oa-Tunya (donnernder Rauch) hießen und denen er den Namen Viktoriafälle gab. Er folgte dem Fluss bis zur Mündung am Indischen Ozean und war somit der erste Weiße, der Südafrika von West nach Ost durchquerte. Der Ausgangspunkt seiner Reise war Luanda am Atlantik gewesen.

Auf seinen Reisen beobachtete Livingstone mit Entsetzen die Auswüchse des Sklavenhandels. Er kehrte nach England zurück und veröffentlichte seine Eindrücke. Er wurde sehr berühmt. Aber eine zweite Afrikareise endete verheerend für ihn – er machte keine neuen Entdeckungen, und seine Frau Mary starb an Malaria.

Schließlich reiste er im Jahr 1866 ein drittes Mal nach Afrika. Diesmal wollte er die Quellflüsse des Nil erforschen. Aber er entdeckte sie nicht, sondern hielt irrtümlich einen Quellfluss des Kongoflusses für den Nil. Trotzdem hat er sich sehr verdient gemacht, weil er weite Teile Zentralafrikas kartografiert hat.

Mehrere Jahre lang wurde es still um Livingstone, und man fürchtete schon, er sei gestorben. Schließlich schickte die Zeitung *New York Herald* den Journalisten Henry Stanley auf die Suche nach ihm. Stanley hatte den Auftrag, Livingstone zu finden, koste es, was es wolle. Er fand den kranken Afrikaforscher schließlich am Ufer des Tanganjikasees, wo er ihn angeblich mit den berühmten Worten: »Dr. Livingstone, I presume?« (»Dr. Livingstone, nehme ich an?«)begrüßte.

Livingstone starb 1873 in dem Dorf Ilala im heutigen Sambia. Dort begruben seine afrikanischen Freunde sein Herz unter einem Baum. Sein Leichnam wurde nach England in die Westminster Abtei überführt. In Blantyre gibt es ein David Livingstone Zentrum, ein ihm gewidmetes Museum, in dem auch eine lebensgroße Skulptur steht. Sie stellt dar, wie Livingstone auf einer seiner Expeditionen von einem Löwen angegriffen wird.

VON DER KUTSCHE ZUM AUTO

Viele Tausend Jahre lang waren Pferd und Wagen das Haupttransportmittel. Erst mit der Erfindung des Autos wurden Pferde seltener benötigt, Ställe wurden in Garagen umgebaut und aus Kutschern wurden Chauffeure.

Das erste Auto

Die Geschichte des ersten Autos beginnt mit Carl Benz, einem deutschen Maschinenbaustudenten, der es leid war, mit dem Fahrrad immer über matschige Wege zu radeln. Er überlegte, ob es ein Fahrzeug geben könnte, das höher über der Straße lag – eine Art Kutsche ohne Pferd. Er machte sich an die Entwicklung von Motoren und meldete im Jahr 1879 das erste Patent an. In der Folge entstand das erste richtige Fahrzeug, »ein Wagen ohne Pferde«, der Benz Patent Motorwagen. Dieses erste Auto der Welt konnte bis zu 12 km/h fahren und besaß bereits Gaspedal, Zündkerzen, Kupplung, Gangschaltung, Kühler und Vergaser – also alles, was es in weiterentwickelter Form auch in heutigen Autos gibt. Das Gefährt hatte drei Räder, zwei hinten und ein kleineres Rad vorne, welches mithilfe eines Griffs neben dem Fahrersitz bewegt werden konnte – sozusagen das erste Steuerrad. Im Gegensatz zu Kutschenrädern, die ganz aus Holz waren, ließ Benz seine Autoräder mit Drahtspeichen versehen, die leichter und gleichzeitig stabiler waren. In dem Gefährt, das eher wie ein großes Dreirad aussah, war nur Platz für den Fahrer.

Das erste Auto

Benz war zweifellos ein Genie, was die Erfindung und Entwicklung des Autos betraf. Trotzdem lief nicht alles nach Plan. Die Leute lachten, als sein merkwürdiger Wagen ohne Pferd außer Kontrolle geriet und gegen eine Wand krachte. Und der erste Käufer des Autos endete in der Irrenanstalt – war etwa das Auto Schuld daran?

In den frühen Tagen des Automobils hatten die Fahrer mit vielen Widrigkeiten zu kämpfen. Zum Beispiel gab es keine Tankstellen und Benzin war nur in kleinsten Mengen in Apotheken erhältlich. Die ersten Autos waren zudem so schwach, dass sie berauf geschoben werden mussten. Doch Verbesserungen ließen nicht lange auf sich warten. Die Ehefrau von Carl Benz wollte der Erfindung ihres Mannes größere Bekanntheit verschaffen und startete eines Morgens mit ihren zwei Söhnen auf eine Fahrt zu ihrer 100 Kilometer entfernt lebenden Mutter. Ständig musste sie an Apotheken anhalten oder musste aussteigen, um das Gefährt den Berg hinaufzuschieben. Abends, nach ihrer Ankunft, schickte sie ihrem Mann ein Telegramm und teilte ihm mit, dass sie die erste Fernfahrt mit dem Auto bewältigt hatte. Die Reise war sehr anstrengend gewesen, und als sie wieder zu Hause war, schlug sie ihrem Mann vor, einen weiteren Gang einzubauen, damit man das Auto nicht bergauf schieben musste!

Ende des 19. Jahrhunderts hatte Benz bereits Konkurrenz von anderen Erfindern, darunter Louis Renault und Gottlieb Daimler, die ebenfalls Autos entwickelten.

Der Rolls-Royce

Charles Rolls, ein reicher Londoner, und Frederick Royce, der Sohn eines Müllers aus Peterborough, waren zwei berühmte englische Auto-Pioniere. Sie lernten sich im Jahr 1904 kennen und entwickelten gemeinsam ein Auto, den späteren Rolls-Royce. Royce baute das Auto, und Rolls überzeugte seine wohlhabenden Freunde, es zu kaufen. Das erste Modell war der Silver Ghost, der ein offenes Verdeck hatte, wie alle frühen Autos, aber schon sehr glatt und leise fuhr. Diese ersten Modelle waren immer noch sehr unzuverlässig: Die Straßen waren oft in schrecklichem Zustand, der Motor versagte, Räder brachen ab, und manchmal versagten auch die Bremsen. Die Autos hatten keine Windschutzscheiben, und nachdem diese erfunden worden waren, fehlten Scheibenwischer, sodass die Fahrer oft aussteigen mussten, um Regenwasser und Schmutz selbst abzuwischen. Es gibt heute noch funktionierende Silver-Ghost-Modelle, die zu den wertvollsten Oldtimern der Welt gehören.

Das Modell T von Ford

Im Jahr 1908 baute der Amerikaner Henry Ford ein preiswertes Auto, das Modell T, auch Tin Lizzie (Blechliesel) genannt. Er produzierte so viele Autos auf einmal, dass der Marktpreis für Autos stark fiel. Ford erkannte, dass sich dieses Auto weltweit verkaufen ließ, und gründete 1911 eine Fabrik in Manchester in England.

Geliebter VW Käfer

Der kleine VW Käfer ist wohl eines der markantesten Autos, das je gebaut wurde. Seine runde, knubbelige Form ist auffällig und gibt ihm etwas äußerst Charmantes – er wurde deswegen auch schon Buckel-Porsche genannt. Der erste VW wurde 1939 in den Werken in Wolfsburg produziert. Bis zum Jahr 2002 hatte er den Titel des meistverkauften Autos der Welt inne – 21,5 Millionen Autos gingen bis zu diesem Zeitpunkt vom Band.

Die Geschichte fing damit an, dass in den 30er-Jahren die damalige NS-Regierung in Deutschland ein für alle Bevölkerungsschichten erschwingliches Automobil schaffen wollte – die Idee gab es allerdings schon viel früher. Als Erfinder des Käfers gilt Ferdinand Porsche. Der Käfer wurde erst ab Kriegsende 1945 in Serie produziert und beispielsweise an die Post geliefert. Der Käfer erhielt seinen Namen wohl nach einem Artikel in der *New York Times,* als ein Journalist schrieb, dass diese glänzenden kleinen Käfer bald die deutschen Autobahnen bevölkern würden. Als das kleine, runde Auto in den 60er-Jahren auch noch zum Filmstar wurde in *Herbie, ein toller Käfer*, wurde der Name offiziell von VW übernommen (davor hieß er ganz langweilig KdF-Wagen). Der Käfer war ein Erfolgsprodukt und galt lange Zeit als Symbol des Wirtschaftswunders, wurde aber nach und nach von seinem Nachfolger, dem sportlicheren VW Golf, verdrängt. Danach wurde er nur noch in Brasilien und Mexiko hergestellt. Leider wird der Käfer heutzutage gar nicht mehr produziert, der letzte im Juli 2003 – er ist im Erlebnispark Autostadt Wolfsburg ausgestellt.

DIE OLYMPISCHEN SPIELE

Nicht jeder ist von den Olympischen Spielen begeistert. Manchen sind sie zu groß, anderen zu sehr politisiert, und die Wettkämpfe sind von Dopingverdächtigungen belastet. Dennoch … trotz dieser Probleme bieten sie alle vier Jahre für Sportfans auf der ganzen Welt atemberaubende Wettkämpfe. Außerdem ist es nicht schlecht, wenn Kinder in einem Alter, in dem sich alles nur um Fußball dreht, daran erinnert werden, dass es andere spannende Sportarten gibt, die auch ihre Helden hervorbringen.

Die Spiele der Antike

Die Olympischen Spiele, wie wir sie kennen, sind relativ jung. Sie haben erst 26-mal stattgefunden. Sie gehen aber auf ein viel älteres Ereignis zurück, das über einen Zeitraum von 1000 Jahren im alten Griechenland stattfand. Dort gab es eine Reihe großer Sportfeste, deren wichtigstes alle vier Jahre in Olympia stattfand und dem Göttervater Zeus gewidmet war. Das älteste überlieferte Spiel in Olympia fand im Jahr 776 vor Christus statt.

Schließlich wurden die verschiedenen Spiele in Olympia zusammengelegt. Sportler aus ganz Griechenland nahmen daran teil. Griechenland war damals kein einheitlicher Staat, deshalb mussten sich die verschiedenen Stadtstaaten vor den Spielen auf eine Friedensperiode einigen, damit Sportler und Zuschauer ungehindert anreisen konnten. Man schätzt, dass ungefähr 400 000 Zuschauer zu den Spielen kamen.

Teilnehmen durften nur freie männliche Griechen. Frauen, Ausländer und Sklaven waren ausgeschlossen. Die Sportler waren nackt, um ihre prächtigen Körper zur Geltung zu bringen. Zum Schutz vor der Hitze rieben sie sich jedoch mit Öl ein und bedeckten sich mit Sand.

Insgesamt gab es neun Wettkampfdisziplinen, die alle nur für Einzelkämpfer und nicht für Mannschaften galten: Wettlauf, Hochsprung, Diskuswerfen, Speerwurf, Weitsprung, Ringen, Boxen und zwei verschiedene Reitdisziplinen. Der Sieger des Pentathlon, des Fünfkampfes, zu dem Speer, Diskus, Sprung, Lauf und Ringen gehörten, galt als der größte Athlet von allen.

Die Olympischen Spiele der Neuzeit

Die modernen Olympischen Spiele gehen auf den französischen Adligen Baron de Coubertin zurück. Er regte die Gründung des Internationalen Olympischen Komitees an, das wiederum die ersten Wettkämpfe in Athen im Jahr 1896 organisierte.

Coubertin war von seiner Idee besessen: Er glaubte, sie könnte eine bessere, friedlichere Welt hervorbringen. Die Olympische Charta bringt diesen Gedanken zum Ausdruck: »Der Olympismus (zielt) darauf ab, eine Lebensart zu schaffen, die auf der Freude an Leistung, auf dem erzieherischen Wert des guten Beispiels sowie auf der Achtung universell gültiger fundamentaler ethischer Prinzipien aufbaut.« Die olympischen Spiele der Antike kannten neun Disziplinen. Bei der Olympiade 2008 in Peking waren es bereits 28, darunter Volleyball und BMX.

Bis zum Jahr 1970 waren alle teilnehmenden Athleten Amateursportler – zumindest theoretisch. Dies war ein wichtiger Teil der Idee Coubertins. Heutzutage lässt sich dieses Prinzip aber unmöglich durchhalten. Man überlässt den internationalen Sportverbänden die Entscheidung darüber, wer zu den Spielen zugelassen wird. Boxen ist heute die einzige olympische Disziplin, an der nach wie vor nur Amateure teilnehmen. Aber auch Fußball unterliegt strengen Regeln: In jeder Mannschaft sind nur drei Spieler erlaubt, die älter als 23 Jahre sind.

Die olympischen Ringe

Die berühmten fünf ineinander verschlungenen olympischen Ringe wurden von Baron de Coubertin entworfen, nachdem er etwas Ähnliches auf einem antiken Ausgrabungsstück gesehen hatte. Die olympische Flagge wurde erstmals bei den Spielen in Antwerpen im Jahr 1920 verwendet. Die fünf Kreise sollen die fünf Kontinente symbolisieren: Afrika, Amerika, Asien, Europa und Australien.

Die jüngste Gewinnerin einer Einzelmedaille war dreizehn Jahre alt: Majorie Gestring aus den USA gewann in Berlin 1936 eine Medaille in der Disziplin Tauchen. Eine eigenartige Geschichte rankt sich um einen jungen Franzosen auf der Olympiade in Paris 1900. Die Rudermannschaft des niederländischen Zweiers musste plötzlich ihren Steuermann auswechseln. Die Mannschaft bat einen Jungen aus der Zuschauermenge am Ufer, das Steuer zu übernehmen. Das Team gewann und bekam die Goldmedaille! Niemand weiß, wer der Junge war, nach den Fotos zu urteilen kann er jedoch kaum älter als zwölf Jahre gewesen sein.

Olympische Helden

Nadia Comaneci

Die 15-jährige rumänische Turnerin schaffte 1976 bei den Sommerspielen von Montreal sieben Mal die 10,0 (und bekam drei Goldmedaillen). Der Computer konnte die 10 nicht anzeigen, weil er für eine so gute Note nicht programmiert war!

Dick Fosbury

Bei den Olympischen Spielen in Mexico City stellte der Amerikaner Dick Fosbury eine neue Hochsprungtechnik vor, den Fosbury Flop. Anstatt im Scheren- oder Rollsprung die Latte zu überqueren, sprang er rücklings darüber – und gewann.

Emile Zatopek

Der tschechische Langstreckenläufer Zatopek hat wahrscheinlich die größten sportlichen Leistungen in der Geschichte der Olympischen Spiele erbracht. Bei der Olympiade in Helsinki im Jahr 1952 gewann er Gold im 5000-Meter-Lauf, 10 000-Meter-Lauf und beim Marathon. In London vier Jahre zuvor hatte er auch schon Gold gewonnen.

Muhammed Ali

Bei den Spielen von Rom im Jahr 1960 gewann Ali als 18-jähriger, damals noch unter dem Namen Cassius Clay, eine Goldmedaille. Später wurde er Boxprofi, änderte seinen Namen und wurde der berühmteste – und vielleicht beste – Boxer aller Zeiten.

Jesse Owen

Der schwarze Sportler aus den USA gewann bei den Olympischen Spielen 1936 in Berlin sensationelle vier Goldmedaillen: im 100-Meter- und 200-Meter-Lauf, im Weitsprung und bei der vier mal 100-Meter-Staffel. Die nationalsozialistische Führung Deutschlands hatte gehofft, die Spiele würden ihre Theorie von der Überlegenheit der weißen Rasse unter Beweis stellen – doch für die Berliner war Owen der Held dieser Spiele.

Johnny Weissmüller

Der Olympiastar Weissmüller hat eine der ungewöhnlichsten Sportlerkarrieren gemacht. Er schwamm als Erster die 100 Meter in weniger als einer Minute. Im Jahr 1924 bei den Spielen in Paris gewann er dreimal Gold und einmal Bronze und unterhielt anschließend die staunende Menge mit Kunststücken auf dem Sprungbrett. In Amsterdam 1928 gewann er noch zweimal Gold. Dann aber nahm sein Leben eine erstaunliche Wende. Ihm wurde die Hauptrolle in dem Film *Tarzan, der Affenmensch* angeboten. Der Film wurde ein sensationeller Erfolg und Weissmüller ein gefeierter Filmstar – geschwommen ist er nie wieder!

Zeittafel mit wichtigen Ereignissen

Athen	1896	Die Spiele werden von reichen Griechen finanziell unterstützt; es gibt neun Disziplinen.
Paris	1900	Erstmals dürfen Frauen mitmachen; Charlotte Church (GB) gewinnt als erste Frau eine Goldmedaille (Tennis).
St. Louis	1904	
London	1908	
Stockholm	1912	Schweden lässt Boxen als Disziplin nicht zu.
Antwerpen	1920	
Paris	1924	
Amsterdam	1928	Erstmals wird ein olympisches Feuer entzündet.
Los Angeles	1932	Einführung automatischer Zeitmessung und Zielbildfotografie.
Berlin	1936	Berüchtigte Olympiade unter der NS-Herrschaft, Star ist der schwarze Amerikaner Jesse Owens. Erste Fernsehübertragungen.
London	1948	
Helsinki	1952	Zum ersten Mal Teilnahme der Sowjetunion.
Melbourne	1956	Wegen der strengen Einreisebestimmungen für Pferde nach Australien werden die Reitdisziplinen in Stockholm durchgeführt.
Rom	1960	
Tokio	1964	Der olympische Fackelträger ist ein junger Mann, der am Tag des Atombombenabwurfs in Hiroshima geboren wurde.
Mexico City	1968	Tommie Smith und John Carlos grüßen auf der Siegertreppe mit dem Symbol der Black-Power-Bewegung. Erste Dopingtests.
München	1972	Elf israelische Sportler werden von palästinensischen Terroristen getötet.

Montreal	1976	Aus Protest gegen die Apartheid in Südafrika boykottieren viele afrikanische Länder die Spiele.
Moskau	1980	Aus Protest gegen den Einmarsch der Russen in Afghanistan boykottieren die USA und andere Länder die Spiele.
Los Angeles	1984	Boykott durch die UdSSR und ihre Verbündeten als Antwort auf den Boykott von 1980.
Seoul	1988	
Barcelona	1992	Teilnahme des wiedervereinten Deutschlands und vieler Länder aus der ehemaligen Sowjetunion.
Atlanta	1996	
Sydney	2000	Nach den Worten des olympischen Präsidenten Juan Samaranch »die besten Spiele aller Zeiten«.
Athen	2004	Der erste weltweite Fackellauf dauert 78 Tage.
Peking	2008	Wegen Protesten gegen die Tibetpolitik Chinas muss der Fackellauf mehrfach unterbrochen werden.
London	2012	

Und noch ein schwarzes Schaf …

Ben Johnson

In den 80er-Jahren des vergangenen Jahrhunderts stand der kanadische Sprinter Ben Johnson in ständigem Wettstreit mit seinem US-amerikanischen Widersacher Carl Lewis. Er schlug ihn im 100-Meter-Sprint bei den Olympischen Spielen von Seoul im Jahr 1988, gewann die Goldmedaille und brach den Weltrekord. Doch wurde ihm später die Medaille wieder aberkannt, weil ihm unerlaubter Drogenkonsum zur Leistungssteigerung nachgewiesen worden war. Es war der größte Skandal in der Geschichte der Olympischen Spiele. Manche behaupten heute, er sei zum Sündenbock gemacht worden, denn es ist sehr wahrscheinlich, dass auch seine Widersacher gedopt haben.

DIE ERFORSCHUNG DES WELTRAUMS

Ein schönes gemeinsames Erlebnis mit den Enkelkindern ist die Beobachtung des Nachthimmels. Dabei kann eine Sternkarte sinnvoll sein, und wenn das Enkelkind tieferes Interesse zeigt, empfiehlt sich auch eine Anfängerausrüstung für Astronomen, die nicht teuer sein muss. Gleichzeitig kann man sich auch über die Weltraumabenteuer der Menschheit informieren – und das ist richtig spannend!

Die Planeten

Unsere Erde ist einer von acht Planeten, die um die Sonne kreisen. Die Menschen haben schon seit vielen Hundert Jahren Kenntnisse über die Planeten, die nachts mit dem Fernrohr leicht zu entdecken sind. Unsere Vorfahren gaben ihnen Namen aus der antiken Mythologie – Mars zum Beispiel, der Planet, der der Erde am nächsten ist, heißt so nach dem Gott des Krieges.

Von der Sonne aus gesehen haben die Planeten folgende Anordnung: Merkur, Venus, Erde, Mars, Jupiter, Saturn, Uranus und Neptun. Pluto wurde erst im vergangenen Jahrhundert entdeckt und zunächst als Planet eingeordnet, ist inzwischen aber zu einem Zwergplaneten heruntergestuft worden. Hier ein Satz, mit dessen Hilfe Sie sich leicht die Reihenfolge der Planeten merken können: Mein Vater erklärt mir jeden Sonntag unseren Nachthimmel.

Erst seit ungefähr 50 Jahren können die Menschen Raumfahrzeuge zu anderen Planeten entsenden. Auf dem Merkur und der Venus sind schon Raumsonden gelandet und von anderen Planeten sind sensationelle Fotos entstanden.

Die Mondlandung

Alan B. Shepard geht auf dem Mond neben der Mondkapsel Apollo 14. Das Bild wurde von einem anderen Astronauten im Februar 1971 aufgenommen.

Der Mond ist kein Planet, sondern ein Satellit des Planeten Erde. Er umkreist die Erde im Laufe eines Monats. Da er relativ nah ist, haben die Menschen zuerst versucht, ihn zu erreichen, bevor sie sich anderen Planeten näherten.

Im Oktober 1957 sandten die Russen ein unbemanntes Raumfahrzeug in die Atmosphäre, den Sputnik 1. Bereits einen Monat später starteten sie ein weiteres Raumschiff mit der Hündin Laika an Bord. Der erste Mensch im Weltall war der Russe Juri Gagarin, der 1961 mit der Wostok 1 die Erde umrundete.

Diese abenteuerlichen Reisen wurden erst durch die Entwicklungen in der Raketentechnik ermöglicht. Ein Raumschiff zu starten, erfordert eine enorme Schubkraft. Über viele Jahre wurden für den Raketenantrieb Schießpulver und Festbrennstoffe verwendet. Diese erbrachten jedoch nicht die erforderliche Energie, um ein großes Weltraumfahrzeug in Bewegung zu setzen. Im Zweiten Weltkrieg entdeckten Raketenforscher die Nutzung der viel leistungsstärkeren Flüssigbrennstoffe.

Die Amerikaner waren von den Erfolgen der Russen erschüttert. Der amerikanische Präsident John F. Kennedy gelobte öffentlich, dass bis zum Ende der 60er-Jahre des 20. Jahrhunderts Menschen auf dem Mond landen sollten. Sein Versprechen wurde wahr, als Neil Armstrong 1969 als erster Mensch den Mond betrat. Das Raumschiff, das ihn und zwei weitere Astronauten zum Mond brachte, war die Apollo 11. Die Mondfähre Eagle, die sich von dem Raumschiff abkoppelte, landete am 20. Juli auf dem Mond. Armstrong meldete an die Erde: »Die Eagle ist gelandet«. Dann kletterte er über eine Leiter auf die Mondoberfläche hinab und sprach die berühmten Worte: »Das ist ein kleiner Schritt für einen Menschen, aber ein großer Sprung für die Menschheit!«

Asteroiden

Asteroiden sind kleine Steinbrocken, die im Weltall herumfliegen. Sie können von ein paar Metern bis zu Hunderten von Kilometern lang sein. Die meisten befinden sich in dem sogenannten Asteroidengürtel zwischen Mars und Jupiter. Es kommt vor, dass Asteroiden aus ihrer Umlaufbahn geworfen werden und in unsere Richtung fliegen. Die amerikanische Weltraumbehörde NASA verkündete vor einigen Jahren sogar, dass mit einer Wahrscheinlichkeit von 1 zu 5000 ein sehr großer Asteroid, der Apophis, im Jahr 2036 auf der Erde einschlagen wird. Im Jahr 2008 erklärte ein deutscher Schüler, dass nach seinen Berechnungen eher eine Wahrscheinlichkeit von 1 zu 450 bestünde. Die Uhr tickt!

Weiter hinaus

Die Menschen beschäftigen sich schon sehr lange mit unserem Nachbarplaneten Mars, vor allem, weil er der Erde nicht unähnlich scheint. Gibt es Lebewesen auf dem Mars? Und wenn, sind sie friedlich gesinnt? Der Schriftsteller H. G. Wells war nicht dieser Ansicht. In seinem Roman *Krieg der Welten* landen unweit von London feindlich gesinnte Marsmenschen.

Die Raumsonde Mariner 4 startete 1964 in den Weltraum, um den Mars zu erforschen. Nach einem Flug von sieben Monaten und einer Strecke von 845 Millionen Kilometern konnte die Sonde gerade einmal 21 Fotos vom Mars machen. Das Ergebnis war für all jene ein Schlag, die gehofft hatten, auf dem Mars außerirdische Lebewesen zu finden – zeigten sie doch nur eine Kraterlandschaft, jedoch keine Spur von Wasser, von Lebewesen ganz zu schweigen.

Doch nach der erfolgreichen Mondlandung beharrten die Wissenschaftler weiter auf der Erforschung des Mars. Ein später Triumph der Weltraumforschung war dann im Jahr 1976 die Landung von zwei Viking-Raumsonden auf der Marsoberfläche. Doch wieder gab es keine Anzeichen von Leben. Die Viking-Mission kostete sage und schreibe eine Milliarde Dollar. Aber die Suche wird fortgesetzt. Die Raumsonde Odyssey startete im Jahr 2001 und umkreist den Mars auf der Suche nach Wasser und vulkanischen Aktivitäten.

Die Jupitersonde Galileo, benannt nach dem berühmten Wissenschaftler, wurde 1989 ins All geschossen. Vier Jahre später, nach Eintritt in die Atmosphäre des Jupiters, verglühte sie. Wir verdanken ihr jedoch eine Reihe wichtiger Entdeckungen, unter anderem, dass auf dem Planeten Jupiter heftige Stürme toben.

Zwei schreckliche Unglücksfälle in den Jahren 1986 und 2003, die 14 Astronauten das Leben kosteten, warfen die Entwicklung der bemannten Raumfahrt zurück. Stattdessen wurde die Erforschung der weiter entfernt liegenden Planeten vorangetrieben. Die Raumsonden Voyager 1 und 2 wurden 1977 vom Weltraumbahnhof Cape Canaveral ins All geschossen und erreichten 1989 den Neptun. Sie schickten Bilder eines von staubigen Ringen umgebenen, blauen Planeten zur Erde.

Die Voyager-Sonden befinden sich immer noch auf ihrer unglaublichen Reise und sind noch weiter als Neptun geflogen. Beide haben eine kupferne Schallplatte an Bord mit Grüßen von der Erde in 60 Sprachen, Musik und Tiergeräuschen. Vielleicht gibt es dort draußen jemanden, der sie hören kann.

DAS MODERNE AMERIKA

Seit im Jahre 1912 Arizona der Union beitrat, bedecken die USA das gesamte Nordamerika südlich von Kanada, und vom Pazifischen Ozean im Westen bis zum Atlantischen Ozean im Osten.

Ein Neues Leben

Das weite Land füllte sich nach und nach mit Menschen, da Millionen aus Europa einwanderten. Als 1914 der Erste Weltkrieg in Europa ausbrach, waren schon mehr als fünf Millionen Deutsche, fast genauso viele Iren, und eine beträchtliche Anzahl von Briten, Skandinaviern, Italienern, Polen und anderen Nationalitäten nach Amerika immigriert. Alle kamen auf der Suche nach einem neuen Leben, wobei einige auch kamen, um religiöser oder politischer Verfolgung zu entgehen: Zwei Millionen Juden flüchteten vor den Ausbrüchen der Gewalt in Russland.

Das erste, was die Einwanderer in ihrer neuen Heimat erlebten, war ihre Ankunft auf Ellis Island im Hafen von New York. Sie mussten 29 Fragen zu ihrer Herkunft be-

Ellis Island Kinder

antworten und wurden einem medizinischen Test unterzogen. Wenn sie gesundheitliche Probleme hatten, wurde ihnen entweder gewährt, das Krankenhaus der Insel zu besuchen, oder sie wurden in ihr Heimatland zurückgeschickt – zwei von 100 Anwärtern wurde die Einreise verwehrt.

Der Industrielle Boom

Die Millionen von Einwanderern wurden von der Freiheit und dem Wohlstand angelockt, den Amerika ihnen zu bieten schien. Das Land befand sich inmitten eines industriellen und landwirtschaflichen Booms: Um 1900 hatten die USA Großbritannien den Rang der größten Wirtschaftsmacht abspenstig gemacht, und innerhalb eines Jahres mehr Güter produziert als Großbritannien, Frankreich und Deutschland zusammen. Das Land durchlief eine zweite industrielle Revolution, angetrieben von den enormen Ressourcen, die der amerikanische Kontinent bot, sowie einer Reihe von neuen Erfindungen wie dem Motorwagen, dem Telefon und dem Wolkenkratzer.

Die Skyline der großen amerikanischen Städte begann sich zu verändern. Neue Möglichkeiten, Gebäude mit Stahlskeletten zu stützen, hatten es ermöglicht, noch höher zu bauen. Und der Aufzug (Lift) konnte Menschen sicher und schnell nach oben befördern. Elisha Otis hatte schon 1851 auf der Weltausstellung in London eine Plattform mit einer Sperrvorrichtung vorgestellt, die verhinderte, dass diese herunterfiel, wenn das Zugseil versagte. Zu Beginn des 20. Jahrhunderts wetteiferten New York und Chicago darum, den höchsten Wolkenkratzer zu bauen – dies endete mit dem Empire State Building 1931, welches die nächsten 40 Jahre das höchste Gebäude der Welt blieb.

Die Arbeitsmethoden wurden durch Henry Ford in seinen Autowerken in Michigan revolutioniert. Als junger Mann zeigte er kein Interesse an der Familienfarm und zog stattdessen in die Stadt, wo er als Mechaniker arbeitete. Der Motorwagen war gerade erst erfunden worden, und sein Auftrag bestand darin, ein billiges Familienauto zu entwerfen. Das Model T von Ford wurde 1908 vorgestellt, und als die Produktion auslief, waren mehr als 15 Millionen Autos hergestellt worden. Fords Geniestreich bestand in der Erfindung des Fließbands – jeder Arbeiter hatte eine bestimmte Aufgabe zu erfüllen, während das Auto seinen Weg durch das Werk nahm. Das Ergebnis war eine standardisierte Produktion. Fords berühmter Spruch lautet: »Jeder Kunde kann sein Auto in jeder beliebigen Farbe, die er sich wünscht, angemalt bekommen, solange es schwarz ist.« Aber Ford bezahlte seine Arbeiter gut – fünf Dollar am Tag, das war das Doppelte des Durchschnittseinkommens – und seine Methoden änderten die Arbeitsweisen weltweit.

Musik und Film

Zur selben Zeit, zu der sich in der Industrie diese Entwicklungen vollzogen, begann die Unterhaltungsindustrie, sich auf die Bedürfnisse der amerikanischen Bevölkerung auszurichten. Das Filmgeschäft hatte zwar seinen Ursprung an der Ostküste, aber um die Jahrhundertwende begannen Filmemacher nach Kalifornien zu ziehen, auf der Suche nach besseren Örtlichkeiten und besseren Lichtverhältnissen für die noch sehr unreifen Filmmethoden.

Eines Tages entdeckte D. W. Griffith ein bezauberndes Dorf namens Hollywood nördlich von Los Angeles, wo er einen Kurzfilm drehte. Es sprach sich herum und schon bald trudelten die ersten Filmemacher dort ein. Am Anfang waren die Filme ohne Ton, sodass die Kinos Pianisten und Organisten engagieren mussten, um ein bisschen musikalische Untermalung zu bieten, doch die Tonfilme kamen schon in den 1920er-Jahren auf und mit der Zeit wurde Hollywood zum wichtigsten Zentrum der Filmproduktion weltweit.

Die andere große Vergnügungsindustrie war die Musik. Die massenhafte Produkti-

Das berühmte Zeichen (heute nur noch »Hollywood«) wurde 1923 aufgestellt, als die Filmindustrie zu wachsen begann.

on von billigen Stahlsaiten-Gitarren hatte in den 1890er-Jahren begonnen und die Gitarren waren rasend schnell beliebt geworden. Mit einem Plektrum konnte man einen sehr lauten, hellen Klang erzeugen. Die Instrumente wurden per Katalog angeboten und allein im Jahre 1900 wurden 80 000 davon verkauft.

Das wiederum fiel mit der Verbreitung des Grammofons zusammen. Zwei berühmte Erfinder, Thomas Edison und Alexander Bell, hatten sich an verschiedenen Aufnahmegeräten versucht, aber das erste Grammofon, das eine Platte verwendete, wurde 1897 von einem deutschen Einwanderer namens Emile Berliner hergestellt. Er gründete daraufhin die Victor Talking Machine Company mit dem kleinen Hund Nipper als berühmtem Symbol und die Musik-Aufnahme-Industrie war geboren.

Diese beiden Erfindungen bildeten den Nährboden für die Fülle der amerikanischen Popmusik, die die Welt im 20. Jahrhundert erobern sollte. Sie nahm viele verschieden Formen an. Der Blues kam von den Baumwollplantagen im Süden und basierte auf geistlichen und afrikanischen Arbeitsliedern. Jazz nahm seinen Anfang in New Orleans und kombinierte Einflüsse vom Blues und der französischen kreolischen Musik. Countrymusik entstand aus der Volksmusik des Appalachen-Gebirges, die wiederum aus Britannien und Irland stammte. Einer der großen Momente in der Popmusik des 20. Jahrhunderts war im Juli 1954: der 18-jährige Elvis Presley nahm »That'S All Right« im Sun Records Studio in Memphis auf – und der Rock 'n' Roll wurde geboren.

Aufschwung, Sturz ... und wieder Aufschwung

Der große wirtschaftliche Aufschwung kam mit dem Börsenkrach von 1929 zu einem abrupten Ende. 30 Milliarden Dollar wurden innerhalb einer Woche verloren, mehr als die amerikanische Regierung für den gesamten Ersten Weltkrieg ausgegeben hatte. Unternehmen waren bankrott und viele Menschen hatte über Nacht ihr ganzes Vermögen verloren. Es folgte die Große Depression und schon bald war ein Viertel der Bevölkerung arbeitslos.

Die Situation verschlimmerte sich in den 30er-Jahren durch die wüsten Sandstürme, die die amerikanische Landwirtschaft zerstörten. Die sogenannte »Dust-Bowl« (Staubschüssel) war unter anderem das Ergebnis von schlimmen Dürren und der Überkultivierung des Landes, was dazu führte, dass viele Farmer die Prärie verließen – sie wurden »Okies« genannt, weil so viele aus dem Bundesstaat Oklahoma kamen. Sie zogen

nach Kalifornien, wie es ihre Vorfahren – die sogenannten Pioniere – 100 Jahre zuvor schon getan hatten.
Amerika löste sich durch die Wahl eines neuen Präsidenten aus der Depression: Franklin Delano Roosevelt, der den sogenannten »New Deal« voranbrachte – eine ganze Reihe an Programmen, die von Lebensmittelnachlässen für die Ärmsten der Bevölkerung bis hin zu massiven industriellen Plänen wie der TVA führten, die Überflutungskontrollen, Stromgewinnung und neue Arbeitsweisen in der Landwirtschaft im ganzen großen Gebiet des Tennessee Valley beinhalteten.
Als die Japaner 1941 einen Überraschungsangriff auf die amerikanische Flotte in Pearl Harbor starteten, traten die Vereinigten Staaten in den Zweiten Weltkrieg ein, und plötzlich standen immense Mittel auf Seite der Alliierten zur Verfügung.
Fast augenblicklich begann die Arbeit an einer neuen grausamen Waffe, der Atombombe. Man befürchtete, die Deutschen würden selbst so eine Bombe entwickeln, also gründete die amerikanische Regierung – unterstützt von Wissenschaftlern wie Albert Einstein, dem größten Physiker des Jahrhunderts – das sogenannte Manhattan Projekt. Es war in einem abgeschiedenen Landstrich in New Mexiko angesiedelt, an einem Ort namens Los Alamos. Hier wurden die zwei Bomben hergestellt, die 1945 auf die japanischen Städte Hiroshima und Nagasaki abgeworfen wurden und die eine ungeheuer große Zahl Menschenleben forderten. Die Japaner kapitulierten, genauso wie es die Deutschen schon einige Monate zuvor getan hatten, und die USA standen nun am Anfang einer langen Ära der militärischen und industriellen Vormachtstellung.

Die Bürgerrechte

Obwohl Amerikas Wirtschaft nach dem Krieg aufblühte, war die Frage der Bürgerrechte ein immerwährender Reibungspunkt. Die Sklaverei wurde formell zwar schon 1865 abgeschafft und die Schwarzen hatten im Krieg an der Seite der Weißen gekämpft, aber die Schwarzen blieben dennoch die ärmste Bevölkerungsschicht des Landes. Und was noch schlimmer war, im Süden des Landes gab es aktive Diskriminierung von Schwarzen: Sie wurden daran gehindert zu wählen, Schulen und andere Einrichtungen waren nach Rassenzugehörigkeit getrennt, und sie verrichteten meist die niederen Arbeiten.

Die Bürgerrechtsproteste begannen in den 1950er-Jahren. Eine schwarze Näherin namens Rosa Parks wurde verhaftet und mit einem Bußgeld bestraft, weil sie sich geweigert hatte, ihren Platz im Bus an einen weißen Mann in Montgomery, Alabama freizugeben. Sie legte Berufung ein und der höchste Gerichtshof der USA befand, dass die Montgomery-Diskriminierungsgesetze illegal waren – ein früher, wichtiger Sieg für die Bürgerrechte.

Der junge Martin Luther King organisierte einen Boykott gegen die Busgesellschaft und wurde schon bald zum Anführer der Bürgerrechtsbewegung. Er hielt seine berühmte »I have a dream«-Rede während eines Protestmarsches nach Wahington im Jahre 1963: »Jetzt ist die Zeit, Gerechtigkeit für alle Kinder Gottes zu schaffen.« Das Bürgerrechtsgesetz wurde im Jahre 1964 von Präsident Lyndon Johnson verabschiedet, es verbot die Rassentrennung und gab allen Schwarzen das Wahlrecht. Doch Martin Luther King selbst wurde 1968 in Memphis, Tennessee ermordet und die Rassenfrage blieb ein großes Problem im Land.

Die Kennedys

Die Ermordung von Martin Luther King war nicht der erste politische Mord im modernen Amerika. Der neue, junge Präsident John F. Kennedy hatte seinem Land eine strahlende, jugendliche Zukunft versprochen, aber er wurde 1963 in einer Autoeskorte in Dallas erschossen. Alles deutet darauf hin, dass der Schütze Lee Harvey Oswald allein gehandelt hatte, obwohl viele Leute das bis zum heutigen Tag bezweifeln.

Als Kennedys Bruder Robert 1968 erschossen wurde, schien es, als läge ein Fluch auf den Besten Amerikas – Robert hatte sich sehr für die Bürgerrechte eingesetzt und in Südafrika eine mutige Rede gegen die Apartheid gehalten.

Keiner der beiden erlebte die Erfüllung von Johns Versprechen, dass Amerika bis zum Ende der 60er-Jahre einen Menschen auf den Mond befördern würde. Doch genau das geschah: Im Jahr 1969 wurde Neil Armstrong der erste Mensch, der auf dem Mond spazieren ging (siehe S. 361).

Vietnam und der Kalte Krieg

Seit dem Ende des Zweiten Weltkriegs hatten die USA und die Sowjetunion Auseinandersetzungen auf der ganzen Welt, die als »Kalter Krieg« in die Geschichte eingingen.

»Kalt«, weil es im Grunde wenige Kämpfe zwischen den beiden Ländern gab, aber viele Drohungen und viele Verbündete, die die Schmutzarbeit verrichteten. Das genügte, um die ganze Welt in Angst und Schrecken zu versetzen, denn beide Länder besaßen genug Waffen, um den ganzen Planeten auszulöschen.

Die Welt stand am Rande des Abgrunds, als Präsident Kennedy und der sowjetische Premier Nikita Chruschtschew 1962 in Streit gerieten, weil die Sowjets Raketen auf Kuba nahe der amerikanischen Küste stationieren wollten. Schließlich traten die Sowjets von ihrem Vorhaben zurück, was ein beachtlicher Sieg für den jungen amerikanischen Präsidenten war, aber es war eine sehr knappe Angelegenheit.

Nach Kennedys Tod traten die USA in den Vietnamkrieg ein. Sie glaubten, dass die Sowjetunion Nordvietnam unterstützte, und dass sich im Falle eines Sieges weitere asiatische Länder Unterstützung von Russland holen würden. Die USA schickten unter den Präsidenten Johnson und Nixon immer mehr Truppen in den Kampf, aber das Ganze endete in einem Desaster. Mehr als drei Millionen Menschen verloren in diesem Krieg ihr Leben, und schließlich mussten die Amerikaner 1975 ihre Niederlage eingestehen und abziehen.

Danach

Obgleich der Vietnamkrieg das Land entzweit hatte – besonders junge Menschen hatten dagegen protestiert – und er in einer demütigenden Niederlage endete, bewies das Land großes Durchhaltevermögen und erholte sich unter den Präsidenten Reagan und Clinton. Gefördert wurde diese Entwicklung durch den Zusammenbruch ihres alten Feindes, der Sowjetunion. Die Vereinigten Staaten gingen zum Ende des Jahrtausends wieder einmal als Weltmacht hervor – mächtiger als Rom oder Großbritannien jemals auf dem Höhepunkt ihrer Macht waren.

WINTER

Die kurzen, kalten Tage und langen dunklen Nächte können die Winterzeit für Kinder trostlos und langweilig scheinen lassen. Aber es gibt viele schöne Dinge, auf die man sich gemeinsam freuen kann, zum Beispiel Halloween, Nikolaus, Weihnachten und Silvester. Hier ein paar Ideen und Anregungen, was Großeltern und Enkel im Winter gemeinsam machen können.

Aktivitäten im Freien

Ab November gibt es im Garten nichts mehr zu tun – aber die Blumenkästen und Blumentöpfe müssen aufgeräumt werden – eine prima Beschäftigung für die Enkelkinder.

Wenn es nicht zu nass und zu kalt ist, können wilde Kinder ihre überschüssige Energie draußen ablassen: zum Beispiel bei einer Winterschnitzeljagd im Park oder Garten, einer Schatzsuche, beim Laubrechen (vielleicht gegen eine kleine Belohnung) oder einfach beim Fußballspielen.

Ob auf dem Land oder im Stadtpark, überall findet man Dinge, die sich als Weihnachts- oder Adventsschmuck eignen. Ein Spaziergang zum Beispiel kann zu einer Jagd nach Tannenzapfen und Stöcken umgemünzt werden, denn davon kann man in den kommenden Wochen nicht genug haben. Sammeln Sie möglichst viele große und kleine Zapfen und Stöcke.

Das Pu-Stöcke-Spiel: Apropos Tannenzapfen. Eine schöne Beschäftigung ist auch das Pu-Stöcke-Spiel. Pu der Bär hat das Spiel zum ersten Mal mit einem Tannenzapfen gespielt. Man nimmt viele Tannenzapfen mit und sucht eine Brücke über einen Bach oder ein Flüsschen. Dann wirft man die Tannenzapfen (vorher natürlich kennzeichnen!) gegen die Strömung und rennt dann auf die andere Seite der Bücke und beobachtet, welcher Tannenzapfen als Erster vorbeischwimmt. Wenn keine Brücke in der Nähe ist, kann man auch mit Markierungen am Ufer oder Bach arbeiten. In England gibt es sogar einen offiziellen Pu-Stöcke-Wettkampf.

Kon-Tiki: An Regentagen bauten mein Bruder und ich oft stundenlang Modellflugzeuge. Ein Renner waren auch Schlachtschiffe und Flöße aus Balsaholz, die aber nicht

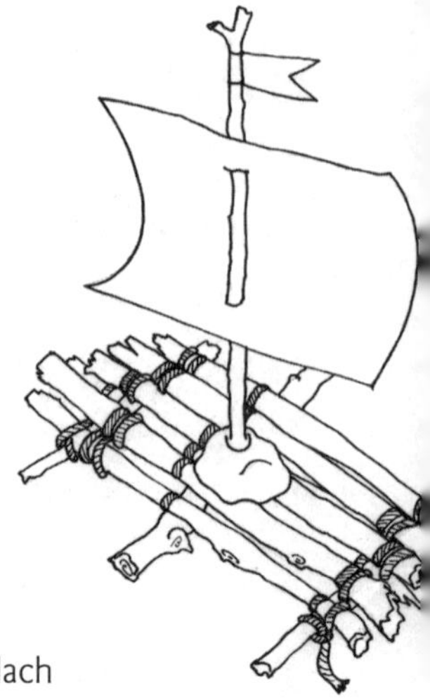

immer schwammen. Damals kannte jeder die Geschichte von Thor Heyerdahl, der in einem selbst gebauten Floß aus Balsaholz, der Kon-Tiki, den Pazifik überquert hatte. Hier eine Bauanleitung für eine Miniaturausgabe der Kon-Tiki.

* WIR BRAUCHEN: *ungefähr 11 Stöckchen (ca. 18 cm lang), eine Hanfschnur (ca. 2,30 m lang), Klebeknete, Papier, Klebstoff, einen farbigen Plastikhefter.*

Wir legen sieben oder acht Stöckchen nebeneinander und umwickeln sie an den Enden fest mit Schnur. Jedes einzelne Stöckchen muss umwickelt werden, aber so, dass die Stöckchen immer noch flach auf dem Tisch liegen. Das Ende der Schnur knoten wir um eines der Stöckchen. Dasselbe wird dann am anderen Ende gemacht (*siehe Abb.*).

Dann drehen wir das Floß um. Quer über die beiden Enden und in die Mitte legen wir ein weiteres Stöckchen und befestigen es mit Schnur.

Wir drehen das Floß wieder um, und in die Mitte drücken wir einen ordentlichen Klumpen Klebeknete, das wird der Unterbau für den Mast.

Aus dem bunten Plastikhefter schneiden wir ein viereckiges Segel aus, das wir mit dem Namen des Floßes, mit Sternchen oder sonst etwas verzieren. In die Mitte des Segels, jeweils in der Nähe des unteren und oberen Randes, schneiden wir zwei Schlitze ein, durch die wir das letzte Stöckchen fädeln. Das ist der Mast.

Nun stecken wir den Mast mitsamt Segel in die Klebeknete. Wenn er wackelt, nehmen wir einfach noch etwas mehr Knete oder träufeln ein bisschen Klebstoff in das Mastloch.

Nun ist das Floß fertig und kann in See stechen. Damit es nicht verloren geht, befestigen wir am besten eine lange Schnur oder eine Drachenschnur zum Abrollen daran.

Vögel füttern

Im Winter werden die Vögel im Garten gefüttert. Das ist eine Aufgabe, die auch die Kinder übernehmen können. Den Vögeln ein Frühstück zu bereiten, macht Spaß und hilft den Vögeln.

Man braucht ungefähr sieben flache Schälchen, in die man verschiedene Arten von Futter für die unterschiedlichen Vogelarten einfüllt. Zum Beispiel: Beeren, eingeweichte Haferflocken, Speckstückchen, lose Körner, ein Maiskolben, Nüsse, kleine Brotstückchen und auch ein Schälchen mit Würmern! Die findet man in der Erde oder im Kompost oder man kauft eine Handvoll Mehlwürmer in einem Anglergeschäft. Die Schälchen werden dann draußen auf einen Tisch oder auf der Terrasse aufgestellt, dort, wo man sie gut im Blick hat. Dann kann man beobachten, welche Vögel welches Futter am liebsten mögen.

Noch eine hübsche Idee für das Vogelfrühstück, diesmal aber nichts zu Essen! Meine Freundin ist mit ihrer Enkelin Gwen einmal zum Frisör gegangen und hat sich die abgeschnittenen Haare einpacken lassen. Zu Hause haben sie die Haare dann in kleine Fussel geschnitten und als Material für den Nestbau in ein Schälchen gelegt. Ein Extra, das im Nu wegging.

Ein originelles Weihnachtsgeschenk für das Enkelkind könnte die Mitgliedschaft in einer Natur- oder Vogelschutzorganisation sein, siehe zum Beispiel *www.nabu.de.*

Spaß in Eis und Schnee

Ist es richtig Winter geworden und alles ist vereist, ist es für die Kinder ein riesiger Spaß, das Eis im Vogelbad oder in Pfützen aufzubrechen und in tausend Stücke zu zerschlagen. Zeigen Sie den Kleinen die langen Eiszapfen, die sich an den Regenrinnen gebildet haben. Ziehen Sie sie warm an und machen Sie mit ihnen einen Eisspaziergang. Wenn es richtig geschneit hat, sind die Kinder in ihrem Element.

Aber nicht nur Herumtoben, Schneemänner bauen und Schneeengel drücken macht Spaß. Sobald die Kinder aufgestanden sind, schicken Sie sie in den Garten oder in den Park ums Eck hinaus. Was ist dort in der Nacht passiert? Gibt es Tierspuren zu entdecken? Hier sind ein paar Spuren abgebildet, aber es gibt noch viele andere.

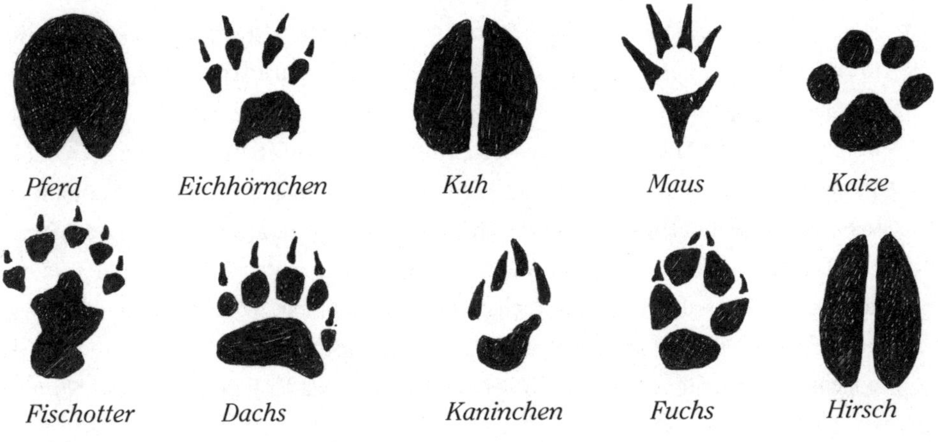

Weihnachtsvorbereitungen

Wahrscheinlich reden die Kinder spätestens ab dem 1. Dezember ständig von Weihnachten. Aber lassen Sie sich nicht verrückt machen, machen Sie aus der Not eine Tugend, und binden Sie Ihre Enkel langfristig in die Vorbereitungen für Weihnachten ein.

Vor dem ersten Advent gehen Sie mit den Kindern spazieren und sammeln Material für einen einfachen Kranz. Das ist gar nicht so schwer und kann von den Kindern größtenteils allein gemacht werden. Nur beim Abschneiden der Stöcke sollten Sie helfen. Im Kapitel über Weihnachten gibt es noch weitere Anregungen.

Ein Kranz aus Stöcken: sieht hübsch aus, ist einfach herzustellen und eignet sich als Advents- oder Winterschmuck.

WIR BRAUCHEN: *einen Stickrahmen aus Holz oder Pappe, ein Teppichmesser, je eine Rolle braunen oder schwarzen Zwirn, Stöckchen, schnell trocknenden Klebstoff in einem Behälter mit kleiner Öffnung, Hanfschnur zum Aufhängen.*

Wir (Eleo mit Familie) haben dafür immer einen hölzernen Stickrahmen genommen, den es in Handarbeitsgeschäften zu kaufen gibt. Ebenso gut kann man aber auch selbst einen Ring aus Pappe herstellen. Dazu nimmt man eine starke Pappe von 30 x 30 cm. Man kann die Pappe auch aus einem alten Karton schneiden. Wenn der Kranz fertig ist, sieht man das nicht mehr. Wir zeichnen einen möglichst großen Kreis auf die Pappe. Dann zeichnen wir ungefähr 5 cm innerhalb des ersten Kreises einen zweiten Kreis und schneiden den inneren Kreis aus. Nun haben wir einen Pappering von ungefähr 5 cm Breite. Das wird die Unterlage für die Stöckchen (siehe Abb.). Wir brauchen nicht unbedingt ein Teppichmesser zum Schneiden der Pappe, aber es ist leichter damit.

Dann sammeln wir einen Beutel voll Stöckchen. Sie sollten relativ gerade sein, ungefähr 15 cm lang und 0,5 cm dick. Wieder zu Hause, binden wir immer acht Stöckchen mit dem starken Zwirn zusammen, das heißt, wir wickeln den Faden immer wieder um die Mitte des Bündels. Es darf nicht locker werden und muss unten relativ flach aufliegen. Wir brauchen viele solcher Stockbündel, vielleicht reichen die gesammelten Stöckchen nicht aus.

Wenn wir ungefähr zehn solche Bündel haben, kleben wir sie auf den Pappe- oder Stickrahmen. Die Stockbündel sollen ungefähr 2,5 cm bis 4 cm über den äußeren Rand des Ringes ragen. Wir sollten dabei nicht an Klebstoff sparen, denn die Stöcke müssen richtig fest sitzen. Vielleicht muss am Schluss auch noch nachgeklebt werden.

So kleben wir ein Stockbündel nach dem andern auf, bis der Rahmen voll ist. Nun ist der hübsche Kranz fertig und vielfältig einsetzbar. Wenn Weihnachten vor der Tür steht, kann man noch rote Beeren der Stechpalme, Hagebutten, kleine Tannenzapfen und kleine Lorbeer- oder Stechpalmenzweige hineinstecken. Die Tannenzapfen können mit Blumendraht befestigt werden, damit die Stöckchen nicht abfallen. Und wenn Gefahr droht, dann einfach noch etwas Klebstoff nachspritzen. Ein wenig Gold- oder Silberfarbe gibt dem Ganzen einen weihnachtlichen Glanz.

Mit Hanfschnur oder Blumendraht können wir den Kranz dann an der Haustür oder im Zimmer aufgehängen. In der Tischmitte, gefüllt mit frischem Grün, ist er eine Augenweide.

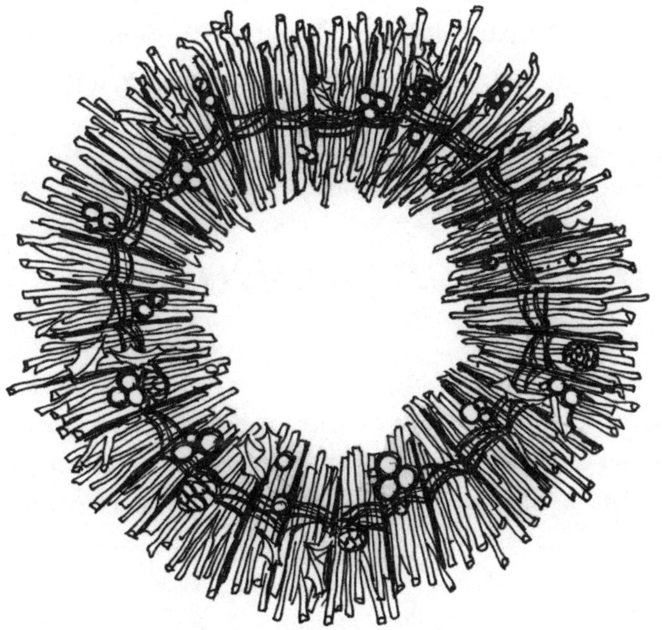

WEIHNACHTEN

Wie gehen wir am besten mit der vorweihnachtlichen Aufregung der Kinder um? Ständig fragen sie: »Wann ist endlich Weihnachten?«, oder der Brief an das Christkind muss zum fünften Mal überarbeitet werden. Das alles erfordert starke Nerven. Eltern werden für jede Stunde dankbar sein, die Sie mit den Kleinen verbringen. Und wenn dabei ein paar Geschenke herauskommen – umso besser. Hier sind einige Anregungen. Für manches sind Dinge von draußen nötig, für andere kann man den Haushalt plündern. Keine dieser Aktivitäten erfordert sehr viel Zeit. Trotzdem, wenn die Aufmerksamkeit Ihrer Enkel nachlässt, legen Sie die Arbeit beiseite und machen später weiter.

Eine wunderschöne Dose

Diese Aufbewahrungsdose ist ein echtes Kunstwerk. Das ist eine Bastelarbeit für Jungen wie für Mädchen, aber man muss Schritt für Schritt daran arbeiten. Das Kind sollte schon ein paar Monate zuvor beginnen, nach besonders kleinen, gewöhnlichen Haushaltsgegenständen Ausschau zu halten. Diese werden dann auf die Dose geklebt und mit Farbe besprüht. Man kann alles Mögliche nehmen.

* WIR BRAUCHEN: *eine kleine bis mittelgroße Dose mit aufklappbarem Deckel, eine Spraydose mit mattgoldener Farbe. Außerdem (zum Beispiel): Legoklötzchen, Knöpfe, Sicherheitsnadeln, eine Nadel, Stecknadeln, einen kleinen Schlüssel, Muschelnudeln, eine Kugelschrei-*

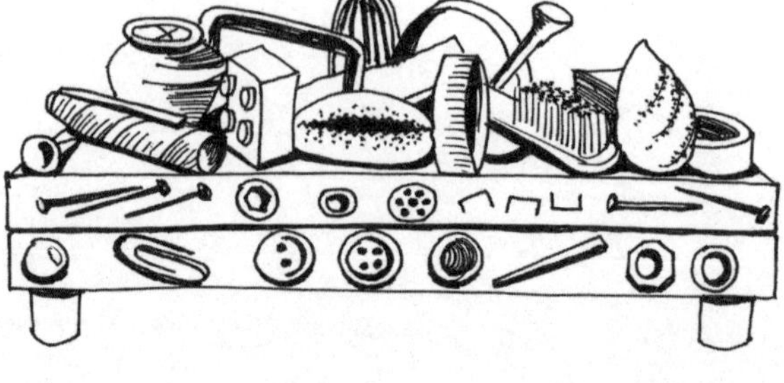

berkappe, einen Kronkorken, einen Bleistiftstummel, Mantelösen, ein Spielmännchen, eine Garnrolle, Büroklammern, Muscheln, Nägel, den Kopf einer Zahnbürste (nicht den Stiel), eine Schraubenmutter, einen Bilderhaken, einen Reißnagel, Mini-Spielzeug, einen Fingerhut, einen Anstecker, einen Dichtungsring, einen Tannenzapfen, eine Eichel, eine halbe Walnuss, eine Wäscheklammer.

All diese Dinge kleben wir auf den Deckel und die Seiten der Dose. Es sollte wie ein zufälliger Wirrwarr aussehen. Man kann auch ein paar Sachen übereinander kleben. Am Schluss übersprühen wir einfach alles mit dem Mattgold und nach dem Trocknen sprühen wir es gleich noch ein zweites Mal ein. Der/die Beschenkte kann sich glücklich schätzen.

Und eine Schachtel

Die Herstellung dieser Schachteln ist etwas leichter und für Kinder eine schöne Beschäftigung, weil sie ihrer Fantasie freien Lauf lassen können. Die Schachteln eignen sich gut als Geschenkverpackung und jedes Kind kann seine Schachtel ganz allein gestalten.

* WIR BRAUCHEN: *eine mittelgroße Pappschachtel aus dem Supermarkt (sie sollte so groß sein, dass ein paar Geschenke hineinpassen, für ein einzelnes Geschenk reicht eine kleinere), Geschenkpapier, Klebstoff, Klebestreifen, Geschenkband, Glitzerspray, Stickers, Filzstifte.*

Alles ist denkbar – anmalen, mit Weihnachtspapier oder Servietten bekleben, mit braunem Packpapier bekleben und anschließend Glitzer und Sterne aufkleben oder rundum mit Kartoffelstempeln bedrucken (das sieht besonders hübsch aus).

Wenn alles fertig ist, müssen wir nur noch überlegen, was in die Schachtel hinein soll. Zum Beispiel zusammengeknülltes Seidenpapier, in das man ein paar Lebkuchenmännlein oder andere Kekse bettet, oder ein paar Trüffeln ... oder was einem sonst noch einfällt. Und ganz zum Schluss müssen wir natürlich noch entscheiden, wer dieses hübsche Geschenk bekommen soll.

Den Tisch dekorieren

Kindern macht es meistens viel Spaß, beim Dekorieren des Tisches für Weihnachten oder andere festliche Gelegenheiten zu helfen. Sie wissen vielleicht nicht immer, wo Messer und Gabel hingehören, aber sie lieben die vielen schönen, kleinen Dinge, die den Tisch zum Herzstück eines Festes machen. Die Kinder sollen bei den Vorbereitungen für ein Festessen aktiv einbezogen werden. Sie können den Tisch abräumen, ein Papier- oder Stofftischtuch auflegen und beim Tischdecken helfen. Fragen Sie sie, was sie schön finden. Auf einem weißen Tischtuch machen sich mit Schnee oder Glitzer eingesprühte Efeuranken besonders gut. Sie sollten aber einen Tag im Voraus gepflückt und besprüht werden. Wenn es dann so weit ist, verteilt man sie in kurzen oder langen Stücken auf dem Tisch, windet sie zwischen kleinen Blumenvasen, Häufchen aus dunkler Schokolade oder selbst gemachten Knallbonbons (siehe unten) hindurch. Teekerzen auf Untertassen über den Tisch verteilt – natürlich nicht zu nah am Efeu – sehen auch hübsch aus. Ist die Tischdekoration fertig, Teller, Gläser und Besteck an seinem Platz, kann man zum Schluss noch Sternchen oder auch Smarties oder Silbermandeln über den Tisch streuen. Kindern ist dieser festliche Rahmen sehr wichtig. Tonys Enkelin tut noch ein Übriges und schreibt Tischkärtchen und Speisekarten.

Knallbonbons

Ein Riesenspaß zum Selbermachen. Außerdem ist jedes Knallbonbon individuell für eine bestimmte Person gestaltet. Achten Sie beim Einkaufen darauf, dass die kleinen Geschenke zu der jeweiligen Person passen und dass sie klein genug für die Umhüllung sind. Auf einer Kubareise haben wir einmal so ein selbst gebasteltes Knallbonbon der Enkelin unseres Gastgebers geschenkt. Sie hatte so etwas noch nie gesehen und bestand darauf, dass wir nach dem Knallen alles wieder hineinpackten!

Ein Knallbonbon lässt sich auf dreierlei Art herstellen:

Sie machen sie ganz selbst: Dafür brauchen Sie leere Klopapierrollen, kleine Zettel mit Witzen (selbst ausdenken oder irgendwo abschreiben), Zündplättchen (optional), Papierhütchen, Seidenpapier und Geschenkband und natürlich kleine Geschenke. Schön sieht Seidenpapier in Pastellfarben aus, das an den Enden mit buntem Geschenkband zusammengebunden wird. Man kann sie auch in andersfarbiges Seidenpapier einpacken oder mit Glitzer bestreuen. Als Tischdekoration sind sie ein wahrer Augenschmaus, aber ohne die Zündplättchen macht das Auseinanderziehen nur halb so viel

Spaß. Nicht vergessen: an einer unauffälligen Stelle kennzeichnen, für wen das Knallbonbon gedacht ist.

Ein Knallbonbon-Set aus dem Bastelladen: Das geht kinderleicht und man kann individuelle Geschenke hineintun. Sie sehen nicht so schön aus wie die ganz selbst gemachten, dafür knallen sie richtig.

Die leichteste Methode von allen: Sie kaufen eine Packung hübscher, nicht zu teurer Knallbonbons. Dann öffnen Sie vorsichtig den Mittelteil und stecken Ihr eigenes Geschenk hinein. Sie sehen recht hübsch aus und enthalten auch einen kleinen Papierhut und einen Zündstreifen, aber nicht den üblichen Schlüsselanhänger oder gereimten Spruch (diese Sachen können entsorgt werden), sondern ein individuelles Geschenk.

Tannenzapfenkegel

Macht Jungen und Mädchen gleichermaßen Spaß. Der fertige Kegel ist ein schöner Advents- oder Tischschmuck. Aber er ist recht empfindlich und muss vorsichtig verpackt werden, wenn er länger als eine Saison halten soll. Er ist leicht herzustellen und hübsch anzusehen. Sie müssen zwanzig bis dreißig kleine Tannenzapfen dafür sammeln.

WIR BRAUCHEN: *runde Pappe (Ø ca. 15 cm), ca. 20 Tannenzapfen (und noch ein paar mehr als Ersatz), Klebstoff, Blumendraht, 60 cm dünnes rotes Band (nicht breiter als 0,5 cm) oder ca. 1 m schmales, rotes Geschenkband, ein Töpfchen mit roter, weißer oder brauner Farbe für den Pappeboden, Klarlack.*

Wir schneiden die Pappe aus und überstreichen sie mehrmals, bis die Pappe nicht mehr durchscheint. Nach dem Trocknen lackieren wir sie auch.

Beim nächsten Schritt muss man ein bisschen experimentieren, deshalb probieren wir lieber erst mit Blumendraht, und wenn es klappt, nehmen wir den Klebstoff dazu. Also: Wir legen ein paar Tannenzapfen dicht an dicht auf den Pappeboden, wenn sie stark kippeln, binden wir sie mit etwas Blumendraht zusammen. Das könnte etwas kniffelig sein. Aber dabei sollten wir im Kopf behalten, dass die anderen Zapfen auf diesen aufliegen müssen. Nach ungefähr drei Lagen Zapfen soll sich der Kegel langsam verjüngen. Insgesamt sollte er ungefähr 30 cm hoch werden, die Spitze bildet ein einzelner Tannenzapfen.

Wenn wir dann mit dem Ergebnis zufrieden sind, wird es ernst. Diesmal arbeiten wir mit Blumendraht und Klebstoff. Manchmal funktioniert es auch, wenn man nur Klebstoff benutzt.

Ist der Tannenzapfenkegel fertig, winden wir das dünne rote Band spiralförmig von oben nach unten darum. Das Ende des Bandes können wir in einem Zapfen verstecken. Aus schmalem, rotem Glitzerband können wir kleine Schleifen binden und über dem Kegel verteilen. Es sieht auch hübsch aus, wenn wir den Kegel mit ein paar Lorbeerblättchen schmücken. Ist das gute Stück fertig, findet es sicher einen würdigen Platz auf der Anrichte oder dem Weihnachtstisch.

Tannenbaumkette

Schon vor über 100 Jahren haben die Kinder solche Ausschneideketten gebastelt, die bis heute Gefallen finden. Eine Tannenbaumkette auf dem Fensterbrett sieht lustig aus und ist ganz leicht herzustellen – vorausgesetzt, Sie stellen sich beim Ausschneiden nicht so ungeschickt an wie ich (Eleo).

WIR BRAUCHEN: *grünen Bastelkarton oder starkes Bastelpapier in der Größe A3, einen Bogen weißes Papier in A3 zum Üben (oder zwei A4-Blätter mit Klebestreifen zusammengeklebt), ein A4-Blatt für die Schablone, ein Stück rotes Papier, ein paar Sternenaufkleber, Schnee oder Glitzer.*

Wir schneiden das weiße A3-Papier längs in der Mitte durch, dann zeichnen wir auf das Übungspapier zur Probe Tannenbäume in der richtigen Größe. Den schönsten Tannenbaum schneiden wir aus, er dient uns als Schablone.

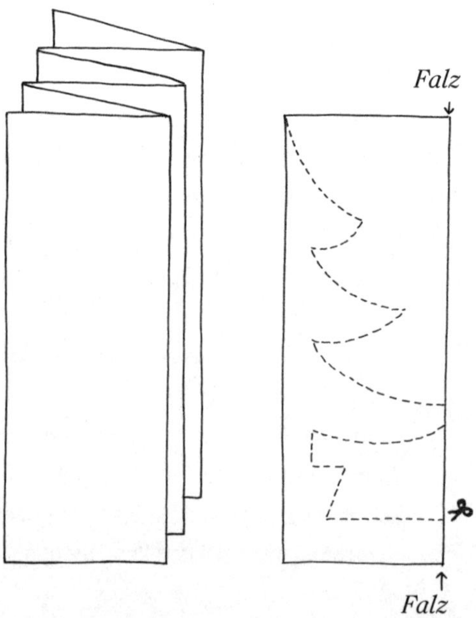

Nun falten wir das weiße Papier sechsfach wie in der Abbildung. Wir legen die Schablone auf die oberste Seite und zeichnen sie mit dem Bleistift nach. Dabei achten wir darauf, dass die unteren Zweige des Tannenbaums und der Sockel bis an den Rand des Papiers reichen, nur so sind sie miteinander verbunden, wenn das Papier auseinandergefaltet wird *(siehe Abb.)*. Nun schneiden wir den Tannenbaum aus, die unteren Zweige und der Sockel dürfen am Rand nicht ausgeschnitten werden. Ist das gelungen, falten wir das Papier auseinander. Wenn wir alles richtig gemacht haben, haben wir nun sechs Weihnachtsbäume, die an den unteren Zweigen und dem Boden miteinander verbunden sind. (Ich weiß nicht, warum, aber ich fand das gar nicht so einfach – wenn es euch ebenso geht, üben wir noch ein paar Mal mit dem weißen Papier!)

Nun kommt der grüne Bastelkarton dran. Diesen schneiden wir ebenfalls längs in der Mitte durch und falten ihn sechsfach. Wenn die Kette mit den sechs Tannenbäumen fertig ist, machen wir aus dem restlichen Karton gleich noch einmal eine Sechserreihe. Wir kleben beide Sechserreihen zusammen: Schon liegt die Kette aus zwölf Tannenbäumen vor uns.

Zum Schluss schneiden wir aus dem roten Papier zwölf kleine Töpfe aus und kleben sie unten auf. Die Zweige können wir mit Sternchen, Schnee oder Glitzer verzieren. Die Tannenbaumkette ist eine lustige Bereicherung für den Weihnachtsschmuck. Auf dieselbe Weise können wir auch eine Reihe mit zwölf kleinen Puppen basteln, die sich an den Händen halten und fest auf dem Boden stehen. Aber das klappt nur, wenn die Hände bis zum Rand gehen und nicht darum herum geschnitten wird.

Tischdekoration

Diese hübsche Tischdekoration machen unsere Kinder immer für Weihnachten.

WIR BRAUCHEN: *ein kurzes Stück Hühnerdraht (ungefähr 84 cm lang und 23 cm breit), eventuell etwas Steckmoos, Gartengrün, Beeren, Bartflechten, ein paar Rosenknospen und Blumen aus dem Garten.*

Wir rollen den Hühnerdraht der Länge nach zu einem Rohr von ca. 7–10 cm Durchmesser. Dann stecken wir die beiden Ende des Rohrs ineinander, sodass ein Kreis entsteht.

Das ist der Grundstock für die Tischdekoration. Alles Weitere machen wir erst, wenn es gebraucht wird – also einen Tag vor Weihnachten oder einem sonstigen Anlass.

Wenn es so weit ist, gehen wir in den Park oder Garten und suchen immergrüne Zweiglein, Bartflechten, Beeren, Stechpalmenzweige, verblichene Rosenknospen, Holzäpfelchen, Buchenblätter und was es sonst noch an dekorativem Naturmaterial gibt. Wir müssen nichts dafür kaufen.

Wir legen den Deko-Ring nun auf eine große Platte oder einen Teller, in den wir etwas Wasser füllen. (Wir können auch ein paar Stücke Steckmoos in den Hühnerdraht einwickeln – das Grün hält dann doppelt so lange frisch.) Nun stecken wird das ganze Grünzeug und die Beeren und Blumen in die Maschen und ... fertig! (Wenn man Steckmoos benutzt, muss man ihn gut wässern.) Ein Glas mit Blumen in der Mitte des Rings, die sich farblich vom Übrigen absetzen, sieht sehr dekorativ aus. Auch eine Stumpenkerze macht sich gut darin. Dabei müssen wir aber darauf achten, dass die Kerze auf einer festen Unterlage steht und vor dem Verlassen des Raums gelöscht wird!

Diese Dekoration hält in einem geheizten Zimmer ungefähr drei Tage. Danach ist das meiste vertrocknet. Aber mit etwas Wasser und frischem Grün können wir ihr Leben noch ein wenig verlängern.

Wintervögel

Eine hübsche Dekorationsidee für Anrichte oder Tisch

* WIR BRAUCHEN: *einen Zweig (mit mehreren Verästelungen), ein paar Pistazien, Klebestift (flüssiger Klebstoff funktioniert nicht), rote Farbe, Filzstifte in Gold und Schwarz, Schnee- und Glitzerspray.*

Aus den Pistazien werden Vögel. Rotkehlchen sehen niedlich aus, mein Lieblingsvogel aber ist die Eule. Wir sollten möglichst große, dicke Pistazien aussuchen.

Rotkehlchen: Wir malen die Schalen blassgelb an und lassen sie trocken. Dann malen wir einen runden, roten Bauch auf, die Flügelumrisse zeichnen wir mit schwarzem Filzstift auf und malen die Augen mit Goldstift aus. Augen, Schnabel und Beinchen malen wir mit schwarzem Filzstift auf.

Eulen: Wir malen sie blassgelb an und lassen sie trocknen. Dann malen wir die Flügelumrisse in Schwarz auf und versehen den ganzen Körper und die Flügel mit groben, braunen Strichen. Die Augen werden rund und ebenfalls braun mit einem schwarzen Punkt in der Mitte, die Füße schwarz. Alle werden entzückt sein von diesen Vögeln.

Andere Vögel: Wir können alle möglichen Farben für den Körper und die Flügel ausprobieren. Ein paar Vorschläge: blau (Eisvogel), grün (Grünspecht), gelb (Küken) und schwarz (Amsel).

Wenn wir sechs bis acht Vögel fertig haben, verteilen wir sie auf dem Zweig (*siehe Abb. unten*). Wir brauchen für jeden Vogel einen dicken Batzen Klebstoff, damit er hält. Bei flüssigem Klebstoff rutschen die Vögel ab.

Winterliches Dorf

Das Winterdorf lässt sich aus kleinen Schachteln, Zweigen und Buntpapier leicht herstellen. Es eignet sich als Teil der häuslichen Weihnachtsdekoration.

WIR BRAUCHEN: *kleine Pappschachteln, braune Farbe, Klebstoff, schwarzen Bastelkarton, große, starke Pappe als Unterlage, silbernen Bastelkarton, Zweige, Klebeknete, Watte, silbernes Glitzerspray.*

Wir malen die Pappschachteln braun an und lassen sie trocknen. Aus dem schwarzen Karton schneiden wir Rechtecke in der Länge der jeweiligen Schachtel aus (die Schachteln sollen die Häuser sein), wir falten sie in der Mitte und kleben sie als Dach oben auf die Schachteln. Die Fenster und Türen schneiden wir ebenfalls aus der schwarzen Pappe aus und kleben sie auf die Häuser.

Nun stellen wir die Häuser auf die Unterlage. Aus dem Silberkarton schneiden wir einen gefrorenen Weiher und aus schwarzem Karton einige Wege aus. Aus den Zweigen, die wir aufrecht in die Klebeknete stecken, werden Bäume. Wenn das Dorf unserer Vorstellung entspricht, kleben wir alles fest auf die Unterlage.

Auf die verbliebene Fläche kleben wir nun den Watteschnee. Und zum Schluss träufeln wir flüssigen Klebstoff über die Dächer und Bäume. Mit Silberglitzer eingesprüht, sieht das wie Eiszapfen aus.

SPIELE FÜR WEIHNACHTEN UND ANDERE ANLÄSSE

Diese Spiele können alle Generationen gemeinsam spielen, wenn Familie und Freunde zusammen sind. Manche sind einfach lustig, bei manchen kann es auch zu hitzigen Diskussionen kommen!

Weihnachtspäckchen weiterschicken

Das können Kinder und Erwachsene gemeinsam spielen und es macht immer Spaß.

Es geht um ein besonderes Paket, das zuvor jemand aufwendig verpackt hat. Legen Sie zuerst ein kleines Geschenk in eine Schachtel. Packen Sie die sehr sorgfältig ein und nehmen Sie sehr viel Klebestreifen dazu! Dann wickeln Sie mehrere Schichten Papier darum. Stecken Sie es dann in einen wattierten Umschlag oder noch einmal in eine Schachtel. Packen und kleben Sie noch mehr darum, nehmen Sie immer wieder Klebestreifen, Schnur oder beides. Um die Auspacker zu ermutigen, sollten Sie ab und zu eine Süßigkeit oder ein kleines Schmuckstück zwischen die Lagen packen. Das Paket sollte richtig groß und schwer zu öffnen sein.

Zum Spiel sitzen alle in einem großen Kreis. In der Mitte liegen ein Hut, eine Jacke, ein Schal und Handschuhe. Entweder geben Sie das Paket zur Musik weiter, die jemand an- und ausmacht, oder Sie bestimmen eine Zahl und würfeln. Die Teilnehmer würfeln reihum, bis die Zahl gewürfelt wird. Der- oder diejenige zieht dann die Kleidungsstücke an und versucht das Paket zu öffnen. Die anderen Spieler würfeln weiter, und der Auspacker macht so lange weiter, bis die Zahl wieder gewürfelt wird (bzw. die Musik aufhört).

Machen Sie weiter, bis das Geschenk ausgepackt ist.

Weihnachtsbaum basteln – mal anders

Diese Bastelarbeit ist mal was anderes, sieht allerdings aus, als wäre sie vom Hund zerfetzt worden. Sie brauchen leichtes, grünes Papier, so viele Blätter, wie Mitspieler anwesend sind – keine Pappe. Wenn es A3-Bogen sind, schneiden Sie sie in der Mitte durch. Sie brauchen auch Sterne zum Aufkleben.

Die Spieler, eine beliebige Zahl, erhalten alle gleichzeitig ein Blatt Papier und ein paar Selbstklebesterne. Jetzt müssen sie das Papier hinter ihrem Rücken so gut wie möglich in die Form eines Weihnachtsbaums reißen, ohne dabei hinzusehen.

Niemand darf sein Werk anschauen oder etwas über die Arbeit der anderen sagen. Kleben Sie dann (auch hinter dem Rücken) die Sterne auf den Baum!

Gewonnen hat der Spieler mit dem präsentabelsten Baum. Stellen Sie dann alle Bäume aus und lachen Sie darüber.

Wer bin ich?

Das habe ich (Eleo) als Kind besonderes gern gespielt. Man bekommt eine Karte auf den Rücken geheftet, auf der der Name einer anderen Person steht. Man muss nun, allein durch Fragen, die mit Nein oder Ja beantwortet werden können, herausfinden, wer man ist. Man kann sich ein Thema für die Namen ausdenken oder einfach beliebige auswählen. Gute Themen sind Bücher, Könige, Prinzessinnen, Filme, Comicfiguren, Popstars, Fernsehsendungen, berühmte Persönlichkeiten, Politiker (wenn Erwachsene spielen), gute oder schreckliche Menschen, berühmte Tiere, andere Familienmitglieder und so weiter.

Jede Person geht durch den Raum und stellt Fragen. Gewonnen hat die Person, die ihre Identität zuerst erraten hat.

Mit kleinen Kindern könnten Sie diese lustige und geräuschvolle Version probieren: Jedem Kind sagt man leise ein Tier ins Ohr. Sie dürfen es niemandem verraten. Zwei anderen sagt man dasselbe Tier, und dann müssen sie sich durch Miauen, Zwitschern, Grunzen oder was auch immer erkennen. Gewonnen hat die erste Dreiergruppe, die sich gefunden hat.

Was ist da drin?

Das ist ein nettes kleines Spiel, bei dem Kinder oft besser sind als Erwachsene, weil sie »kleiner denken«.

Jeder Spieler bekommt Papier und Bleistift.

Vor dem Spiel füllen Sie eine kleine Schachtel, vielleicht auch eine Streichholzschachtel, mit kleine Gegenständen, die Sie zuvor gesammelt haben. Zum Beispiel: Nudel, Reißzwecke, Kulikappe, Nuss, Bonbon, Briefmarke, Schraube, Nagel, Büroklammer, Haken und Öse, Krimskrams, Sicherheitsnadel, Perle, Streichholz, Samenkorn, Aufkleber, Heftklammer, Knopf, Faden, Muschel, Münze, Notizzettel, kleiner Legostein, Band und alles, was Ihnen sonst noch einfällt, was hineinpassen könnte.

Die Zuhörer haben zum Beispiel fünf Minuten, um eine eigene Liste zu schreiben, was ihrer Meinung nach in der Schachtel ist.

Gewonnen hat die Person, deren Liste am meisten mit dem Inhalt der Schachtel übereinstimmt.

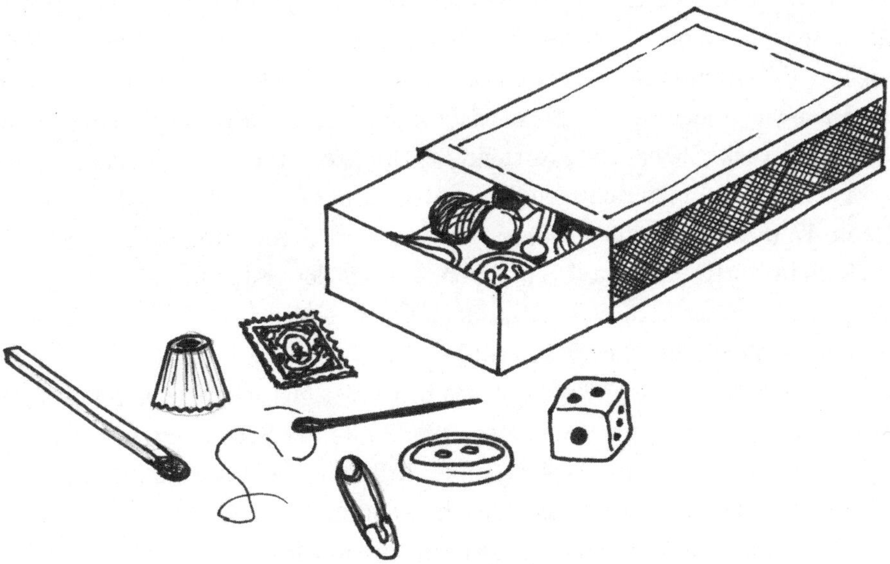

ALLES ÜBER FLUGZEUGE

Menschen hatten immer schon den Traum vom Fliegen. Zu den berühmtesten griechischen Mythen gehört die Geschichte von Ikarus, der von seinem Vater Flügel aus Adlerfedern bekam, die mit Bienenwachs zusammengeklebt waren. Doch Ikarus flog zu nah an die Sonne, das Wachs schmolz, und er stürzte ins Meer.

Frühe Flugversuche

Der Künstler Leonardo da Vinci stellte heimlich Studien über das Fliegen an und fertigte Hunderte Zeichnungen dazu. Darunter war auch eine Maschine mit dem Namen Ornithopter, die wie ein moderner Helikopter aussah. Später beschäftigte man sich mit dem Fliegen in Heißluftballons. Die Brüder Montgolfier befestigten einen Korb an einem Sack aus Seide, bliesen dann heiße Luft in den Sack, der dadurch in den Himmel stieg. Sie machten einen Versuch mit einem Schaf, einer Ente und einem Huhn als Passagiere. 1783 wagten sie den ersten bemannten Flug mit so einem Heißluftballon.

Der Anfang der modernen Flugzeuge geht eigentlich auf die Brüder Orville und Wilbur Wright zurück. Sie bauten zuerst ein Segelflugzeug und machten dann mithilfe eines Benzinmotors einen richtigen Flieger daraus, der sich in die Luft erheben konnte. Als am 17. Dezember 1903 die *Flyer,* mit Orville am Steuer, im kleinen Fischerdorf Kitty Hawk in North Carolina (USA) abhob, war das der erste Flug eines Flugzeugs. Es flog nur 260 Meter in 59 Sekunden, doch es war ein wirklich bedeutendes Ereignis: Die Menschheit hatte fliegen gelernt.

Es war sofort klar, dass die Luftfahrt das Leben der Menschen gewaltig verändern würde, zum Guten wie zum Schlechten. 1908 sagte der Science-Fiction-Autor Orson Welles die zerstörerische Wirkung dieser Erfindung voraus. Und im bald folgenden Ersten Weltkrieg spielten Flugzeuge eine wichtige Rolle. Sie wurden leichter und schneller und waren mit Maschinengewehren ausgestattet.

Bald fanden tödliche Schlachten am Himmel über Europa statt. Die Deutschen trainierten und flogen in Jagdgeschwadern, die man *Jastas* nannte. Ihr berühmtester Pilot war Manfred von Richthofen, der Rote Baron – der schrecklichen Schaden anrichtete.

Das Segelflugzeug der Brüder Wright

Doch dann entwickelten die Briten die *Sopwith Camel,* ein schnelles, leichtes Flugzeug mit zwei Maschinengewehren, das von speziell ausgebildeten Piloten geflogen wurde, und das Blatt wendete sich.

Nach dem Krieg begann das Zeitalter des Flugzeugs richtig und es wurden allerlei Rekorde aufgestellt. Zwei Männer aus Manchester, John Alcock und Arthur Brown, gewannen einen Preis von 50 000 Dollar, den die *Daily Mail* für die erste Überquerung des Atlantiks ausgeschrieben hatte. Brown musste sich manchmal während des Fluges herauslehnen und das Eis von den Flügeln des Flugzeugs, der *Vimy,* abkratzen. Charles Lindbergh war der Erste, der allein über den Atlantik flog. 1937 versuchte Amelia Earhart, um die Welt zu fliegen. Sie kam sicher von Amerika über Afrika und Asien, aber dann verschwand sie irgendwo über dem Atlantik. Wahrscheinlich ist sie abgestürzt, aber bis heute weiß niemand, ob sie ertrunken ist oder von den Japanern hingerichtet wurde, weil sie sie für eine Spionin hielten.

Als die Flugzeuge weniger Lärm machten, es nicht mehr so kalt darin war und das Fliegen generell nicht mehr so gefährlich war, gab es immer mehr normale Passagierflüge. Flugzeuge flogen höher, um Turbulenzen zu meiden, und man fand neue Methoden für Start und Landung. Allmählich entwickelten sich Flughäfen, zum Beispiel Croydon in London und Idlewild in den Vereinigten Staaten.

Flugzeuge spielten eine bedeutende Rolle im Zweiten Weltkrieg. Die *Hurricane* war das erste britische Flugzeug, das Maschinengewehre in den Tragflächen installiert hatte, weit entfernt von den Propellern. Doch erst die *Spitfire* mit ihren starken Rolls-Royce-Merlin-Motoren wurde das wichtigste Kampfflugzeug Großbritanniens: Sie war mit acht Maschinengewehren bestückt und erreichte eine Geschwindigkeit von 571 km/h. Als Reaktion darauf bauten die Deutschen die *Messerschmitt,* die war klein, aber schnell und sehr wendig. Sie war jedoch nicht gut gepanzert – ein Treffer, und das Flugzeug stürzte ab. Bei der Luftschlacht um England am Himmel über Südengland war die *Spitfire* überlegen.

Das Düsentriebwerk

Die wichtigste technische Entwicklung nach dem Krieg war das Düsentriebwerk. Das Prinzip des Düsenstrahls war schon 1928 von Frank Whittle niedergeschrieben worden, doch das erste Flugzeug dieser Art – eine *Glocster-Whittle* – flog erst 1941. Amerikanische Firmen wurden die wichtigsten Hersteller von Düsenflugzeugen, und sie dominierten schließlich auch in der Branche der Flugzeughersteller. Die *Boeing 727,* ein großes komfortables Flugzeug, ist das erfolgreichste Passagierflugzeug der letzten 50 Jahre.

Um vom Boden abzuheben und in der Luft zu bleiben, brauchen Flugzeuge die sogenannte Schubkraft, die sie vorantreibt. Sowohl Düsenflugzeuge als auch Propellerflugzeuge beziehen ihre Schubkraft aus der Luft. Propellerflugzeuge nehmen viel Luft durch ihre Propeller auf, nutzen aber nur einen kleinen Teil davon. Düsenflugzeuge saugen nur wenig auf und leiten sie durch einen Motor, wo sie unter hohen Druck gesetzt wird. Dann wird Treibstoff eingespritzt. Das heizt die Luft auf und führt zur Schubkraft.

Mit der Entwicklung des Düsenantriebs wurden Flugzeuge noch schneller. 1947 durchbrach Chuck Jaeger mit 670 km/h als erster Pilot die Schallmauer (das heißt, er flog schneller, als der Schall sich fortbewegt). Die *Concorde* war das berühmteste Passagierflugzeug mit Überschallgeschwindigkeit. Sie war gemeinsam von der Air France und von British Airways gebaut worden, verkehrte zwischen Europa und Amerika in weniger als der Hälfte der Zeit, die ein normales Passagierflugzeug brauchte. Der Pilot sagte immer an, wenn das Flugzeug die Schallmauer durchbrach, und die Passagiere verspürten dann eine leichte Beschleunigung. 2003 wurde die *Concorde* außer Dienst gestellt, obwohl sie sehr beliebt gewesen war.

Concorde

MUSIK HÖREN

Wenn Sie dieses Buch lesen, kann es gut sein, dass Ihr Musikgeschmack durch die Popmusik der 60er-Jahre geprägt ist. Dafür kann man natürlich von Herzen dankbar sein, doch das bedeutet nicht, dass Sie ihren Enkelkindern nur die *Beatles* aufzwingen müssen. Wenn Sie sich einmal umschauen, finden Sie eine Menge kindgerechter Rock-, Jazz-, Reggae-, World- und klassischer Musik, die über die Maßstäbe der Sixties-Musik hinausgeht.

Was über den Film gesagt wurde, gilt auch für die Musik: Wenn die Kinder erstmal zehn Jahre alt sind, sind sie kaum mehr zu überzeugen, etwas anzuhören, was ein Erwachsener vorschlägt – sie suchen sich ihre eigene Musik. So soll es speziell bei der Popmusik auch sein. Popmusik ist nämlich eine eigene Welt, die vorangegangenen Generationen eigentlich verboten sein sollte.

Musiktechnologie

Die größte technische Neuerung seit unserer Jugend (abgesehen von der CD, die nicht so einen großen Unterschied zu Musikkassetten und Vinylplatten machte) ist der MP3-Player, der das Musikhören bei Jung und Alt völlig revolutioniert hat. Das bedeutet nicht nur, dass Musik jederzeit verfügbar ist, sondern auch, dass das Konzept eines Albums nicht mehr wichtig ist, weil man sich alles selbst zusammenstellen kann.

Doch es ist gleichzeitig der große Vorteil, dass man jetzt seine »Alben« selbst machen kann. Auf meinem MP3-Player (Tonys) ist eine Playlist, die einfach »Emony« heißt, die von Musical-Songs bis zum einfachen Hip-Hop alles Mögliche enthält. Ich füge Songs hinzu, von denen ich annehme, dass sie ihr gefallen könnten (lösche sie auch wieder, wenn das nicht der Fall sein sollte!), und sie verlangt auch, dass bestimmte Lieder dazukommen. Wahrscheinlich können Sie sich denken, wer die vier ersten Songs vorgeschlagen hat: »Hollaback Girl«/Gwen Stefani, »Bright Eyes«/Art Garfunkel, »I'm Like a Bird«/Nellie Furtado, »Man Gave Names to All the Animals«/ Bob Dylan. Wir haben den iPod mit Lautsprechern in der Küche. Dort tanzt Emony oft zur Musik, und auch auf Reisen ist ihre Playlist von unschätzbarem Wert.

Einen MP3-Player benutzen

Zuerst eine Warnung: Übermäßig langes MP3-Musikhören bei großer Lautstärke kann Ihr Gehör schädigen. Über 80 bis 85 Dezibel besteht ein Risiko, und die meisten MP3-Player können noch viel lauter abgespielt werden. Experten (am Bostoner Kinderkrankenhaus) raten, dass ein Kind nur eine Stunde täglich MP3-Player hören sollte, und dass die Lautstärke höchstens 80 Prozent vom Maximum betragen sollte, am besten noch weniger.

MP3-Player für Kinder sind ein Wachstumsmarkt: Man bekommt alle möglichen Farben und Formen mit unterschiedlichsten technischen Möglichkeiten. Das überrascht nicht, denn in einer neueren Umfrage unter Achtjährigen stand der MP3-Player ganz oben auf der Wunschliste.

Max-Joy ist ein schönes deutsches Gerät speziell für Kinder ab sechs Jahren. Die Tasten und Regler sind groß und können leicht bedient werden, doch das beste Merkmal ist, dass zum Schutz der Kinderohren die maximale Leistung 60 Dezibel beträgt. Man kann ihn schon mit aufgeladenen Hörspielen kaufen.

Sie können sich auch andere Modellreihen, zum Beispiel die Disney Mix Sticks anschauen. Am besten lassen Sie sich in einem Fachgeschäft beraten, was für kleinere Kinder geeignet ist. Wenn sie einmal älter sind, findet man kaum mehr Argumente gegen einen Apple iPod, weil der mit iTunes kompatibel ist.

Weltmusik

Eine gute Einführung in die Klänge und Rhythmen afrikanischer Musik bietet der *Rough Guide to African Music for Children,* vom World Music Label, produziert in Kooperation mit der Wohltätigkeitsorganisation Music for Change. Tausend Fünf- bis Zehnjährige in Großbritannien wurden befragt, nachdem man ihnen eine Liederauswahl vorgespielt hatte, und das Ergebnis bestimmte die endgültige Auswahl der Lieder auf dem Album. Es gibt auch ein Album über lateinamerikanische Musik.

Das Label Putumayo World Music (www.putumayo.com) hat eine Kinderabteilung, die einige hervorragende CDs herausgebracht hat. Die preisgekrönte CD *World Playground* hat eine ganze Serie hervorgebracht: *French Playground, New Orleans Playground, Hawaii Playground* und so weiter.

Reggae

Mit seinem hypnotischen Beat ist der Reggae wie gemacht für Kinder. Es gibt ein gutes Einführungsalbum vom Sanctuary Label mit dem Titel *Reggae for Kids* mit 13 Songs, darunter der brillante »Puff the Magic Dragon« von Gregory Isaac, eine Melodie, die mühelos in Reggae übergeht. Im Klappentext steht, dass Drum und Bass Kinder noch immer überzeugt hätten. Das gilt für alle über zwei, auch für Großeltern. Es gibt ein Nachfolgealbum: *More Reggae for Kids.*

Jazz

Ist meiner Erfahrung nach nicht ganz so einfach für Kinder (vielleicht auch nicht für Erwachsene!), aber wir waren erstaunt, als unsere bis dahin verdächtig ruhige Emony eines Tages hinten im Auto sagte: »Das ist schöne Musik, nicht wahr?«, als Eric Dolphy auf CD lief.

Die beste Einführung, die ich gefunden habe, ist die Sammlung von Verve: *Jazz for Kids,* die angeblich nach Auskunft der Firma von Kindern geprüft wurde. Herausragend sind »Doop-Doo-De-Doop« von Blossom Dearie und »Yes, We Have No Bananas« von Louis Prima, doch das allerbeste ist »Old McDonald« von Ella Fitzgerald – die coolste Version überhaupt.

Klassik

Klassische Musik kommt bei Kindern am besten zur Geltung, wenn man sie live hört – und sieht. Das ganze Orchester, der volle Klang, allein das Spektakel – all das macht einen Rieseneindruck auf Kinder, und das kommt auf CDs leider nur sehr abgeschwächt an. Vielleicht haben andere mehr Erfolg, doch unsere Versuche, Emony für Mozart oder anderes zu interessieren, scheiterten kläglich.

Eine Kombination von Erzählung und Musik könnte erfolgreicher sein. *Babar der Elefant* von Poulenc, *Peter und der Wolf* von Prokofjew *Karneval der Tiere* von Saint-Saens.

MIR GEHT'S NICHT GUT

Wenn Sie noch keinen Verbandskasten haben, sollten Sie jetzt daran denken, dass Sie den immer irgendwo bereithalten sollten. Sie brauchen eine Löschdecke und einen Feuerlöscher in der Küche. Montieren Sie Sperren an Türen, hinter denen Haushaltsreiniger und anderen Chemikalien aufbewahrt werden und sichern Sie die Steckdosen. Sie müssen auch sehr vorsichtig sein, wenn Sie einen Swimmingpool oder einen See in der Nähe haben.

Erste Hilfe

Sie müssen sehr schnell entscheiden, ob sie mit einer Situation allein fertig werden oder nicht. Können Sie die Gefahr abwenden oder müssen Sie gleich den Notruf 112 wählen? Unglücklicherweise passieren viele Unfälle zu Hause, meistens in der Küche.

Sie sollten die Telefonnummer Ihres Arztes, des Krankenhauses und der Apotheke zur Hand haben. 112 ist in allen europäischen Ländern der Notruf.

Jeder sollte ein Erste-Hilfe-Buch zur Hand haben. Beim Roten Kreuz gibt es Hinweise. Bekannte von mir haben einen Erste-Hilfe-Kurs absolviert, nachdem sie Großeltern geworden waren. Eine Müttergruppe hat eine Kinderkrankenschwester eingeladen, mit ihnen zu Hause über Erste Hilfe zu sprechen. Erste-Hilfe-Kurse für Eltern und Großeltern gibt es in ganz Deutschland. Die Bundesarbeitsgemeinschaft »Mehr Sicherheit für Kinder e. V.« (*www.kindersicherheit.de*) empfiehlt, spezielle Erste-Hilfe-Kurse für Kindernotfälle zu besuchen oder bereits vorhandenes Wissen aufzufrischen. Auch einige Krankenkassen übernehmen für ihre Versicherten die Teilnahmegebühren.

Die Methoden bei Säuglingen, Kleinkindern und älteren Kindern sind jeweils unterschiedlich und praktische Anschauung kann nicht durch ein Buchkapitel ersetzt werden. Aus diesem Grund haben wir die Maßnahmen bei ernsthaften Vorfällen wie Ersticken und Atemstillstand nicht in diese Liste aufgenommen. Das sind riskante Vorgehensweisen, die Sie sich unbedingt von einer Fachkraft zeigen lassen sollten.

Stürze

Wenn ein Kind stürzt und sich den Kopf anschlägt, sollten Sie den Notruf wählen, denn es könnte eine Gehirnerschütterung haben.

Wenn Sie den Verdacht haben, das Kind habe sich etwas gebrochen, braucht es auf jeden Fall ärztliche Behandlung. Bringen Sie es entweder in eine Notaufnahme oder wählen Sie den Notruf. Halten Sie das Kind möglichst ruhig in einer möglichst bequemen Lage, bis Hilfe eintrifft. *Geben Sie ihm nichts zu essen oder zu trinken.*

Stromschlag

Wenn das Kind einen Stromschlag erlitten hat, ziehen Sie sofort den Stecker oder schalten Sie am Hauptschalter die Sicherung aus. Wenn das nicht möglich ist, stellen Sie sich auf eine Zeitung, ein Buch oder auf eine Gummimatte und schieben Sie den Körperteil des Kindes mit einem Besen, einer Zeitung oder Ähnlichem vom Strom weg. Erst danach dürfen Sie es berühren, sonst fließt der Strom vom Kind durch Sie hindurch und Sie erhalten einen Stromschlag. Denken Sie daran, dass Wasser auch Elektrizität leitet. Suchen Sie mit dem Kind danach unbedingt einen Arzt auf, es besteht die Gefahr von Herzrhythmusstörungen.

Feuer

Bei einem kleineren Feuer in der Küche nehmen Sie die Löschdecke und/oder den Feuerlöscher. Wenn es größer ist, rufen Sie sofort die Feuerwehr (Euronotruf 112, Österreich 122, Schweiz 118). Verlassen Sie den Raum, schließen Sie die Tür hinter sich und gehen Sie durch die nächste Tür oder das nächste Fenster nach draußen.

Schnittwunden

Oft ist der Schnitt nicht so schlimm, doch Kinder bekommen oft Angst, wenn sie Blut sehen. Trösten Sie sie, waschen Sie den Schnitt gründlich mit Wasser aus, trocknen Sie ihn ab und kleben Sie ein Pflaster darauf. Bei einem größeren Schnitt gehen Sie zum Arzt.

Kleinere Verbrennungen

Kühlen Sie eine kleinere Verbrennung etwa zehn Minuten lang unter fließendem kaltem Wasser. Trocknen Sie sie dann ab und kleben Sie ein Pflaster darauf oder verbinden Sie sie mit einem sterilen Verband. Streichen Sie keine Butter darauf, das würde es nur verschlimmern. Bei einer schwereren Verbrennung gehen Sie zum Arzt.

Prellungen

Legen Sie einen kalten, nassen Waschlappen oder ein Paket tiefgekühltes Gemüse auf die geprellte Stelle, um die Schwellung zu lindern. Auch ein warmes Bad kann Erleichterung bringen. Halten Sie eine Tube Arnikasalbe bereit, die hilft bei Prellungen.

Stiche

Wenn Ihr Enkelkind von einer Biene gestochen wurde, versuchen Sie den Stachel herauszuziehen. Wenn es eine Wespe oder ein anderes Insekt war, wird kein Stachel zurückgeblieben sein. Legen Sie einen kalten, nassen Waschlappen oder Eis auf den Stich, um die Schwellung zu bekämpfen. Sie können auch eine Scheibe Zitrone oder Zwiebel auflegen.

Wenn der Stich anschwillt, behandeln Sie ihn mit Antihistaminsalbe. Wenn die Schwellung schlimm aussieht oder sich im Mund befindet, rufen Sie sofort den Notarzt unter 112. Es kann sehr gefährlich werden, wenn die Atemwege zuschwellen.

DANKSAGUNG

Eleo dankt den folgenden Personen für ihre Ratschläge und Ideen: allen Großeltern und Enkeln, mit denen ich gesprochen habe, meinem Mann Peter und meiner Tochter Charlotte für ihre riesige Hilfe und Geduld, ebenso Diana Baring (Vögel), Toby Baring (Erste Hilfe), Capucine Benoist (Pop-up-Karten), Lucy Browning (Muscheln); Jonathan Bradley (Fotos von Alfie und Archie und von Harrods Teller), Peter Buckland (Beratung bei Schreinerarbeiten), Venetia Butterfield (Beratung), Jeni Cannon (Jenis Tasche); Antonio Carluccio (Interview), Tasha Evans (Proben und endlos viele Ideen), Neil Green (Angeln); Clare Harington (Familienstammbaum), Virginia Ironside (Interview), Hugh Jefferies von Stanley Gibbons (Briefmarken), Janie Kinnersley (Fotos von Jonathan und Charlie), Lucinda Lambton (Interview), Florence McGrath (Beratung), Katy Maclean (Muscheln und Kreuzstichbild), Julia Mount (Kuchen und Beratung), Tony Plowman »PC« (Schreinerarbeiten), Joana Prior (Beratung und Nähen), Laura Roberts (Kranz aus Zweigen), Sally Rumbellow (Foto von Henry, Katie und Lucy), Lindsay Small von Activity Village (Winterszene), Rowland White (Zettelspieß) und Simon Winder (Beratung).

Tony möchte folgenden Personen für ihre Hilfe und ihren Rat danken: Lynn Lacey (Campen, gemeinsam musizieren), Will Lacey (Kartentricks, Zaubertricks und die tödlichsten Tiere), Tim und Gill Norris (Campen), Nick Hornby (Musik hören), Deborah Tanner (Filme), Emony für Filme, Fischstäbchen und vieles mehr.

Besonderer Dank geht an Penguin für die allgemeine Begeisterung und Unterstützung, insbesondere Ellie Smith, für ihre riesige Hilfe, Sarah Rollason, Julia Connolly, Yeti McCaldin, Richard Harvey und Sarah Fraser für Illustrationen und Gestaltung. Julia Bruce und Hazel Orme für die Redaktion.

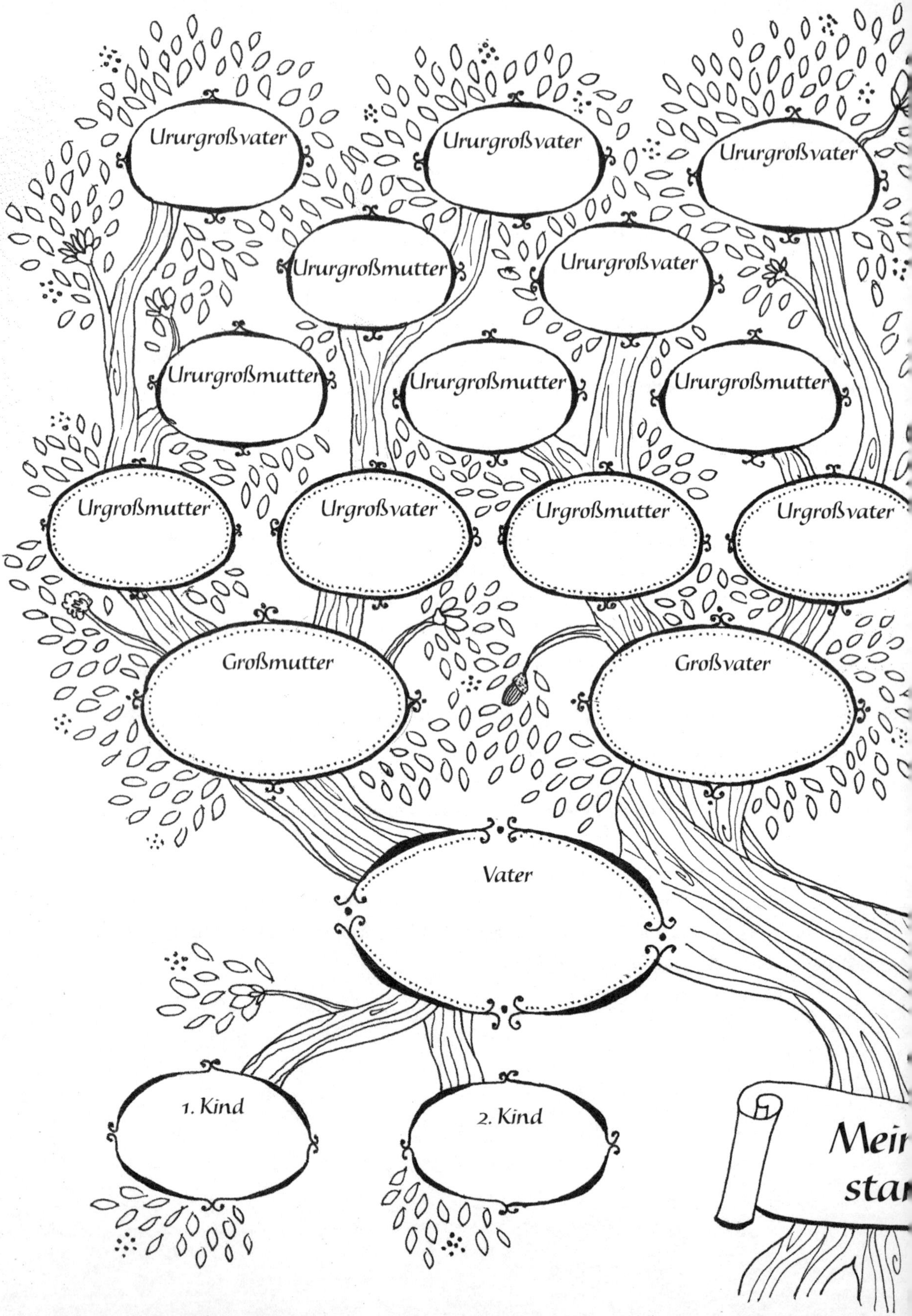

Ururgroßvater
Ururgroßvater
Ururgroßvater
Ururgroßmutter
Ururgroßvater
Ururgroßmutter
Ururgroßmutter
Ururgroßmutter
Urgroßmutter
Urgroßvater
Urgroßmutter
Urgroßvater
Großmutter
Großvater
Vater
1. Kind
2. Kind

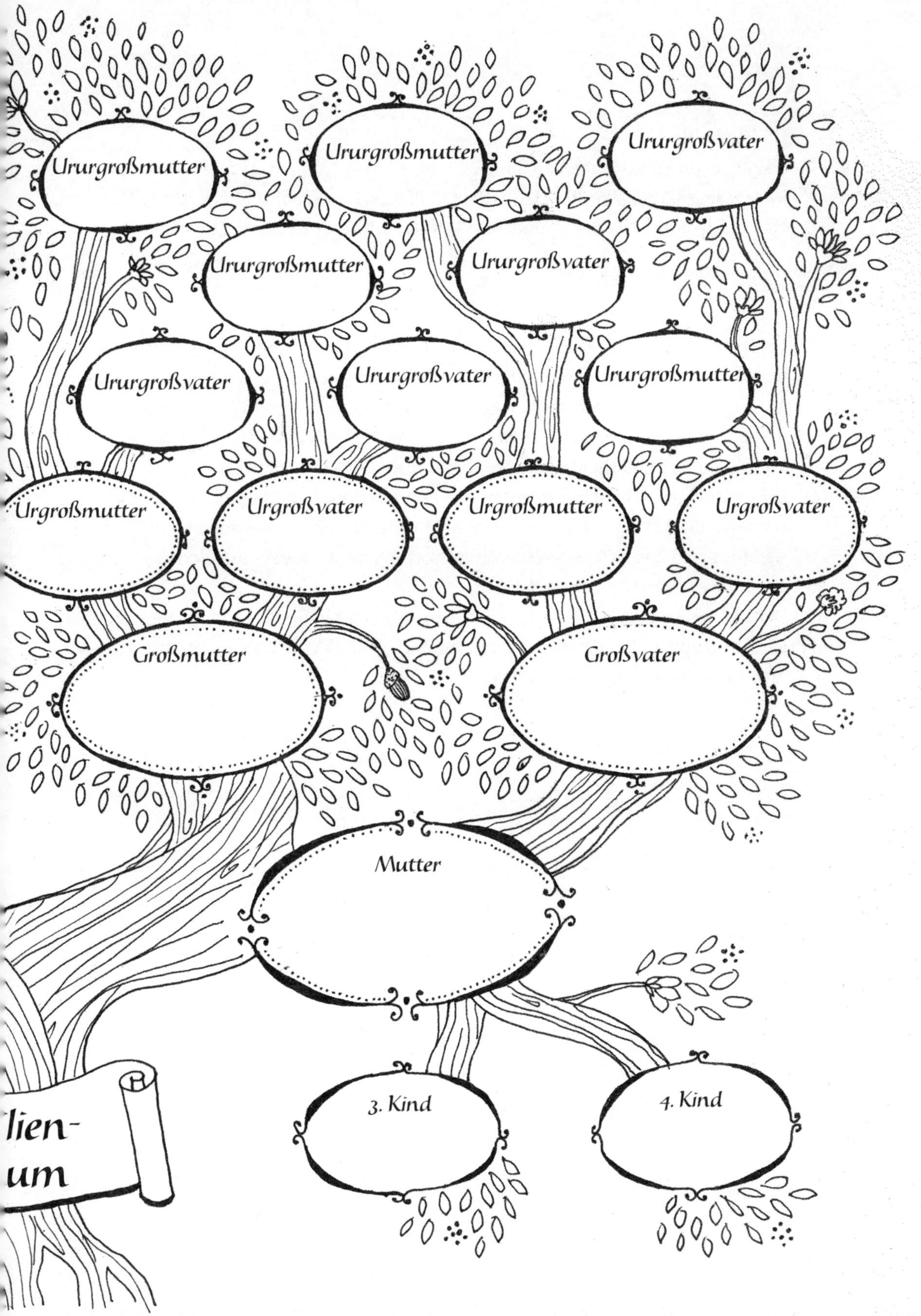
Ururgroßmutter
Ururgroßmutter
Ururgroßvater
Ururgroßmutter
Ururgroßvater
Ururgroßvater
Ururgroßvater
Ururgroßmutter
Urgroßmutter
Urgroßvater
Urgroßmutter
Urgroßvater
Großmutter
Großvater
Mutter
3. Kind
4. Kind
lien-
um

Bildnachweis
Library of Congress Catalog: S.23-27, 29-30, 97, 107, 135, 183, 187, 193–194, 226–331, 271, 273, 283-284, 298, 301, 315, 319, 335-338, 351. 357, 366: © Schenetady Museum, Hall of Electrical History Foundation/Corbis: S. 134; © NASA: S. 361, 389;